企业网络安全防护
1+X 证书制度系列教材

企业网络安全防护

初 级

上海海盾安全技术培训中心　组织编写

江　雪　黄　镇　主　编

赵瑞华　樊亦胜　副主编

张月红　主　审

高等教育出版社·北京

内容简介

本书为1+X职业技能等级证书配套系列教材，以《企业网络安全防护职业技能等级标准（初级）》为依据，由上海海盾安全技术培训中心组织编写。

本书从当前企业实际情况与安全需求出发，介绍企业网络安全防护的相关知识、技术与应用。全书采用项目任务编写模式，共分为三大部分，主要内容包括常见操作系统安全配置、网络设备安全配置、应用服务器和客户端安全配置、数据备份操作。

本书配套微课视频、课程标准、电子课件（PPT）、习题解答等数字化学习资源。与本书配套的数字课程"企业网络安全防护"将在"智慧职教"网站（www.icve.com.cn）上线，学习者可以登录网站进行学习，也可以通过扫描书中二维码观看教学视频，详见"智慧职教服务指南"。教师可发邮件至编辑邮箱1548103297@qq.com索取相关教学资源。

本书可作为企业网络安全防护1+X职业技能等级证书（初级）认证的相关教学和培训教材，也可作为网络信息安全领域的技术人员、管理人员的自学参考书。

图书在版编目（CIP）数据

企业网络安全防护：初级 / 上海海盾安全技术培训中心组织编写；江雪，黄镇主编. --北京：高等教育出版社，2021.2（2025.7 重印）

ISBN 978-7-04-055005-4

Ⅰ.①企… Ⅱ.①上… ②江… ③黄… Ⅲ.①企业-计算机网络-安全技术-高等职业教育-教材　Ⅳ.①TP393.180.8

中国版本图书馆 CIP 数据核字（2020）第 171536 号

Qiye Wangluo Anquan Fanghu（Chuji）

策划编辑	刘子峰	责任编辑	刘子峰	封面设计	赵 阳	版式设计	于 婕
插图绘制	黄云燕	责任校对	陈 杨	责任印制	高 峰		

出版发行	高等教育出版社	网　　址	http://www.hep.edu.cn
社　　址	北京市西城区德外大街 4 号		http://www.hep.com.cn
邮政编码	100120	网上订购	http://www.hepmall.com.cn
印　　刷	固安县铭成印刷有限公司		http://www.hepmall.com
开　　本	787mm×1092mm　1/16		http://www.hepmall.cn
印　　张	22		
字　　数	480 千字	版　　次	2021 年 2 月第 1 版
购书热线	010-58581118	印　　次	2025 年 7 月第 2 次印刷
咨询电话	400-810-0598	定　　价	58.50 元

本书如有缺页、倒页、脱页等质量问题，请到所购图书销售部门联系调换
版权所有　侵权必究
物　料　号　55005-00

智慧职教服务指南

基于"智慧职教"开发和应用的新形态一体化教材,素材丰富、资源立体,教师在备课中不断创造,学生在学习中享受过程,新旧媒体的融合生动演绎了教学内容,线上线下的平台支撑创新了教学方法,可完美打造优化教学流程、提高教学效果的"智慧课堂"。

"智慧职教"是由高等教育出版社建设和运营的职业教育数字教学资源共建共享平台和在线教学服务平台,包括职业教育数字化学习中心(www.icve.com.cn)、MOOC学院(mooc.icve.com.cn)、职教云2.0(zjy2.icve.com.cn)和云课堂(APP)4个组件。其中:

● 职业教育数字化学习中心为学习者提供了包括"职业教育专业教学资源库"项目建设成果在内的优质数字化教学资源。

● MOOC学院为学习者提供了大规模在线开放课程的展示学习。

● 职教云实现学习中心资源的共享,可构建适合学校和班级的小规模专属在线课程(SPOC)教学平台。

● 云课堂是对职教云的教学应用,可开展混合式教学,是以课堂互动性、参与感为重点贯穿课前、课中、课后的移动学习APP工具。

"智慧课堂"具体实现路径如下:

1. 基本教学资源的便捷获取

职业教育数字化学习中心为教师提供了丰富的数字化课程教学资源,包括与本书配套的微课视频、课程标准、电子课件(PPT)、习题解答等。未在www.icve.com.cn网站注册的用户,请先注册。用户登录后,在首页或"课程"频道搜索本书对应课程"企业网络安全防护",即可进入课程进行在线学习或资源下载。

2. 个性化SPOC的重构

教师若想开通职教云SPOC空间,可将院校名称、姓名、院系、手机号码、课程信息、书号等发至1548103297@qq.com,审核通过后,即可开通专属云空间。教师可根据本校的教学需求,通过示范课程调用及个性化改造,快捷构建自己的 SPOC,也可灵活调用资源库资源和自有资源新建课程。

3. 云课堂 APP 的移动应用

云课堂 APP 无缝对接职教云,是"互联网+"时代的课堂互动教学工具,支持无线投屏、手势签到、随堂测验、课堂提问、讨论答疑、头脑风暴、电子白板、课业分享等,帮助激活课堂,教学相长。

企业网络安全防护（初级）
编写委员会

顾问：
  沈昌祥 中国工程院院士

编委会主任：
  朱任飞 公安部第三研究所党委书记

编委会副主任：
  黄胜华 公安部第三研究所所长
  赵代江 公安部第三研究所所长助理
  黄　镇 上海海盾安全技术培训中心校长

委员：
  眭碧霞 常州信息职业技术学院
  马晓明 深圳职业技术学院
  何晓霞 公安部第三研究所
  宋好好 国家网络与信息系统安全产品质量监督检验中心
  胡　巍 公安部信息安全等级保护评估中心
  李　欣 中国人民公安大学
  李　俊 广西警察学院
  姜开达 上海交通大学网络信息中心
  张月红 上海电子信息职业技术学院
  王　磊 上海建桥学院
  周胜利 上海杉达学院
  崔孝晨 上海公安学院
  罗　艺 北京网络行业协会

刘春梅　　上海市信息网络安全管理协会
冯　伟　　广西网络安全协会
姚　昉　　北京神州数码云科信息技术有限公司

秘书长：

江　雪　　公安部第三研究所/上海海盾安全技术培训中心
洪国芬　　高等教育出版社

前　言

　　随着我国信息化建设不断推进,网络与信息技术迅猛发展,网络空间安全问题日益突出。"没有网络安全就没有国家安全""建设网络强国,要把人才资源汇聚起来,建设一支政治强、业务精、作风好的强大队伍"。面对当前复杂的网络安全形势以及海量庞杂的网络安全保卫工作,为了维护网上政治安全和信息网络秩序,急需完善网络安全人才队伍的培养和评价体系,提升网络安全行业从业人员整体素质,培养出一支具备特殊、特需职业技能的网络空间安全技术技能人才队伍。作为教育部批准的第三批1+X培训评价组织,上海海盾安全技术培训中心以《企业网络安全防护职业技能等级标准》为依据,组织编写了本系列1+X职业技能等级证书配套教材。

　　为适应1+X证书制度试点工作需要,本系列教材将职业技能等级标准有关内容及要求融入教学内容,推进书证融通、课证融通。全系列教材遵循"任务驱动、项目导向",以企业网络安全岗位工作者为参照,以企业网络安全面临的实际工作任务为主线,精心设计职业标准,设置了一系列学习任务,并根据工作任务的难易程度分为初级、中级、高级3册,深入浅出、层次分明,便于教师采用项目教学法引导学生快速消化知识、掌握技能,并最终通过相应等级证书考核要求。

　　本书分为操作系统安全配置、基础网络与安全设备配置、应用安全配置三大部分,主要内容包括Windows操作系统安全配置、Linux操作系统安全配置、移动终端操作系统安全配置、交换机安全配置、路由器安全配置、防火墙安全配置、应用服务器安全配置、客户端安全配置以及信息安全管理共9个项目。

　　建议授课教师安排48学时进行理论与实践讲解,还可安排1周的综合实训进行巩固练习,具体学时分配见表0-1。

表 0-1

序号	内容	分配学时建议	
		理论	实践
1	第一部分：操作系统安全及配置	4	12
2	第二部分：基础网络与安全设备配置	4	12
3	第三部分：应用安全配置	4	12
4	企业网络安全防护综合实训	—	1 周
合计		12	36+1 周

  本书由上海海盾安全技术培训中心组织编写，江雪、黄镇任主编，赵瑞华、樊亦胜任副主编，陆臻铭、王磊、周胜利、荣漪涛、向荣、姚昉、李维豪、吴雷和张映薇参与了编写工作。全书由张月红主审。在本书的编写过程中，公安部网络安全保卫局、中国网络空间安全协会、公安部第三研究所、国家网络与信息系统安全产品质量监督检验中心、公安部信息安全等级保护评估中心、中国人民公安大学、常州信息职业技术学院、深圳职业技术学院、上海电子信息职业技术学院、上海杉达学院、上海建桥学院、上海公安学院、西安交通大学、上海交通大学网络信息中心、中信银行上海分行、中国电信股份有限公司上海分公司、北京神州数码云科信息技术有限公司等单位和院校提供了许多宝贵的建议和意见，给予编写工作大力支持及指导，在此郑重致谢。

  由于网络安全技术发展日新月异，加之编者水平有限，书中不妥之处在所难免，恳请广大读者批评指正。

编　者
2020 年 12 月

目 录

第一部分 操作系统安全配置

项目 1　Windows 操作系统安全配置 …………………………………………… 003

　　学习情境 ……………………………………………………………………………… 003
　　学习目标 ……………………………………………………………………………… 003
　　相关知识 ……………………………………………………………………………… 004
　　任务 1-1　配置、管理系统账户与账户策略 ………………………………………… 004
　　任务 1-2　配置、管理文件与文件夹的权限 ………………………………………… 013
　　任务 1-3　配置、管理远程桌面访问 ………………………………………………… 018
　　任务 1-4　配置、管理系统安全审核 ………………………………………………… 025
　　任务 1-5　配置、管理系统及文件的备份与还原 …………………………………… 029
　　任务 1-6　配置、管理 Windows 防火墙 …………………………………………… 036
　　任务 1-7　配置、管理 Windows 本地组策略 ……………………………………… 042
　　项目实训 ……………………………………………………………………………… 047
　　项目总结 ……………………………………………………………………………… 047
　　课后习题 ……………………………………………………………………………… 047

项目 2　Linux 操作系统安全配置 ……………………………………………… 050

　　学习情境 ……………………………………………………………………………… 050
　　学习目标 ……………………………………………………………………………… 050
　　相关知识 ……………………………………………………………………………… 051
　　任务 2-1　管理 Linux 系统账户 ……………………………………………………… 054
　　任务 2-2　管理 Linux 系统文件访问 ………………………………………………… 061
　　任务 2-3　管理 Linux 系统网络访问策略 …………………………………………… 065

任务 2-4　对系统关键信息进行安全审计 …………………………………………… 070
　　项目实训 ………………………………………………………………………………… 076
　　项目总结 ………………………………………………………………………………… 077
　　课后习题 ………………………………………………………………………………… 077

项目 3　移动终端操作系统安全配置 …………………………………………………… 079

　　学习情境 ………………………………………………………………………………… 079
　　学习目标 ………………………………………………………………………………… 079
　　相关知识 ………………………………………………………………………………… 080
　　任务 3-1　移动终端操作系统账号密码管理 …………………………………………… 088
　　任务 3-2　安全管理移动终端操作系统上的应用 ……………………………………… 093
　　任务 3-3　配置移动端虚拟专用网络（VPN） ………………………………………… 101
　　任务 3-4　加固移动终端操作系统，并备份、加密重要信息 ………………………… 106
　　项目实训 ………………………………………………………………………………… 118
　　项目总结 ………………………………………………………………………………… 118
　　课后习题 ………………………………………………………………………………… 118

第二部分　基础网络与安全设备配置

项目 4　交换机安全配置 ………………………………………………………………… 123

　　学习情境 ………………………………………………………………………………… 123
　　学习目标 ………………………………………………………………………………… 123
　　相关知识 ………………………………………………………………………………… 124
　　任务 4-1　交换机基础配置 ……………………………………………………………… 127
　　任务 4-2　交换机接口的安全配置 ……………………………………………………… 131
　　任务 4-3　交换机访问控制策略 ………………………………………………………… 136
　　任务 4-4　交换机安全远程管理配置 …………………………………………………… 140
　　项目实训 ………………………………………………………………………………… 149
　　项目总结 ………………………………………………………………………………… 150
　　课后习题 ………………………………………………………………………………… 150

项目 5　路由器安全配置 ………………………………………………………………… 152

　　学习情境 ………………………………………………………………………………… 152
　　学习目标 ………………………………………………………………………………… 152
　　相关知识 ………………………………………………………………………………… 153
　　任务 5-1　路由器基本配置 ……………………………………………………………… 155

任务 5-2　路由器访问控制策略 ··· 161
  任务 5-3　路由器安全远程管理配置 ·· 168
  任务 5-4　OSPF 动态路由配置 ·· 173
  项目实训 ··· 179
  项目总结 ··· 180
  课后习题 ··· 180

项目 6　防火墙安全配置 ··· 182

  学习情境 ··· 182
  学习目标 ··· 182
  相关知识 ··· 182
  任务 6-1　防火墙部署模式配置 ··· 189
  任务 6-2　防火墙 NAT 配置 ·· 196
  任务 6-3　防火墙远程管理安全配置 ·· 207
  任务 6-4　防火墙访问控制策略配置 ·· 215
  项目实训 ··· 224
  项目总结 ··· 225
  课后习题 ··· 225

第三部分　应用安全配置

项目 7　应用服务器安全配置 ·· 229

  学习情境 ··· 229
  学习目标 ··· 229
  相关知识 ··· 230
  任务 7-1　安装、部署与调试 Web 服务 ··· 231
  任务 7-2　配置基础 Web 服务安全 ··· 242
  任务 7-3　安装、部署与配置文件服务 ·· 248
  任务 7-4　配置文件服务器安全策略 ·· 259
  项目实训 ··· 264
  项目总结 ··· 264
  课后习题 ··· 264

项目 8　客户端安全配置 ·· 266

  学习情境 ··· 266
  学习目标 ··· 266

相关知识 ··· 267
  任务 8-1 配置客户端访问规则 ·· 268
  任务 8-2 配置客户端数据安全规则 ·· 273
  任务 8-3 配置客户端应用保护策略 ·· 278
  任务 8-4 配置客户端安全策略 1 ··· 282
  任务 8-5 配置客户端安全策略 2 ··· 287
  项目实训 ··· 291
  项目总结 ··· 292
  课后习题 ··· 292

项目 9 信息安全管理 ·· 294

  学习情境 ··· 294
  学习目标 ··· 294
  相关知识 ··· 295
  任务 9-1 安全管理企业员工的网络行为 ·· 297
  任务 9-2 对企业互联网涉及的各类信息实施保护 ··· 305
  任务 9-3 安全管理企业互联网应用 ·· 318
  任务 9-4 识别、处理违法有害信息 ·· 329
  项目实训 ··· 335
  项目总结 ··· 335
  课后习题 ··· 336

参考文献 ·· 338

第一部分
操作系统安全配置

项目1　Windows操作系统安全配置

学习情境

  Windows Server 是企业中最常用的服务器操作系统之一，因此 Windows 系统的安全问题越来越被人们所关注。虽然 Windows 有诸多漏洞和安全隐患，但是通过正确配置操作系统的安全设置可以有效提高企业服务器的安全性。本项目将学习 Windows 操作系统安全配置的相关知识和技能。

  本项目学习环境为 Windows Server 2016，所有实训任务都在该环境中进行操作。

学习目标

知识目标

1）理解 Windows 账户和权限的相关知识。
2）了解 Windows 策略和审核的相关知识。
3）了解 Windows 远程访问控制的相关知识。
4）掌握 Windows 系统备份与还原方法。

技能目标

1）学会配置、管理系统账户与账户策略。
2）学会配置、管理文件与文件夹的访问权限。
3）学会配置、管理远程桌面访问。
4）学会配置、管理系统安全审核。
5）学会配置、管理系统及文件的备份与还原。

6）学会配置、管理 Windows 防火墙。

7）学会配置、管理 Windows 本地组策略。

相关知识

Windows Server 是微软公司在 2003 年 4 月 24 日推出的 Windows 服务器操作系统，其核心是 Microsoft Windows Server System（WSS）。每个 Windows Server 版本都与其家用（工作站）版对应（2003 R2 除外）。

Windows Server 2016 是微软公司于 2016 年 10 月 13 日正式发布的最新服务器操作系统，是基于 Windows 10 1607（LTSB）内核所开发。本书的第 1 部分将以 Windows Server 2016 为例，对各项安全配置进行讲解。

Windows Server 的历史版本见表 1-1。

表 1-1

版　　本	内核版本号	发行日期
Windows Server 2003	NT 5.2	2003-4-24
Windows Server 2008	NT 6.0	2008-2-27
Windows Server 2008 R2	NT 6.1	2009-10-22
Windows Server 2012	NT 6.2	2012-9-4
Windows Server 2012 R2	NT 6.3	2013-10-17
Windows Server 2016	NT 10.0	2016-10-13
Windows Server 2019	NT 10.0	2018-11-13

任务 1-1　配置、管理系统账户与账户策略

任务描述

系统账户的安全是公司服务器安全的第一重保障。一般而言，配置系统账户安全需要从账户策略加固和账户伪装两方面着手，具体要求如下：

1）设置账户策略，要求密码必须大于 8 个字符且满足复杂性要求。

2）设置账户锁定策略，账户 3 次无效登录后锁定 5 分钟并重置。

3）设置管理员账户伪装，为 Administrator 账户设置密码 WL@q4321 并重命名为 User01。

4）新建普通用户账户 Administrator，设置密码为 P@55w0rd，密码永不过期且用户不得更改密码，并将该账户禁用。

5)将普通用户账户 Administrator 添加为 Guests 组成员。

6)新建账户 Peter,设置初始密码 QWE!@#asd,要求该用户首次登录必须修改密码,将该账户添加为 Users 和 Remote Desktop Users 组成员。

7)新建账户 Martin,设置初始密码 QWE!@#asd,要求该用户首次登录必须修改密码,将该账户添加为 Power Users 组成员。

知识准备

1. 用户账户

Windows 系统中的用户是指系统操作的角色,简单来说就是以什么身份登录到系统进行操作,而用户组则是同一类型用户的集合。通过用户和用户组的设置,可以为不同的 Windows 系统用户指派权利和权限,从而限制不同用户执行某些操作的权限。Windows 系统初始安装完成后,内置了一些用户和用户组,见表 1-2。

表 1-2

初始内置账户	账 户 描 述
Administrator	Administrator 账户具有对服务器的完全控制权限,隶属于 Administrators 组。该账户不可被移除出 Adminsitrators 组,但该账户可以被重命名或禁用
Guest	Guest 用户是系统内置来宾账户,初始状态下该账户被默认禁用,使用时需要自行启用该账户。通常情况下,该账户用于匿名共享和临时登录系统使用。启用该账户会导致系统安全性降低
DefaultAccount	默认的系统管理账户,初始状态下被禁用

2. 用户组

用户组是用户账户的集合,隶属于同一用户组的所有用户,具有相同的权利和权限。系统中常用的默认用户组有以下几种。

(1)Administrators 组

属于该本地组内的用户,都具备系统管理员的权限,其拥有对这台计算机的最大控制权限,可以执行整台计算机的管理任务。内置的系统管理员账号 Administrator 就是本地组的成员,而且无法将它从该组删除。

(2)Backup Operators 组

该组内的成员,不论其是否有权访问这台计算机中的文件或文件夹,都可以通过单击系统"开始"按钮,在"开始"菜单中选择"所有程序"→"附件"→"系统工具"→"备份"命令的方法,备份与还原这些文件与文件夹。

(3)Guests 组

该组是提供给没有用户账户,但是需要访问本地计算机内资源的用户使用。该组的成员无法永久地改变其桌面的工作环境。该组最常见的默认成员为用户账号 Guest。

（4）Network Configuration Operators 组

该组内的用户可以在客户端执行一般的网络设置任务，如更改 IP 地址，但是不可以安装/删除驱动程序与服务，也不可以执行与网络服务器设置有关的任务，如 DNS 服务器、DHCP 服务器的设置。

（5）Power Users 组

该组内的用户具备比 Users 组更多的权利，但比 Administrators 组拥有的权利更少一些，例如：

1）可以创建、删除、更改本地用户账户。

2）可以创建、删除、管理本地计算机内的共享文件夹与共享打印机。

3）可以自定义系统设置，如更改计算机时间、关闭计算机等。

但是，该组内的用户不可以更改 Administrators 与 Backup Operators，无法夺取文件的所有权，无法备份与还原文件，无法安装与删除设备驱动程序，无法管理安全与审核日志。

（6）Remote Desktop Users 组

该组内的成员可以通过远程计算机（如利用终端服务器）进行登录。

（7）Users 组

该组中的成员只拥有一些基本的权利，如运行应用程序，但是不能修改操作系统的设置，不能更改其他用户的数据，不能关闭服务器级的计算机。

所有添加的本地用户账户自动属于该组。如果这台计算机已经加入域，则域的 Domain Users 会自动地被加入到该计算机的 Users 组中。

3. 密码策略

（1）密码必须符合复杂性要求

此安全设置确定密码是否必须符合复杂性要求。

如果启用此策略，密码必须符合下列最低要求，即不能包含用户的账户名，不能包含用户姓名中超过两个连续字符的部分，至少有 6 个字符长，包含以下 4 类字符中的 3 类字符：英文大写字母（A～Z）、英文小写字母（a～z）、10 个基本数字（0～9）、非字母字符（如!、$、#、%）。

默认值：禁用。

（2）密码长度最小值

此安全设置确定用户账户密码包含的最少字符数。可以将值设置为介于 1～14 个字符之间，或者将字符数设置为 0 以确定不需要密码。

默认值：0。

（3）密码最短使用期限

此安全设置确定在用户更改某个密码之前必须使用该密码一段时间（以天为单位），可以设置一个介于 1～998 之间的值，或者将天数设置为 0，即允许立即更改密码。

密码最短使用期限必须小于密码最长使用期限，除非将密码最长使用期限设置为 0，指明密码永不过期。如果将密码最长使用期限设置为 0，则可以将密码最短使用期限设置为介于 0~998 之间的任何值。

如果希望"强制密码历史"有效，则需要将密码最短使用期限设置为大于 0 的值。如果没有设置密码最短使用期限，则用户可以循环选择密码，直到获得期望的旧密码。默认设置没有遵从此建议，以便管理员能够为用户指定密码，然后要求用户在登录时更改管理员定义的密码。如果将密码历史设置为 0，用户将不必选择新密码。因此，默认情况下将"强制密码历史"设置为 1。

默认值：0。

（4）密码最长使用期限

此安全设置确定在系统要求用户更改某个密码之前可以使用该密码的期间（以天为单位）。可以将密码设置为在某些天数（介于 1~999 之间）后到期，或者将天数设置为 0，即指定密码永不过期。

注意：最佳安全操作是将密码设置为 30~90 天后过期，具体取决于用户的环境。这样，攻击者用来破解用户密码以及访问网络资源的时间将受到限制。

默认值：42。

（5）强制密码历史

此安全设置确定再次使用某个旧密码之前必须与某个用户账户关联的唯一新密码数。该值必须介于 0~24 之间。

此策略使管理员能够通过确保旧密码不被连续重新使用来增强安全性。

默认值：0。

（6）用可还原的加密来储存密码

此安全设置确定操作系统是否使用可还原的加密来储存密码。

此策略为某些应用程序提供支持，这些应用程序使用的协议需要用户密码来进行身份验证。使用可还原的加密储存密码与储存纯文本密码在本质上是相同的。因此，除非应用程序需求比保护密码信息更重要，否则绝不要启用此策略。

通过远程访问或 Internet 身份验证服务（IAS）使用质询握手身份验证协议（CHAP）验证时，需要设置此策略。在 Internet 信息服务（IIS）中使用摘要式身份验证时，也需要设置此策略。

默认值：禁用。

4. 账户锁定策略

（1）账户锁定时间

此安全设置确定锁定账户在自动解锁之前保持锁定的分钟数，可用范围为 0~99 999 分钟。如果将账户锁定时间设置为 0，账户将一直被锁定，直到管理员明确解除对它的锁定。

如果定义了账户锁定阈值，则账户锁定时间必须大于或等于重置时间。

默认值：无，因为只有在指定了账户锁定阈值时，此策略设置才有意义。

（2）账户锁定阈值

此安全设置确定导致用户账户被锁定的登录尝试失败的次数。在管理员重置锁定账户或账户锁定时间期满之前，无法使用该锁定账户。可以将登录尝试失败次数设置为介于 0~999 之间的值。如果将值设置为 0，则永远不会锁定账户。

注意：在使用<Ctrl+Alt+Delete>组合键或密码保护的屏幕保护程序锁定的工作站或成员服务器上的密码尝试失败将计作登录尝试失败。

默认值：0。

（3）重置账户锁定计数器

此安全设置确定在某次登录尝试失败之后将登录尝试失败计数器重置为 0 次错误登录尝试之前需要的时间，可用范围是 1~99 999 分钟。

如果定义了账户锁定阈值，此重置时间必须小于或等于账户锁定时间。

默认值：无，因为只有在指定了账户锁定阈值时，此策略设置才有意义。

（4）管理员账户的伪装

通常系统默认管理员账户为 Administrator，为安全起见可以重命名 Administrator 账户，起到迷惑作用。

虽然 Administrator 账户可以被重命名，但是重命名后的账户仍然隶属于 Administrators 组，还是具有管理员权限。

通常管理员账户的伪装分为两步：第 1 步重命名 Administrator 账户并设置强密码；第 2 步重新创建一个普通权限的账户并设置强密码，命名为 Administrator，添加到低权限的用户组内。

任务实施

微课 1-1
配置、管理
系统账户与
账户策略

1. 设置密码策略

1）打开"服务器管理器"窗口，选择"工具"→"本地安全策略"命令，如图 1-1 所示。

2）打开"本地安全策略"窗口，在左侧窗格中选择"账户策略"→"密码策略"项，将"密码必须符合复杂性要求"设置为"已启用"，"密码长度最小值"设置为"8 个字符"，如图 1-2 所示。

2. 设置账户锁定策略

在左侧窗格中选择"账户策略"→"账户锁定策略"项，将"账户锁定时间"设置为 5 分钟，"账号锁定阈值"设置为"3 次无效登录"，"重置账号锁定计数器"设置为 5 分钟之后，如图 1-3 所示。

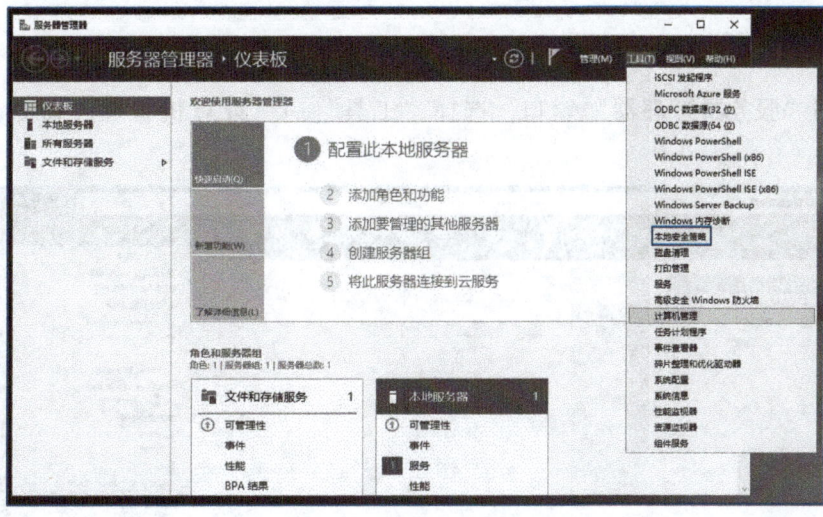

图 1-1

图 1-2

图 1-3

3. 伪装管理员账户

1）返回"服务器管理器"窗口，选择"工具"→"计算机管理"命令，如图 1-4 所示。

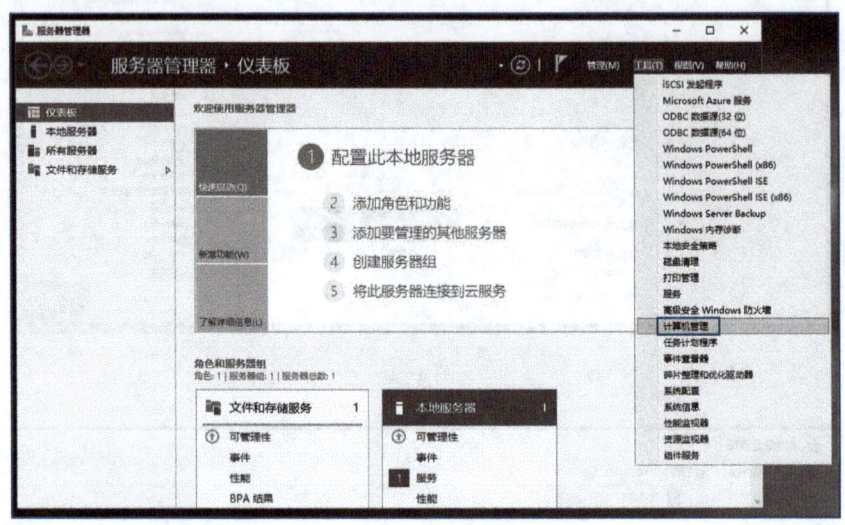

图 1-4

2）打开"计算机管理"窗口，在左侧窗格中选择"系统工具"→"本地用户和组"→"用户"项，右击 Administrator 账户，从弹出的快捷菜单中分别选择"重命名"和"设置密码"命令，如图 1-5 所示，重命名 Administrator 账户为 User01，并设置账户密码为 WL@ q4321。

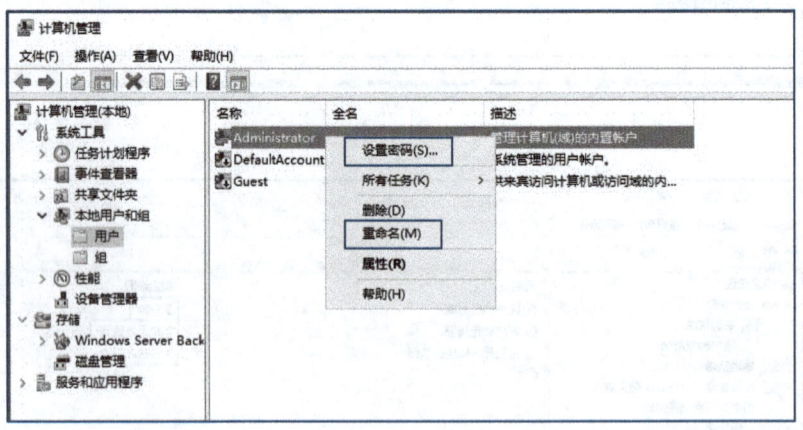

图 1-5

3）在"计算机管理"窗口中，右击"用户"项，从弹出的快捷菜单中选择"新用户"命令，打开"新用户"对话框。输入用户名"Administrator"，设置密码为 P@ 55w0rd，选中"用户不能更改密码""密码永不过期"和"账户已禁用"复选框，最后单击"创建"按钮，如图 1-6 所示。

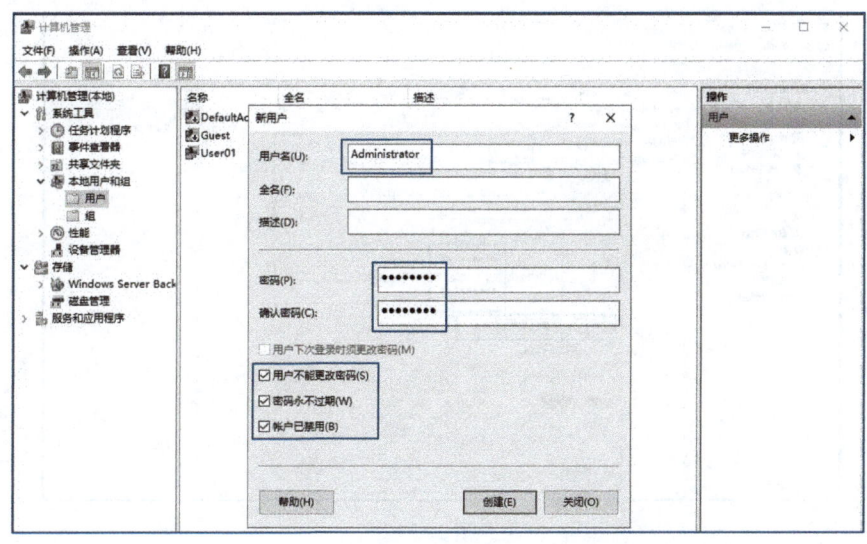

图 1-6

4）右击新创建的 Administrator 账户，从弹出的快捷菜单中选择"属性"命令，打开其"属性"对话框，选择"隶属于"选项卡，删除原有的 Users 组，添加 Guests 组，如图 1-7 所示。

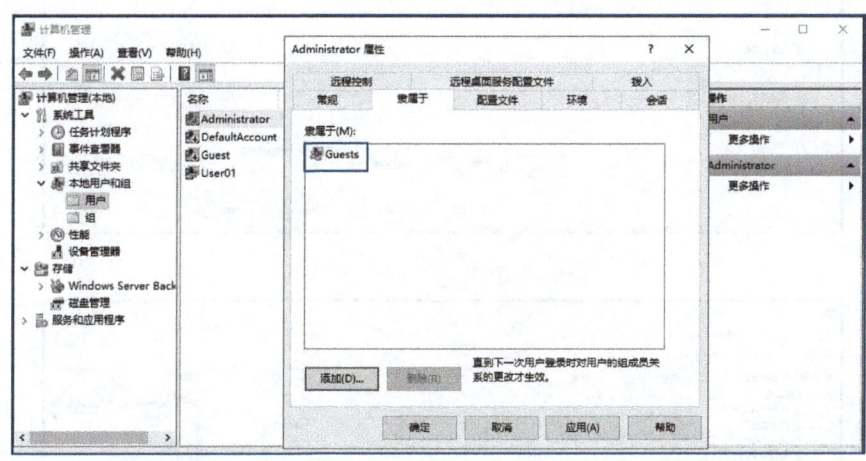

图 1-7

4. 新建用户账户

1）再次打开"新用户"对话框。输入用户名"Peter"，设置密码为 QWE!@#asd，选中"用户下次登录时须更改密码"复选框，最后单击"创建"按钮，如图 1-8 所示。

2）右击新创建的 Peter 账户，从弹出的快捷菜单中选择"属性"命令，在打开的对话框中选择"隶属于"选项卡，将该账户添加到 Remote Desktop Users 组中，如图 1-9 所示。

3）再次打开"新用户"对话框。输入用户名"Martin"，设置密码为 QWE!@#asd，选中"用户下次登录时须更改密码"复选框，最后单击"创建"按钮，如图 1-10 所示。

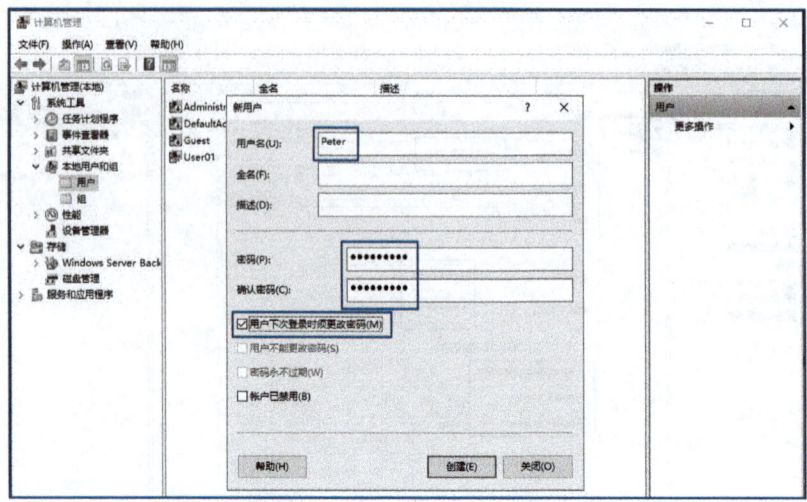

图 1-8

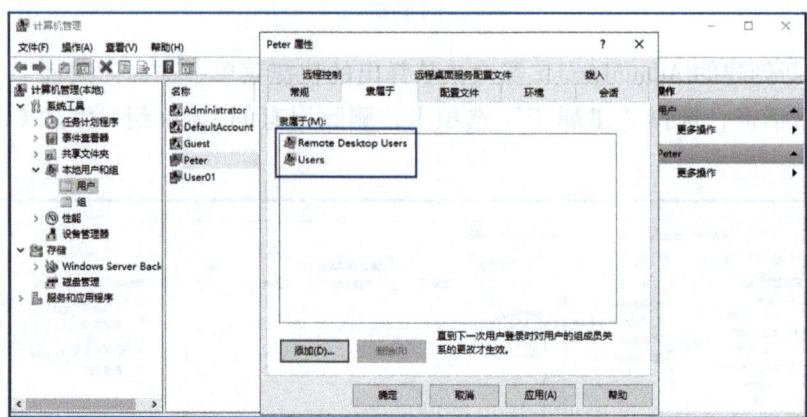

图 1-9

图 1-10

4）打开新创建的 Martin 账户的"属性"对话框,选择"隶属于"选项卡,删除 Users 组,添加 Power Users 组,如图 1-11 所示。

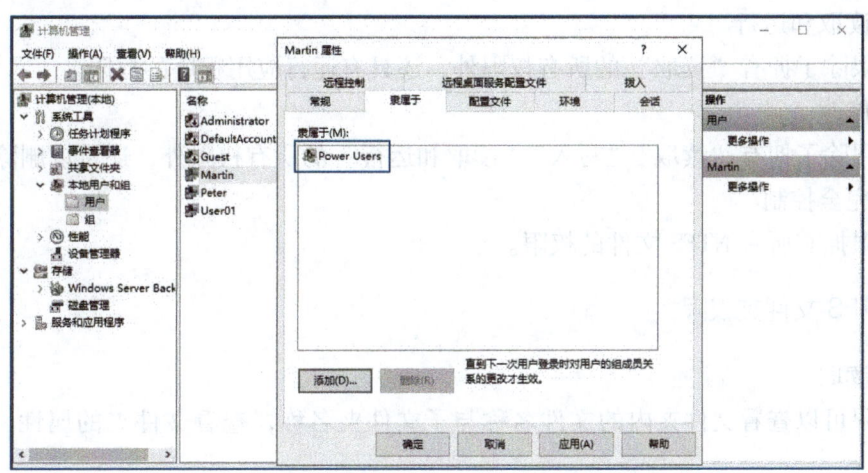

图 1-11

任务 1-2　配置、管理文件与文件夹的权限

任务描述

Windows 对资源的管控是基于用户权限的,任何用户对不同的资源都具有不同的权限。本任务将通过以下操作熟悉权限的概念。

1）新建受限用户 user01,添加到 Users 组。
2）以 Administrator 账户在 C:\根目录下新建 share 文件夹,并放入一些文件。
3）给予 user01 用户访问该文件夹的权限,但不可对该文件夹进行任何操作。
4）切换到 user01 用户,尝试访问 share 文件夹及文件夹内的文件,查看访问效果。
5）注销 user01 账户并登录 Administrator 账户,将 share 文件夹共享,并为 user01 账户添加完全控制权限。
6）以 user01 访问共享文件的方式,尝试访问 share 文件夹及文件夹内的文件,查看访问效果。

知识准备

1. NTFS 文件权限

（1）读取
该权限可以读取文件内的数据,查看文件的属性、所有者、权限等。

（2）写入

该权限可以更改或覆盖文件的内容，改变文件的属性，查看文件的所有者、权限等。

（3）读取和运行

该权限除了拥有"读取"的所有权限外，还具有运行应用程序的权限。

（4）修改

该权限除了拥有"读取""写入""读取和运行"的所有权限外，还可以删除文件。

（5）完全控制

该权限拥有所有 NTFS 文件的权限。

2. NTFS 文件夹权限

（1）读取

该权限可以查看文件夹内的文件名称与子文件夹名称，查看文件夹的属性、所有者、权限等。

（2）写入

该权限可以在文件夹内添加文件与文件夹，改变文件夹的属性，查看文件夹的所有者、权限。

（3）列出文件夹目录

该权限除了拥有"读取"的所有权限之外，还有"遍历子文件夹"的权限，也就是具备进入到子文件夹的功能。

（4）读取和运行

该权限拥有与"列出文件夹目录"几乎完全相同的权限，只是在权限的继承方面有所不同："列出文件夹目录"的权限仅由文件夹继承，而"读取和运行"是由文件夹和文件同时继承。

（5）修改

该权限除了拥有前面的所有权限外，还可以删除子文件夹。

（6）完全控制

该权限拥有所有 NTFS 文件的权限。

3. 权限设置的基本原则

（1）拒绝优于允许原则

"拒绝优于允许"原则是一条非常重要且基础性的原则，它可以解决用户在用户组的归属方面的权限纠纷。

例如，Users 组可以对 test.doc 文件完全控制，但隶属于 Users 组的用户 user01 对 test.doc 文件的修改权限被设置为拒绝，最终 user01 是不能修改 test.doc 文件的；又或者 Users 组不能修改 file 文件夹，但隶属于 Users 组的用户 user02 被授予对 file 文件夹的完全控制权限，最终 user02 也是不能修改 file 文件夹的。

(2) 权限最小化原则

保持用户最小的权限作为一个基本原则是非常有必要的，其目的是尽量让用户不能访问或不必访问的资源得到有效的权限设置，确保资源得到最大的安全保障。

(3) 权限累加原则

权限累加原则实现了权限设置的灵活多变。例如，用户 user01 既属于用户组 A 又属于用户组 B，user01 在用户组 A 的权限是读取，在用户组 B 的权限是修改，那么根据权限累加原则，用户 user01 的实际权限就是读取和修改。

(4) 权限继承性原则

权限的继承性原则在实际应用中实现了权限的自动化设置。例如，设置用户 user01 对 share 文件夹完全控制，则 user01 对 share 文件夹下的所有子文件夹及文件均拥有了完全控制权限，这就可以省去对 share 文件夹下的每个文件和文件夹进行相同设置的烦琐工作。

任务实施

微课 1-2
配置、管理
文件与文件夹
权限

1. 新建用户账户

1）打开"服务器管理器"窗口，选择"工具"→"计算机管理"命令，打开"计算机管理"窗口。

2）在左侧窗格中选择"系统工具"→"本地用户和组"→"用户"项，在右侧中间空白处右击，从弹出的快捷菜单中选择"新用户"命令，如图 1-12 所示。

3）打开"新用户"对话框，输入用户名"user01"并设置密码，最后单击"创建"按钮，如图 1-13 所示。

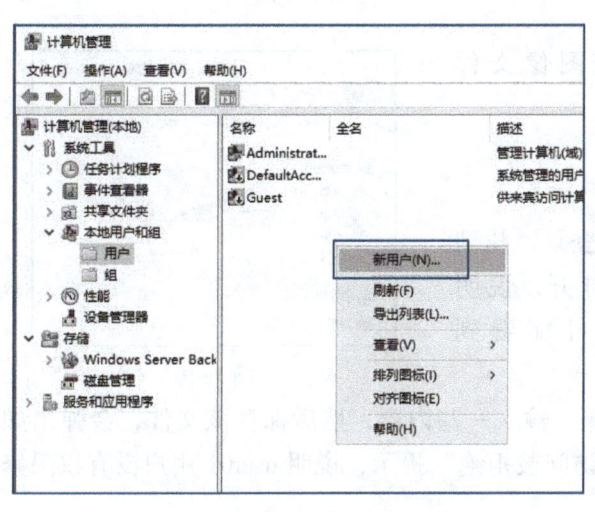

图 1-12　　　　　　　　　　　　图 1-13

4)返回"计算机管理"窗口,右击新创建的 user01 用户,从弹出的快捷菜单中选择"属性"命令,打开"user01 属性"对话框。选择"隶属于"选项卡,检查 user01 用户是否隶属于 Users 组。

2. 创建文件夹并设置权限

1)打开"文件资源管理器"窗口,在 C 盘根目录下新建 share 文件夹,并给予 user01 账户相关权限,如图 1-14 和图 1-15 所示。

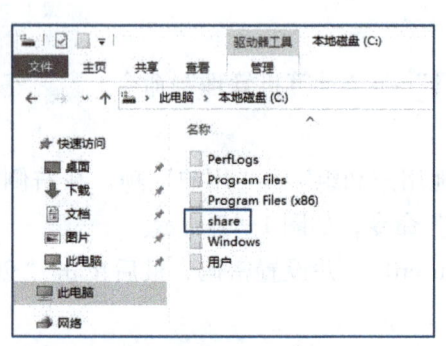

图 1-14

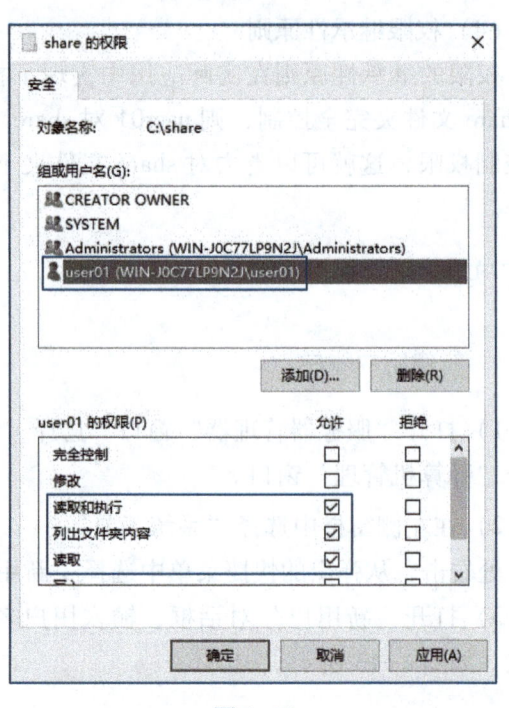

图 1-15

2)在 share 文件夹下,新建测试图像文件 test.bmp。

3. 验证权限效果

1)注销当前用户,使用 user01 账户登录,找到 C 盘根目录下的 share 文件夹并双击打开,说明 user01 账户可以访问 share 文件夹,并能看到 test.bmp 文件,如图 1-16 所示。

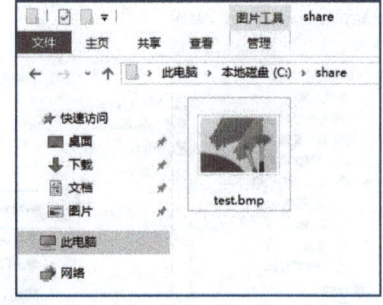

图 1-16

2)用"画图"程序打开文件 test.bmp,输入一些内容,然后保存该文件,会弹出如图 1-17 所示的"对 C:\share\test.bmp 的访问被拒绝"提示,说明 user01 用户没有权限修改 test.bmp 文件。

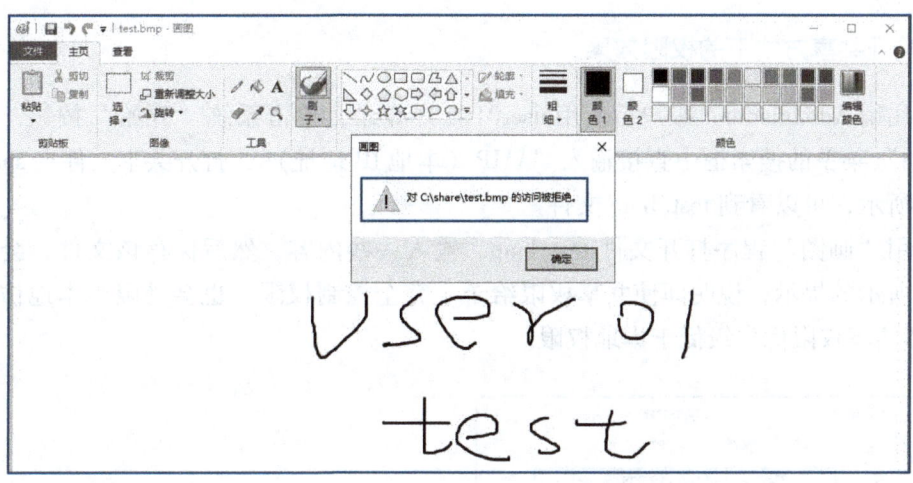

图 1-17

4. 设置共享访问

1）注销 user01 用户并重新登录 Administrator 账户后，找到 C:\share 文件夹并右击，从弹出的快捷菜单中选择"属性"命令，打开"share 属性"对话框。选择"共享"文件夹，单击"高级共享"按钮，打开"高级共享"对话框，选中"共享此文件夹"复选框，如图 1-18 所示。

2）单击"注释"文本框下方的"权限"按钮，在打开的"share 的权限"对话框中删除 Users 组，添加 user01 用户并选中"完全控制""更改"和"读取"复选框，如图 1-19 所示。

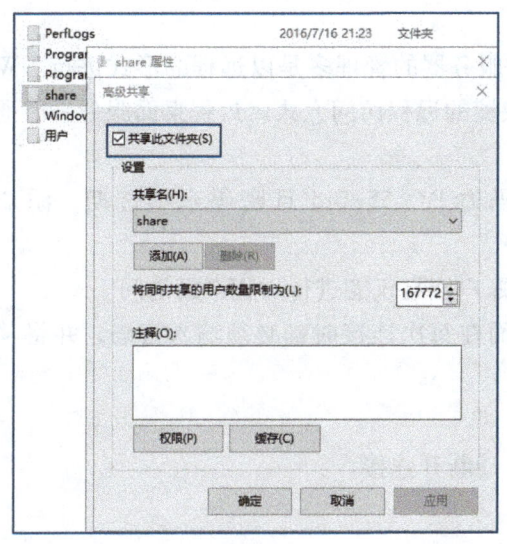

图 1-18

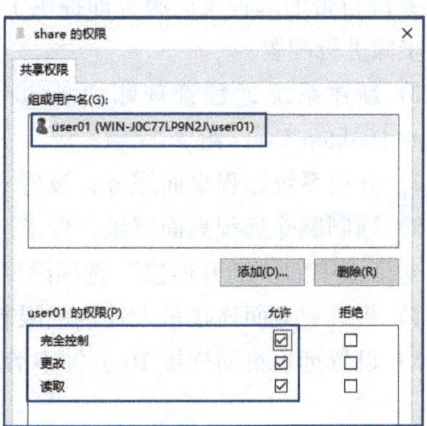

图 1-19

5. 验证共享方式下的权限效果

1）注销 Administrator 账户后使用 user01 账户登录，单击系统"开始"按钮，在弹出的"开始"菜单的搜索框中直接输入"\\IP（本地 IP 地址）"，打开共享文件夹 share，如图 1-20 所示，可以看到 test.bmp 文件。

2）用"画图"程序打开文件 test.bmp，输入一些内容，然后保存该文件，会弹出如图 1-21 所示的提示，说明即使共享权限给予了完全控制权限，也会受限于本地访问控制权限，即共享权限优先级低于本地权限。

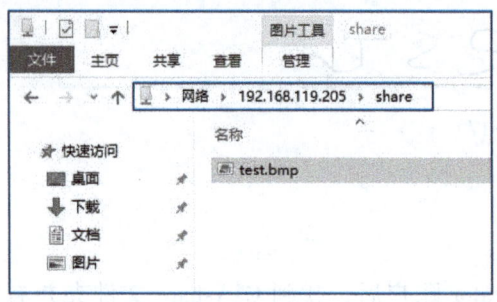

图 1-20

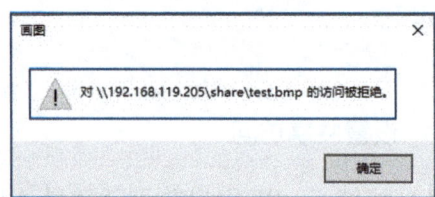

图 1-21

任务 1-3 配置、管理远程桌面访问

任务描述

许多公司会对服务器进行集中部署，而对服务器的管理多是以远程的形式进行。Windows 系统自带的远程桌面服务即提供了方便快捷的远程访问方式。远程桌面服务一般通过以下步骤进行配置：

1）新建系统远程管理账户 remote，密码为 P@55w0rd 且密码永不过期，添加至 Remote Desktop Users 组。

2）开启系统远程桌面服务，设置 remote 账户能且仅能进行远程桌面访问。

3）强制删除远程桌面墙纸，要求远程桌面在每次连接时都必须输入密码，并将"关机"对话框中的"断开连接"选项隐藏。

4）将远程桌面连接最大连接数限制为 3。

5）设置远程桌面连接 10 分钟不活动后自动断开连接。

知识准备

1. 远程桌面访问

Windows 服务器通过远程桌面协议（Remote Desktop Protocol，RDP）让用户坐在一台计算机前，就可以连接到位于不同地点的其他远程计算机，从而在很大程度上方便了网络管理员的管理。

Windows 远程桌面服务由服务器、远程桌面协议、客户端 3 部分组成。远程桌面服务默认情况下工作于 3389 端口，也可以自己指定。在客户端和服务之间的数据传输是通过微软公司的基于 TCP 的远程桌面协议（RDP-5）进行的。RDP 提供了 3 层加密以确保点对点数据传输的安全性。

2. 远程桌面访问权限

可以使用远程桌面通过 Microsoft 远程桌面客户端（适用于 Windows、iOS、MacOS 和 Android）从远程设备连接并控制计算机。当允许远程连接到计算机时，可以使用其他设备连接到计算机并访问所有应用、文件和网络资源，就像坐在办公桌前一样。

在 Windows 操作系统中，默认能够进行远程桌面访问的只有 Administrators 组和 Remote Desktop Users 组的用户。

3. 限制连接数

限制连接数是指远程桌面服务同时连接到服务器的数量限制。若对限制连接数做了设置，则超出限制的其他用户在尝试连接时将收到错误消息，以通知他们服务器正忙，需要稍后再试。限制会话的数量可提高性能，因为请求系统资源的会话较少。默认情况下，远程桌面会话主机服务器不限制远程桌面服务会话的数量，并且管理远程桌面允许两个远程桌面服务会话。

任务实施

1. 新建账户并设置密码添加用户组

微课 1-3
配置、管理
远程桌面访问

1）打开"服务器管理器"窗口，选择"工具"→"计算机管理"命令，打开"计算机管理"窗口。

2）在左侧窗格中选择"系统工具"→"本地用户和组"→"用户"项，在右侧空白处右击，从弹出的快捷菜单中选择"新用户"命令，打开"新用户"对话框。选择"新用户"选项卡，在"用户名"文本框中输入用户名"remote"，密码设置为 P@55w0rd，选中"密码永不过期"复选框，如图 1-22 所示。

3）返回"计算机管理"窗口，右击新创建的 remote 用户，从弹出的快捷菜单中选择"属性"，打开"remote 属性"对话框。选择"隶属于"选项卡，删除其余的用户和用户组，仅保留 Remote Desktop Users 组，如图 1-23 所示。

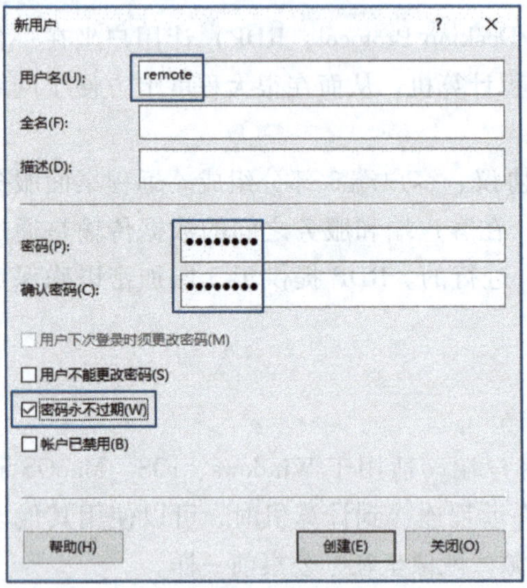

图 1-22 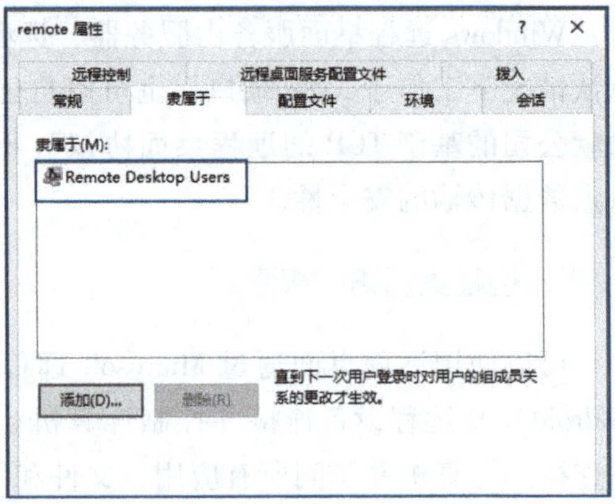　　　　　　　　　　　　　　　图 1-23

2. 安装远程桌面服务

1）打开"服务器管理器"窗口，选择"管理"→"添加角色和功能"命令，如图 1-24 所示。

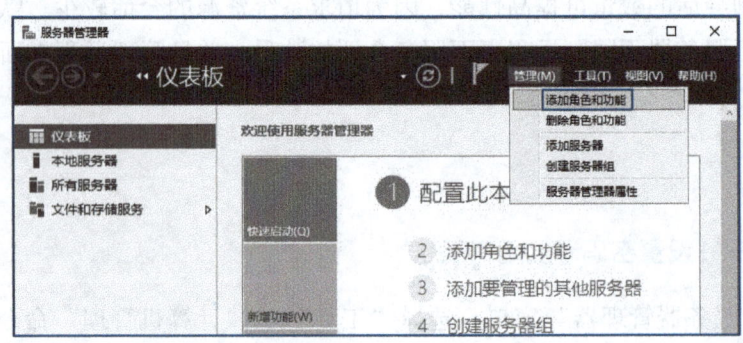

图 1-24

2）在打开的"添加角色和功能向导"窗口中，在"开始之前""安装类型""服务器选择"步骤中默认单击"下一步"按钮，在"服务器角色"步骤中，选中"远程桌面服务"复选框，如图 1-25 所示。

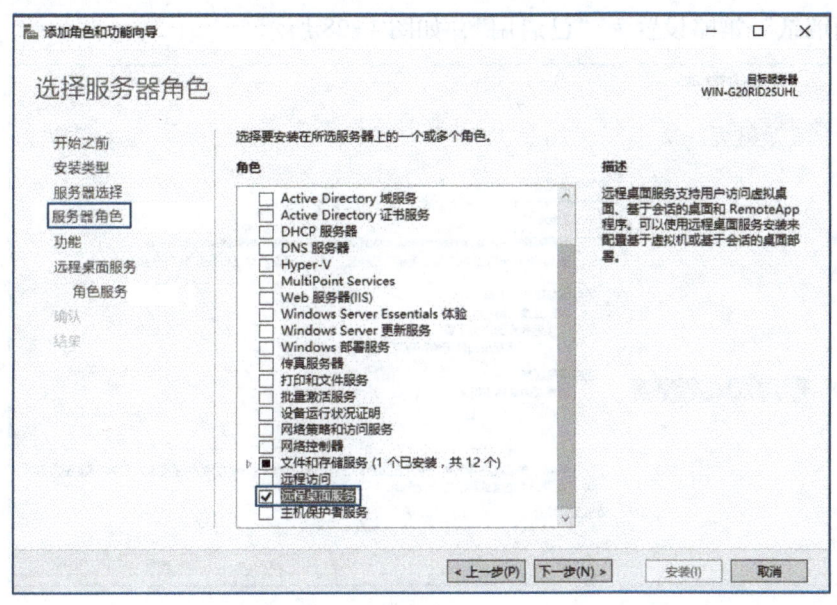

图 1-25

3）单击"下一步"按钮直到如图 1-26 所示在"角色服务"步骤中选中"远程桌面会话主机"复选框。

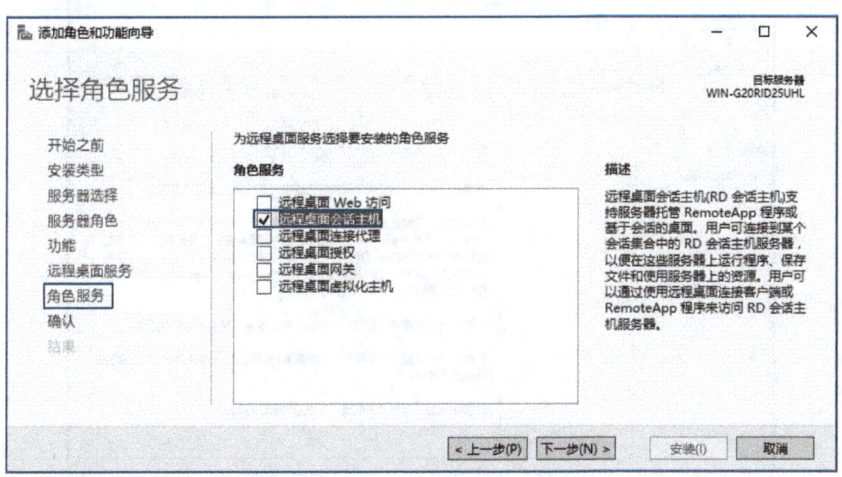

图 1-26

4）单击"下一步"按钮直到开始安装，最终如图 1-27 所示"成功安装"。

3. 设置远程桌面策略

1）单击系统"开始"按钮，在弹出的"开始"菜单的搜索框中直接输入"gpedit.msc"命令，打开"本地组策略编辑器"窗口，在左侧窗格中选择"计算机配置"→"管理模板"→"Windows 组件"→"远程桌面服务"→"远程桌面会话主机"→"远程会话环境"项，双击右侧的"强制删除远程桌面墙纸"策略，在打开的窗口中将"强制删除远程桌面墙纸"策略设置为"已启用",如图 1-28 所示。

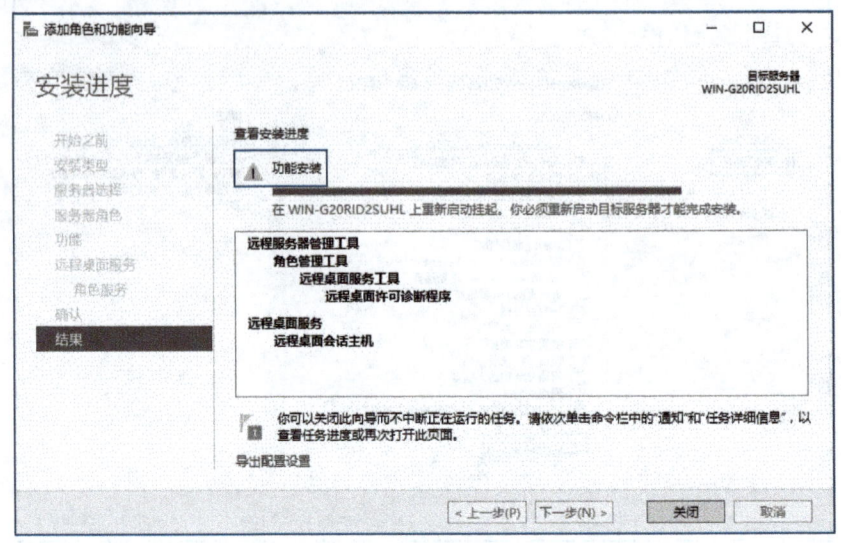

图 1-27

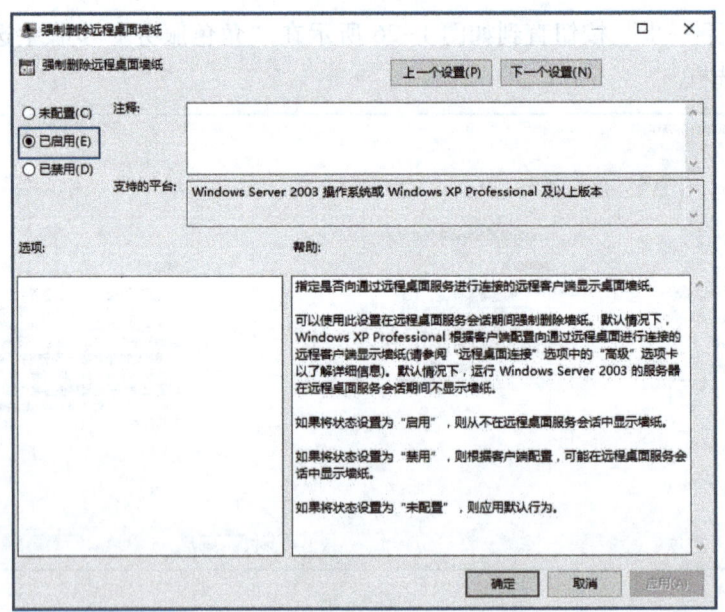

图 1-28

2）返回"本地组策略编辑器"窗口,在左侧窗格中选择"计算机配置"→"管理模板"→"Windows 组件"→"远程桌面服务"→"远程桌面会话主机"→"远程会话环境"项,双击右侧的"从'关机'对话框删除'断开连接'选项"策略,在打开的窗口中将该策略设置为"已启用",如图 1-29 所示。

3）返回"本地组策略编辑器"窗口,在左侧窗格中选择"计算机配置"→"管理模板"→"Windows 组件"→"远程桌面服务"→"远程桌面会话主机"→"安全"项,双击右侧的"始终在连接时提示输入密码"策略，在打开的窗口中将该策略设置为"已启用"，如图 1-30 所示。

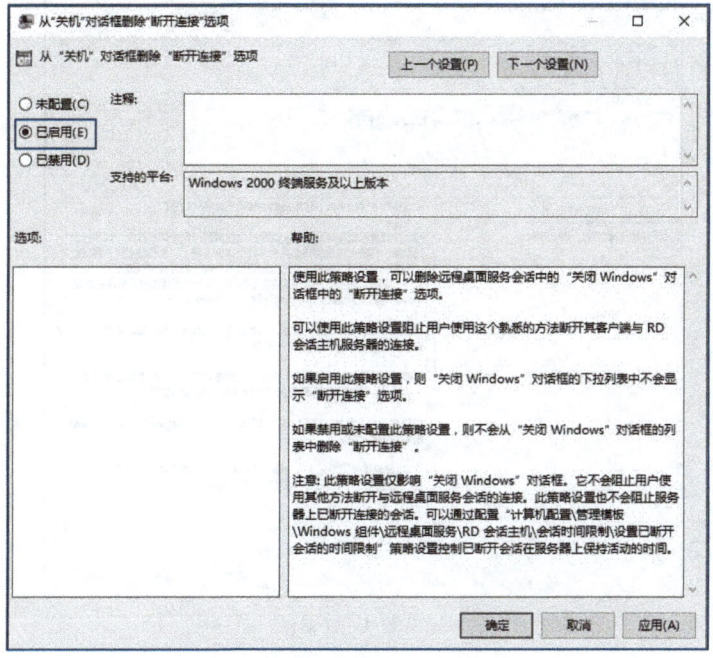

图 1-29

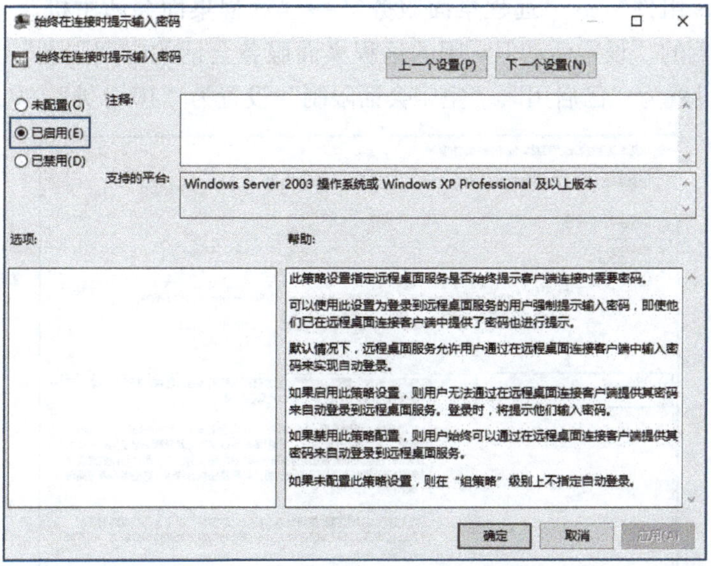

图 1-30

4）返回"本地组策略编辑器"窗口，在左侧窗格中选择"计算机配置"→"管理模板"→"Windows 组件"→"远程桌面服务"→"远程桌面会话主机"→"连接"项，双击右侧的"限制连接的数量"策略，在打开的窗口中将该策略设置为"已启用"，"允许的 RD 最大连接数"设置为"3",如图 1-31 所示。

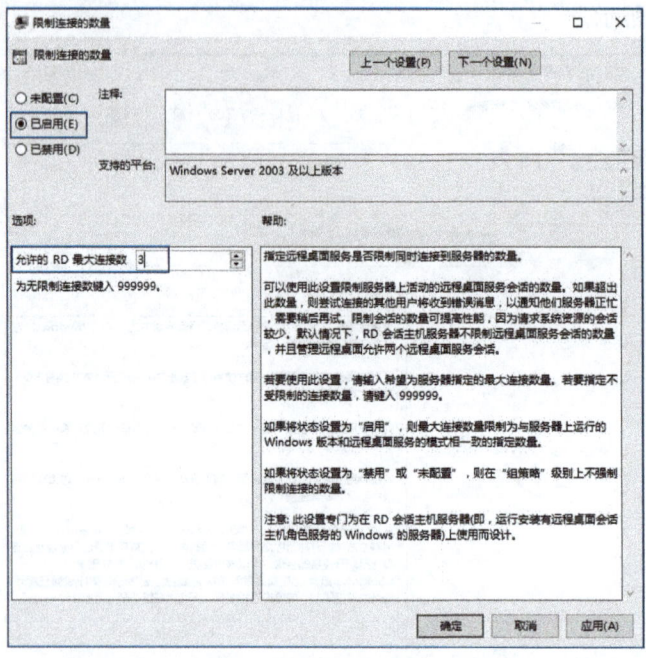

图 1-31

5)返回"本地组策略编辑器"窗口,在左侧窗格中选择"计算机配置"→"管理模板"→"Windows 组件"→"远程桌面服务"→"远程桌面会话主机"→"会话时间限制"项,双击右侧的"设置活动但空闲的远程桌面服务会话的时间限制"策略,在打开的窗口中将该策略设置为"已启用","空闲会话限制"设置为"10 分钟",如图 1-32 所示。

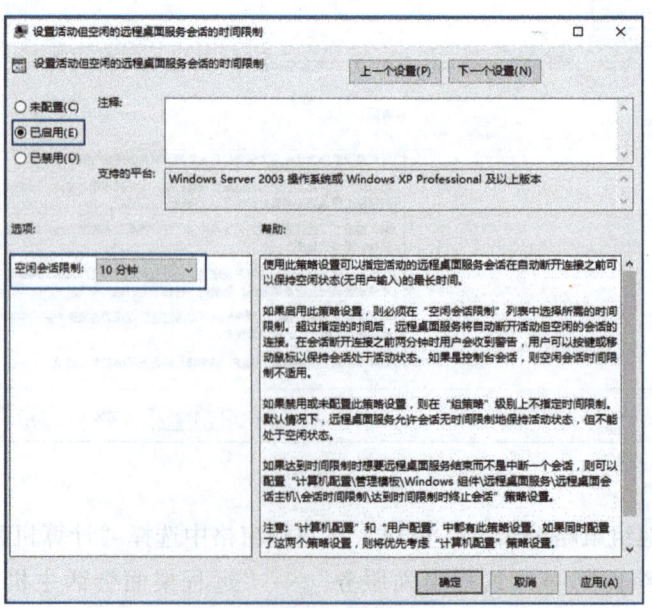

图 1-32

任务 1-4　配置、管理系统安全审核

任务描述

对公司服务器进行安全审核是非常有必要的。网络安全防护人员在常规维护和故障排查过程中，可以通过系统安全审核内容快速定位故障或发现安全隐患。常见的系统安全审核配置如下：

1）对所有系统的登录、注销事件进行审核。
2）对成功配置计算机账户的事件进行审核。
3）对开启关闭 Windows 防火墙服务的操作进行审核。
4）对成功访问可移动存储设备的事件进行审核。
5）对 C:\file 文件夹进行审核，对 Administrator 账户对该文件夹的所有成功的删除操作做审核。

知识准备

1. 安全审核

审核是指通过将所选类型的事件记录在服务器或工作站的安全日志中，用来追踪用户活动的过程。可以让系统管理员跟踪是否有用户访问计算机内的资源、跟踪计算机运行情况。

Windows 服务器中审核的主要事件类别如下：

1）审核账户登录事件。
2）审核账户管理。
3）审核目录服务访问。
4）审核对象访问。
5）审核系统事件。

2. 审核策略

审核策略就是制定某些特定审核规则，当用户触发了该规则的内容，系统就会将该行为进行记录，系统管理员可以通过事件查看器查看是否有用户违反了安全事件，系统维护人员通过查看审核日志可以发现关心的所有内容记录，作为故障排查或安全事件报警的依据。

任务实施

微课 1-4
配置、管理
系统安全审核

1. 系统事件审核设置

1）打开"服务器管理器"窗口，选择"工具"→"本地安全策略"命令，如图 1-33 所示。

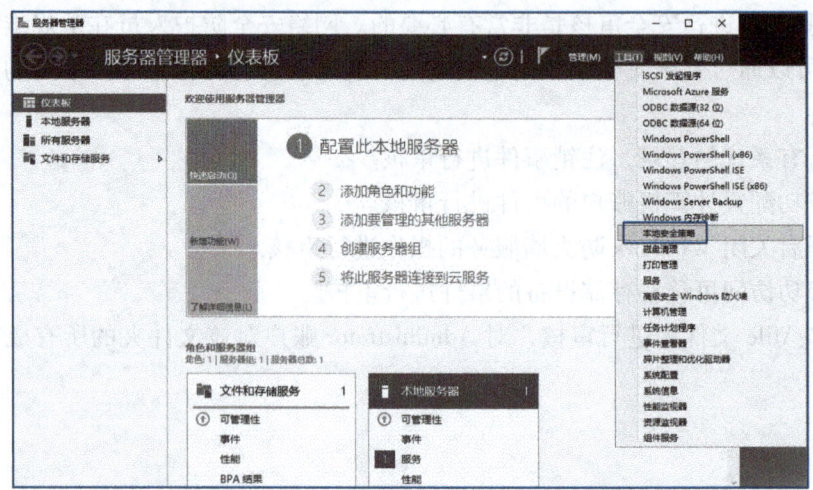

图 1-33

2）打开"本地安全策略"窗口，在左侧窗格中选择"高级审核策略配置"→"系统审核策略-本地组策略对象"→"登录/注销"项，如图 1-34 所示。

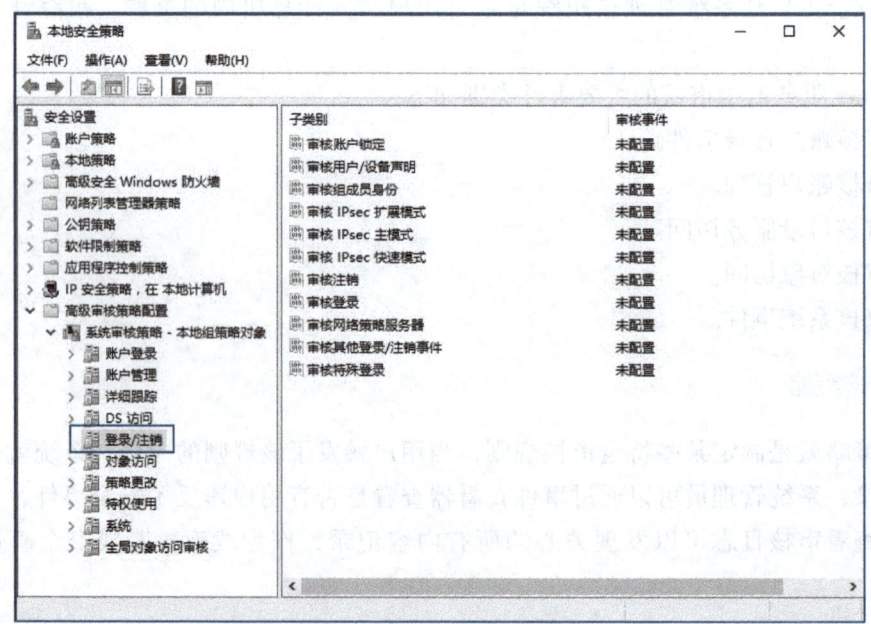

图 1-34

3)在右侧子类别中双击"审核登录"项,在打开的"审核登录 属性"对话框中选中"配置以下审核事件"复选框,并选中"成功"和"失败"复选框,如图1-35所示,单击"确定"按钮。

4)同样,双击"审核注销"项,在打开的对话框中选中"配置以下审核事件"复选框,并选中"成功"和"失败"复选框,如图1-36所示。

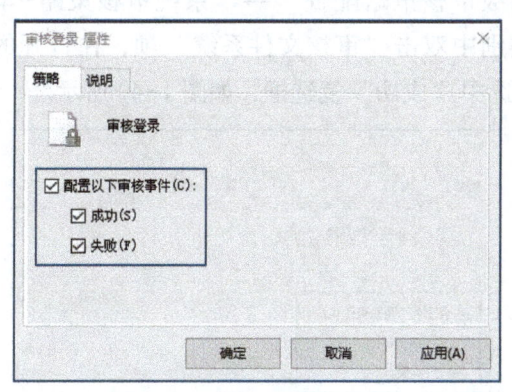

图 1-35

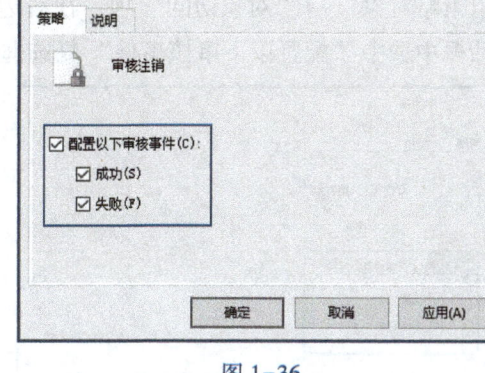

图 1-36

5)返回"本地安全策略"窗口,选择"高级审核策略配置"→"系统审核策略-本地组策略对象"→"账户管理"项,在右边子类别中双击"审核用户账户管理"项,在打开的对话框中选中"配置以下审核事件"复选框,并选中"成功"复选框,如图1-37所示。

2. 防火墙服务审核设置

返回"本地安全策略"窗口,选择"高级审核策略配置"→"系统审核策略-本地组策略对象"→"系统"项,在右边子类别中双击"审核其他系统事件"项,在打开的对话框中选中"配置以下审核事件"复选框,并选中"成功"和"失败"复选框,如图1-38所示。

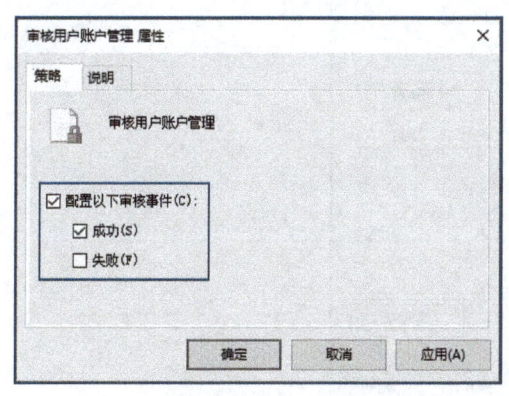

图 1-37

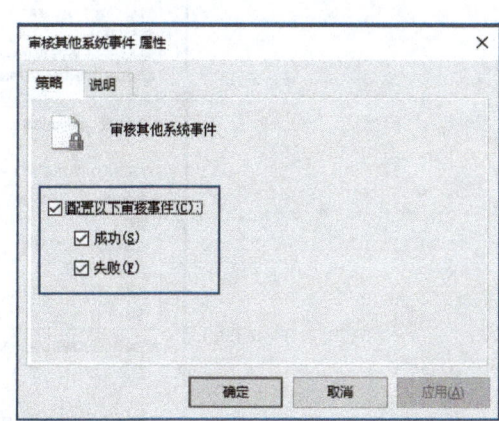

图 1-38

3. 可移动存储设备审核设置

1) 返回"本地安全策略"窗口，选择"高级审核策略配置"→"系统审核策略-本地组策略对象"→"对象访问"项，在右边子类别中双击"审核可移动存储"项，在打开的对话框中选中"配置以下审核事件"复选框，并选中"成功"复选框，如图1-39所示。

2) 返回"本地安全策略"窗口，选择"高级审核策略配置"→"系统审核策略-本地组策略对象"→"对象访问"项，在右边子类别中双击"审核文件系统"项，在打开的对话框中选中"配置以下审核事件"复选框，并选中"成功"复选框，如图1-40所示。

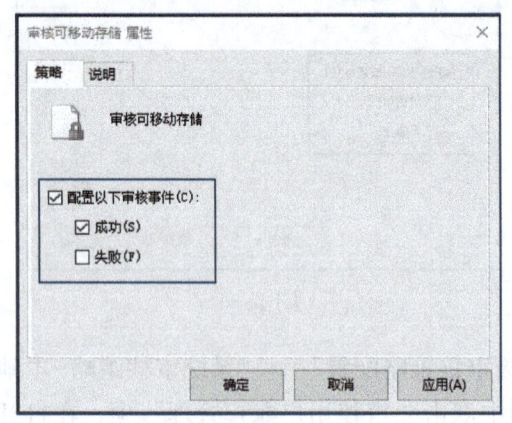

图 1-39   图 1-40

3) 打开"文件资源管理器"窗口，右击 C:\file 文件夹，在弹出的快捷菜单中选择"属性"命令，打开"file 属性"对话框。选择"安全"选项卡，单击"高级"按钮，如图 1-41 所示。

图 1-41

4)在"file 的高级安全设置"对话框中,选择"审核"选项卡,单击"添加"按钮,打开"file 的审核项目"窗口。选择主体为 Administrator 账户,类型为"成功",应用于"此文件夹、子文件夹和文件"。单击右侧"显示高级权限"超链接,选中"删除子文件夹及文件"和"删除"复选框,如图 1-42 所示。

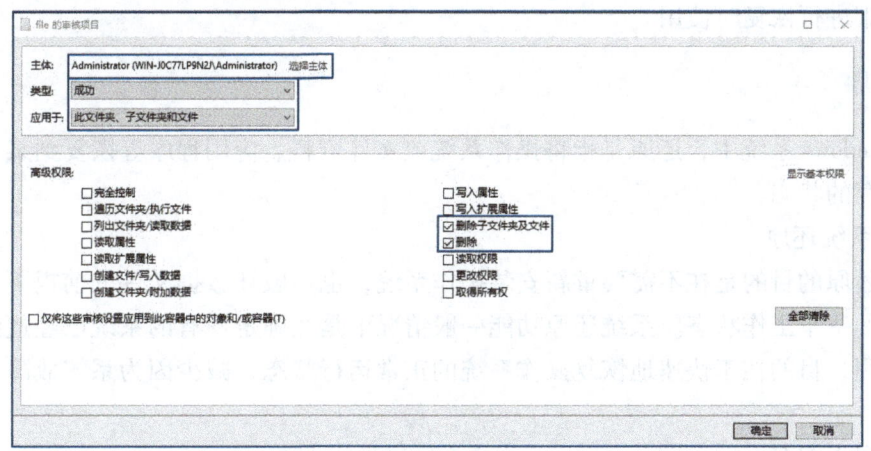

图 1-42

任务 1-5 配置、管理系统及文件的备份与还原

任务描述

Windows 系统自带备份与还原功能,备份与还原对象不仅限于操作系统本身,还可针对指定文件、文件夹进行备份与还原操作。一般备份与还原的操作步骤如下:

1)安装 Windows Server Backup 功能。
2)为服务器 C 盘做一次全面备份,保存到 E 盘。
3)对 C:\Share 文件夹设置每晚 22:00 进行完整备份,保存到 E 盘。
4)恢复备份的 Share 文件夹,查看恢复效果。

知识准备

1. 备份

备份是容灾的基础,是为了防止系统出现故障导致数据丢失进行的预防性措施,备份可以分为系统备份和数据备份。

(1)系统备份

系统备份通常是为了防止用户操作系统因磁盘损伤或损坏、计算机病毒或人为误删除等原因造成的系统文件丢失,从而造成计算机操作系统不能正常引导,因此使用系统备份将操作系统事先保存副本并储存起来,用于故障后的即时恢复。

(2)数据备份

数据备份是指用户将数据,包括文件、数据库、应用程序等复制并储存起来,以备发生数据灾难进行恢复时使用。

2. 还原

在 Windows 系统中,还原是指将操作系统或文件资料、应用程序等恢复到某一个还原点或已保存的状态。

(1)系统还原

系统还原的目的是在不需要重新安装操作系统,也不破坏数据文件的前提下,使系统回到早期的一个工作状态。系统还原功能一般情况下是在确定现有的系统已经遭到破坏或故障时使用,目的在于快速地恢复操作系统的正常运行状态,减少因为系统故障导致的服务中断。

(2)数据还原

Windows Server 2016 自带的备份功能不仅可以备份整个操作系统,还能备份指定的数据文件。数据还原一般情况下是在人为误操作或故意破坏的情况下,为最大程度减少数据丢失带来的损失而进行的操作。

数据还原能挽回的数据损失多少,取决于数据备份的频度,即越频繁的备份能提供越少的数据损失,但同时频繁的备份操作大大增加了系统负荷。如何在减小系统负荷和数据损失最小化中取得最佳平衡,主要取决于数据的重要性。

任务实施

1. 安装 Windows Server Backup 功能

1)在进行备份还原操作前,首先需要检查系统是否已经安装了 Windows Server Backup 功能。打开"服务器管理器"窗口,选择"工具"→"Windows Server Backup"命令,若出现如图 1-43 所示页面提示"此计算机上未安装 Windows Server Backup",即表示该系统尚未安装 Windows Server Backup 功能。

2)打开"服务器管理器"窗口,选择"管理"→"添加角色和功能"命令,打开"添加角色和功能向导"窗口。依次单击"下一步"按钮,跳过"开始之前""安装类型""服务器选择"和"服务器角色"页面,如图 1-44 所示。

3)在"选择功能"页面,选中"Windows Server Backup"复选框,单击"下一步"按钮,如图 1-45 所示。

4)打开"确认"页面,选中"如果需要,自动重新启动目标服务器"复选框,然后单击"安装"按钮,开始安装 Windows Server Backup 功能。如图 1-46 所示,表示安装成功。

项目 1　Windows 操作系统安全配置

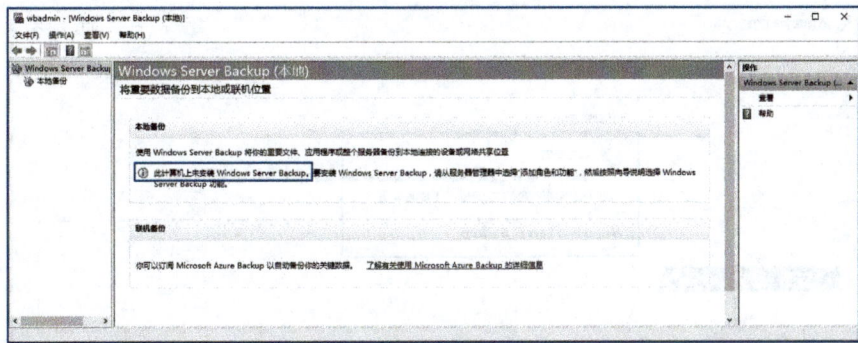

图 1-43

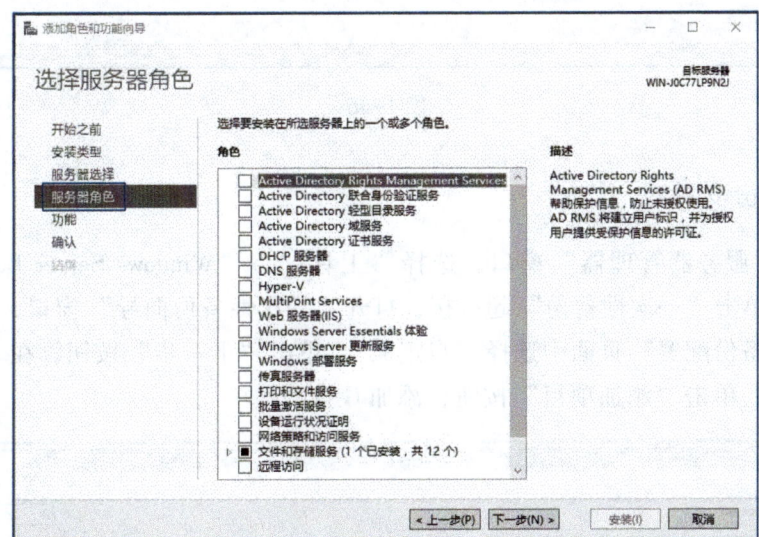

图 1-44

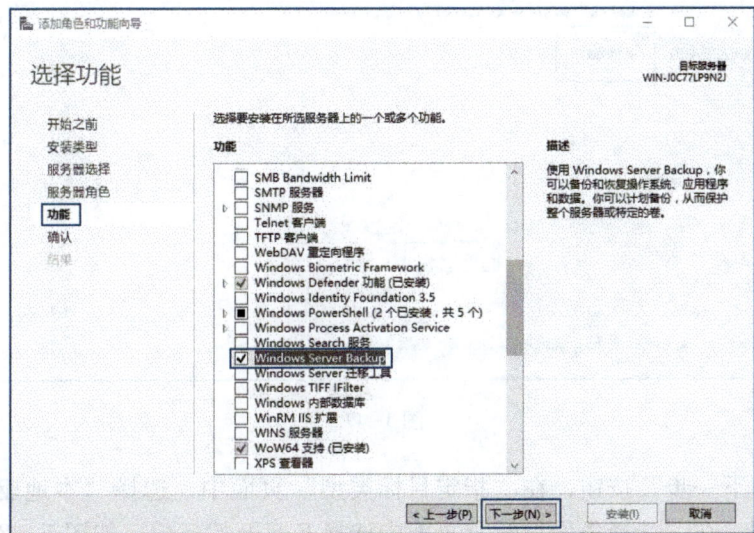

图 1-45

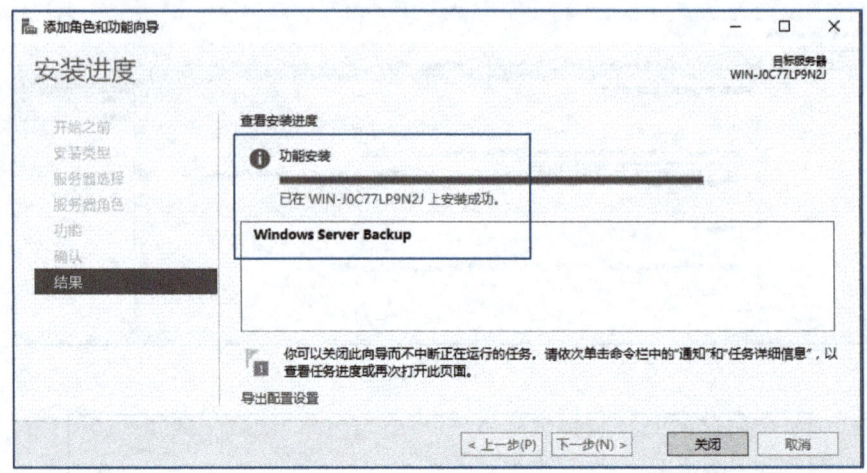

图 1-46

2. 全盘备份设置

1）打开"服务器管理器"窗口，选择"工具"→"Windows Server Backup"命令，在右侧窗格中单击"一次性备份"超链接，打开"一次性备份向导"窗口，如图 1-47 所示。在"选择备份配置"页面中选择"自定义"，单击"下一步"按钮，在"选择要备份的项"页面中，单击"添加项目"按钮，添加 C 盘。

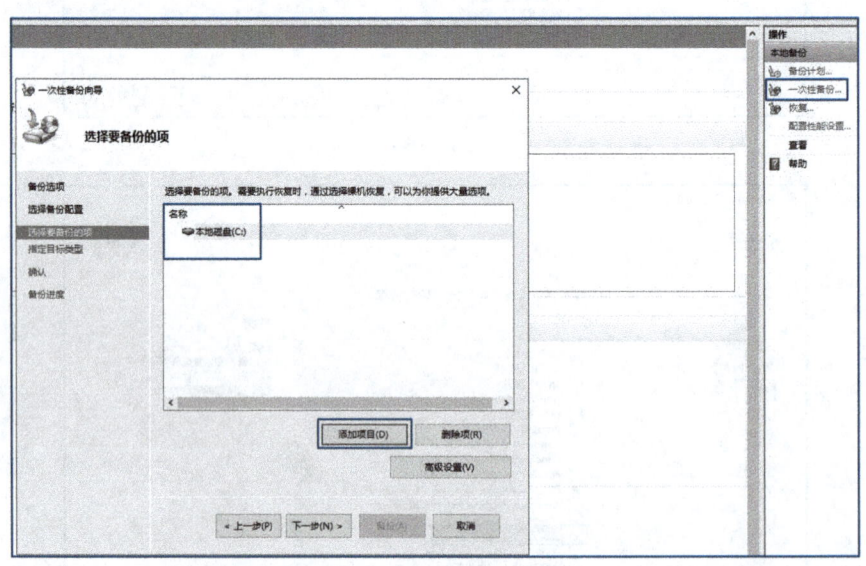

图 1-47

2）单击"下一步"按钮，在"指定目标类型"页面中，选择"本地驱动器"。单击"下一步"按钮，在"选择备份目标"页面中选择 E 盘开始备份，如图 1-48 所示。

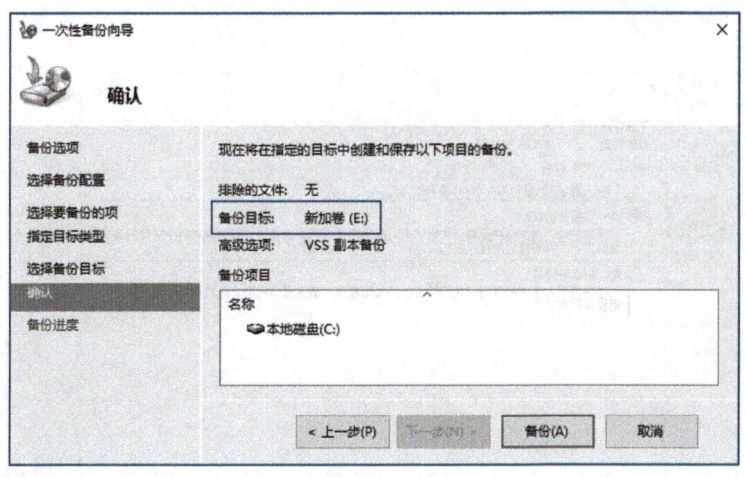

图 1-48

3. 自定义备份设置

1）打开"服务器管理器"窗口，选择"工具"→"Windows Server Backup"命令，在右侧窗格中单击"备份计划"超链接，打开"备份计划向导"对话框。在"选择备份配置"页面中选择"自定义"，单击"下一步"按钮，在"选择要备份的项"页面中添加 C:\Share 文件夹，如图 1-49 所示。

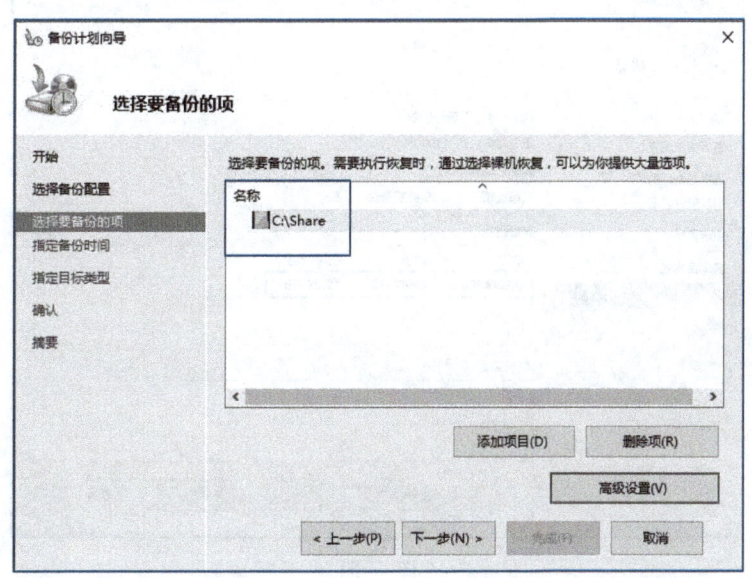

图 1-49

2）单击"高级设置"按钮，在打开的"高级设置"对话框中选中"VSS 完整备份"单选按钮，如图 1-50 所示。

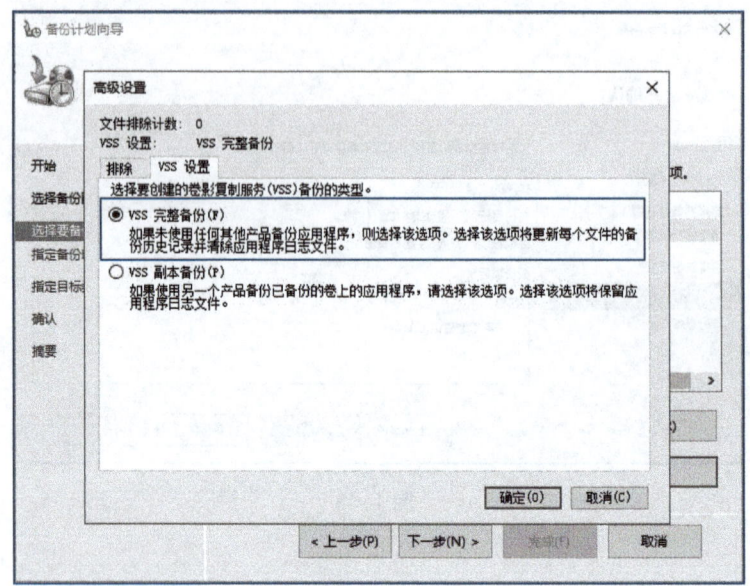

图 1-50

3）单击"下一步"按钮，在"指定备份时间"页面中选择"每日一次"和"22:00"。单击"下一步"按钮，在"指定目标类型"页面中选择"备份到卷"，添加 E 盘为目标卷后开始备份，如图 1-51 所示。

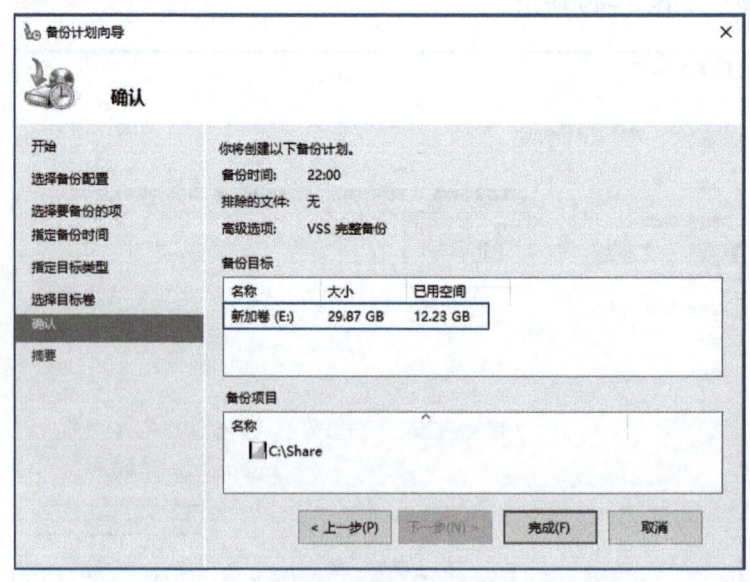

图 1-51

4. 文件夹恢复

1）返回"Windows Server Backup"窗口，在右侧窗格中单击"恢复"超链接，打开"恢复向导"对话框，选择要恢复的 Share 文件夹，如图 1-52 所示。

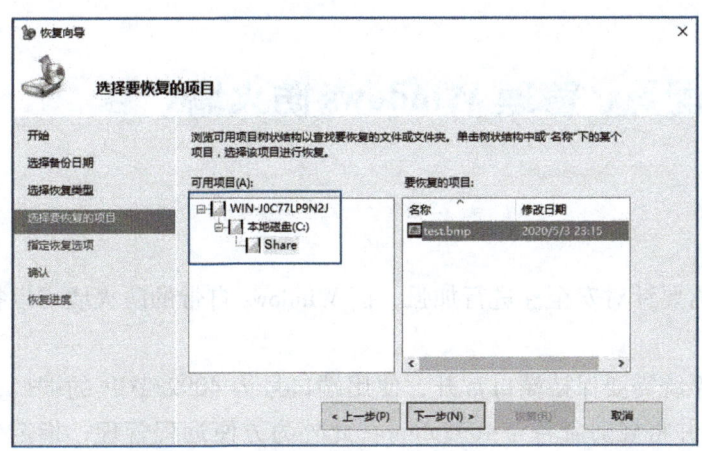

图 1-52

2)依次单击"下一步"按钮,完成恢复向导,最后单击"恢复"按钮,开始恢复 Share 文件夹,如图 1-53 所示,表示恢复成功。打开 C:\Share 文件夹,查看文件恢复效果,如图 1-54 所示。

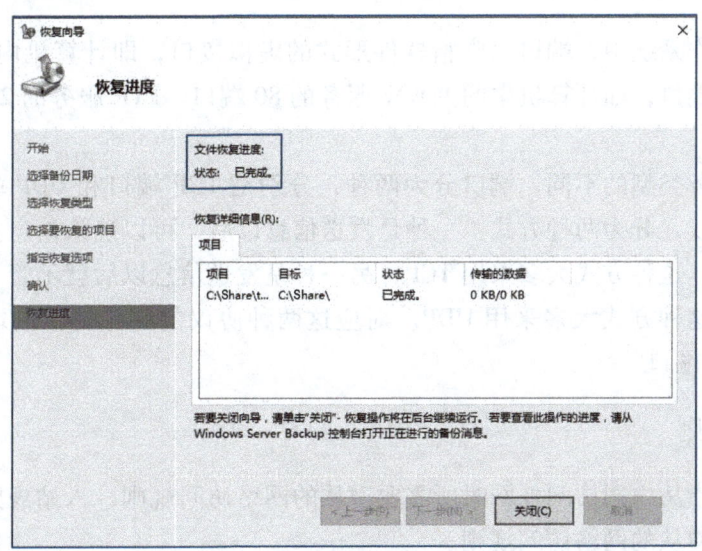

图 1-53

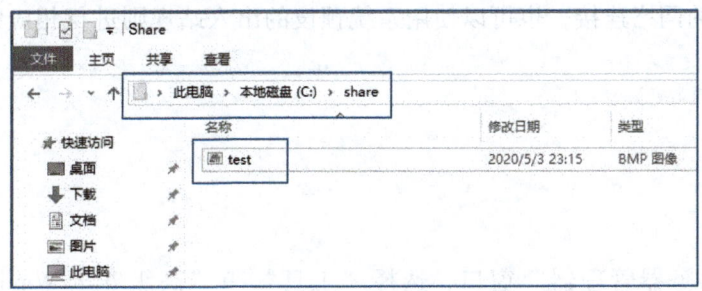

图 1-54

任务 1-6　配置、管理 Windows 防火墙

任务描述

公司服务器需要针对安全性进行加强，而 Windows 自带的防火墙可以提供功能强大的网络安全防护。

某公司业务系统需要保持端口常开，使用端口号为 4092/TCP 的端口，设置出入站规则放行 4092 端口并将规则命名为 4092allow。此外为方便远程管理，指定公司专用网络内的 IP 地址为 192.168.119.201，免除身份验证，规则命名为 poweradmin allow。

知识准备

1. 端口

在计算机操作系统中，端口通常指软件形式的虚拟接口，即计算机内部或交换机/路由器内的不可见端口，如计算机中的 WWW 服务的 80 端口、FTP 服务的 21 端口和远程桌面的 3389 端口等。

根据提供服务类型的不同，端口分为两种，分别是 TCP 端口和 UDP 端口。计算机之间相互通信的时候，分为两种方式：一种是发送信息以后，可以确认信息是否到达，也就是有应答的方式，这种方式大多采用 TCP；另一种是发送信息以后就不管了，即不去确认信息是否到达，这种方式大多采用 UDP。对应这两种协议的服务提供的端口，也就分为 TCP 端口和 UDP 端口。

2. 出入站规则

出站规则是指从内网访问外网时所需要遵从的网络访问规则，入站规则是指从外网访问内网时所需要遵从的网络访问规则。

用户可以通过"新建规则向导"创建自定义的入站规则和出站规则，从而阻挡或允许特定程序、端口的网络连接，也可以使用系统预设的出入站规则进行相应的配置来修改出入站规则。

任务实施

1. 端口设置

1）打开"服务器管理器"窗口，选择"工具"→"高级安全 Windows 防火墙"命令，如图 1-55 所示。

微课 1-5
配置、管理
Windows
防火墙

项目 1　Windows 操作系统安全配置

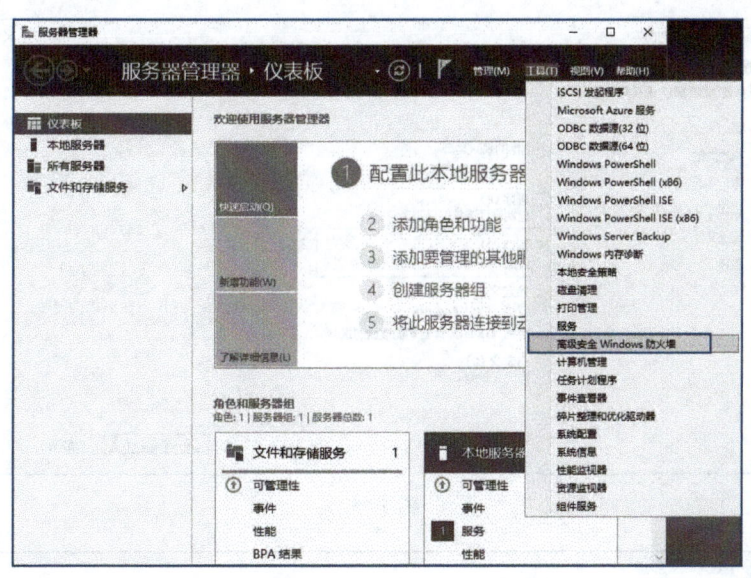

图 1-55

2）打开"高级安全 Windows 防火墙"窗口，在左侧窗格中选择"入站规则"项，在右侧单击"新建规则"超链接，如图 1-56 所示。

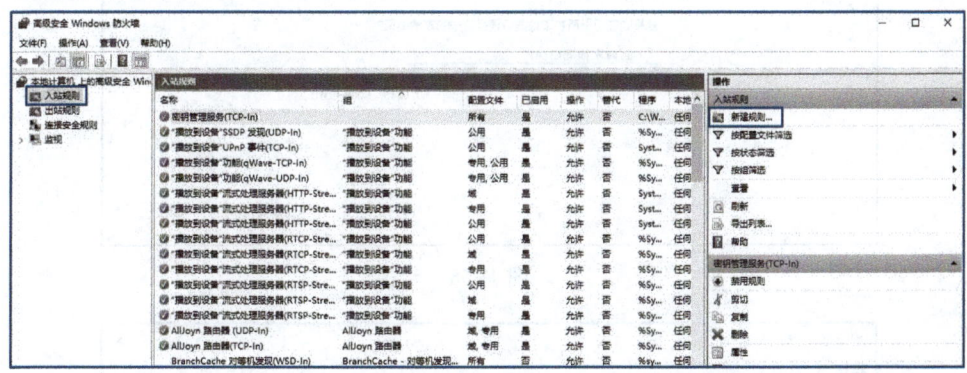

图 1-56

3）打开"新建入站规则向导"对话框，在"规则类型"页面中选中"端口"单选按钮，如图 1-57 所示。

4）单击"下一步"按钮，在"协议和端口"页面中选中"TCP"单选按钮，再选中"特定本地端口"单选按钮，并在其后的文本框中输入"4092"，如图 1-58 所示。

5）单击"下一步"按钮，在"操作"页面中选中"允许连接"单选按钮，如图 1-59 所示。

6）单击"下一步"按钮，在"配置文件"页面中选中"域""专用"和"公用"复选框，如图 1-60 所示。

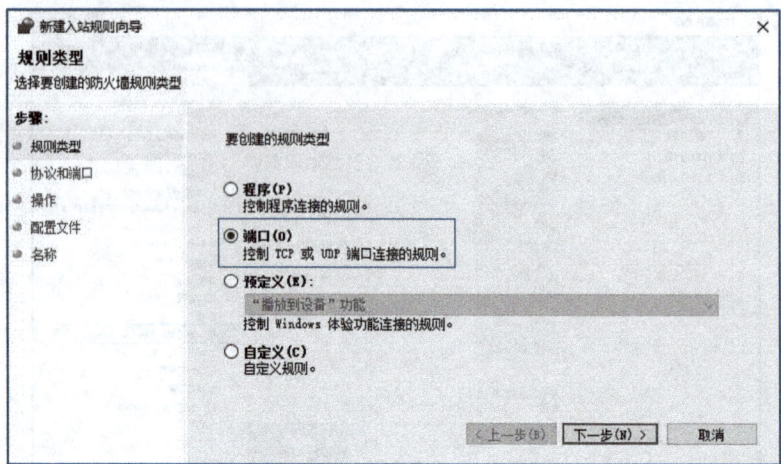

图 1-57

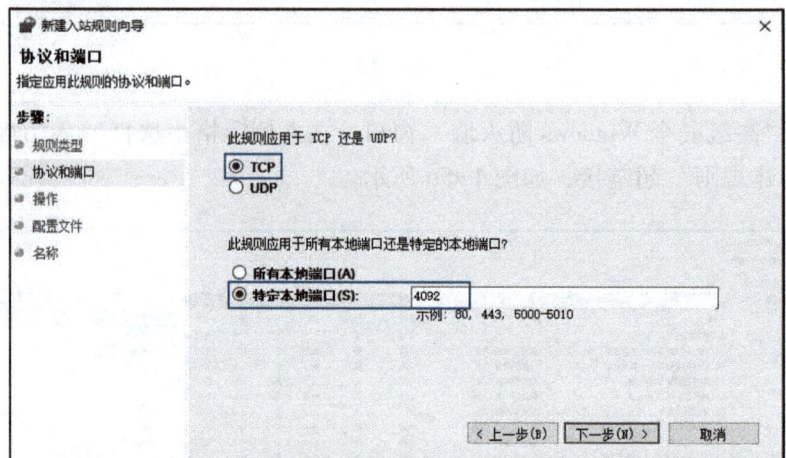

图 1-58

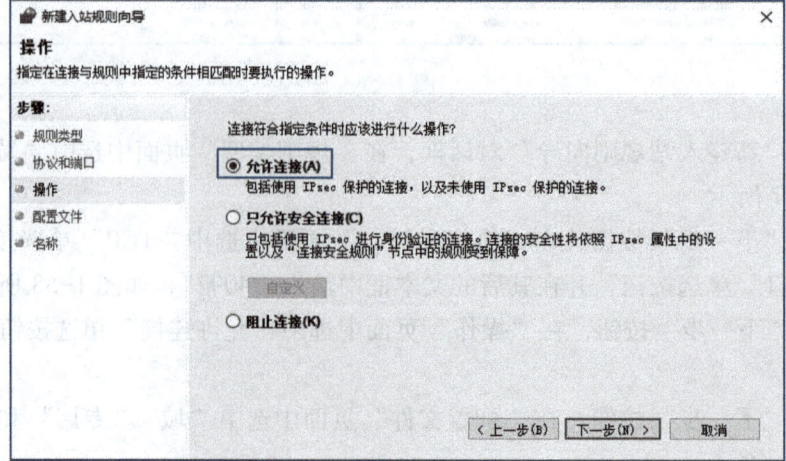

图 1-59

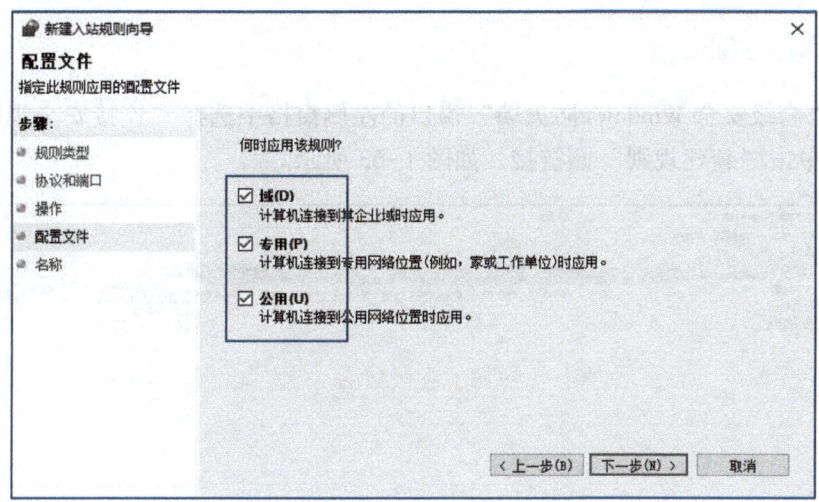

图 1-60

7）单击"下一步"按钮，在"名称"页面中输入规则的名称，这里命名为 4092allow，如图 1-61 所示，最后单击"完成"按钮。

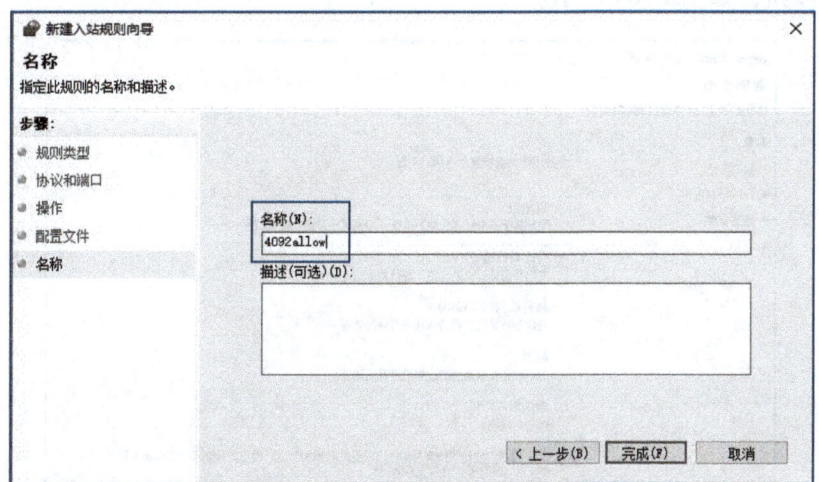

图 1-61

8）参考步骤 2~7，配置出站规则，结果如图 1-62 所示。

图 1-62

2. 免除身份验证设置

1）在"高级安全 Windows 防火墙"窗口的左侧窗格中选择"连接安全规则"项，在右侧窗格中单击"新建规则"超链接，如图 1-63 所示。

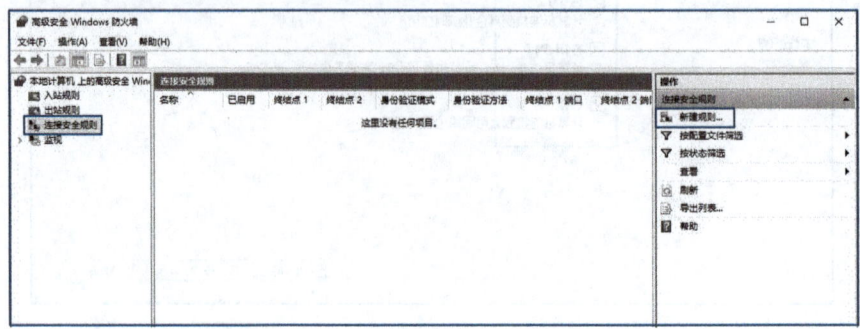

图 1-63

2）打开"新建连接安全规则向导"对话框，在"规则类型"页面中选中"免除身份验证"单选按钮，如图 1-64 所示。

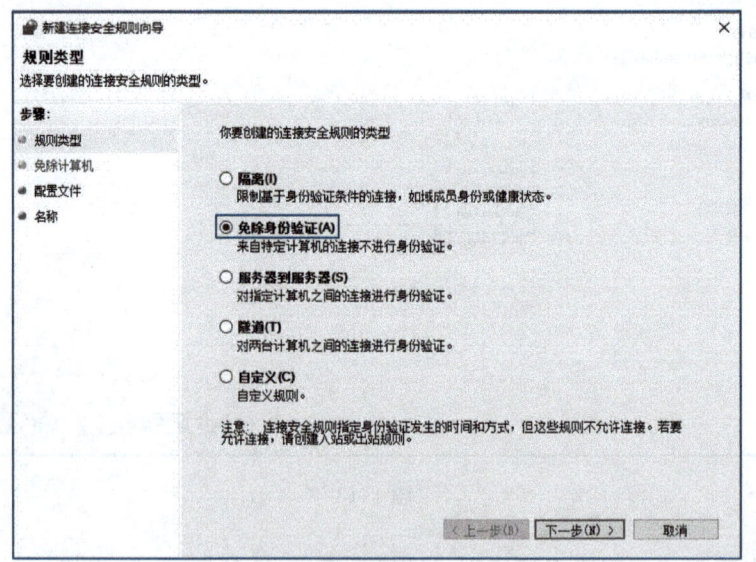

图 1-64

3）单击"下一步"按钮，在"免除计算机"页面中单击"添加"按钮，在打开的对话框中输入 IP 地址"192.168.119.201/32"，如图 1-65 所示。

4）单击"下一步"按钮，在"配置文件"页面中选中"专用"复选框，如图 1-66 所示。

5）单击"下一步"按钮，在"名称"页面中输入"poweradmin allow"，如图 1-67 所示。最后单击"完成"按钮，完成 Windows 防火墙配置。

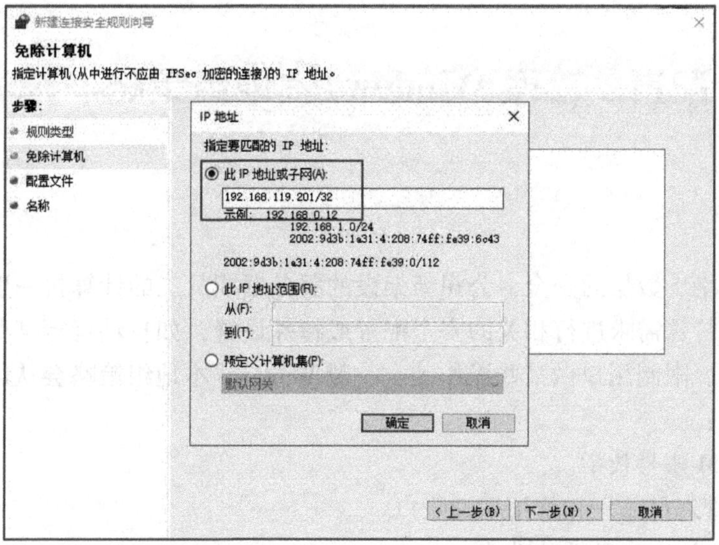

图 1-65

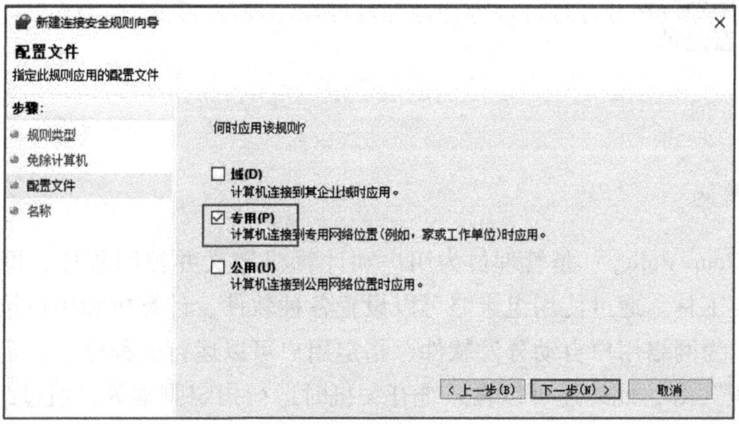

图 1-66

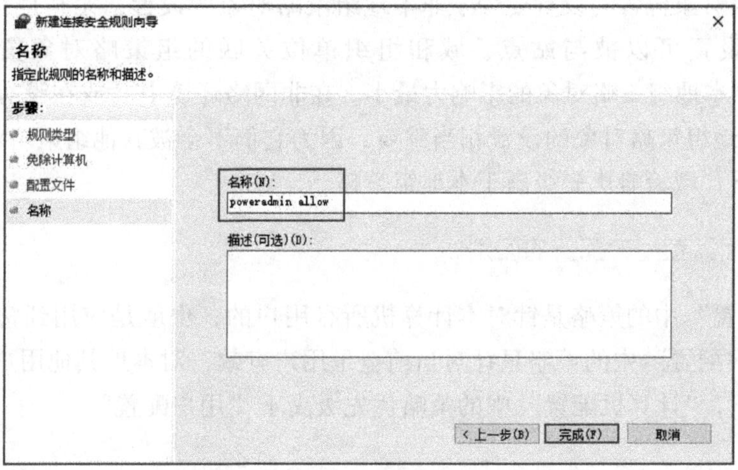

图 1-67

任务 1-7　配置、管理 Windows 本地组策略

任务描述

为了保证网络、数据的安全，公司新架设的服务器或员工的计算机一般在使用前都会根据使用情景或特殊需求进行相关的安全配置或特殊设置，如自动运行某些脚本、关闭计算机的某些功能、限制用户做某些操作等。一般 Windows 本地组策略会从以下几方面对系统安全进行加固：

1) 禁止 SAM 账号枚举。
2) 重命名管理员账户和禁用来宾账户。
3) 关闭 Windows 自动播放功能。
4) 增强审核策略。
5) 增强日志记录。

知识准备

1. 本地组策略

组策略（Group Policy）是管理员为用户和计算机定义并控制程序、网络资源及操作系统行为的主要工具。通过使用组策略可以设置各种软件、计算机和用户策略。

组策略可以为网络用户自动分发软件、指定用户可以运行的程序、自定义"开始"菜单或"控制面板"等，此外还可以在系统开关机时运行指定脚本等，通过组策略可以对计算机做出灵活多变的各种设置。

本地组策略对象包含的设置要少于非本地组策略对象的设置，尤其是在"安全设置"下。因为它的设置可以被与站点、域和组织单位关联的组策略对象覆盖，在 Active Directory 环境中本地组策略对象的影响力最小。在非网络环境中（或在没有域控制器的网络环境中），本地组策略对象的设置相当重要，因为它们不会被其他组策略对象覆盖。

相同策略下，域策略优先级高于本地组策略。

2. 计算机配置和用户配置的区别

"计算机配置"中的策略是针对本计算机所有用户的，也就是应用到整个计算机的组策略。而"用户配置"中的策略只针对当前登录用户有效，对本地其他用户是无效的。

相同策略下，"计算机配置"中的策略优先级高于"用户配置"。

3. 关闭 Windows 自动播放

Windows 自动播放功能通过读取光盘、U 盘或其他移动存储设备的配置文件信息来自动运行存储设备内的程序或播放媒体设备。由于开启自动播放功能后,当系统认出移动存储设备后立即读取配置文件,若配置文件中人为地导入恶意软件,则系统会感染病毒或执行恶意代码。因此,关闭 Windows 自动播放功能能有效防止计算机从外部存储设备感染恶意病毒。

4. SAM

SAM(Security Account Manager,安全账号管理器)一般用来存储 Windows 中的用户账户数据,所有用户的登录名和密码等相关信息都保存在这个文件中。

通常为保证安全,会禁止对 SAM 账号进行枚举,这样能降低系统账号密码被暴力破解的可能性,提高系统安全。

任务实施

1. 禁止枚举 SAM 账号

微课 1-6
配置、管理 Windows
本地组策略

1)单击系统"开始"按钮,在弹出的"开始"菜单的搜索框中直接输入"gpedit.msc"命令,打开"本地组策略编辑器"窗口,如图 1-68 所示。

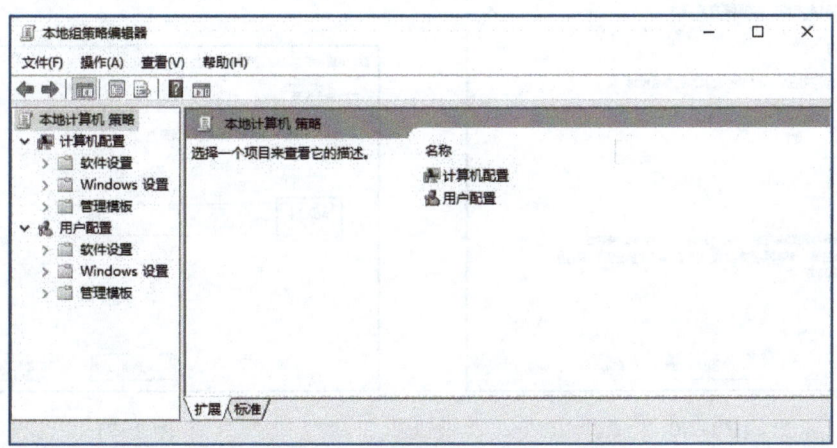

图 1-68

2)在左侧窗格中选择"计算机配置"→"Windows 设置"→"安全设置"→"本地策略"→"安全选项"项,在右侧双击"网络访问:不允许 SAM 账户和共享的匿名枚举"策略,如图 1-69 所示。

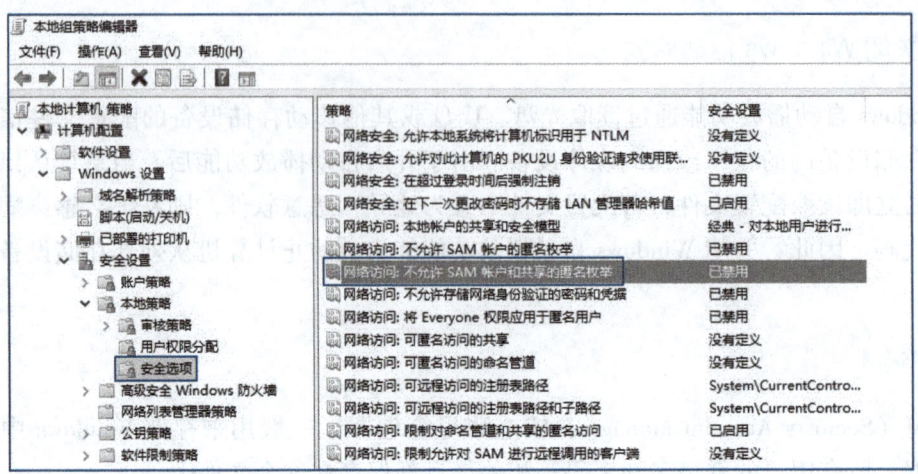

图 1-69

3)打开"网络访问:不允许 SAM 账户和共享的匿名枚举 属性"对话框,选中"已启用"单选按钮并单击"确定"按钮,如图 1-70 所示。

2. 重命名管理员账户

返回"本地组策略编辑器"窗口,双击"账户:重命名系统管理员账户"策略,在打开的对话框中输入自定义的系统管理员账户名称,如 Admin,如图 1-71 所示。

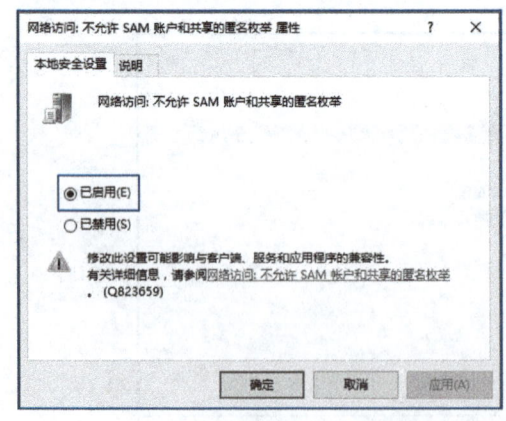

图 1-70

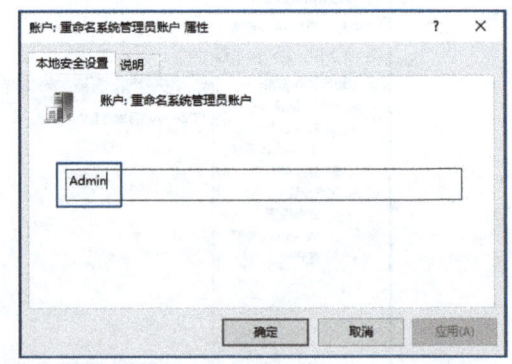

图 1-71

3. 禁用来宾账户

返回"本地组策略编辑器"窗口,双击"账户:来宾账户状态"策略,选中"已启用"单选按钮并单击"确定"按钮,如图 1-72 所示。

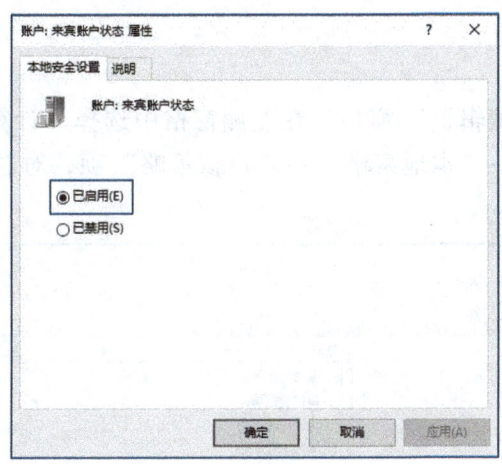

图 1-72

4. 关闭自动播放

返回"本地组策略编辑器"窗口，在左侧窗格中选择"计算机配置"→"管理模板"→"Windows 组件"→"自动播放策略"项，双击右侧的"关闭自动播放"策略，在打开的窗口中选中"已启用"单选按钮，在下面的"关闭自动播放"列表框中选择"所有驱动器"选项，如图 1-73 所示。

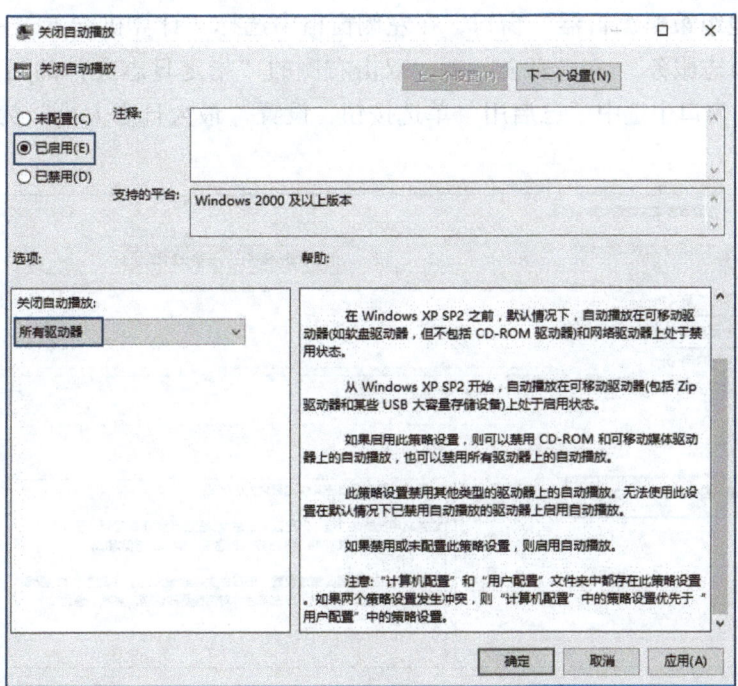

图 1-73

5. 增强审核策略

返回"本地组策略编辑器"窗口,在左侧窗格中选择"计算机配置"→"Windows 设置"→"安全设置"→"本地策略"→"审核策略"项,对右侧的策略进行设置,如图 1-74 所示。

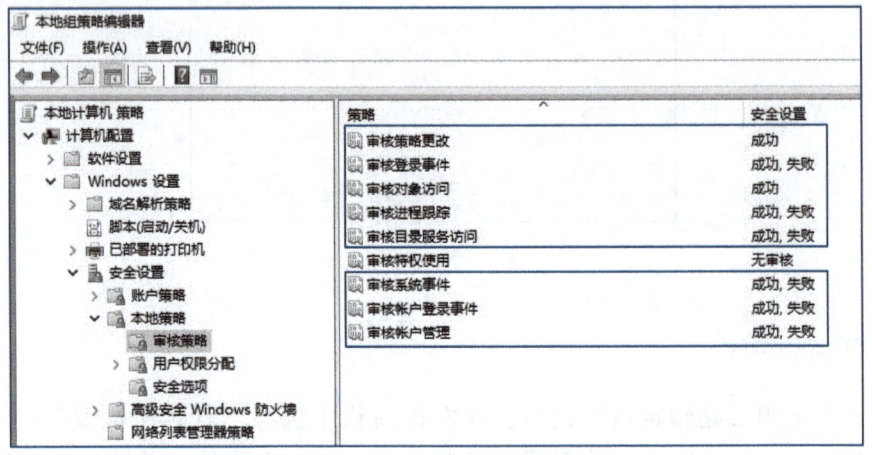

图 1-74

6. 增强日志记录

返回"本地组策略编辑器"窗口,在左侧窗格中选择"计算机配置"→"Windows 组件"→"事件日志服务"→"安全"项,双击右侧的"指定日志文件的最大大小(KB)"策略,在打开的窗口中选中"已启用"单选按钮,设置"最大日志大小"为 20 480 KB,如图 1-75 所示。

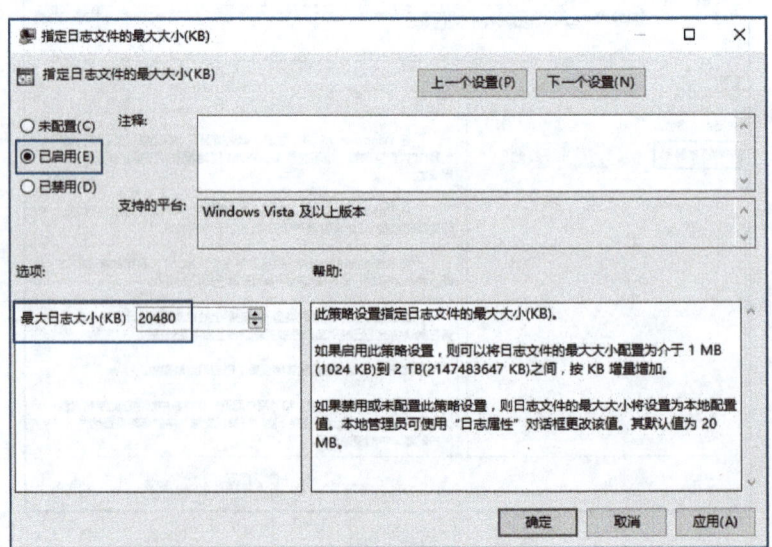

图 1-75

项目实训

1. 场地设备要求

1）计算机一台。

2）已安装 Windows Server 2016 的虚拟机。

2. 工作任务

某企业的网络安全防护人员现需要重新配置一台服务器，用来提供业务服务。对服务器基础配置进行设置，使其满足以下具体要求：

1）创建 Admin 账户并设置密码为 1qa@ WS，添加为 Users 组成员。

2）设置密码复杂性要求且密码必须大于 12 个字符，密码最长使用期限为 45 天；设置 5 次无效登录后账户锁定 30 分钟并重置。

3）将 C 盘根目录下的"共享文件"文件夹共享，设置 everyone 拥有只读权限。

4）开启远程桌面访问，设置远程桌面会话断开连接 15 分钟后自动从会话连接列表内删除，设置远程连接最大连接数为 8。

5）对服务器所有登录、注销事件进行审核；对成功创建用户账户的行为进行审核。

6）为完成基础配置的服务器进行一次完整备份，备份保存到 D 盘；备份完成后，设置禁止运行非计划的只运行一次的备份。

项目总结

通过本项目的学习，读者应该已经对 Windows Server 2016 系统有了一定的了解，熟悉 Windows 系统基础安全配置的理论知识，能熟练地进行相关配置操作，包括安全管理系统账户、安全管理文件的访问、安全管理远程桌面访问、配置防火墙及组策略，并进行数据的备份与还原等。

课后习题

一、选择题

1. 在 Windows 系统中，用户组权限仅次于 Administrators 组的是（　　）。

  A. Users 组   B. Guests 组
  C. Power Users 组   D. Remote Management Users 组

2. 授予用户读取某个文件夹权限时，以下（　　）权限不属于默认的读取权限。
  A. 读取和执行   B. 修改
  C. 列出文件夹内容   D. 读取

3. 以下用户组中能远程桌面访问 Windows 服务器的是（　　）。
  A. Users 组   B. Power Users 组
  C. Guests 组   D. Administrators 组

4. Windows 安全审核不能对（　　）内容进行审核。
  A. 添加账户   B. 关闭 IE 浏览器
  C. 删除文件夹   D. 注销用户

5. Windows Server Backup 不具有（　　）功能。
  A. 可以定时备份整个服务器   B. 备份时可以排除某个具体文件
  C. 可以一次性单独备份某一个文件   D. 可以直接打开备份的文件浏览

6. Windows 本地防火墙可以实现（　　）功能。
  A. 禁止计算机连接互联网   B. 禁止用户登录指定网站
  C. 禁止指定端口的通信   D. 禁止未经授权用户登录系统

7. 关于 Windows 本地组策略，以下不是本地组策略可配置的是（　　）。
  A. 设置密码最小长度   B. 修改账户名称
  C. 禁用来宾账户   D. 审核账户管理

8. Windows 系统还原时，以下错误的是（　　）。
  A. 可以将整个系统还原到之前的状态
  B. 可以选择单独的文件夹进行还原
  C. 进行系统还原操作后，在系统还原点之后安装的软件仍然可以使用
  D. 系统还原功能可以被禁用

9. Windows 系统中要将文件夹共享，以下步骤不必要的是（　　）。
  A. 设置文件夹权限   B. 设置文件夹所有者
  C. 设置共享名称   D. 设置共享权限

10. Windows 系统的高性能与（　　）无关。
  A. 内存是否足够大   B. CPU 性能是否足够高
  C. 硬盘是否足够大   D. 系统是否做过针对性优化

二、判断题

1. Windows 系统管理员账户只有 Administrator 用户，不可以添加其他系统管理员账户。
                                  （　　）

2. 在 NTFS 权限中，拒绝权限优先于允许权限。   （　　）

3. 在 Windows 用户账户中，只有 Remote Management Users 组可以使用远程桌面登录。
（　　）
4. 事件查看器是用来查看 Windows 安全审核日志的。（　　）
5. Windows 系统还原可以对整个系统的所有分区做完整备份。（　　）
6. Windows 本地防火墙可以根据实际需要灵活的自定义规则。（　　）
7. 本地组策略中，用户配置下的策略仅针对已登录账户。（　　）
8. Windows Server 2016 操作系统可以安装成 GUI、CLI 和 Nano 三种模式。（　　）

三、简答题

1. 请简述 Windows 用户账户中用户和用户组的关系。
2. NTFS 文件夹权限有哪些？权限设置的基本原则有哪些？

项目2　Linux操作系统安全配置

学习情境

　　Linux 操作系统主要面向服务器应用环境，进行复杂业务处理应用，在网络和计算机系统当中有广泛的应用。它可以提供数据库管理和网络服务等内容，是一种性能非常高且开源的服务器操作系统。在我国的计算机系统客户端中，有很多采用的就是 Linux 系统，其使用的范围非常广泛，用户体验反应较好。

　　Linux 操作系统的部署数量占全球服务器操作系统的大半，系统上承载着大量的应用服务，因此对操作系统的安全防护设置也变得尤为重要。通过本项目，将学习 Linux 操作系统安全配置的相关知识和技能。

　　本项目学习环境为 CentOS 8.1，所有实训任务都在该环境中进行操作。

学习目标

知识目标

1）了解 Linux 操作系统文件目录。
2）了解 Linux 操作系统设置文件目录的相关命令和设置方法。
3）了解 Linux 操作系统远程访问手段。
4）了解 Linux 操作系统 SSH 服务以及 SSH 相关设置。
5）了解 Linux 操作系统系统账户。
6）了解 Linux 操作系统系统账户的增、删、改、查操作命令。

技能目标

1）学会部署、配置 Linux 操作系统，安全管理 Linux 文件系统。
2）学会配置、管理 Linux 系统账户。
3）学会配置、管理 Linux 系统网络访问策略。
4）学会对系统进行安全审计、备份。

相关知识

  Linux 是一套免费使用和自由传播的，基于 POSIX 和 UNIX 的多用户、多任务，支持多线程和多 CPU 的操作系统。Linux 能运行主要的 UNIX 工具软件、应用程序和网络协议，支持 32 位和 64 位硬件。Linux 继承了 UNIX 以网络为核心的设计思想，是一个性能稳定的多用户网络操作系统。

  Linux 目前有上百种不同的发行版本，如基于社区开发的 Debian 和 Arch Linux，以及基于商业开发的 Red Hat Enterprise Linux、SuSE、Oracle Linux 等。目前市面上较知名的发行版本有 Ubuntu、RedHat、CentOS、Debian、Fedora、SuSE、OpenSuSE、Arch Linux、SolusOS 等。如今在很多场合都有各种 Linux 发行版本的使用，从嵌入式设备到超级计算机，并且在服务器领域也确定了其地位，目前服务器通常使用 LAMP（Linux + Apache + MySQL + PHP）或 LNMP（Linux + Nginx+ MySQL + PHP）组合。目前 Linux 不仅在家庭与企业中使用，在政府办公系统中也很受欢迎。

  Linux 内核最初只是由芬兰人林纳斯·托瓦兹（Linus Torvalds）在赫尔辛基大学上学时出于个人爱好而编写的。Linux 操作系统的诞生、发展和成长过程始终依赖着 5 个重要支柱：UNIX 操作系统、MINIX 操作系统、GNU 计划、POSIX 标准和 Internet。20 世纪 80 年代，计算机硬件的性能不断提高，个人计算机市场不断扩大，当时可供计算机选用的操作系统主要有 UNIX、MS-DOS 和 MacOS 这几种。UNIX 价格昂贵，不能运行于个人计算机；MS-DOS 显得简陋，且源代码被软件厂商严格保密；MacOS 是一种专门用于苹果计算机的操作系统。此时，计算机科学领域迫切需要一个更加完善、强大、廉价和完全开放的操作系统。由于供教学使用的典型操作系统很少，因此当时在荷兰当教授的美国人 Andrew S. Tanenbaum 编写了一个操作系统，名为 MINIX，用于向学生讲述操作系统内部的工作原理。MINIX 虽然很好，但只是一个用于教学目的的简单操作系统，并不是一个强有力的实用操作系统，然而其最大的好处就是公开源代码。全世界学计算机的学生都通过钻研 MINIX 源代码来了解计算机里运行的 MINIX 操作系统，芬兰赫尔辛基大学二年级的学生 Linus Torvalds 就是其中之一。在吸收了 MINIX 精华的基础上，Linus 于 1991 年写出了属于自己的 Linux 操作系统，版本为 Linux 0.01，这也是 Linux 时代开始的标志。他利用 UNIX 的核心，去除繁杂的核心程序，改写成适用于一般计算机的 x86 系统，并放在网络上供其他人下载。随后，他又于 1994 年推出完整的核心 Version 1.0。至此，Linux 逐渐成为功能完善、稳定的操作系统,并被广泛使用。

1. Linux 的主要特点

(1) 基本思想

Linux 的基本思想有两点:第一,一切都是文件;第二,每个文件都有确定的用途。第一条详细来讲就是系统中的所有内容都归结为一个文件,包括命令、硬件和软件设备、操作系统、进程等对于操作系统内核而言,都被视为拥有各自特性或类型的文件。至于说 Linux 是基于 UNIX 的,很大程度上也是因为这两者的基本思想十分相近。

(2) 完全免费

Linux 是一款免费的操作系统,用户可以通过网络或其他途径免费获得,并可以任意修改其源代码,这是其他操作系统所做不到的。正是由于这一点,来自全世界的无数程序员参与了 Linux 的修改、编写工作,程序员可以根据自己的兴趣和灵感对其进行改变,这让 Linux 吸收了无数程序员的精华,不断壮大。

(3) 完全兼容 POSIX 1.0 标准

这使得可以在 Linux 下通过相应的模拟器运行常见的 MS-DOS、Windows 程序,为用户从 Windows 转到 Linux 奠定了基础。许多用户在考虑使用 Linux 时,就想到以前在 Windows 下常见的程序是否能正常运行,而这一特性就消除了他们的疑虑。

(4) 多用户、多任务

Linux 支持多用户,各个用户对于自己的文件设备有自己特殊的权利,保证了各用户之间互不影响。多任务则是现在计算机最主要的一个特点,Linux 可以使多个程序同时并独立地运行。

(5) 良好的界面

Linux 同时具有字符界面和图形界面。在字符界面用户可以通过键盘输入相应的指令来进行操作。它同时也提供了类似 Windows 图形界面的 X-Window 系统,用户可以使用鼠标对其进行操作。在 X-Window 环境中就和在 Windows 中相似,可以说是一个 Linux 版的 Windows。

(6) 支持多种平台

Linux 可以运行在多种硬件平台上,如具有 x86、680x0、SPARC、Alpha 等处理器的平台。此外 Linux 还是一种嵌入式操作系统,可以运行在掌上电脑、机顶盒或游戏机上。2001 年 1 月份发布的 Linux 2.4 版内核已经能够完全支持 Intel 64 位芯片架构。同时 Linux 也支持多处理器技术。多个处理器同时工作,使系统性能大大提高。

2. Linux 基本安全隐患

(1) 用户账户以及登录安全

1) 删除多余用户和用户组。Linux 是多用户操作系统,存在很多同角色的系统账号。当安装完操作系统后,系统会默认添加用户组及用户,因此若是部分用户或是用户组不需要，应当将其立即删除，否则黑客很有可能利用这些账号，对服务器实施攻击。具体保留哪些账号，可以依据服务器的用途来决定。

2）关闭不需要的系统服务。操作系统安装完成后，会自主启动各种类型的服务程序内容。对于长时间运行的服务器而言，其运行的服务程序越多，则系统的安全性就越低。所以，就需要将一些应用不到的服务程序进行关闭，这对提升系统的安全性能有着极大帮助。

3）密码安全策略。在 Linux 中，远程登录系统具备两种认证形式：密钥认证与密码认证。其中，密钥认证的形式主要是将公钥储存在远程的服务器之上，私钥存储在本地。当进行系统登录的时候，再通过本地的私钥，以及远程的服务器公钥，进行配对认证的操作，若是认证的匹配度一致，则用户便能够畅通无阻地登录系统。此类认证的方式，并不会受到暴力破解的威胁。与此同时，只需要确保本地私钥的安全，使其不会被黑客所盗取即可，攻击者便不能够通过此类认证方式登录到系统中。所以，推荐使用密钥方式进行系统登录。

4）有效应用 su、sudo 命令。su 命令的作用是对用户进行切换。当管理员登录到系统之后，使用 su 命令切换到超级用户角色来执行一些需要超级权限的命令。但是由于超级用户的权限过大，同时，需要管理人员知道超级用户密码，因此 su 命令具有很严重的管理风险。

sudo 命令允许系统赋予普通用户一些超级权限，并且不需普通用户切换到超级用户。因此，在管理上应当细化权限分配机制，使用 sudo 命令为每一位管理员赋予其特定的管理权限。

(2) 远程访问及登录认证安全

远程登录应用 SSH 登录方式。Telnet 是一类存在安全隐患的登录认证服务，其在网络上利用明文传输内容，黑客很容易通过截获 Telnet 数据包获得用户的登录口令。另外，Telnet 服务程序的安全验证方式存在较大的安全隐患，使其成为黑客攻击的目标。SSH 服务则会将数据进行加密传输，能够防止 DNS 欺骗以及 IP 欺骗，并且传输的数据是经过压缩的，在一定程度上保证了服务器远程连接的安全。

(3) 文件系统的安全

1）加固系统重要文件。在 Linux 系统中，如果黑客取得超级权限，那么他在操作系统里面就可以不再有任何限制地做任何事情。在这种情况下，一个加固的文件系统将会是保护系统安全的最后一道防线。管理员可通过 chattr 命令锁定系统的一些重要文件或目录。

2）文件权限检查与修改。如果操作系统中的重要文件的权限设置不合理，则会对操作系统的安全性产生最为直接的影响。所以，系统的运行维护人员需要及时察觉到权限配置不合理的文件和目录并进行修正，以防安全事故发生。

3）安全设定/tmp、/var/tmp、/dev/shm。在 Linux 操作系统中，其用于存放临时文件的目录主要有两个，分别为/tmp 与/var/tmp。它们有个共同特点，就是所有的用户可读可写和执行，这样就对系统产生了安全隐患。应当针对这两个目录进行设置，不允许在这两个目录下执行应用程序。

（4）系统软件安全

绝大多数的服务器遭受攻击是因为系统软件或者应用程序有重大漏洞。黑客通过这些漏洞，可以轻松地侵入服务器。管理员应定期检查并修复漏洞。最常见的做法是升级软件，将软件保持在最新版本状态，这样就可以在一定程度上降低系统被入侵的可能性。

3. 本项目系统介绍

CentOS（Community Enterprise Operating System，社区企业操作系统）是一个基于 Red Hat Linux 提供的可自由使用源代码的企业级 Linux 发行版本。由于出自同样的源代码，因此有些要求高度稳定性的服务器以 CentOS 替代商业版的 Red Hat Linux 使用。两者的不同之处，在于 CentOS 完全开源。

每个版本的 CentOS 都会获得 10 年的支持（通过安全更新方式）。新版本的 CentOS 大约每两年发行一次，而每个版本的 CentOS 会定期（大概每 6 个月）更新一次，以便支持新的硬件，这样就可以建立一个安全、低维护、稳定、高预测性、高重复性的 Linux 环境。

CentOS 是 RHEL（Red Hat Enterprise Linux）源代码再编译的产物，而且在 RHEL 的基础上修正了不少已知的 Bug，相对于其他 Linux 发行版，其稳定性值得信赖。

2020 年 1 月，CentOS 社区发布了最新的 CentOS Linux 8.1（.1911）。该版本是基于 2019 年 11 月发布的 Red Hat Enterprise Linux 8.1 的社区重建版，其亮点包括内核实时修补，称为 FRR 的新路由协议堆栈（支持多种 IPv4 和 IPv6 路由协议），伯克利数据包过滤器（eBPF）的扩展版本以帮助系统管理员解决复杂的网络问题，支持对 LUKS2 中的块设备进行重新加密。在使用设备的同时，还提供了一种用于为容器生成 SELinux 策略的新工具 udica。

任务 2-1　管理 Linux 系统账户

任务描述

公司准备将 OA 系统迁移到 Linux 平台上，版本为 CentOS 8.1。目前准备对 Linux 平台进行环境稳定性测试，首先要求管理员在 Linux 系统中创建相应的测试用户 test01、test02 及测试组 testgroup。

知识准备

Linux 系统是一个多用户多任务的分时操作系统，任何一个要使用系统资源的用户，都必须首先向系统管理员申请一个账号,然后以这个账号的身份进入系统。用户的账号一方面可以帮助系统管理员对使用系统的用户进行跟踪,并控制他们对系统资源的访问;另一方面也可以帮助用户组织文件,并为用户提供安全性保护。

每个用户账号都拥有一个唯一的用户名和各自的口令。用户在登录时输入正确的用户名和口令后,就能够进入系统和自己的主目录。实现用户账号的管理,要完成的工作主要有如下几个方面:

1)用户账号的添加、删除与修改。
2)用户口令的管理。
3)用户组的管理。

1. useradd 命令——创建用户账户

命令格式:useradd [options] LOGIN

常见的 options 选项说明如下。

1)-c,--comment COMMENT:为用户添加说明。
2)-d,--home-dir HOME_DIR:指定某个目录为用户主目录。
3)-e,--expiredate EXPIRE_DATE:指定日期,格式为 YYYY-MM-DD,即账户失效日期。
4)-g,--gid GROUP:指定初始用户组,该用户组的 GID 会被保存在/etc/passwd 第 4 个字段内。
5)-G,--groups GROUPS:指定附加用户组。
6)-u,--uid UID:指定一个特定的 UID 给用户。
7)-s,--shell SHELL:指定一个 shell,默认为/bin/bash。
8)-r,--system:创建一个系统账户。

2. usermod 命令——管理用户账户

命令格式:usermod [options] LOGIN

常见的 options 选项说明如下。

1)-c,--comment COMMENT:设置账户的说明。
2)-d,--home-dir HOME_DIR:设置账户的主目录。
3)-e,--expiredate EXPIRE_DATE:设置账户的失效日期,格式为 YYYY-MM-DD,shadow 的第 8 个字段。
4)-g,--gid GROUP:设置初始用户组。
5)-G,--groups GROUPS:设置附加用户组。
6)-a,--append:与-G 合用,可增加附加用户组。
7)-l,--login NEW_LOGIN:修改账户名称。
8)-s,--shell SHELL:设置 shell。

9) -u, --uid UID：设置 UID。

10) -L, --lock：锁定用户密码，暂时将密码冻结，让其无法登录。

11) -U, --unlock：解锁密码，即将/etc/shadow 密码栏的感叹号（！）去掉。

3. groupadd 命令——创建用户组

命令格式：groupadd [options] GROUP

常见的 options 选项说明如下。

-r, --remove：删除用户账户的同时移除主目录和邮件存储。

4. groupmod 命令——管理用户组

命令格式：groupadd [options] GROUP

常见的 options 选项说明如下：

1) -g, --gid GID：修改 GID。

2) -n, --new-name NEW_GROUP：修改用户组名。

任务实施

1. 创建测试用户账户

微课 2-1
管理 Linux
系统账户

1）在桌面上右击，在弹出的快捷菜单中选择"打开终端"命令，使用 su 命令切换到 root 用户，如图 2-1 所示。

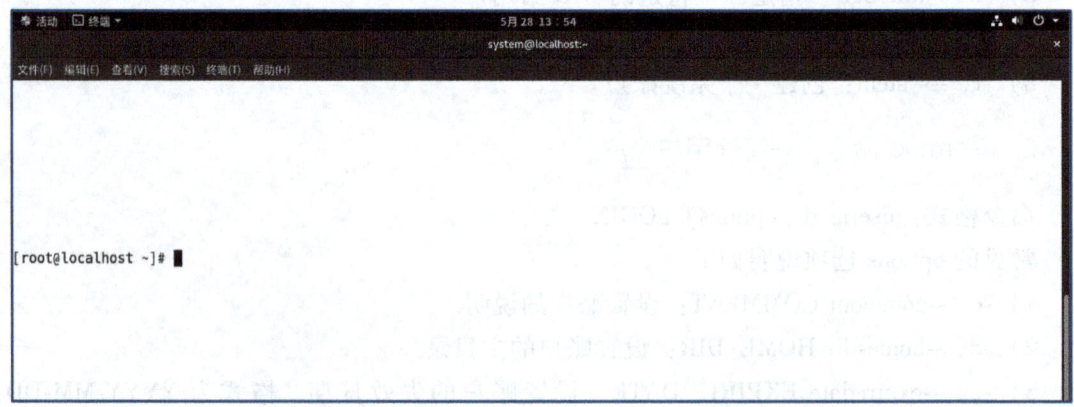

图 2-1

2）创建 test01，密码为 test01!123，命令如下，结果如图 2-2 所示。

```
#useradd test01
#passwd test01
```

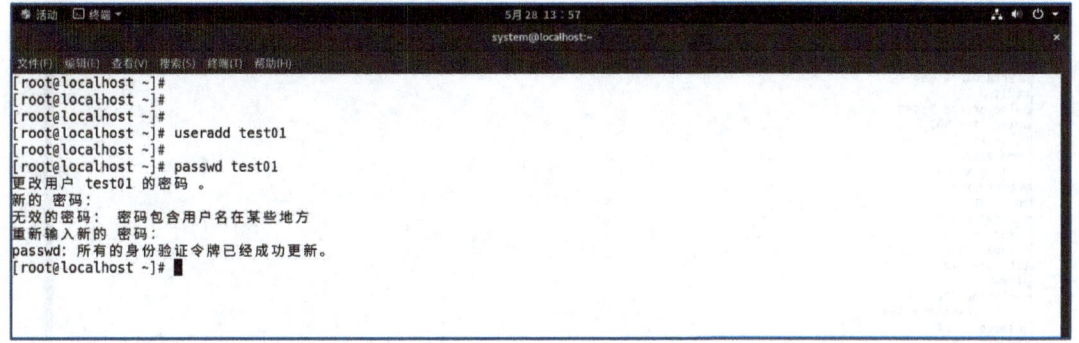

图 2-2

3）检查 passwd 文件，命令如下，结果如图 2-3 所示。

#cat /etc/passwd

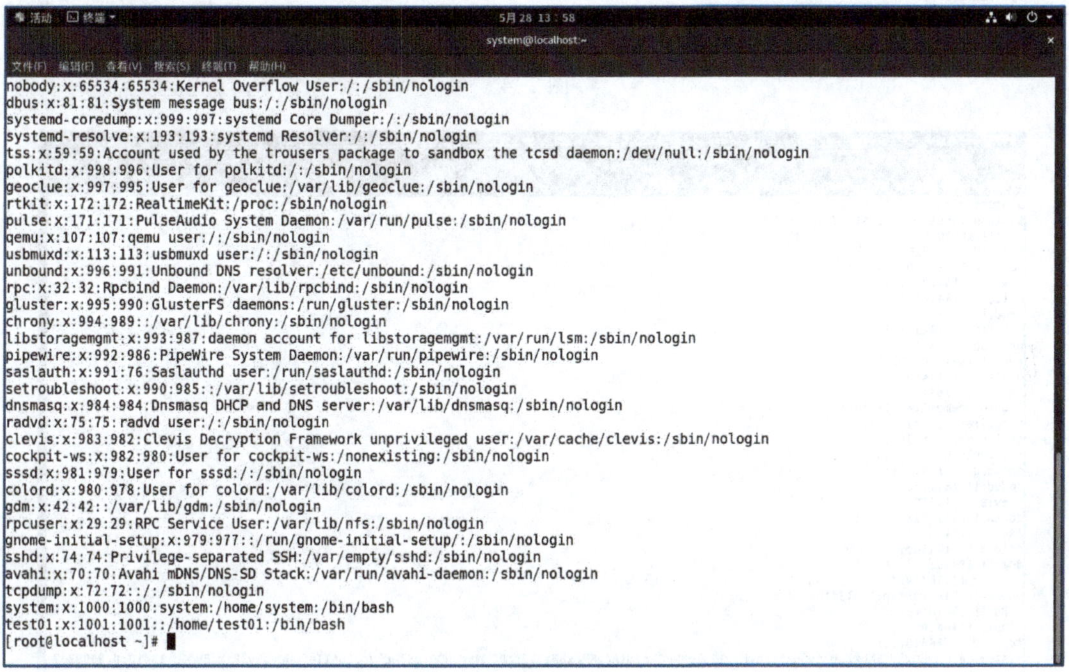

图 2-3

4）检查 group 文件，命令如下，结果如图 2-4 所示。

#cat /etc/group

5）检查 shadow 文件，命令如下，结果如图 2-5 所示。

#cat /etc/shadow

图 2-4

图 2-5

2. 创建另一个测试用户账户

1) 创建 test02，密码为 test02!123，命令如下，结果如图 2-6 所示。

#useradd test02
#passwd test02

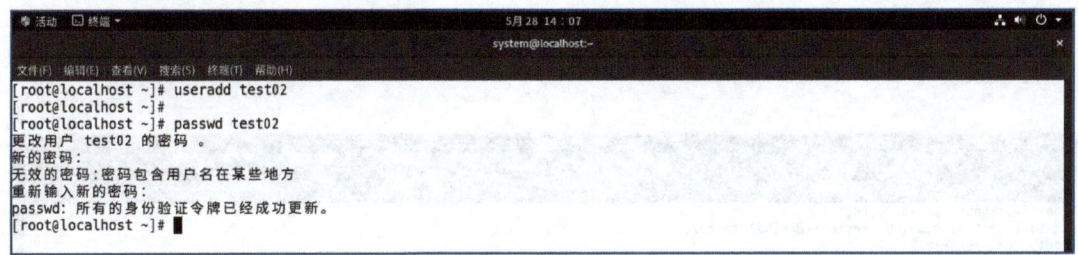

图 2-6

2）设置 test02 不能登录系统，命令如下，结果如图 2-7 所示。

#usermod -s /sbin/nologin test02

图 2-7

3）查看 passwd 文件，命令如下，结果如图 2-8 所示。

#cat /etc/passwd

图 2-8

4）使用 id 命令查看用户 test02 信息，命令如下，结果如图 2-9 所示。

id test02

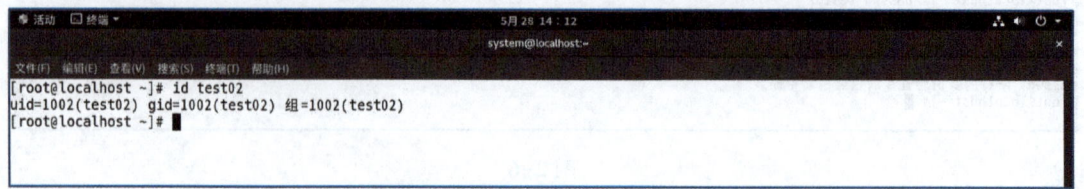

图 2-9

3. 创建测试组 testgroup，并查看组的 GID

命令如下，结果如图 2-10 和图 2-11 所示。

#groupadd testgroup
#cat /etc/group

图 2-10

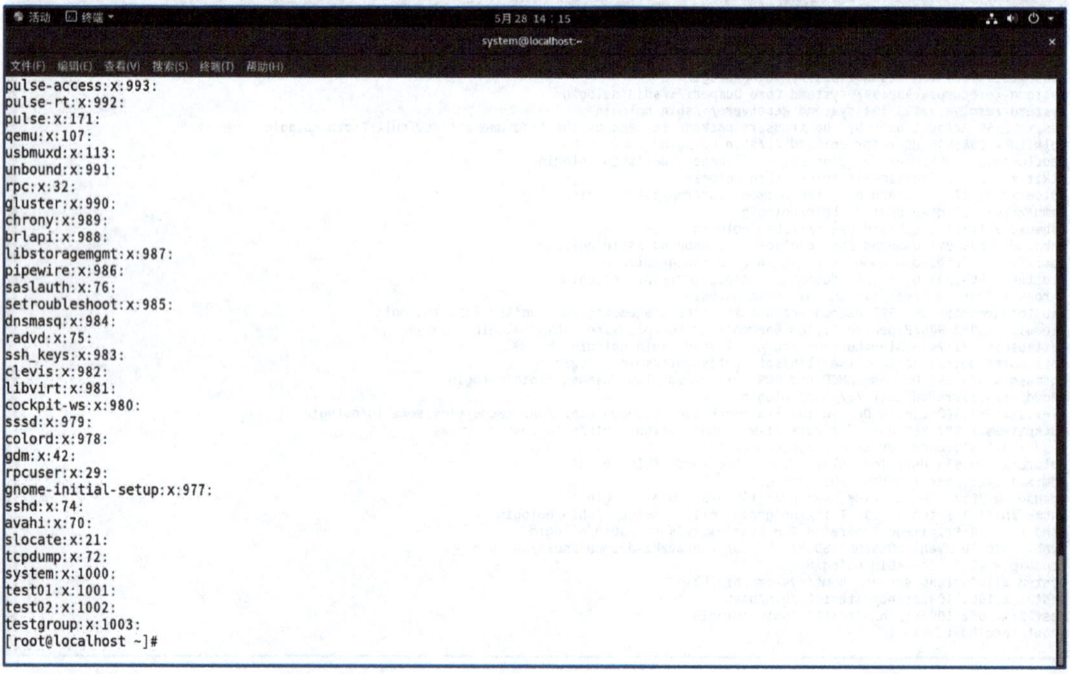

图 2-11

4. 将 test01 和 test02 加入到 testgroup 组

1）添加 test01 和 test02 到 testgroup 组中，命令如下，结果如图 2-12 所示。

#usermod -G testgroup test01
#usermod -G testgroup test02

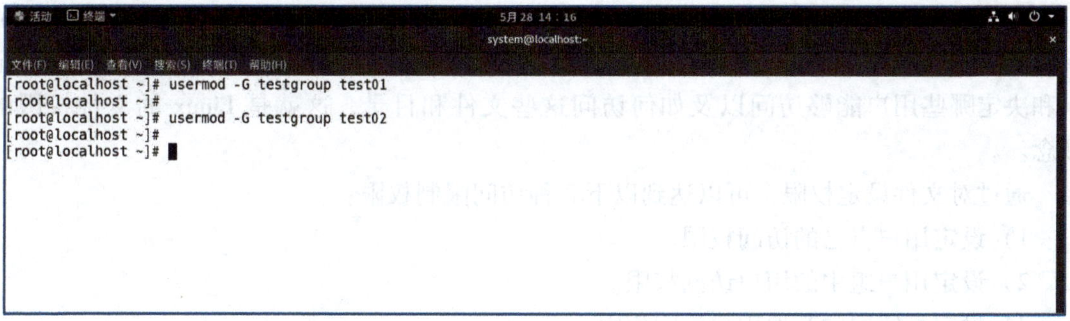

图 2-12

2）使用 id 命令查看 test01 和 test02，命令如下，结果如图 2-13 所示。

#id test01
#id test02

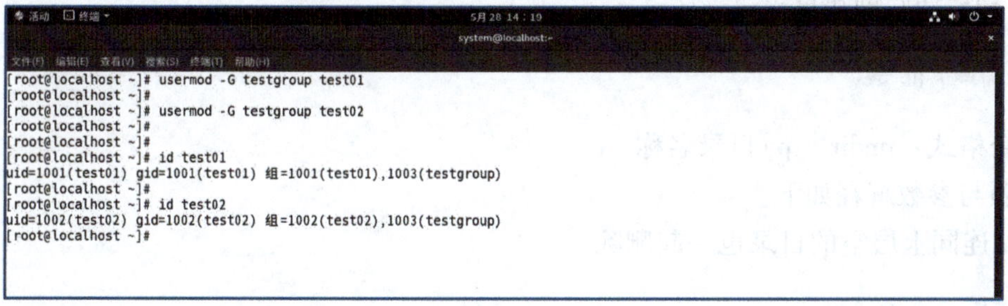

图 2-13

任务 2-2　管理 Linux 系统文件访问

任务描述

公司准备将 OA 系统迁移到 Linux 平台上，版本为 CentOS 8.1。目前准备对 Linux 平台进行环境稳定性测试，要求管理员在 Linux 系统中创建相应的目录 /opt/develop 和 /opt/

test，并设置/opt/develop 的所有者和所属组分别为 test01 和 testgroup，权限默认；/opt/test 的所有者和所属组分别为 test02 和 testgroup，testgroup 组有读写权限。

知识准备

1. 文件/目录权限的概念

在使用 Linux 时，很多用户都遇到过修改某个文件或进入某个目录，却出现 Permission deny 的错误，这是因为在 Linux 中，每个文件或者目录都包含访问权限，这些访问权限记录和决定哪些用户能够访问以及如何访问这些文件和目录，这就是 Linux 的文件权限的概念。

通过对文件设定权限，可以达到以下 3 种访问限制权限：
1）设定用户自己的访问权限。
2）设定用户组中的用户访问权限。
3）设定系统中的其他用户访问权限。

2. mkdir 命令

命令格式：mkdir [-m] [-p] 目录名称
选项与参数解释如下。
1）-m：设置文件的权限，直接设置，不使用默认权限（umask）。
2）-p：递归创建目录。

3. rmdir 命令

命令格式：rmdir [-p] 目录名称
选项与参数解释如下。
-p：连同上层空的目录也一起删除。

4. chmod 命令

chmod 命令用于修改文件权限。文件调用权限分为文件拥有者、群组和其他 3 级。利用 chmod 命令可以控制文件如何被他人所调用。

命令格式：chmod [-cfvR] [--help] [--version] mode file...
mode 为权限设定字串，格式为：[ugoa...][[+-=][rwxX]...][,...]
其中：
1）u 表示该文件的拥有者，g 表示与该文件的拥有者属于同一个群体（group）者，o 表示其他以外的人，a 表示这三者皆是。
2）+表示增加权限，-表示取消权限，=表示唯一设定权限。
3）r 表示可读取，w 表示可写入，x 表示可执行，X 表示只有当该文件是个子目录或者该文件已经被设定过为可执行。

其他参数说明如下。

4）-c：若该文件权限确实已经更改，才显示其更改动作。

5）-f：若该文件权限无法被更改也不要显示错误信息。

6）-v：显示权限变更的详细资料。

7）-R：对目前目录下的所有文件与子目录进行相同的权限变更（即以递回的方式逐个变更）。

8）--help：显示辅助说明。

9）--version：显示版本。

5. chown 命令

chown 命令用于修改文件权限。利用 chown 命令，可以将指定文件的拥有者改为指定的用户或组，用户可以是用户名或者用户 ID；组可以是组名或者组 ID；文件是以空格分开的要改变权限的文件列表，支持通配符。

命令格式：chown [-cfhvR] [--help] [--version] user[:group] file...

1）user：新的文件拥有者的使用者 ID。

2）group：新的文件拥有者的使用者组（group）。

3）-c：显示更改部分的信息。

4）-f：忽略错误信息。

5）-h：修复符号链接。

6）-v：显示详细的处理信息。

7）-R：处理指定目录以及其子目录下的所有文件。

8）--help：显示辅助说明。

9）--version：显示版本。

任务实施

微课 2-2
管理 Linux
系统文件访问

1. 创建组

1）创建 testgroup 组，如图 2-10 所示。

2）将用户 test01 和 test02 加入 testgroup 组，如图 2-12 所示。

2. 创建测试目录

1）创建测试目录/opt/develop，命令如下，结果如图 2-14 所示。

#mkdir -p /opt/develop

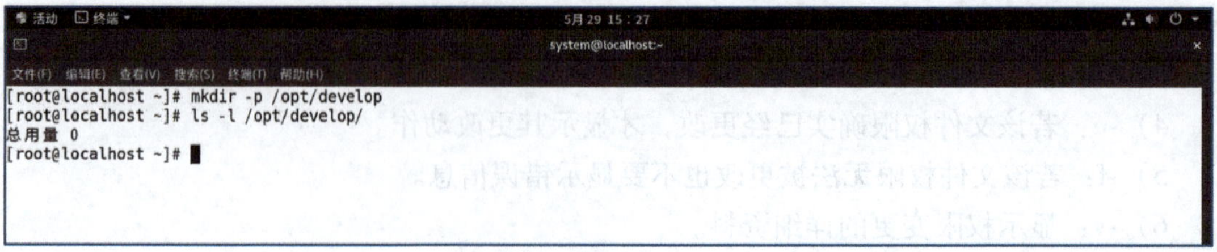

图 2-14

2）创建测试目录 /opt/test，命令如下，结果如图 2-15 所示。

```
#mkdir -p /opt/test
```

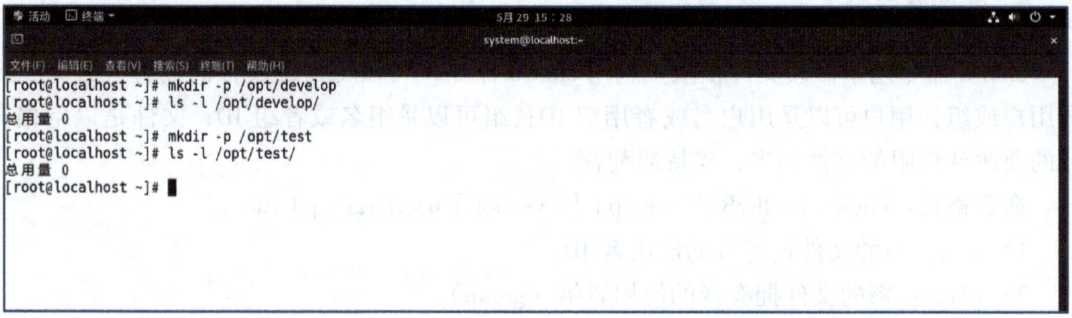

图 2-15

3. 设置目录属性

1）设置 /opt/develop 目录的所有者和所属组分别为用户 test01 和 testgroup 组，权限默认，命令如下，结果如图 2-16 所示。

```
#chown test01:testgroup /opt/develop
```

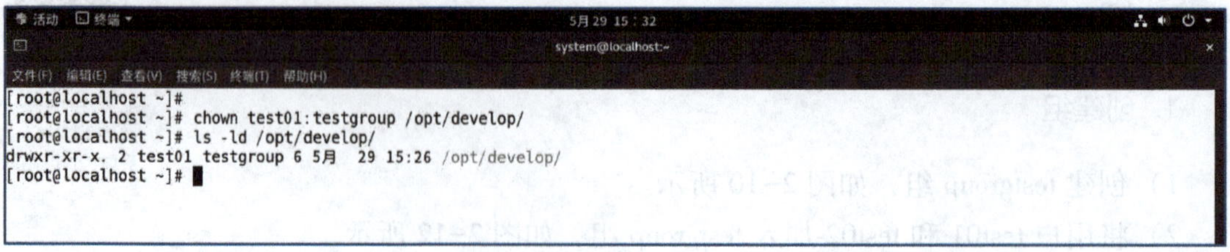

图 2-16

2）设置 /opt/test 目录的所有者和所属组分别为用户 test02 和 testgroup 组，testgroup 组可读写，命令如下，结果如图 2-17 和图 2-18 所示。

```
#chown test02:testgroup /opt/test
#chmod g+w /opt/test
```

```
[root@localhost ~]#
[root@localhost ~]#
[root@localhost ~]# chown test02:testgroup /opt/test/
[root@localhost ~]#
[root@localhost ~]# ls -ld /opt/test/
drwxr-xr-x. 2 test02 testgroup 6 5月  29 15:27 /opt/test/
[root@localhost ~]#
```

图 2-17

```
[root@localhost ~]#
[root@localhost ~]#
[root@localhost ~]# chmod g+w /opt/test/
[root@localhost ~]#
[root@localhost ~]# ls -ld /opt/test/
drwxrwxr-x. 2 test02 testgroup 6 5月  29 15:27 /opt/test/
[root@localhost ~]#
```

图 2-18

任务 2-3　管理 Linux 系统网络访问策略

任务描述

在对测试的 Linux 平台进行管理时，需要用到远程登录管理功能。SSH 协议作为 Linux 系统的远程登录管理方法之一，需要进行有针对性的安全防护设置。具体要求如下：

1）设置 SSH 协议不允许 root 登录。
2）设置 SSH 协议不允许空密码。
3）要求客户端以基于密码验证的方式远程连接。

知识准备

1. SSH 协议简介

SSH（Secure Shell）是由 IETF 的网络小组（Network Working Group）所制定的建立在应用层基础上的安全协议，是目前较可靠、专为远程登录会话和其他网络服务提供安全性的协议。利用 SSH 协议，可以有效防止远程管理过程中的信息泄露问题。SSH 最初是 UNIX 系统上的一个程序，后来又迅速扩展到其他操作平台。SSH 在正确使用时可弥补网络中的漏洞。

SSH、SCP 和 SFTP 都是 SSH 软件包的组成部分，其中 SSH 是加密方式的控制台远程登录，替代不安全的 Telnet 协议。用 SSH 可以登录到 UNIX 系统，并能够使用几乎所有的操作系统功能。SSH 客户端适用于多种平台。

SSH 包括两部分，即服务端的 SSHD（Secure Shell Daemon）和 SSH 客户端。通常所说的用 SSH 登录到某台主机，指的是用 SSH 客户端登录到该主机（该主机运行了 SSHD 服务端程序）。

SCP（Secure Copy）是用来与远程主机之间进行数据传输的协议，相当于经过加密的 Copy 命令。

SFTP 是用 SSH 封装过的 FTP，相当于经过加密的 FTP，功能与普通 FTP 一样，只是传输数据经过加密。SFTP 也有两部分，即服务端的 SFTP-Server 及 SFTP Client。通常所说的用 SFTP 登录到某台主机，指的是用 SFTP 客户端登录到某台主机（该主机运行了 SFTP-Server 服务端程序）。

sshd_config 是 OpenSSH 服务器守护进程配置文件，一般位于/etc/ssh 目录，配置文件是由"指令–值"对组成的，每行一个，空行和以#开头的行都将被忽略。如果值中含有空白符或者其他特殊符号，那么可以通过在两边加上双引号进行界定。其中值是大小写敏感的，但指令是大小写无关的。

2. sshd_config 配置文件中的常用参数

（1）AllowGroups

该参数后面跟着一串用空格分隔的组名列表（其中可以使用 * 和？通配符），默认允许所有组登录。如果使用了该参数，那么将仅允许这些组中的成员登录，而拒绝其他所有组。这里的"组"是指主组（Primary Group），也就是/etc/passwd 文件中指定的组。这里只允许使用组的名字而不允许使用 GID。相关的 allow/deny 指令按照下列顺序处理：DenyUsers、AllowUsers、DenyGroups、AllowGroups。

（2）AllowUsers

该参数后面跟着一串用空格分隔的用户名列表（其中可以使用 * 和？通配符），默认允许所有用户登录。如果使用了该参数，那么将仅允许这些用户登录，而拒绝其他所有用户。如果指定了 USER@HOST 模式的用户，那么 USER 和 HOST 将同时被检查。这里只允许使用用户的名字而不允许使用 UID。相关的 allow/deny 指令按照下列顺序处理：DenyUsers、AllowUsers、DenyGroups、AllowGroups。

（3）AuthorizedKeysFile

该参数用于存放该用户可以用来登录的 RSA/DSA 公钥，可以使用下列根据连接时的实际情况进行展开的符号：%%表示%；%h 表示用户的主目录；%u 表示该用户的用户名。经过扩展之后的值必须要么是绝对路径，要么是相对于用户主目录的相对路径。默认值是 .ssh/authorized_keys。

（4）Banner

该参数用于将指定的文件中的内容在用户进行认证前显示给远程用户。这个特性仅能用于 SSH-2，默认什么内容也不显示。none 表示禁用该特性。

（5）DenyGroups

该参数后面跟着一串用空格分隔的组名列表（其中可以使用 * 和？通配符），默认允许所有组登录。如果使用了该参数，那么这些组中的成员将被拒绝登录。这里的"组"是指主组，也就是/etc/passwd 文件中指定的组。这里只允许使用组的名字而不允许使用 GID。相关的 allow/deny 指令按照下列顺序处理：DenyUsers、AllowUsers、DenyGroups、AllowGroups。

（6）DenyUsers

该参数后面跟着一串用空格分隔的用户名列表（其中可以使用 * 和？通配符），默认允许所有用户登录。如果使用了该参数，那么这些用户将被拒绝登录。如果指定了 USER@HOST 模式的用户，那么 USER 和 HOST 将同时被检查。这里只允许使用用户的名字而不允许使用 UID。

（7）ListenAddress

该参数用于指定 sshd（8）监听的网络地址，默认监听所有地址。可以使用下面的格式：

```
ListenAddress host|IPv4_addr|IPv6_addr
ListenAddress host|IPv4_addr:port
ListenAddress [host|IPv6_addr]:port
```

如果未指定 Port，那么将使用 Port 指令的值。可以使用多个 ListenAddress 指令监听多个地址。

（8）MaxAuthTries

该参数用于指定每个连接最大允许的认证次数，默认值是 6。如果失败认证的次数超过该数值的一半，连接将被强制断开，且会生成额外的失败日志消息。

（9）PasswordAuthentication

该参数表示是否允许使用基于密码的认证，默认为 yes。

（10）PermitEmptyPasswords

该参数表示是否允许密码为空的用户远程登录，默认为 no。

（11）PermitRootLogin

该参数表示是否允许 root 登录，可用值：yes（默认），表示允许；no，表示禁止。

（12）Port

该参数用于指定 sshd（8）守护进程监听的端口号，默认为 22。可以使用多条指令监听多个端口。默认将在本机的所有网络接口上监听，但可以通过 ListenAddress 指定只在某个特定的接口上监听。

（13） Protocol

该参数用于指定 SSH 支持的协议版本号："1"和"2"表示仅仅支持 SSH-1 和 SSH-2 协议；"2,1"则表示同时支持 SSH-1 和 SSH-2 协议。

（14） PubkeyAuthentication

该参数表示是否允许公钥认证，仅可以用于 SSH-2。默认值为 yes。

任务实施

微课 2-3
管理 Linux
系统网络访问
策略

1. 设置 SSH 不允许 root 登录

1）使用 nano 编辑 SSH 配置文件 sshd_config，如图 2-19 所示。也可以使用 gedit、vim 等编辑器，根据用户喜好选择即可。

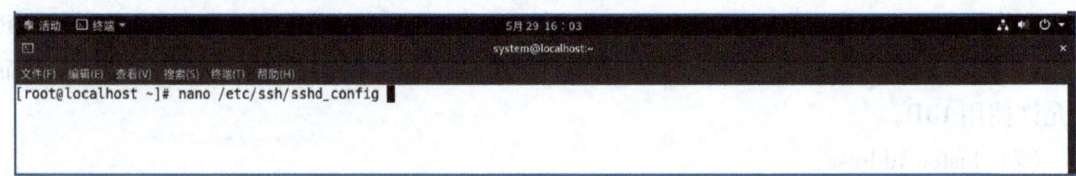

图 2-19

2）找到 PermitRootLogin 设置项，设置为 PermitRootLogin no。编辑完成后按 Ctrl+X 组合键，根据提示保存并且退出，如图 2-20 所示。

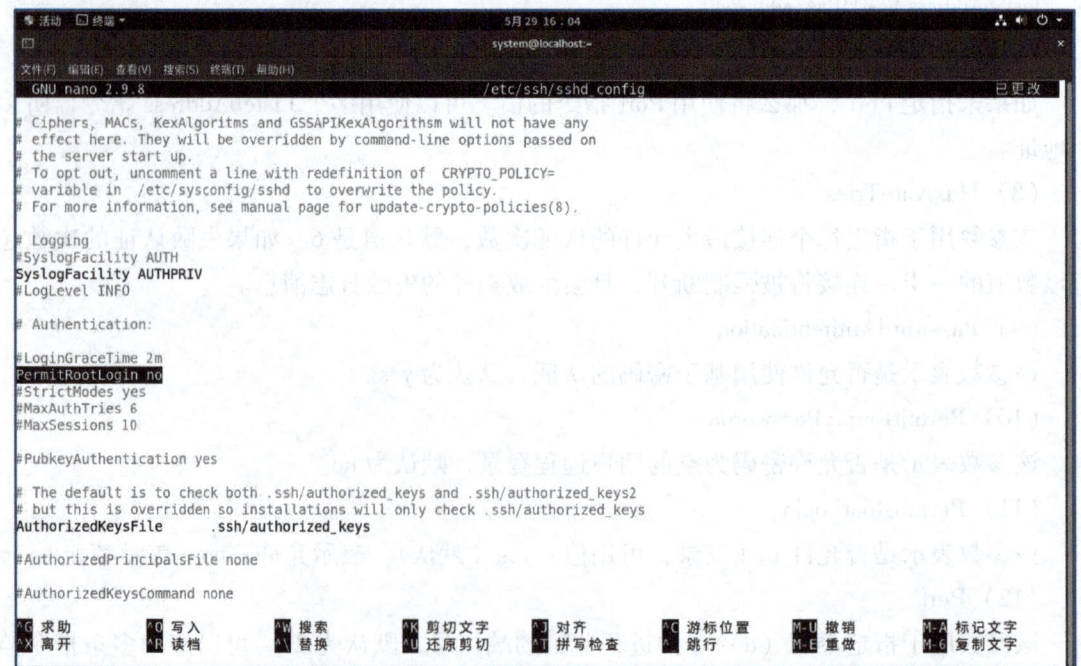

图 2-20

2. 设置 SSH 协议不允许空密码

找到 PermitEmptyPasswords 设置项，设置为 PermitEmptyPasswords no。编辑完成后按 Ctrl+X 组合键，根据提示保存并且退出，如图 2-21 所示。

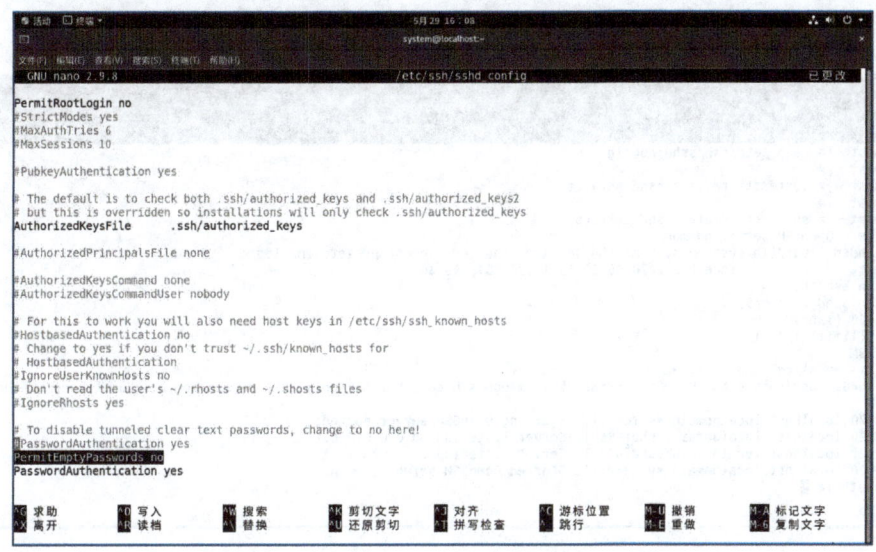

图 2-21

3. 要求客户端以基于密码验证的方式远程连接

找到 PasswordAuthentication 设置项，设置为 PasswordAuthentication yes。编辑完成后按 Ctrl+X 组合键，根据提示保存并退出，如图 2-22 所示。

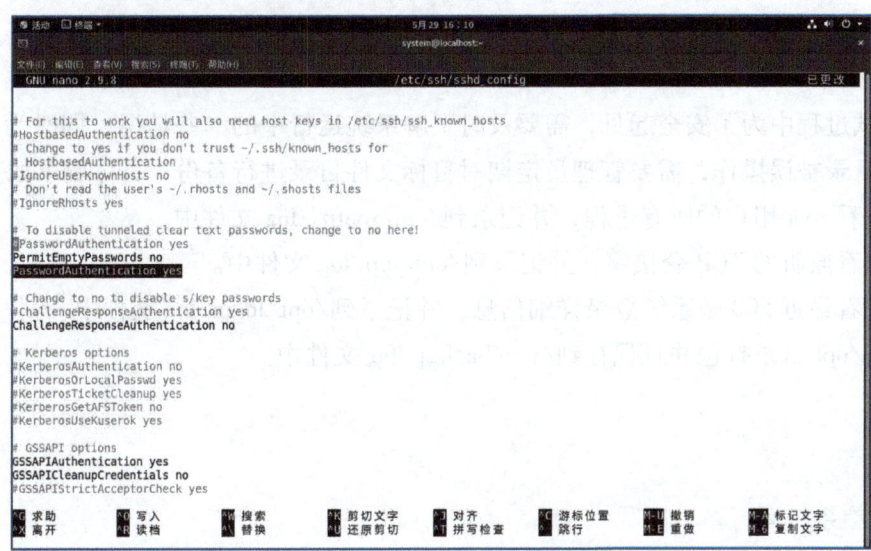

图 2-22

4. 查看设置结果

完成上述所有修改后，重新启动 SSH 服务并查看，命令如下，结果如图 2-23 所示。

```
#systemctl restart sshd.service
#systemctl status sshd.service
```

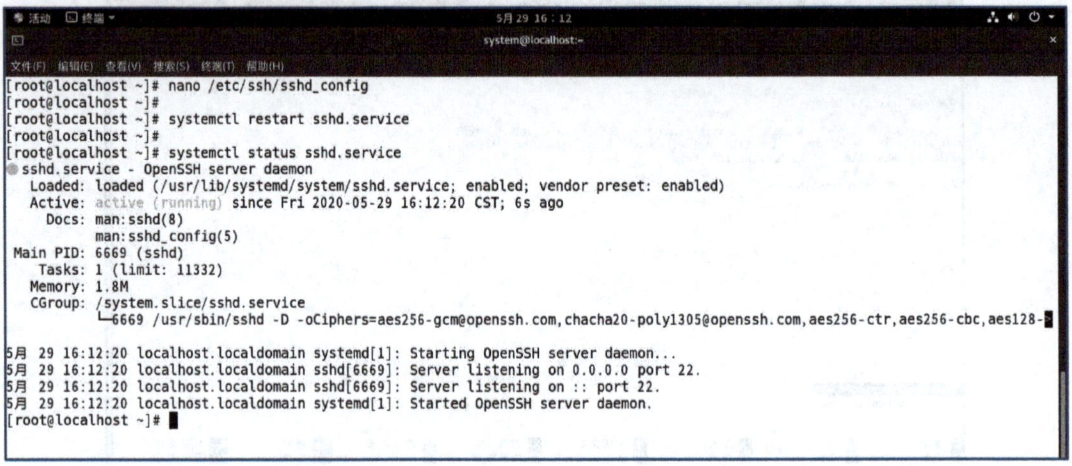

图 2-23

任务 2-4　对系统关键信息进行安全审计

任务描述

在测试过程中为了安全起见，需要及时了解系统运行中的一些情况，同时为防止必要项目文件目录被误操作，需要管理员定期对目标文件目录进行备份。具体要求如下：

1）查看 root 用户的所有进程，并记录到 /opt/rootps.log 文件中。
2）查看监听的 TCP 套接字，并记录到 /opt/tcp.log 文件中。
3）查看最近 500 条系统登录详细信息，并记录到 /opt/login.log 文件中。
4）将 /opt 目录打包并且保存到 /var/backup.tar 文件中。

知识准备

1. 查看系统运行基本情况

通常情况下，会通过了解系统进程情况、网络连接情况来大致了解系统运行的基本信息。在 CentOS 中可以使用 ps、pstree 命令来了解进程信息，使用 netstat、ss 命令来了解网络连接情况。

（1）ps 命令

可以使用 ps --help <simple | list | output | threads | misc | all>命令查看 ps 的帮助信息，当指定 simple 时仅显示 ps 最基本的一些选项，当指定 output 时仅显示输出信息的选项，当指定 all 时可查看 ps 的全部选项。以下是执行 ps --help simple 命令时显示的帮助信息。

```
Usage：
 ps [options]


Basic options：
 -A, -e              all processes
 -a                  all with tty, except session leaders
  a                  all with tty, including other users
 -d                  all except session leaders
 -N, --deselect      negate selection
  r                  only running processes
  T                  all processes on this terminal
  x                  processes without controlling ttys
```

（2）netstat 命令

与 ps 命令类似，在终端执行 netstat --help 命令可以查看 netstsat 简单的帮助信息，若要详细了解 netstat 的用法，可以通过在终端执行 man netstat 命令查看 netstat 的手册。

常见的 netstat 选项如下：

```
-r, --route                display routing table           //显示 route 信息
-I, --interfaces=<Iface>   display interface table for <Iface>   //指定端口
-s, --statistics           display networking statistics（like SNMP）   //显示统计信息
-n, --numeric              don't resolve names             //不显示进程名称
-l, --listening            display listening server sockets   //显示侦听 sockets
-a, --all                  display all sockets（default：connected）  //显示所有 sockets

<Socket>={-t|--tcp} {-u|--udp} {-U|--udplite} {-S|--sctp} {-w|--raw}
         {-x|--unix} --ax25 --ipx --netrom
```

（3）ss 命令

可以提供与 netstat 类似的信息，但提供的信息更多。其基本的使用方法如下：

```
ss [options]


-n, --numeric       don't resolve service names     //不显示服务名称
```

```
-r, --resolve        resolve host names    //显示服务名称
-a, --all            display all sockets   //显示所有 sockets
-l, --listening      display listening sockets   //显示侦听的 sockets
-p, --processes      show process using socket
-4, --ipv4           display only IP version 4 sockets
-6, --ipv6           display only IP version 6 sockets
-t, --tcp            display only TCP sockets
-S, --sctp           display only SCTP sockets
-u, --udp            display only UDP sockets
-d, --dccp           display only DCCP sockets
-w, --raw            display only RAW sockets
-x, --unix           display only UNIX domain sockets
    --tipc           display only TIPC sockets
    --vsock          display only vsock sockets
-f, --family=FAMILY  display sockets of type FAMILY
       FAMILY := {inet|inet6|link|unix|netlink|vsock|tipc|help}
```

2. 查看登录信息

在 Linux 系统中,既可以使用相关的一些命令,也可以通过查看日志文件了解登录信息。可以使用的命令有 w、who、whoami、lastlog、last 等。与系统相关的日志默认都保存在/var/log 目录中,当然与登录相关的日志也保存在该目录中。命令的相关信息如下。

① w:显示当前登录账户及所做的事情。
② who:显示当前登录账户及登录终端。
③ whoami:显示当前账户。
④ lastlog:显示系统所有用户上一次登录的时间。
⑤ last:显示用户最近登录信息。

系统的每一次登录都会记录在日志文件/var/log/wtmp 中,为了防止有人篡改,该文件以二进制文件保存,可以通过 last 命令查看。类似的还有/var/log/wtmp,详细的操作步骤可以查看后续的任务实施。

3. 使用 tar 命令备份

进行 Linux 备份有几种不同的方法,其中包括所有 Linux 发行版本中都有的命令行工具,如 dd、dump、cpio 和 tar 等,以及商业化的备份工具,如 BRU 和 PerfectBackup+。这些备份工具中的任何一种,都可以为用户提供宝贵资料的保护措施。

在 Linux 中常使用 tar 命令建立及还原备份文件,它可以加入、解开备份文件内的文件。

命令格式：tar［-ABcdgGhiklmMoOpPrRsStuUvwWxzZ］［-b ＜区块数目＞］［-C ＜目的目录＞］［-f ＜备份文件＞］［-F ＜Script 文件＞］［-K ＜文件＞］［-L ＜媒体容量＞］［-N ＜日期时间＞］［-T ＜范本文件＞］［-V ＜卷册名称＞］［-X ＜范本文件＞］［-＜设备编号＞＜存储密度＞］［--after-date=＜日期时间＞］［--atime-preserve］［--backuup=＜备份方式＞］［--checkpoint］［--concatenate］［--confirmation］［--delete］［--exclude=＜范本样式＞］［--force-local］［--group=＜群组名称＞］［--help］［--ignore-failed-read］［--new-volume-script=＜Script 文件＞］［--newer-mtime］［--no-recursion］［--null］［--numeric-owner］［--owner=＜用户名称＞］［--posix］［--erve］［--pre-serve-order］［--preserve-permissions］［--record-size=＜区块数目＞］［--recursive-unlink］［--remove-files］［--rsh-command=＜执行指令＞］［--same-owner］［--suffix=＜备份字尾字符串＞］［--totals］［--use-compress-program=＜执行指令＞］［--version］［--volno-file=＜编号文件＞］［文件或目录…］

常见的 options 选项说明如下。

1）-A 或--catenate：新增文件到已存在的备份文件。

2）-c 或--create：建立新的备份文件。

3）-d 或--diff 或--compare：对比备份文件内和文件系统上的文件的差异。

4）-f＜备份文件＞或--file=＜备份文件＞：指定备份文件。

5）-h 或--dereference：不建立符号连接，直接复制该连接所指向的原始文件。

6）-k 或--keep-old-files：解开备份文件时，不覆盖已有的文件。

7）-l 或--one-file-system：复制的文件或目录存放的文件系统，必须与 tar 指令执行时所处的文件系统相同，否则不予复制。

8）-r 或--append：新增文件到已存在的备份文件的结尾部分。

9）-t 或--list：列出备份文件的内容。

10）-u 或--update：仅置换较备份文件内的文件更新的文件。

11）-v 或--verbose：显示指令执行过程。

12）-x 或--extract 或--get：从备份文件中还原文件。

13）-z 或--gzip 或--ungzip：通过 gzip 指令处理备份文件。

14）-Z 或--compress 或--uncompress：通过 compress 指令处理备份文件。

15）--delete：从备份文件中删除指定的文件。

16）--help：在线帮助。

17）--no-recursion：不做递归处理，也就是指定目录下的所有文件及子目录不予处理。

18）--version：显示版本信息。

任务实施

1. 查看 root 用户所有进程并记录

微课 2-4
对系统关键
信息进行
安全审计

使用 ps -u root 命令获取所有 root 用户进程，也可以使用 ps -u root ＞/opt/rootps.log 命令直接将输出内容保存，结果如图 2-24 所示。

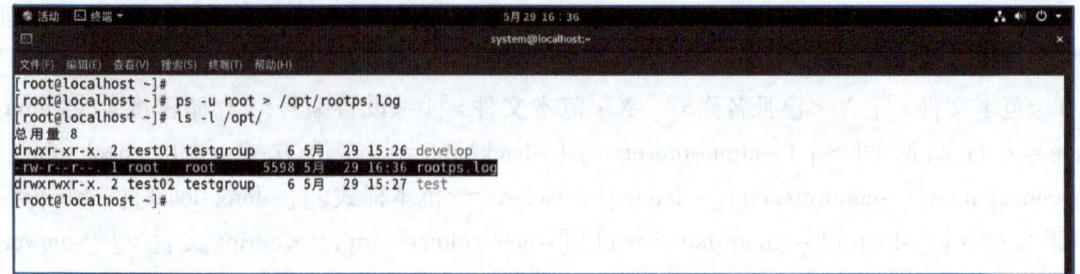

图 2-24

2. 查看监听的 TCP 套接字并记录

1）使用 ss -alt 命令检查系统当前监听的 TCP 套接字，结果如图 2-25 所示。

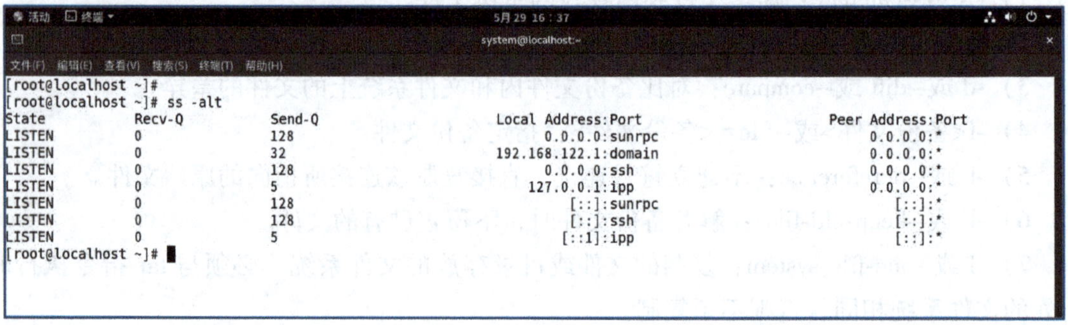

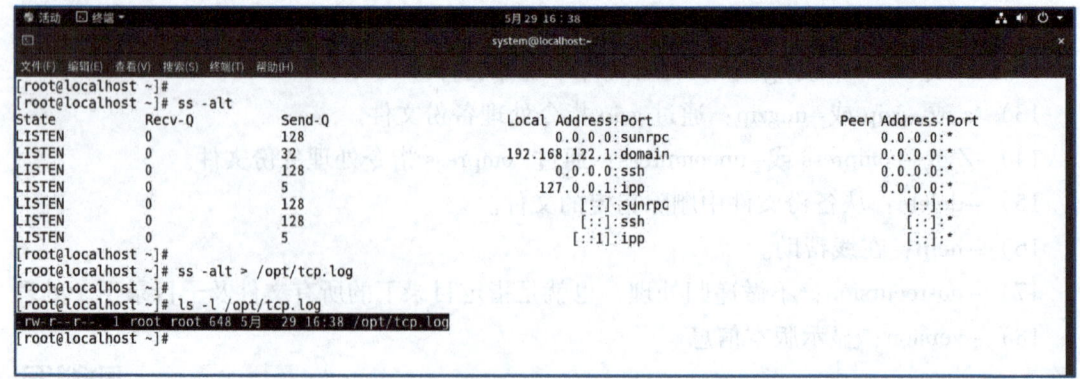

图 2-25

2）使用 ss -alt > /opt/tcp.log 命令可以将输出内容直接保存，结果如图 2-26 所示。

图 2-26

3. 查看系统登录详细信息并记录

1）使用 last -n 500 -f /var/log/btmp 命令查看系统登录的详细信息，结果如图 2-27 所示。

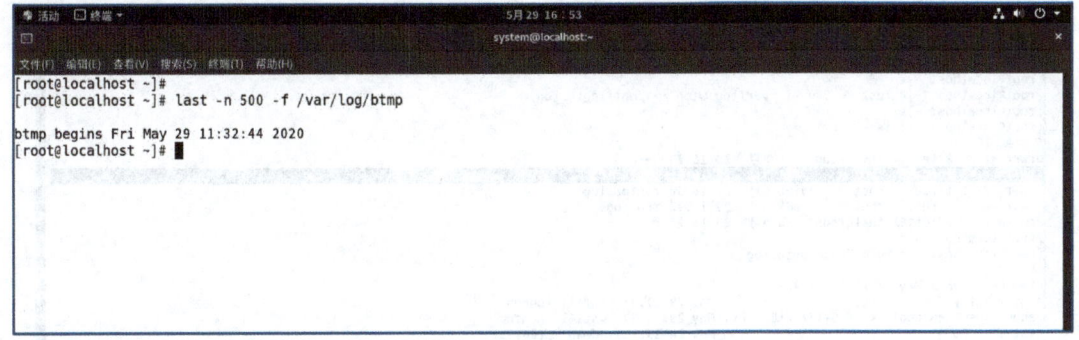

图 2-27

2）使用 last -n 500 -f /var/log/wtmp 命令查看系统登录的详细信息，结果如图 2-28 所示。

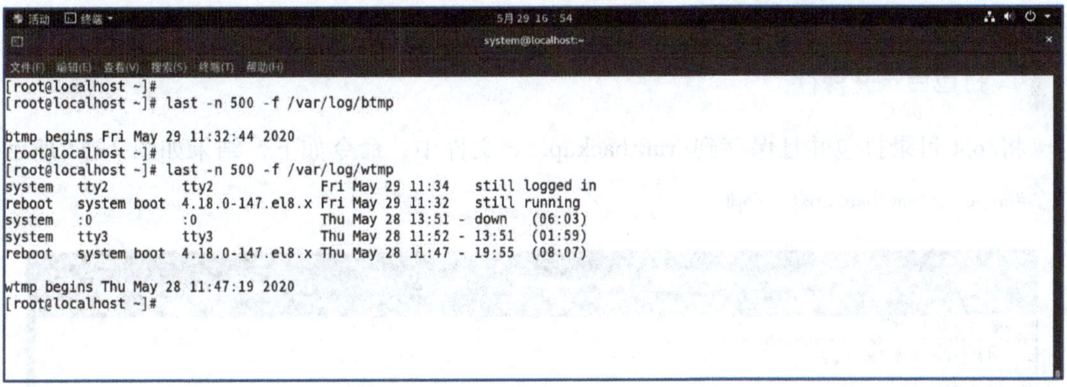

图 2-28

3）使用 last -n 500 -f /var/log/btmp > /opt/login.log 命令将输出内容直接保存，结果如图 2-29 所示。

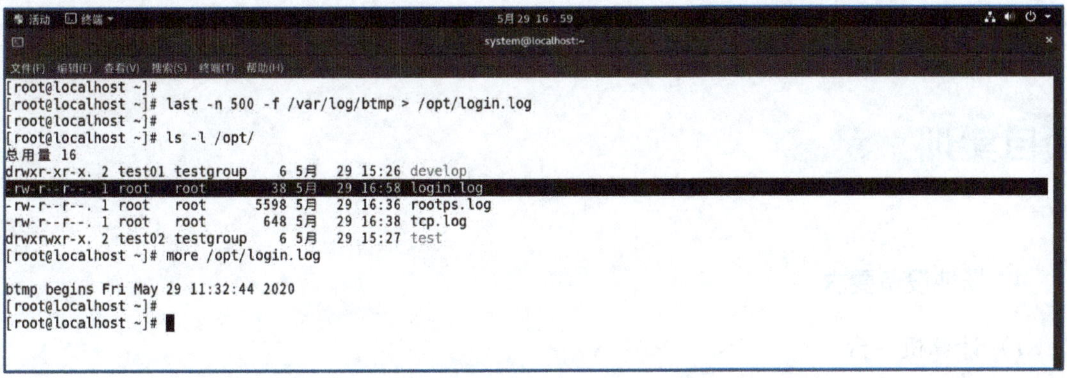

图 2-29

4）使用 last -n 500 -f /var/log/wtmp >> /opt/login.log 命令将输出内容直接追加到 /opt/login.log 文件中，结果如图 2-30 所示。

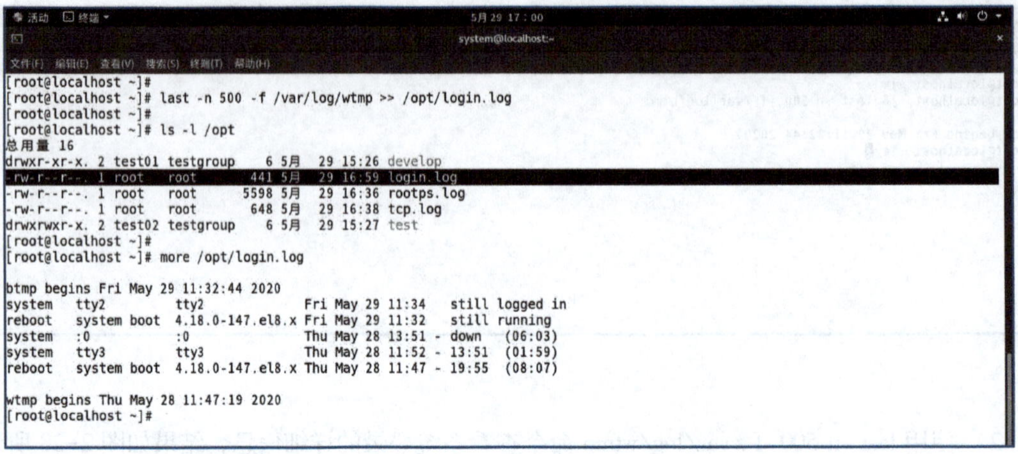

图 2-30

4. 打包目录并保存

将/opt 目录打包并且保存到/var/backup. tar 文件中，命令如下，结果如图 2-31 所示。

```
#tar -czvf /var/backup.tar /opt
```

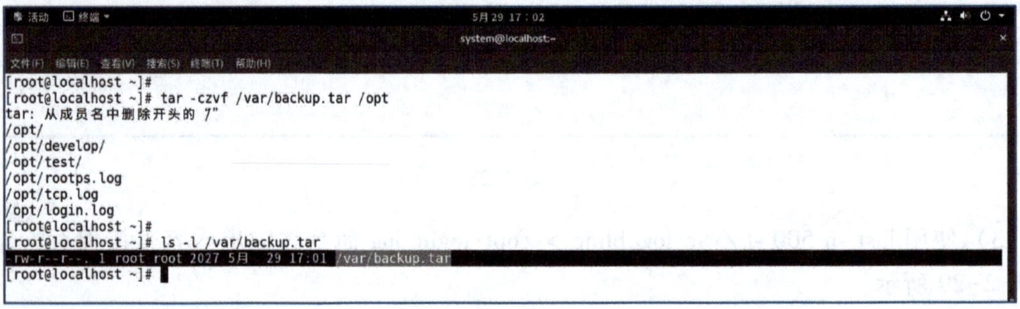

图 2-31

项目实训

1. 场地设备要求

1）计算机一台。
2）已安装 CentOS 8 的虚拟机。

2. 工作任务

公司准备将 OA 系统迁移到 Linux 平台上，版本为 CentOS 8. 1。目前准备对 Linux 平台进行环境稳定性测试，要求管理员在 Linux 上创建对应的目录结构及其他相关信息，在测试过程中为了防止必要项目文件目录被误操作，需要管理员定期对目标文件目录进行备份。

具体要求如下：

1）创建组 testgroup，包含用户 test01 和 test02。
2）创建测试目录/opt/develop 和/opt/test。
3）设置/opt/develop 目录属于 testgroup 组的 test01，权限为只读。
4）设置/opt/test 目录属于 testgroup 组的 test02，权限为读写。
5）查看 root 用户所有进程，并记录到/opt/rootps.log 文件中。
6）查看监听的 TCP 套接字，并记录到/opt/tcp.log 文件中。
7）查看最近 500 条系统登录详细信息，并记录到/opt/login.log 文件中。
8）将/opt 目录打包并且保存到/var/backup 目录中。

项目总结

通过本项目的学习，读者应掌握 CentOS 系统用户管理、文件访问控制、SSH 远程访问、审计等相关基础知识，并能进行用户的增、删、改、查，能设置文件的访问控制列表，能安全配置 SSH 访问，能查看系统运行状态，能备份系统审计信息等。

课后习题

一、单选题

1. 以下命令中，能够实现创建用户组 group 的是（　　）。
　　A. groupadd-G group　　　　　　　B. group -add group
　　C. group-G group　　　　　　　　D. groupadd group
2. 以下命令中，能够实现创建用户 tom 的是（　　）。
　　A. useradd-u jerry　　　　　　　　B. useradd tom
　　C. user-add tom　　　　　　　　　D. adduser tom
3. 以下命令中，能够实现在 group 组中创建用户 tom 的是（　　）。
　　A. useradd-G group jerry　　　　　B. useradd -G group tom
　　C. group-add group tom　　　　　D. add tom to group
4. 以下命令中，可以为用户 tom 设置密码的是（　　）。
　　A. password tom　　　　　　　　B. user tom password

C. passwd tom   D. set passwd tom

5. 以下命令中，可以在当前目录下创建目录 document 的是（　　）。
   A. create document   B. create dir document
   C. mkdir document   D. add document

6. 以下命令中，可以设置目录 document 为用户组只读的是（　　）。
   A. chown g-w document   B. set readonly document
   C. chgrp document   D. chown 777 document

7. （　　）是 SSH 服务监听的端口。
   A. TCP3389   B. TCP3306   C. TCP80   D. TCP22

8. （　　）是 Web 服务监听的端口。
   A. TCP3389   B. TCP3306   C. TCP80   D. TCP22

9. 以下命令中，可以查看目录 document 的完整权限的是（　　）。
   A. ls-ld document   B. ls -l document
   C. ls-h document   D. ls -la document

10. 以下命令中，可以为目录 document 进行打包，放在/tmp/dackup.tar 文件中的是（　　）。
    A. tar-czvf /tmp/dackup.tar document
    B. chown tom：group document
    C. chgrp tom：group document
    D. chgrp 777 document

二、判断题

1. Linux 系统是 UNIX 系统的一个分支版本。（　　）
2. CentOS 系统是 UNIX 系统的一个分支版本。（　　）
3. 在 Linux 系统中，使用 chmod 命令可以更改目录名称。（　　）
4. 在 Linux 系统中，用户可以同时属于多个组。（　　）
5. 在 Linux 系统中，可以使用 dir 命令获取目录下的内容。（　　）
6. 在 Linux 系统中，使用参数"g+w"可以为目标添加所属组的写入权限。（　　）
7. 在 Linux 系统中，root 拥有最高权限。（　　）
8. 在 Linux 系统中，root 可以访问任意其他用户的目录和文件。（　　）
9. 在 Linux 系统中，命令 systemctl restart sshd.service 可以重启系统的网络服务。（　　）
10. 在 Linux 系统中，所有用户都具有登录系统的权限。（　　）

三、简答题

1. 简述 Linux 系统下的目录与文件权限的基本内容。
2. 简述 Linux 系统中远程访问的手段，其中较为安全的手段是哪些。

项目3　移动终端操作系统安全配置

学习情境

随着智能手机的普及、应用日渐多样化,以及互联网不断深入生活的各个方面,移动端承载了比以往更多的数据获取和信息服务任务,其中不乏敏感数据和信息,这也招致大量的外来攻击。移动安全已逐渐成为网络安全领域中一个热点话题,成为一个亟须认真对待和仔细研究的重要领域,而解决移动安全问题,首先就要从确保移动端操作系统的安全入手。本项目将学习移动终端操作系统安全配置的相关知识和技能。

本项目学习环境为 Android 9,所有实训任务都在该环境中进行操作。

学习目标

知识目标
1) 了解移动端操作系统的基本概念和 Android 系统的发展历程。
2) 了解 Android 系统的系统架构。
3) 了解 Android 系统安全机制。
4) 了解 Android 系统安全加固的基本内容。

技能目标
1) 掌握 Android 系统密码设置的基本步骤和方法。
2) 掌握 Android 系统应用管理设置的基本步骤和方法。
3) 掌握 Android 系统虚拟专用网络 VPN 的基本步骤和方法。
4) 掌握 Android 系统加固和数据备份恢复的基本步骤和方法。

相关知识

1. 移动端操作系统的基本概念

移动操作系统是安装在智能手机、平板电脑、个人数字助理（PDA）等移动数字设备中的通用操作系统，用来提供用户和数字移动设备软硬件之间的交互访问。目前，主流的移动终端操作系统主要包括 Android 系统和 iOS 系统。其中，iOS 系统由苹果公司开发和维护，2020 年 5 月苹果公司发布了最新版本 iOS 13.5；Android 系统是由谷歌公司开发和维护、基于 Linux 内核的开源移动操作系统，自 2011 年起一直在国际移动操作系统市场上占有率排第一，2019 年 Android 10 版本面世。

2. Android 系统的发展历程

2003 年 10 月，曾在苹果公司和微软公司任职的美国工程师安迪·鲁宾（Andy Rubin）和朋友们一起创建了一家公司，开发和设计了 Android 的 Beta 版本，之后谷歌公司收购了该公司，于 2008 年 10 月正式发布了 Android 1.0 版本。

2009 年 4 月，谷歌公司正式推出了 Android 1.5 版本。从该版本开始，又给每一个 Android 版本增加了一种甜品的名字，Android 1.5 又称为 Cupcake（纸杯蛋糕）。

2011 年 7 月，全球 Android 系统设备的用户总数达到了 1.35 亿，Android 系统成为智能手机领域占有量最高的系统。

2014 年 6 月，Android 5.0 正式发布。从该版本开始，图标设计更加倾向于"立体扁平化"设计，并且 Android 5.0 的很多操作逻辑一直被沿用到了 Android 8.0。

2016 年 10 月，Android 7.1 正式发布。从该版本开始，消息通知栏样式更加简洁。

2017 年 8 月，Android 8.0 正式发布。该版本的设计比 7.1 版更加简洁，而且下拉工具栏的图标可以自定义更换颜色。

2018 年 8 月，Android 9.0 正式发布。该版本系统最大的特点就是对全面屏的支持、通知栏的多种通知、多摄像头的更多画面、GPS 定位之外的 Wi-Fi 定位等功能引入。

3. Android 系统的系统架构

Android 的系统架构和其他操作系统一样，采用了分层的架构。如图 3-1 所示是 Android 操作系统的架构，包括 4 层，由上到下依次是应用程序层、应用程序框架层、核心类库和 Linux 内核。其中，核心类库中包含系统库及 Android 运行环境。

（1）应用程序层

Android 系统包含一个核心应用程序集合，包括 E-mail 客户端、SMS 短消息程序、日历、地图、浏览器、联系人管理程序和其他程序，所有应用程序都是用 Java 编程语言开发编写的。

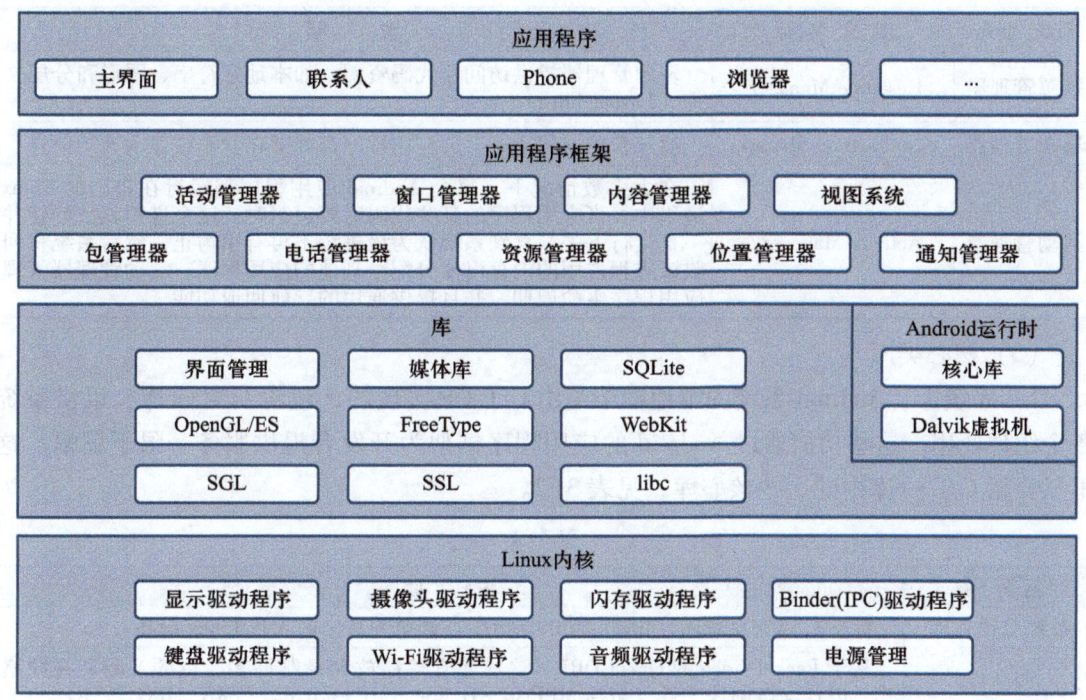

图 3-1

用户开发的 Android 应用程序和 Android 的核心应用程序是同一层次的,它们都是基于 Android 的系统 API 构建的。

(2)应用程序框架层

应用程序的体系结构旨在简化组件的重用,任何应用程序都能发布它的功能且任何其他应用程序都可以使用这些功能(需要服从框架执行的安全限制),这一机制允许用户替换组件。

开发者完全可以访问核心应用程序所使用的 API 框架。通过提供开放的开发平台,Android 系统使开发者能够编制极其丰富和新颖的应用程序。开发者可以自由地利用设备硬件优势访问位置信息、运行后台服务、设置闹钟、向状态栏添加通知等。

所有的应用程序都是由一系列的服务和系统组成的。Android 系统应用服务的主要组成见表 3-1。

表 3-1

系统/服务	英文名称	说明
视图	View	这里的视图指的是丰富的、可扩展的视图集合,可用于构建一个应用程序,包括列表(Lists)、网格(Grids)、文本框(Text Boxes)、按钮(Buttons),甚至是内嵌的 Web 浏览器
内容管理器	Content Provider	内容管理器使得应用程序可以访问另一个应用程序的数据(如联系人数据库)或者共享自己的数据

续表

系统/服务	英文名称	说　明
资源管理器	Resource Manager	资源管理器提供访问非代码资源，如本地字符串、图形和分层文件（Layout Files）
通知管理器	Notification Manager	通知管理器使得所有的应用程序都能够在状态栏显示通知信息
活动管理器	Activity Manager	在大多数情况下，每个 Android 应用程序都运行在自己的 Linux 进程中。当应用程序的某些代码需要运行时，这个进程就被创建并一直运行下去，直到系统认为该进程不再有用为止，然后系统将回收该进程占用的内存以便分配给其他的应用程序。活动管理器管理应用程序生命周期，并且提供通用的导航回退功能

（3）核心类库

1）系统库。Android 系统的本地框架是由 C/C++ 实现的，包含 C/C++库，以供系统各个组件使用。这些功能通过 Android 的应用程序框架为开发者提供服务。限于篇幅，这里只介绍 C/C++库中的一些核心库，见表 3-2。

表 3-2

名　称	说　明
系统 C 语言库	标准 C 语言系统库（libc）的 BSD 衍生，调整为基于嵌入式 Linux 设备
媒体库	基于 PacketVideo 的 OpenCORE，这些库支持播放和录制许多流行的音频和视频格式，以及静态图像文件，包括 MPEG4、H.264、MP3、AAC、AMR、JPG、PNG
界面管理	管理访问显示子系统，并且为多个应用程序提供 2D 和 3D 图层的无缝融合
LibWebCore	新式的 Web 浏览器引擎，支持 Android 浏览器和内嵌的 Web 视图
SGL	一个内置的 2D 图形引擎
3D 库	基于 OpenGL ES 1.0 APIs 实现，该库可以使用硬件 3D 加速或包含高度优化的 3D 软件光栅
FreeType	位图和矢量字体显示渲染
SQLite	SQLite 是一个所有应用程序都可以使用的强大且轻量级的关系数据库引擎

2）Android 运行环境。Android 包含一个核心库的集合，核心库提供了 Java 编程语言核心库的大多数功能。每一个 Android 应用程序都在自己的进程中运行，都拥有一个独立的 Dalvik 虚拟机实例。

Dalvik 是谷歌公司自己设计的用于 Android 平台的 Java 虚拟机，它可以支持已转换为 dex（Dalvik Executable）格式的 Java 应用程序的运行。dex 格式是专为 Dalvik 设计的一种压缩格式，适合内存和处理器速度有限的系统。Dalvik 经过优化，允许在有限的内存中同时运行多个虚拟机的实例，并且每一个 Dalvik 应用作为一个独立的 Linux 进程执行。Dalvik 虚拟机依赖 Linux 内核提供基本功能，如线程和底层内存管理。

（4）Linux 内核

Android 系统基于 Linux 提供核心系统服务，如安全、内存管理、进程管理、网络堆栈、驱动模型。除了标准的 Linux 内核外，Android 还增加了内核的驱动程序，如 Binder（IPC）驱动、显示驱动、输入设备驱动、音频系统驱动、摄像头驱动、Wi-Fi 驱动、蓝牙驱动、电源管理等。

Linux 内核也作为硬件和软件之间的抽象层,它隐藏具体硬件细节而为上层提供统一的服务。

分层的好处就是让下层为上层提供统一的服务,屏蔽本层及以下层的差异,即当本层及以下层发生变化时,不会影响到上层,可以说是高内聚、低耦合。

4. Android 系统的安全机制

Android 的安全机制包括以下几个方面:

(1) 进程沙箱隔离机制

Linux 是一个多用户的操作系统,一个 UID 标识一个用户。用户之间是相互隔离的(这种隔离是建立在访问控制的基础上实现),用户有各自独立的所属资源和权限范围。当多用户登录 Linux 系统时,每个用户的活动都在各自独立的环境中进行,互不干扰。

Android 将 Linux 系统的用户隔离机制移植为应用程序隔离,应用程序在安装时被赋予独特的用户标识(UID),并永久保持;应用程序及其运行的 Dalvik 虚拟机运行于独立的 Linux 进程空间,与 UID 不同的应用程序完全隔离。

互相不具备信任关系的应用程序相互隔离,独自运行,箭头访问是禁止的,如图 3-2 所示。

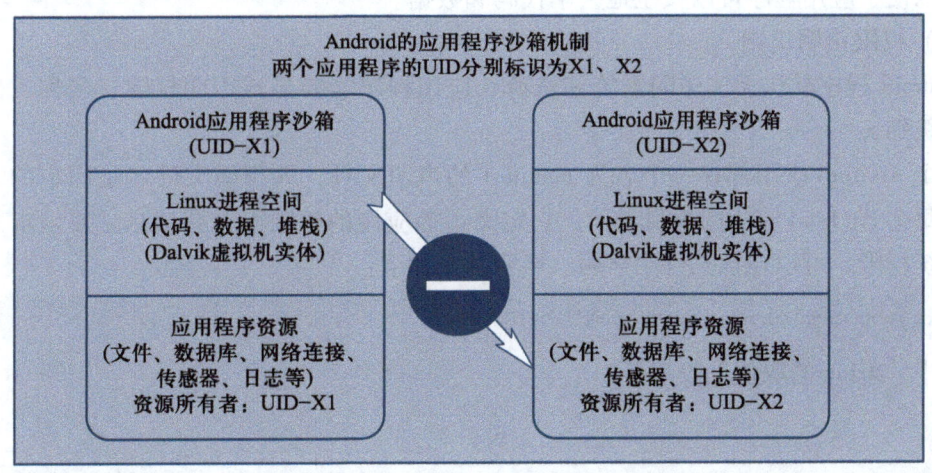

图 3-2

在很多情况下,源自同一开发者或同一开发机构的应用程序,相互间存在信任关系。Android 系统提供一种所谓共享 UID(Shared User ID)机制,使具备信任关系的应用程序可以运行于同一进程空间。通常,这种信任关系由应用程序的数字签名确定,并且需要应用程序在 manifest 文件中使用相同的 UID。共享 UID 的应用程序进程空间如图 3-3 所示。

(2) 应用程序签名机制

应用程序包(apk 文件)必须由开发者数字签名;同一开发者可指定不同的应用程序

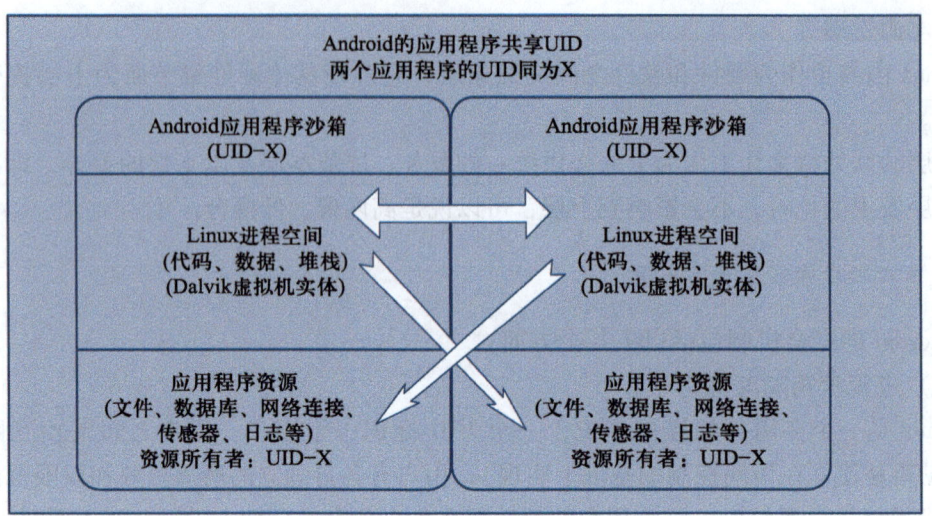

图 3-3

共享 UID，进而运行于同一进程空间，共享资源。

签名的过程：生成私有、公共密钥和公共密钥证书；对应用进行签名；优化应用程序。

签名的作用：识别代码的作者；检测应用程序是否发生了改变；在应用程序之间建立信任，以便于应用程序可以安全地共享代码和数据。

（3）权限声明机制

Android 程序默认无法访问系统和资源，应用程序需要显式声明权限、名称、权限组与保护级别。

每个 Android 应用都有一个名为 manifest 的声明文件，该声明文件名是固定的，并且存放在每个 Android 应用的根目录下，它定义了该应用的权限等重要信息。要请求并获得某些系统权限，可以在该文件中声明。声明格式如下：

```
<uses-permissionAndroid:name=" string" />
```

其中，string 的取值见表 3-3。

表 3-3

权 限 名 称	权限对应的字符串及权限说明
获取精确位置	android.permission.ACCESS_FINE_LOCATION，通过 GPS 芯片接收卫星的定位信息，定位精度达 10 米以内
获取网络状态	android.permission.ACCESS_NETWORK_STATE，获取网络信息状态，如当前的网络连接是否有效
获取 Wi-Fi 状态	android.permission.ACCESS_WIFI_STATE，获取当前 Wi-Fi 接入的状态以及 WLAN 热点的信息
账户管理	android.permission.ACCOUNT_MANAGER，获取账户验证信息，主要为 GMail 账户信息，只有系统级进程才能访问的权限

续表

权 限 名 称	权限对应的字符串及权限说明
验证账户	android.permission.AUTHENTICATE_ACCOUNTS，允许一个程序通过账户验证方式访问账户管理 ACCOUNT_MANAGER 相关信息
电量统计	android.permission.BATTERY_STATS，获取电池电量统计信息
绑定输入法	android.permission.BIND_INPUT_METHOD，请求 InputMethodService 服务，只有系统才能使用
绑定壁纸	android.permission.BIND_WALLPAPER，必须通过 WallpaperService 服务来请求，只有系统才能用
使用蓝牙	android.permission.BLUETOOTH，允许程序连接配对过的蓝牙设备
拍照权限	android.permission.CAMERA，允许访问摄像头进行拍照

以下是一个 manifest 声明文件请求权限的例子，它请求使用访问 Internet 的权限和写到外部存储器的权限。

```xml
<?xml version="1.0" encoding="utf-8"?>
<manifest xmlns:android="http://schemas.android.com/apk/res/android"
        android:versionCode="1"
        android:versionName="1.0"
        package="com.cenriqueortiz.tutorials.datastore"
        android:installLocation="auto">
<application
        …
</application>
<uses-permission
        android:name="android.permission.INTERNET"/>
<uses-permission
android:name="android.permission.WRITE_EXTERNAL_STORAGE"/>
</manifest>
```

其中，android.permission.INTERNET 代表"访问网络连接"；android.permission.WRITE_EXTERNAL_STORAGE 代表"允许程序写入外部存储，如在 SD 卡上写文件"。

此外，一个应用程序的资源如果想被其他应用程序调用，需要设置自定义的权限，同样写在该应用程序的 manifest 声明文件中。可以通过以下属性添加自定义权限：

```xml
<permission
    xmlns:Android="http://schemas.Android.com/apk/res/Android"
    Android:name="com.test.Android.ACCESS_FRIENDS_LIST"
    Android:description="@string/permission_description"
    Android:label="@string/permission_label"
    Android:protectionLevel="normal" />
```

其中，name、description、label 和 protectionLevel，分别代表着这个定制权限的名称、描述、标签和安全认证等级。protectionLevel 可以取 Normal、Dangerous、Signature 与 Signatureorsystem 等，Normal 代表"申请即可用"；Dangerous 代表"安装时须由用户确认才可用"；Signature 与 Signatureorsystem 代表"必须是系统用户才可用"。

自定义权限设置好后，在其他应用或应用组件（如 activity 组件）中调用的方法与之前申请权限类似，格式如下：

<activity Android:permission = " com. test. Android. ACCESS_FRIENDS_LIST" >

（4）访问控制机制

Linux 系统默认采用自主访问控制机制，Android 直接继承了 Linux 的访问控制机制，确保系统文件与用户数据不受非法访问。

Linux 用户与权限包括以下几类。

1）超级用户（root）：具有最高的系统权限，UID 为 0。

2）系统伪用户：Linux 操作系统出于系统管理的需要，但又不愿赋予超级用户的权限，需要将某些关键系统应用、文件所有权赋予某些系统伪用户，其 UID 范围为 1～499，系统的伪用户不能登录系统。

3）普通用户：只具备有限的访问权限，UID 为 500～6000，可以登录系统获得 shell。

在 Linux 权限模型下，每个文件属于一个用户和一个组，由 UID 与 GID 标识其所有权。针对于文件的具体访问权限定义为可读（r）、可写（w）与可执行（x），并由三组读、写、执行组成的权限三元组来描述相关权限。第一组定义文件所有者（用户）的权限，第二组定义同组用户（GID 相同但 UID 不同的用户）的权限，第三组定义其他用户的权限（GID 与 UID 都不同的用户）。

（5）进程通信机制

Android 系统提供了一种安全性较高的进程间通信机制——Binder。Binder 采用了 C/S（Client/Service）模式，包含 Client、Server、ServiceManager 和 Binder Driver 共 4 种组件。其中，Binder Driver 即 Binder 驱动，运行于 Linux 内核空间；Client、Server 和 ServiceManager 运行于用户空间，如图 3-4 所示。

Client 是指使用服务的进程，Service 是指提供服务的进程，ServiceManager 是指服务管理进程，ServiceManager 负责将 Binder 信息推送给 Client，使得 Client 能够实现对 Server 中 Binder 实体的引用。

Binder 驱动是整个进程通信的核心，工作于内核空间，负责进程之间 Binder 通信的建立、Binder 引用计数管理、数据包在进程之间的传递和交互等一系列操作。

Binder 进程通信机制起源于一种简单的理念，即将申请服务的请求和对应的响应信息，写入一个所有进程均能够访问的地址空间中。当进程需要使用这些数据时，只需要访问对应的内存地址即可，减少了内存的占用。为此，Binder 机制利用内核空间作为共享区域，并由 Binder 驱动来建立每个进程与内核空间中存储地址的映射，从而使数据只要复制

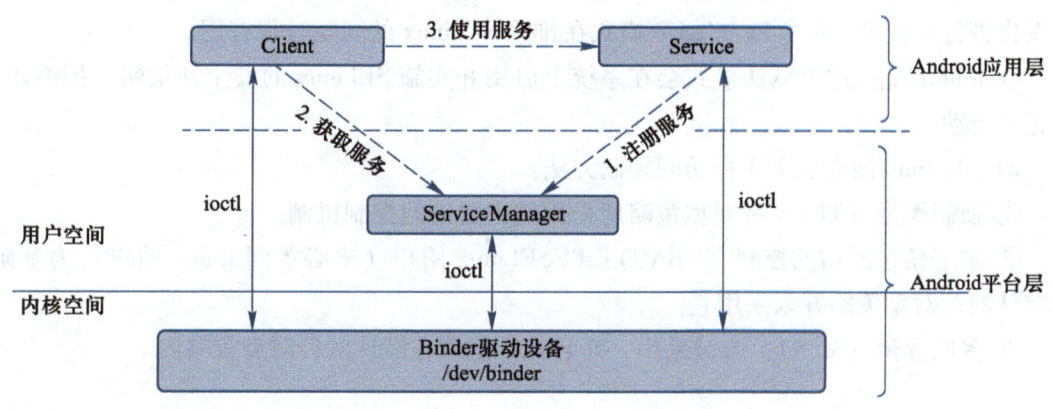

图 3-4

一次就可以。

使用 Binder 机制服务的过程如下：

① Binder 驱动为跨进程通信做准备。在 Binder 驱动中创建一块接收缓存区，通过 ServiceManager 建立与 Service 服务的关系。

② Client 进程将请求发送到 Server 进程。

③ Server 进程根据 Client 进程发送来的请求，告知 Binder 驱动，收到 Binder 驱动回复后，Server 进程对数据进行解包并处理。

④ Server 进程的处理结果是直接存放到 Binder 驱动缓存区中的，这时由 Binder 驱动通知 Client 进程获取返回结果，此时 Client 被挂起的请求线程会被重新唤醒，从内核缓存区复制 Server 进程处理的结果。

从以上使用服务的过程可以看到，整个过程只复制了一次发送的请求数据和一次接收的处理结果数据。

Binder 进程通信机制具有以下特点：提供基于共享内存的高效进程通信；基于 Client/Server 模式，提供类似 COM 的轻量级远程进程调用（RPC）；通过定义交换数据的类型，确保进程间通信的数据不会溢出越界，污染进程空间。

（6）内存管理机制

Android 内存管理机制基于标准 Linux 的低内存管理机制 OOM（Out Of Memory-killer），设计实现了独特的低内存清理（LMK）机制，将进程按重要性分级、分组，当内存不足时，自动清理最低级别进程所占用的内存空间。

同时，引入不同于传统 Linux 共享内存机制的 Android 独有共享内存机制 Ashmem，具备清理不再使用的共享内存区域的能力。

（7）SELinux

1）SELinux 拥有以下 3 个基本的操作模式。

① Disabled：禁用 SELinux 策略。

② Permissive：在 Permissive 模式下，SELinux 会被启用但不会实施安全性策略，而只

会发出警告及记录行动。Permissive 模式在排除 SELinux 的问题时很有用。

③ Enforcing：这个默认模式会在系统上启用并实施 SELinux 的安全性策略，拒绝访问及记录行动。

2）SELinux 拥有以下 3 种访问控制方法。

① 强制类型（TE）：针对型策略所采用的主要访问控制机制。

② 基于角色的访问控制（RBAC）：以 SELinux 用户（未必等同 Linux 用户）为基础，但默认的针对型策略并未采用它。

③ 多层保障（MLS）：未被采用，而且经常隐藏在默认的针对型策略内。

任务 3-1　移动终端操作系统账号密码管理

任务描述

某公司管理层使用统一型号的手机进行移动办公，主要涉及邮件发送、流程审批、企业重要通知发送和部分系统监控，公司采购的智能手机为 Android（安卓）操作系统。现在要对管理层使用的手机进行安全加固，具体要求如下：

1）为了保证设备信息安全，需要设置锁屏密码。

2）防止应用在待机时自动回传用户数据，关闭所有应用账户同步功能。

知识准备

1. Android 密码机制

Android 锁屏密码包括数字形式和手势。从 Android 4.1 版本开始，Android 系统的锁屏密码以哈希的形式加密保存在系统中。对于数字形式的密码，哈希值保存在/data/system/password.key 文件中。生成哈希值的过程中添加了盐值，盐值保存在/data/system/locksettings.db 数据库中。

例如，用户锁屏密码为 2580，盐值为 312507b260586652（数据库中保存的是此值的十进制形式），则 password.key 的内容为 0D990824EC13FF14C7D95F2EA51361A7CAF-D943262FB51FE06C92DF8361A148BA5459BC5。这是一个 72 位的字符，其实是由两个哈希值组成，一个 SHA-1 值（前 40 位）和一个 MD5 值（后 32 位）。SHA-1 值和 MD5 值都是由用户口令加上盐值后计算得到，即 2580312507b260586652 的 SHA-1 哈希值为 0D990824EC13FF14C7D95F2EA51361A7CAFD9432，2580312507b260586652 的 MD5 哈希值为 62FB51FE06C92DF8361A148BA5459BC5。SHA-1 值与 MD5 值合起来即 password.key 文件的内容 0D990824EC13FF14C7D95F2EA51361A7CAFD943262FB51FE06C92DF8361A148BA5459BC5。

2. Android 账户自动同步

在 Android 系统中自动同步的功能,即系统能够自动把手机的数据(如联系人、通话记录、照片、备忘录等)进行云端备份和恢复,这很容易造成隐私泄露。

任务实施

微课 3-1
移动终端操作
系统账号
密码管理

1. 设置密码保护

1)在移动终端操作系统桌面上按住向上拖动,如图 3-5 所示。

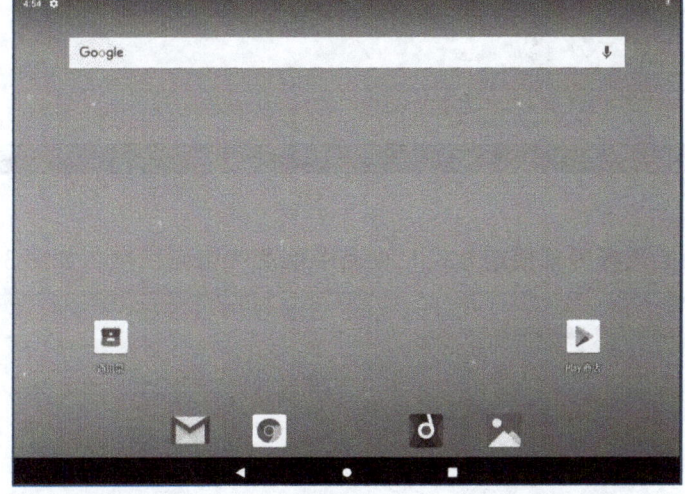

图 3-5

2)在系统应用面板中单击"设置"项,如图 3-6 所示。

图 3-6

3）在"设置"页面单击"安全性和位置信息"→"屏幕锁定"项，如图3-7所示。

图 3-7

4）在打开的"选择屏幕锁定方式"页面中单击"密码"项，如图3-8所示。

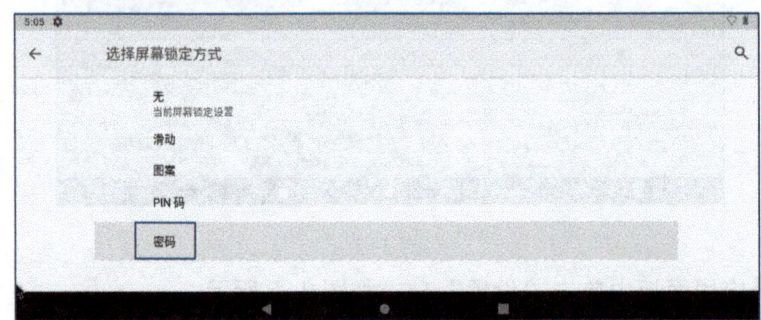

图 3-8

5）在打开的"设置屏幕锁定"对话框中设置密码，如图3-9所示。

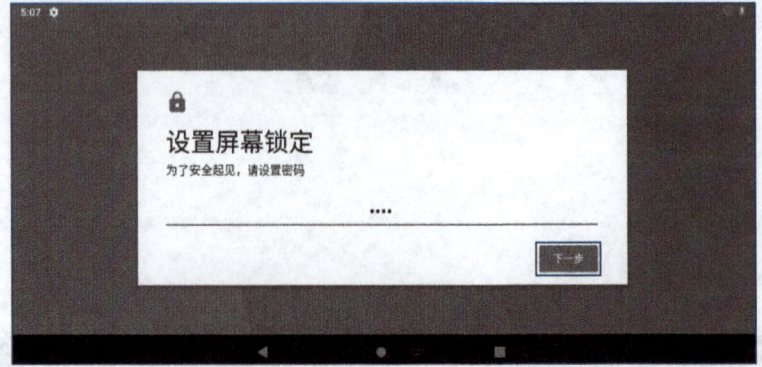

图 3-9

6）重新输入密码，注意两次密码需要一致，如图 3-10 所示。

图 3-10

7）设置设备锁定时，需要通知的显示方式，如图 3-11 所示。

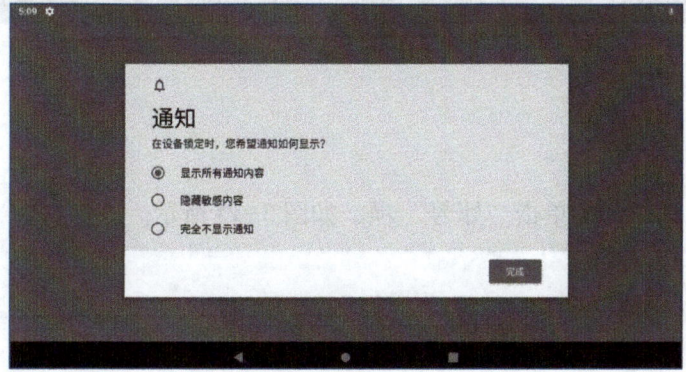

图 3-11

8）设置密码后，设备"安全性和位置信息"页面的显示如图 3-12 所示。

图 3-12

9）设置密码后，系统锁屏时的显示如图 3-13 所示。

图 3-13

2. 关闭账户同步

1）在"设置"页面中单击"账号"项，如图 3-14 所示。

图 3-14

2）在"账号"页面中单击"自动同步数据"右侧的"开关"按钮，如图 3-15 所示。

3）系统弹出提示"要关闭自动同步数据功能吗？"单击"确定"按钮，如图 3-16 所示。

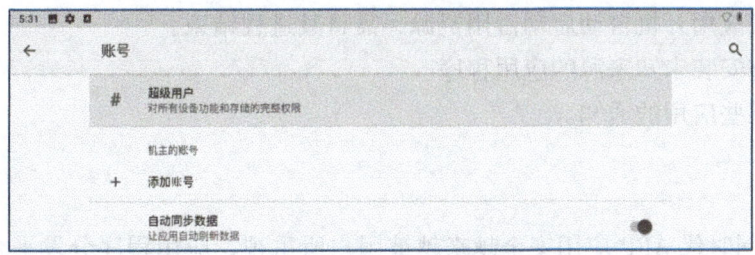

图 3-15

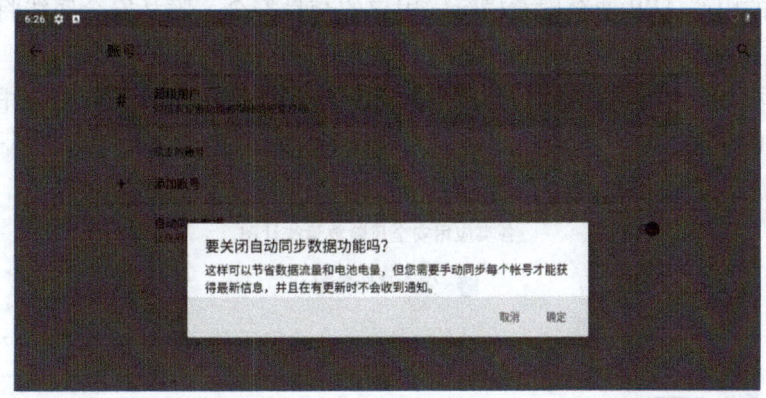

图 3-16

4）关闭设置后,"自动同步数据"右侧的按钮变灰,如图 3-17 所示。

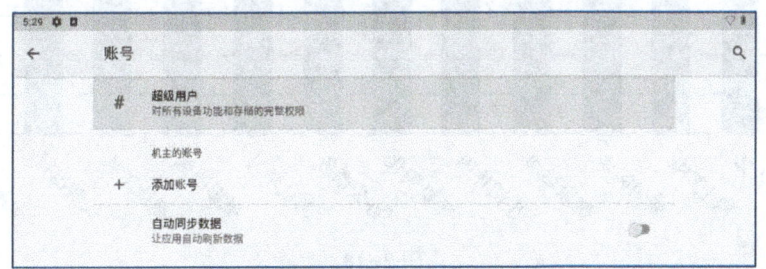

图 3-17

任务 3-2　安全管理移动终端操作系统上的应用

任务描述

某公司管理层使用统一型号的手机进行移动办公,主要涉及邮件发送、流程审批、企业重要通知发送和部分系统监控,公司采购的智能手机为 Android 操作系统。现在要对管理层使用的手机进行安全加固,具体要求如下:

1）发现某应用开机自动启动占用资源,需将其进程结束。
2）不允许安装未知来源的应用程序。
3）关闭某些应用的通知。

知识准备

移动互联网时代 APP 应用安全越来越被用户所重视,应用程序分发平台对 APP 的严格把关就显得尤为重要。应用分发平台不做好审查、登记、检查监控等工作,插广告、偷流量、盗数据的山寨 APP 便会肆意横行,用户的交易安全、隐私安全底线将被接受挑战。APP 审查包括资质审查和内容审查。

在 2019 年腾讯安全国际技术峰会上,腾讯科恩实验室发布的《安卓应用安全白皮书》显示,超 98% 的应用存在开发隐患、修复管理滞后、漏洞监测困难等安全风险,而 92% 安卓应用存在过度获取隐私权限,如图 3-18 所示。

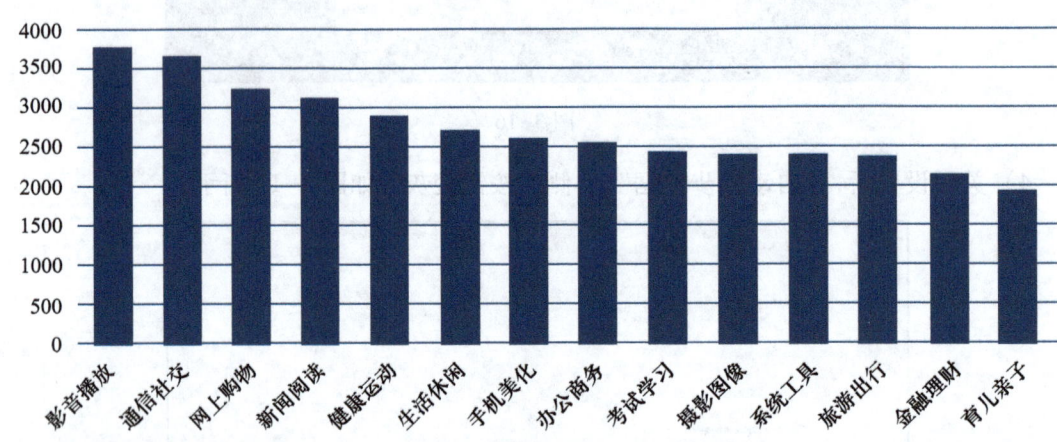

图 3-18

截至 2018 年,安卓系统已进驻超 20 多亿台设备,平均每天有 11000 个新的恶意软件样本被发现。数据检测显示,应用市场分类中下载量前 100 名左右的 APP 中,超过 98% 的应用有安全风险。在隐私收集方面,在 1404 个样本中,71% 的应用没有隐私条款,21% 的应用隐私条款内容不达标,仅 8% 的应用暂无隐私风险。此外,有 165 款 APP 涉嫌过度收集位置信息,113 款涉嫌过度收集短信,104 款涉嫌过度收集手机号码,还有 17 款涉嫌过度收集身份信息。

微课 3-2
安全管理移动终端操作系统上的应用

任务实施

1. 关闭应用进程

1）在"设置"页面中单击"应用和通知"项,如图 3-19 所示。

图 3-19

2)在"应用和通知"页面中单击"查看全部 22 个应用"项,如图 3-20 所示。

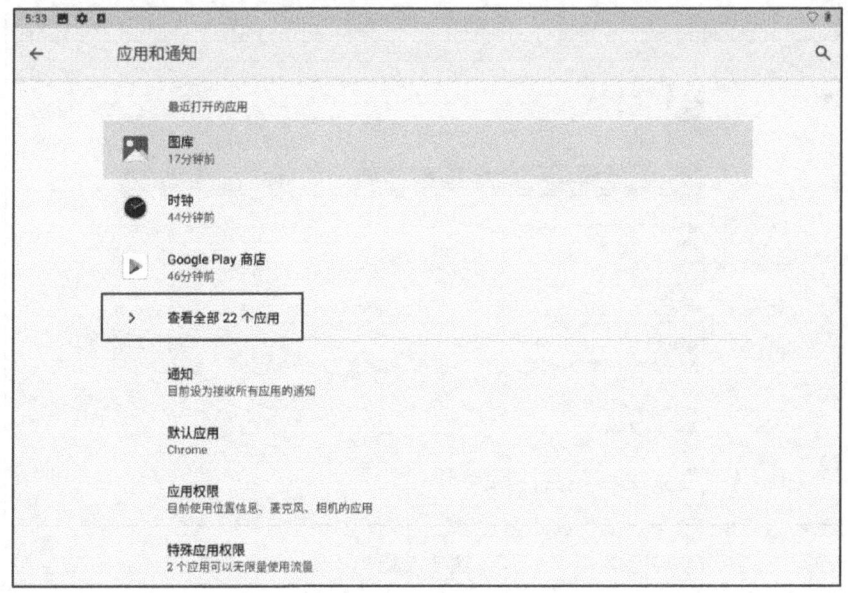

图 3-20

3)展开"应用信息"→"所有应用"页面,单击"RSS Reader"项,如图 3-21 所示。

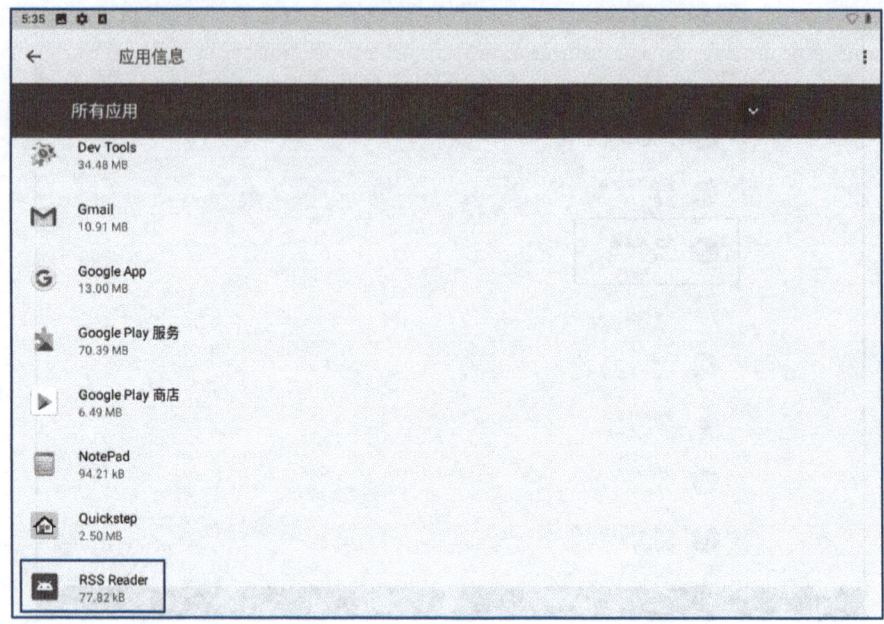

图 3-21

4）展开"应用信息"→"RSS Reader"页面，单击"停用"按钮，如图 3-22 所示。

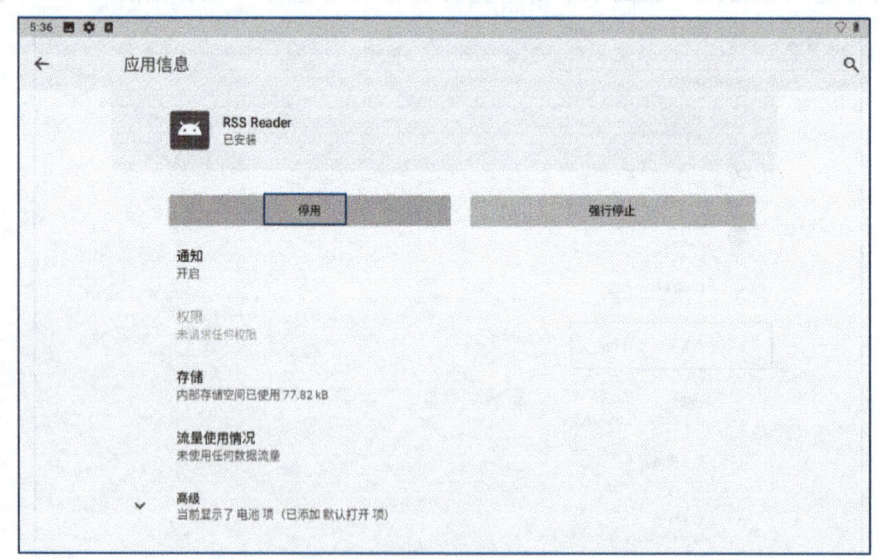

图 3-22

5）系统提示信息"如果您停用此应用，Android 和其他应用可能会无法正常运行。"单击"停用应用"按钮，如图 3-23 所示。

6）停用 RSS Reader 后该应用信息的显示如图 3-24 所示。

图 3-23

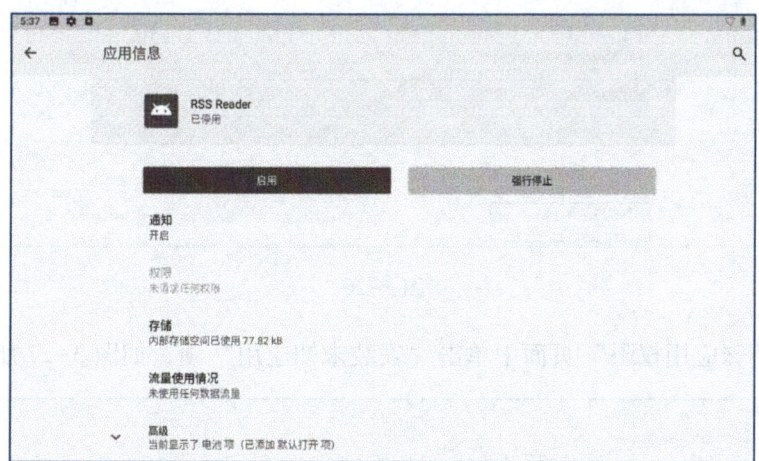

图 3-24

7)停用 RSS Reader 后应用面板的显示如图 3-25 所示。

图 3-25

2. 关闭允许安装未知来源应用

1）打开"设置"页面，单击"应用和通知"项。

2）在"应用和通知"页面中单击"特殊应用权限"项，如图 3-26 所示。

图 3-26

3）在"特殊应用权限"页面中单击"安装未知应用"项，如图 3-27 所示。

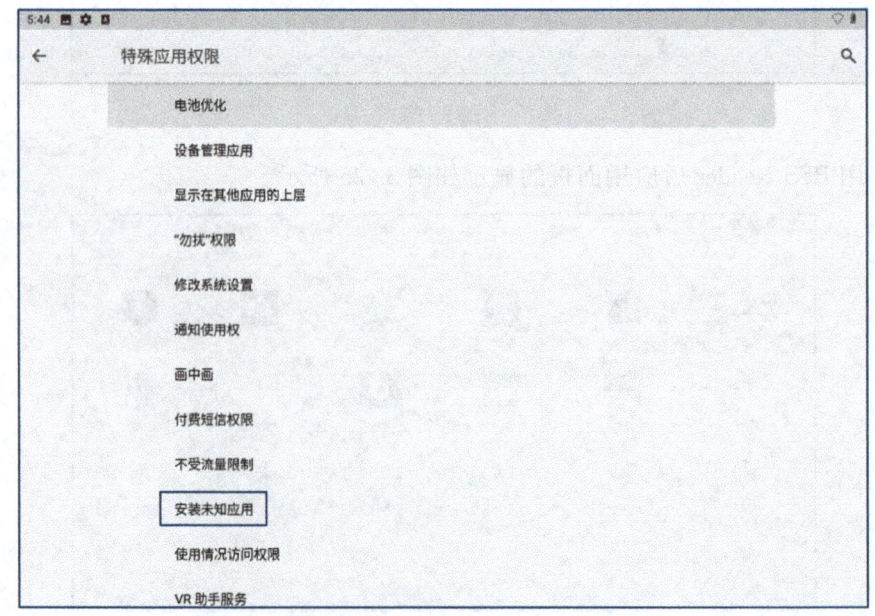

图 3-27

4）在"安装未知应用"页面中分别单击"Chrome"项和"Gmail"项，如图3-28所示。

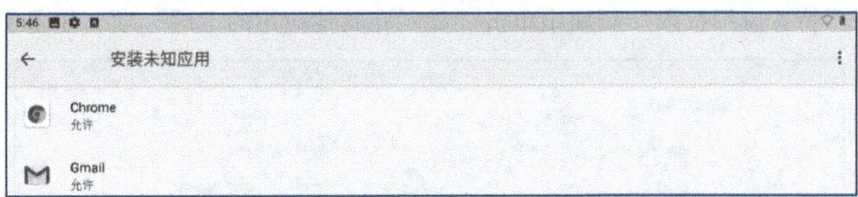

图3-28

5）分别关闭Chrome和Gmail的"允许来自此来源的应用"开关按钮，如图3-29和图3-30所示。

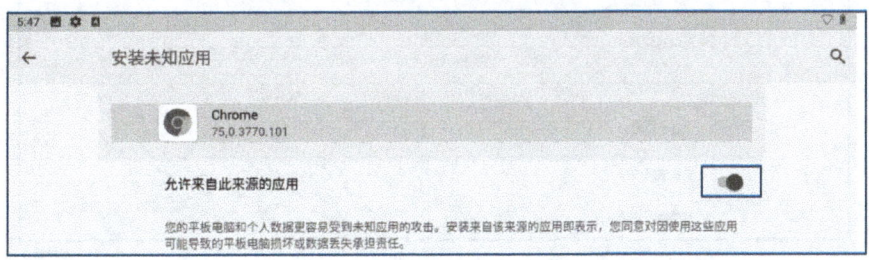

图3-29

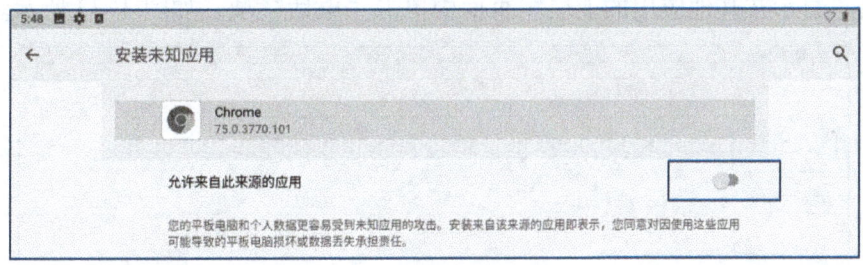

图3-30

6）关闭"允许来自此来源的应用"开关按钮后，"安装未知应用"页面的显示如图3-31所示。

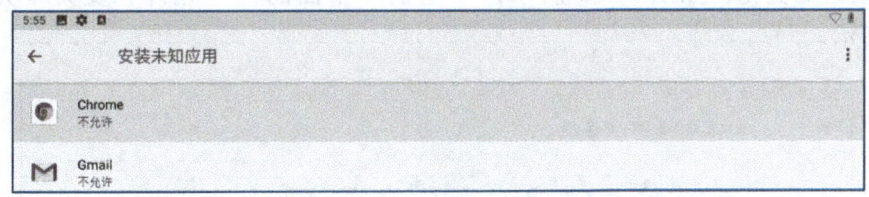

图3-31

3. 屏蔽或优先显示指定应用通知

1）打开"设置"页面，单击"应用和通知"项。

2）在"应用和通知"页面中单击"特殊应用权限"项。

3）在"特殊应用权限"页面中单击"显示在其他应用的上层"项，如图3-32所示。

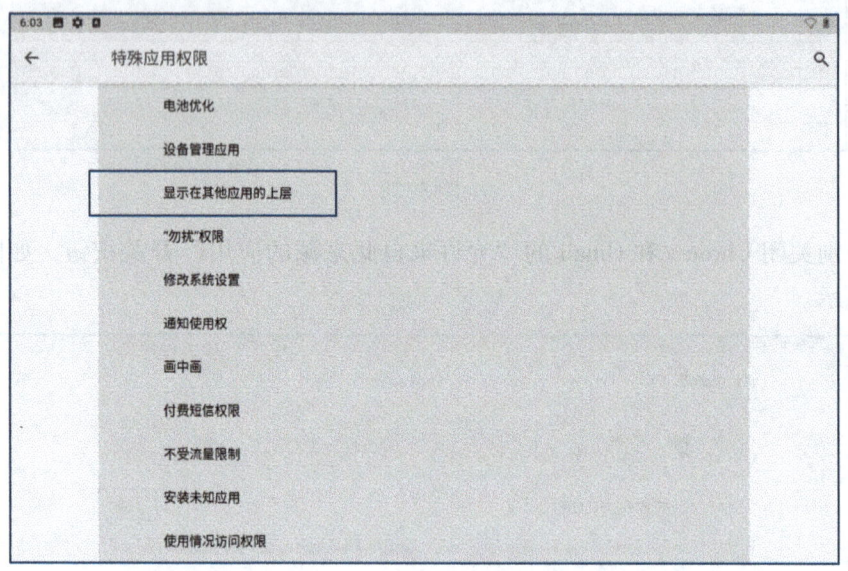

图3-32

4）在"显示在其他应用的上层"页面中单击"电话"项，如图3-33所示。

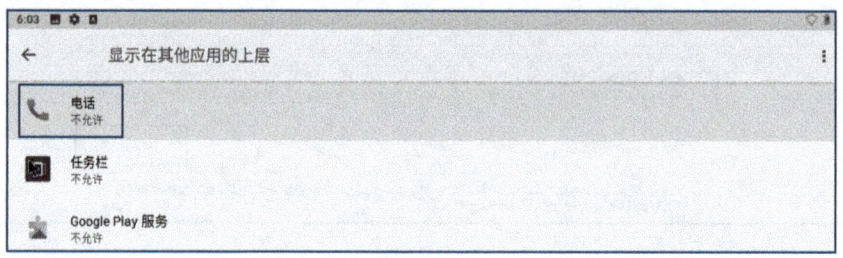

图3-33

5）打开"电话"中的"允许显示在其他应用的上层"按钮，如图3-34所示。打开按钮后，按钮处变亮，如图3-35所示；"电话"下面的"不允许"变为"允许"，如图3-36所示。

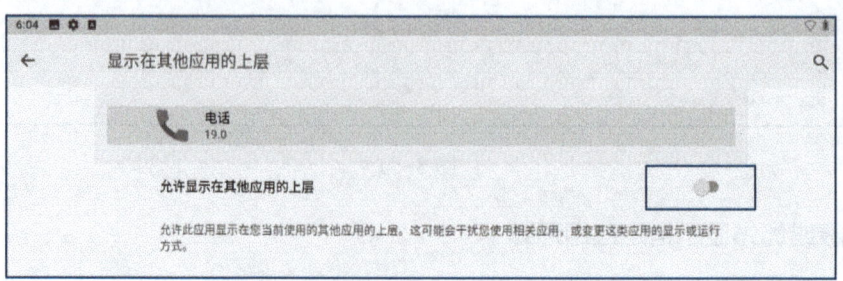

图3-34

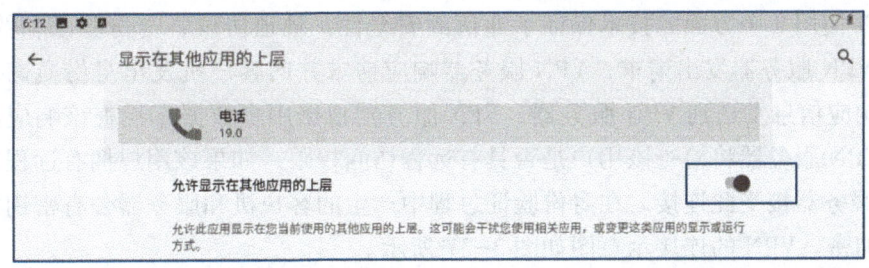

图 3-35

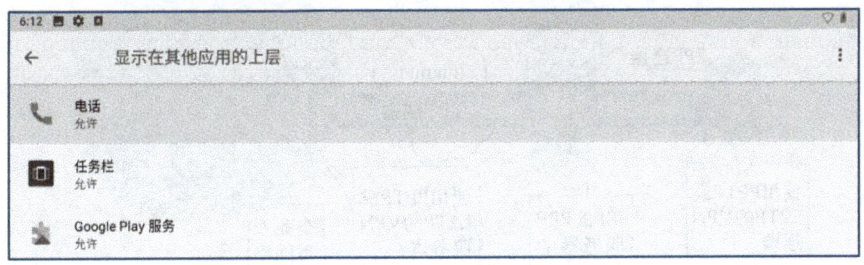

图 3-36

任务 3-3　配置移动端虚拟专用网络（VPN）

任务描述

公司管理层使用统一型号的手机进行移动办公，主要涉及邮件发送、流程审批、企业重要通知发送和部分系统监控，公司采购的智能手机为安卓 Android 操作系统。现在要对管理层使用手机进行安全加固，具体要求如下：为保证数据传输安全，公司监控 APP 需要用到企业 VPN 链接，在手机上创建 VPN 链接，链接名称为 inspcVPN，服务器地址为 202.100.100.101，使用的类型为 L2TP/IPSec PSK，IPSec 标识符为 inspc，L2TP 密钥为 vpn@inspc，预共享密钥为 inspc，DNS 服务器为 202.100.100.254 并保存。

知识准备

1. VPN 简介

VPN（Virtual Private Network，虚拟专用网络）是一种通过公用网络安全地对企业内部专用网络进行远程访问的连接方式。要实现 VPN 连接，企业内部网络中必须配置有一台 VPN 服务器，该服务器一方面连接企业内部专用网络，另一方面要连接到 Internet。当客户机通过 VPN 连接与专用网络中的计算机进行通信时，先由 ISP（Internet 服务提供商）将所有的数据传送到 VPN 服务器，然后再由 VPN 服务器负责将所有的数据传送到目标计算机。VPN 使用 3 个方面的技术保证了通信的安全性：隧道协议、身份验证和数据加密。客户机向 VPN 服务器发出请求，VPN 服务器响应请求并向客户机发出身份质询，客户机将加密的响应信息发送到 VPN 服务器，VPN 服务器根据用户数据库检查该响应，如果账户有效，VPN 服务器将检查该用户是否具有远程访问权限，如果该用户拥有远程访问的权限，VPN 服务器接受此连接。在身份验证过程中产生的客户机和服务器公有密钥将用来对数据进行加密。VPN 的连接示意图如图 3-37 所示。

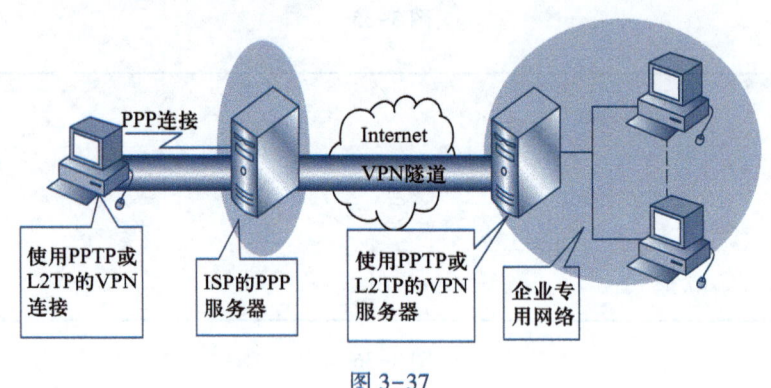

图 3-37

2. PPTP、L2TP 和 IPsec

（1）PPTP

PPTP（Point to Point Tunneling Protocol，点对点隧道协议）是实现虚拟专用网（VPN）的方式之一，使用传输控制协议（TCP）创建控制通道来发送控制命令，并利用通用路由封装（GRE）通道来封装点对点协议（PPP）数据包以发送数据。该协议最早由微软公司等厂商主导开发，但因为它的加密方式容易被破解，微软公司已经不再建议使用这个协议。

PPTP 的协议规范本身并未描述加密或身份验证的部分，它依靠点对点协议（PPP）来实现这些安全性功能。通过 PPTP，远程用户能够通过 Microsoft Windows 操作系统以及其他安装有点对点协议的系统安全访问公司网络。

注意：PPTP 只能在两端点间建立单一隧道。

（2）L2TP

L2TP（Layer Two Tunneling Protocol，第二层隧道协议）是一种虚拟隧道协议，通常用于虚拟专用网。L2TP 自身不提供加密与可靠性验证的功能，可以和安全协议搭配使用，从而实现数据的加密传输。经常与 L2TP 搭配的加密协议是 IPSec，当这两个协议搭配使用时，通常合称 L2TP/IPSec。L2TP 只要求隧道媒介提供面向数据包的点对点的连接。L2TP 可以在 IP（使用 UDP）、帧中继永久虚拟电路（PVCs）、X.25 虚拟电路（VCs）或 ATM 网络上使用。

L2TP 支持在两端点间使用多隧道。使用 L2TP，用户可以针对不同的服务质量创建不同的隧道。

（3）IPSec

IPSec（Internet Protocol Security）被设计用来提供入口对入口通信安全，在此机制下，分组通信的安全性由单个节点提供给多台机器（甚至可以是整个局域网）。IPSec 也可以用来提供端到端分组通信安全，由作为端点的计算机完成安全操作。上述的任意一种模式都可以用来构建虚拟专用网（VPN），而这也是 IPSec 最主要的用途之一。

IPSec 端点间的隧道数随用户使用情况任意制定。

3. 加密机制

PSK 是预共享密钥，是用于验证 L2TP/IPSec 连接的 Unicode 字符串。可以配置"路由和远程访问"来验证支持预共享密钥的 VPN 连接。许多操作系统都支持使用预共享密钥，验证来自其他路由器的连接。

RSA 公开密钥密码体制是一种使用不同的加密密钥与解密密钥，由已知加密密钥推导出解密密钥在计算上是不可行的"密码体制"。在公开密钥密码体制中，加密密钥（即公开密钥）PK 是公开信息，而解密密钥（即秘密密钥）SK 是需要保密的。加密算法 E 和解密算法 D 也都是公开的。虽然解密密钥 SK 是由公开密钥 PK 决定的，但却不能根据 PK 计算出 SK。

任务实施

微课 3-3
配置移动终端虚拟专用网络（VPN）

1）打开"设置"页面，单击"网络和互联网"项，如图 3-38 所示。

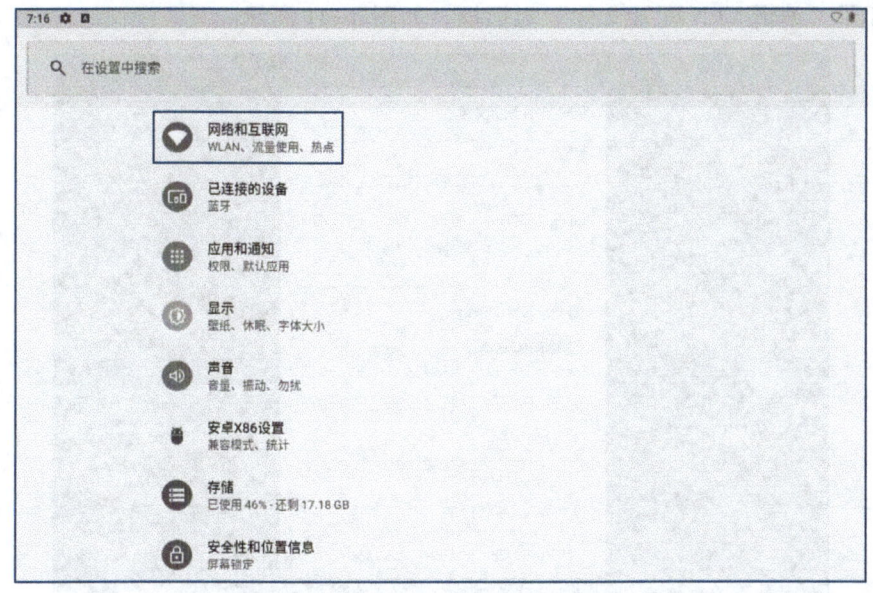

图 3-38

2）在"网络和互联网"页面中单击"VPN"项，如图 3-39 所示。

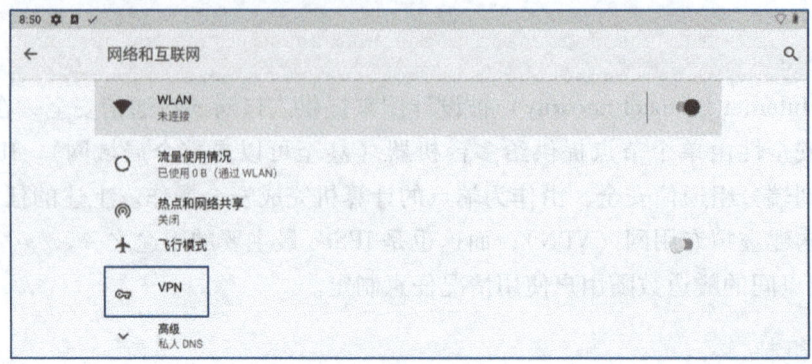

图 3-39

3）页面显示目前没有 VPN，单击右上角的"+"按钮，如图 3-40 所示。

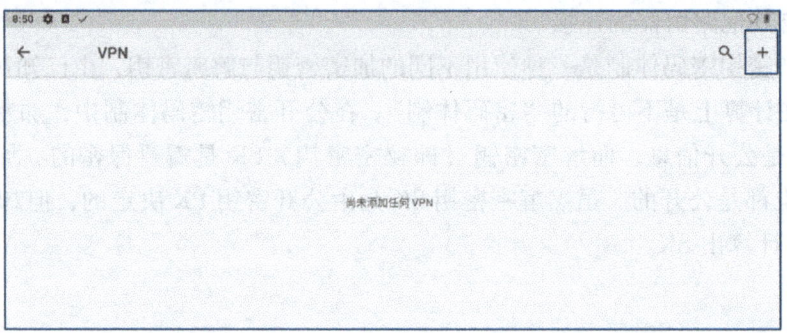

图 3-40

4）打开"编辑 VPN 配置文件"对话框，如图 3-41 所示。

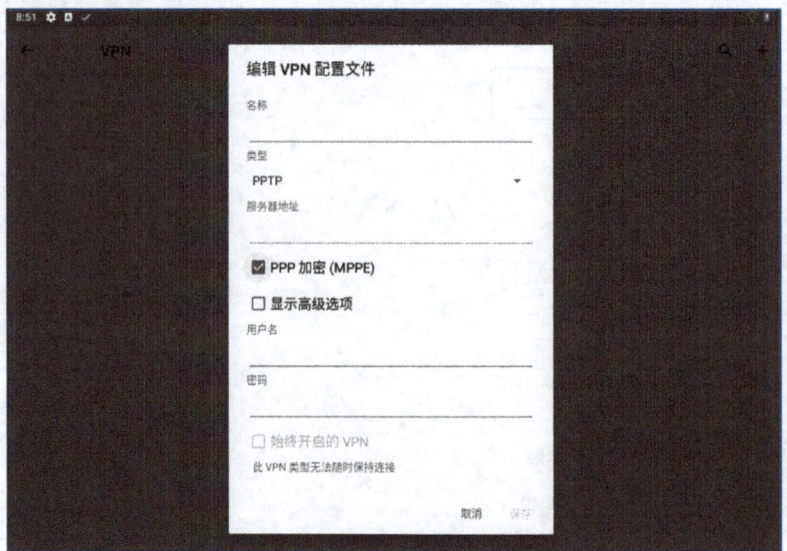

图 3-41

5）输入 VPN 的详细信息，其中 VPN 类型"L2TP/IPSec PSK"等选项需要单击 PPTP 右侧的下拉按钮，在其下拉列表中选择，如图 3-42 所示。

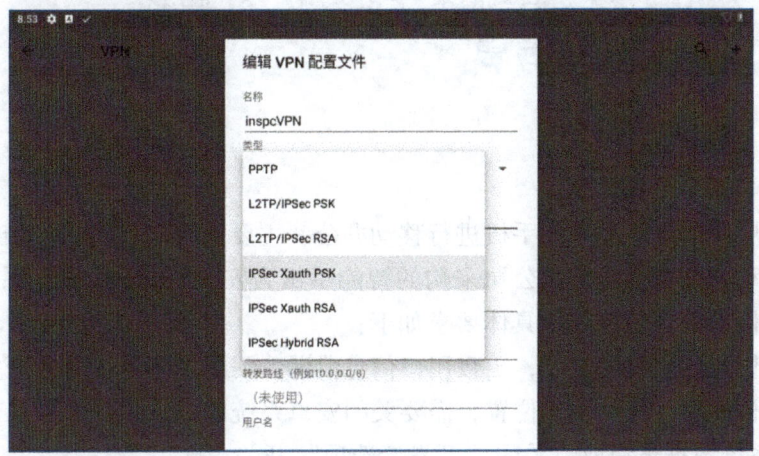

图 3-42

6）编辑完 VPN 详细信息的页面显示如图 3-43 所示。

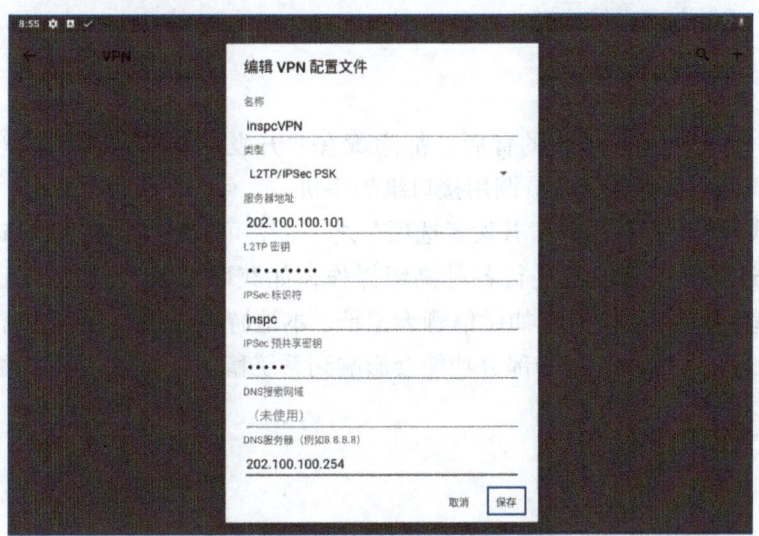

图 3-43

7）编辑完成后，单击右下角的"保存"按钮。
8）设置好的 VPN 列表如图 3-44 所示。

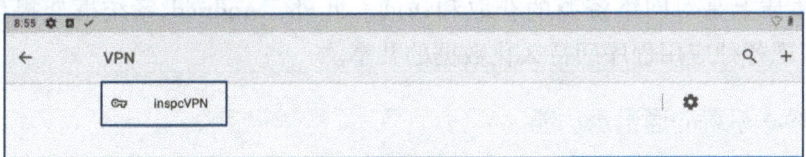

图 3-44

任务 3-4　加固移动终端操作系统，并备份、加密重要信息

任务描述

公司管理层使用统一型号的手机进行移动办公，主要涉及邮件发送、流程审批、企业重要通知发送和部分系统监控，公司采购的智能手机为安卓 Android 操作系统。现在要对管理层使用手机进行安全加固，具体要求如下：

1）防止部分 APP 使用蓝牙，导致用户信息泄漏，需要关闭系统蓝牙开关。
2）防止部分 APP 获取用户位置，需要关闭安卓系统的默认位置服务。
3）防止系统数据被窃取，关闭"开发者选项"开关。
4）为了防止数据丢失，需要对通讯录进行备份，导出现有所有通讯录到默认文件夹。

知识准备

1. 开发者选项

在每一款 Android 手机系统的背后，都隐藏有"开发者选项"，也有译为"开发人员选项"，用于开发人员、维修人员调用接口维护手机。

"USB 调试模式"是常用的"开发者选项"之一，它可以让 PC 在 Android 设备中读取/写入数据，绕过系统安全机制进行各种高级操作，如获取 ROOT 权限、删除系统预装程序、备份出系统目录下的数据（如微信聊天记录、本地游戏存档、各种加密数据）等。

考虑到"开发者选项"中的部分功能会影响到系统稳定性，所以默认情况下都会选择将其屏蔽隐藏。

2. Android 系统的数据存储

在 Android 中应用程序存储的数据（包括文件）都属于应用程序私有，但同时也提供了 ContentProviders（数据共享），方便应用程序将私有的数据分享给其他程序使用。

Android 系统的数据存储方式共分为 5 种，分别为 SharedPreferences、内部存储（Internal Storage）、外部存储（External Storage）、SQLite 数据库存储和网络存储。其中，网络存储在本质上是对网络资源的获取和访问。此外，Android 系统框架提供了 ContentProvider 来实现各种应用程序间持久化数据的共享。

3. Android 系统的通讯录功能

Android 中的联系人存储是通过 ContentProvider 实现的，因此 APP 对系统通讯录进行

操作涉及 ContentProvider 接口的使用。

VCF 是用来存储联系人名片信息的标准文件格式，也就是通讯录的常用存储格式。

微课 3-4
加固移动终端操作系统，并备份、加密重要信息

任务实施

1. 打开和关闭"开发者选项"开关

1）打开"设置"页面，单击"系统"项，如图 3-45 所示。

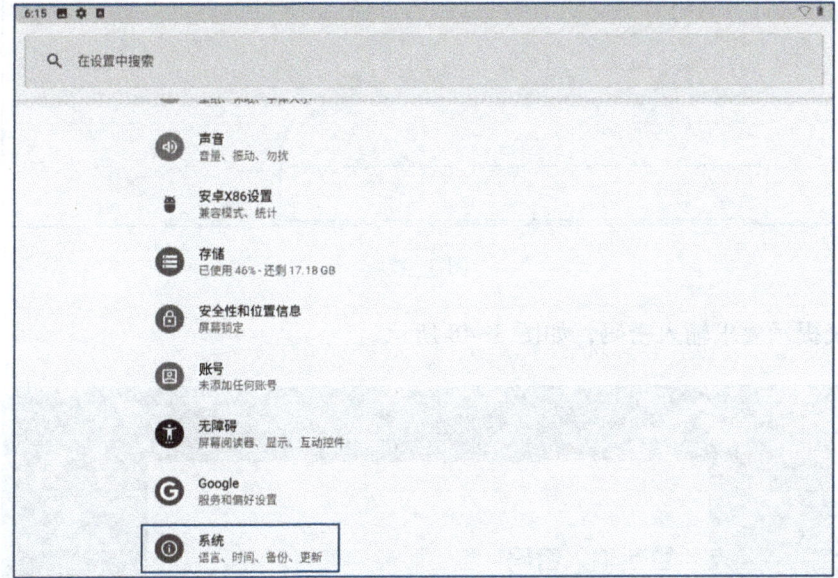

图 3-45

2）在"系统"页面中单击"关于平板电脑"项，如图 3-46 所示。

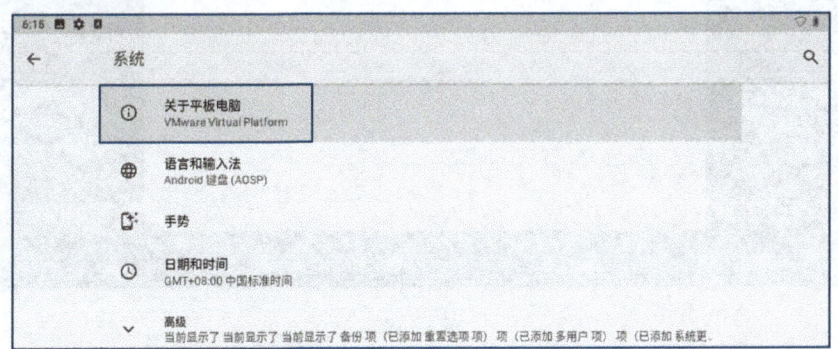

图 3-46

3）在"关于平板电脑"页面中连续单击"版本号"项 5 次，如图 3-47 所示。

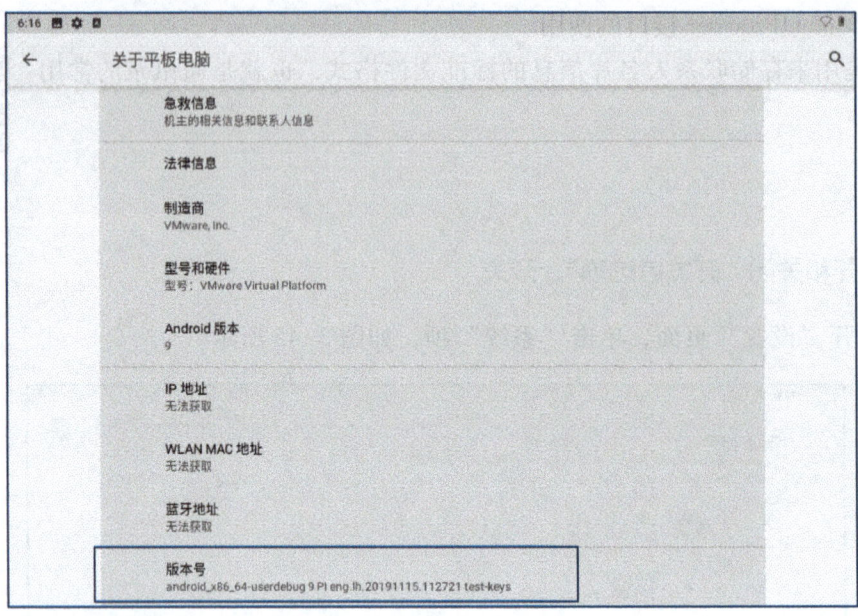

图 3-47

4）系统提示要求输入密码，如图 3-48 所示。

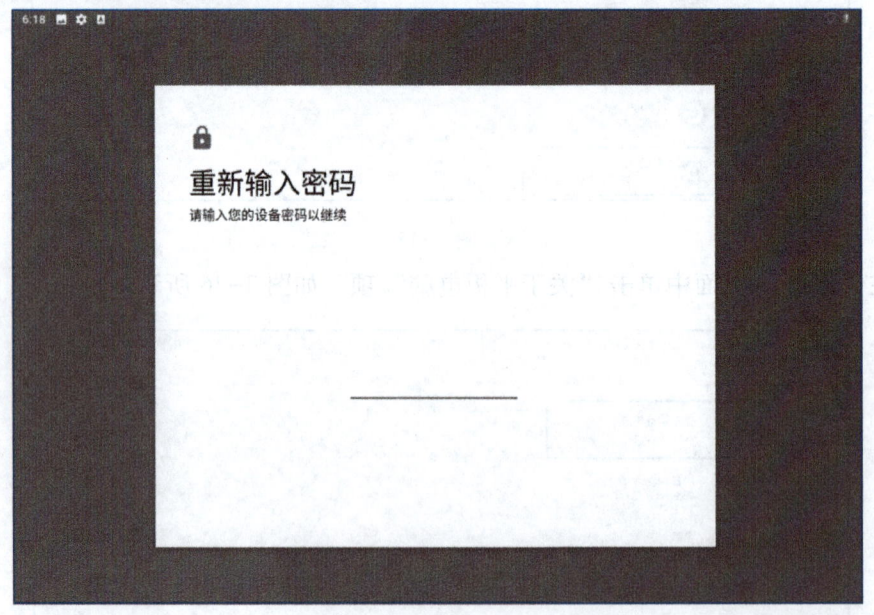

图 3-48

5）正确输入密码后，提示"开发者选项"已打开，可以在"系统"→"高级"项中查看，如图 3-49 所示。

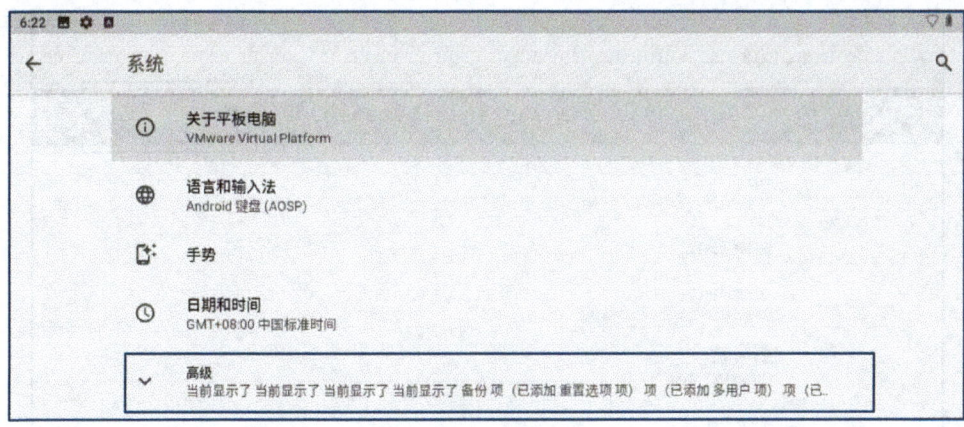

图 3-49

6）在打开的选项中，发现多了一个"开发者选项"，说明该选项已打开，如图 3-50 所示。

图 3-50

7）单击"开发者选项"项，可以看到其右侧的开关按钮是亮色，说明是打开的，如图 3-51 所示。

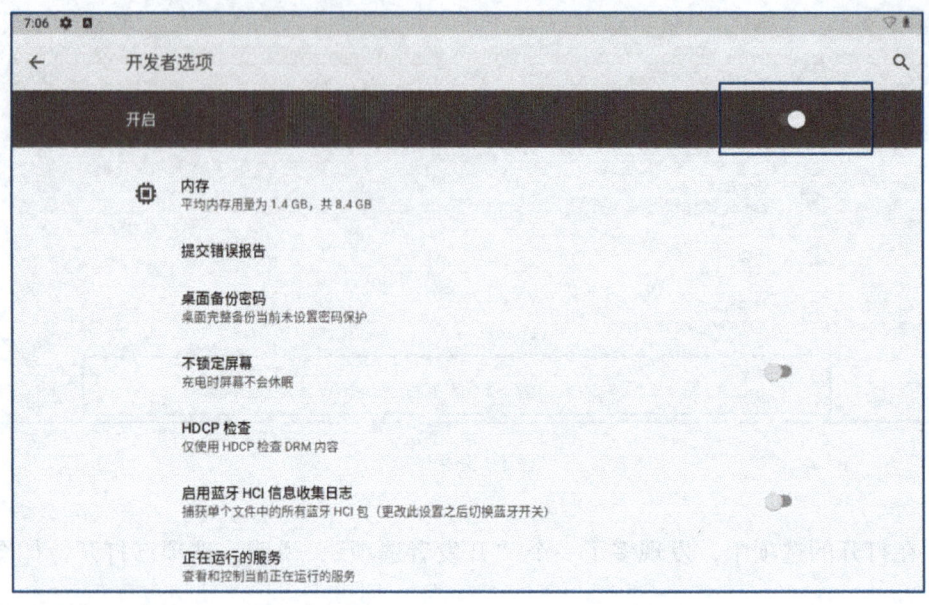

图 3-51

8）单击该按钮，使其颜色变成灰色，说明"开发者选项"关闭，如图 3-52 所示。

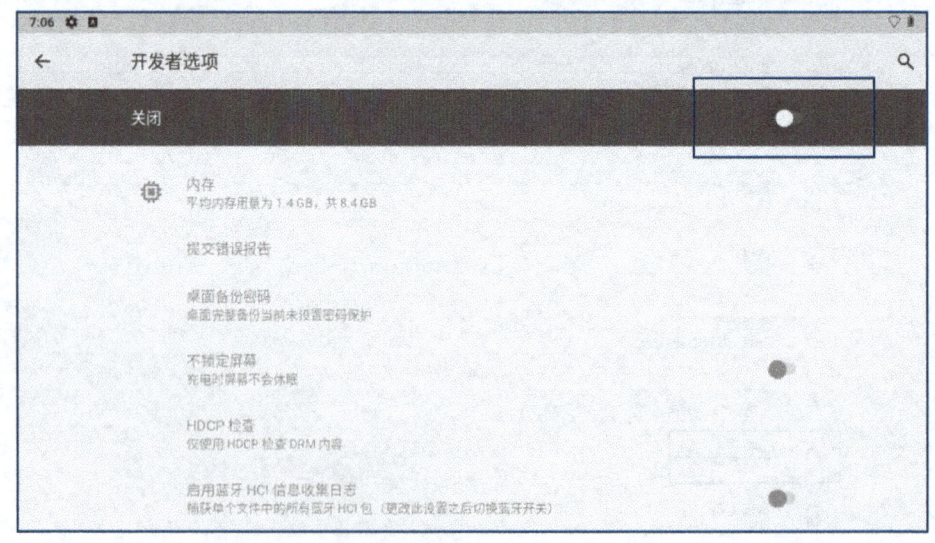

图 3-52

2. 关闭默认位置服务

1）打开"设置"页面，单击"安全性和位置信息"项。

2）在打开的"安全性和位置信息"页面中单击"位置信息"项，如图 3-53 所示。

项目 3　移动终端操作系统安全配置

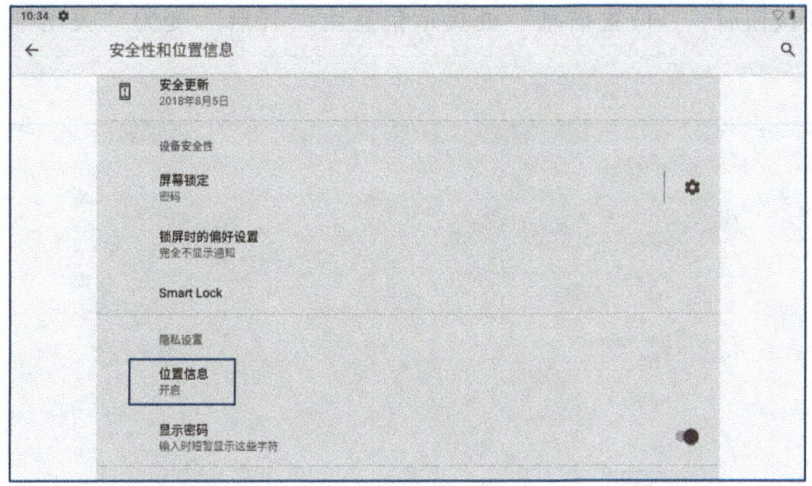

图 3-53

3）在打开的"位置信息"页面中，关闭右侧的按钮，如图 3-54 所示。

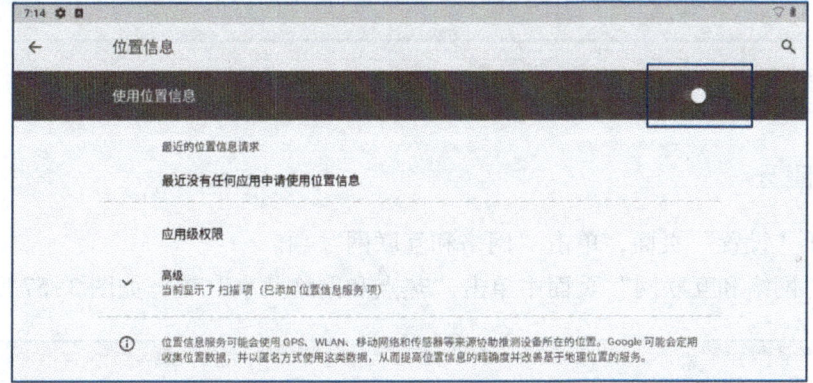

图 3-54

4）关闭按钮后，"使用位置信息"右侧的按钮变灰，如图 3-55 所示。

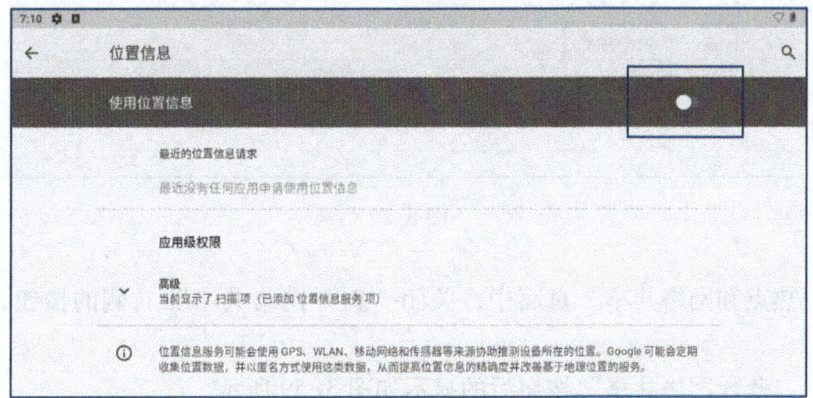

图 3-55

5）关闭按钮后,"位置信息"处提示信息由"开启"变为"关闭",如图 3-56 所示。

图 3-56

3. 关闭蓝牙

1）打开"设置"页面,单击"网络和互联网"项。

2）在"网络和互联网"页面中单击"热点和网络共享"项,如图 3-57 所示。

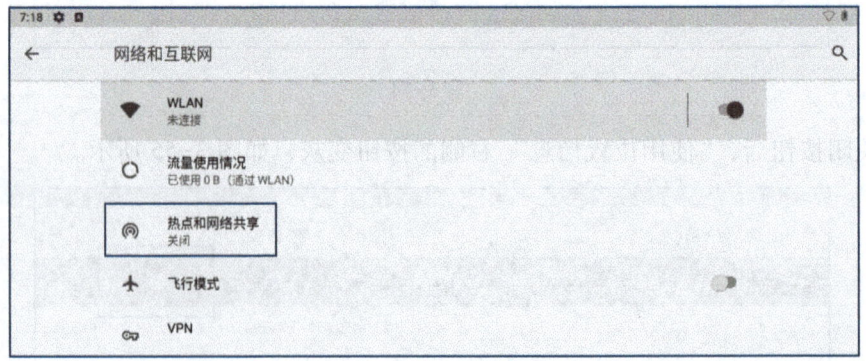

图 3-57

3）在"热点和网络共享"页面中,关闭"蓝牙网络共享"右侧的按钮,如图 3-58 所示。

4）关闭"蓝牙网络共享"按钮后的显示如图 3-59 所示。

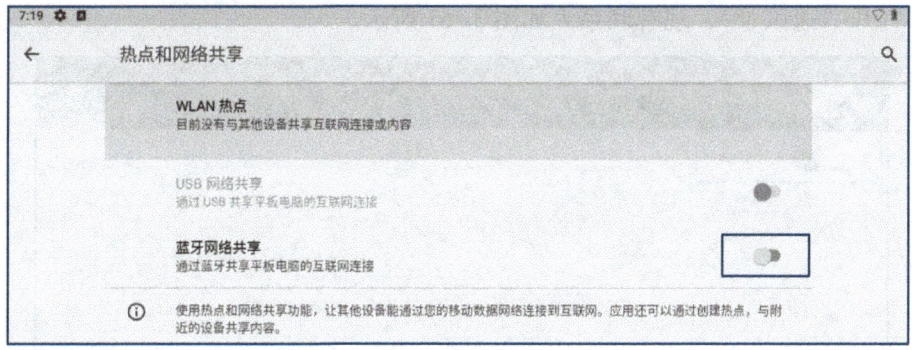

图 3-58

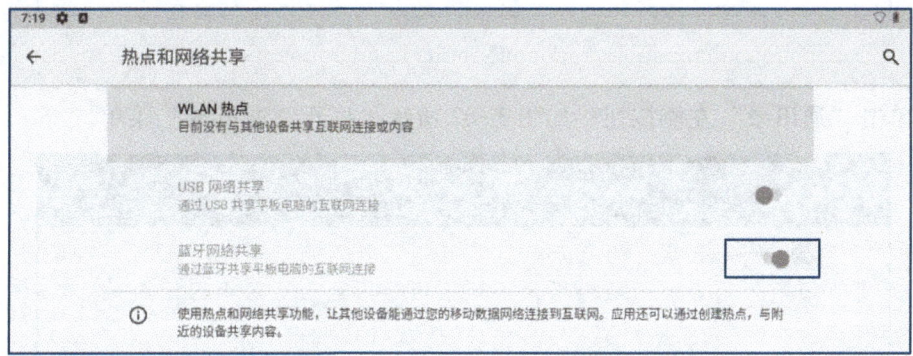

图 3-59

4. 备份与恢复通讯录

（1）备份通讯录

1）在系统应用面板中单击"通讯录"项，如图 3-60 所示。

图 3-60

2）打开"通讯录",现有联系人如图3-61所示。

图3-61

3）单击"通讯录"左侧按钮,如图3-62所示,打开"通讯录"菜单。

图3-62

4）单击"设置"项,如图3-63所示。

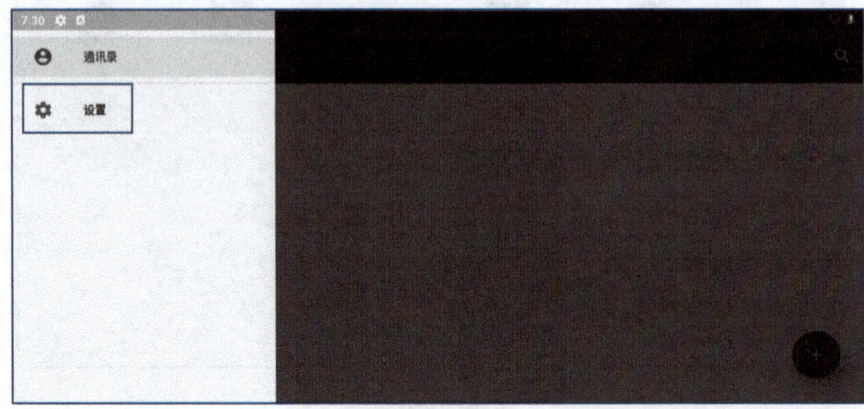

图3-63

5)在"设置"页面中单击"导出"项,如图 3-64 所示。

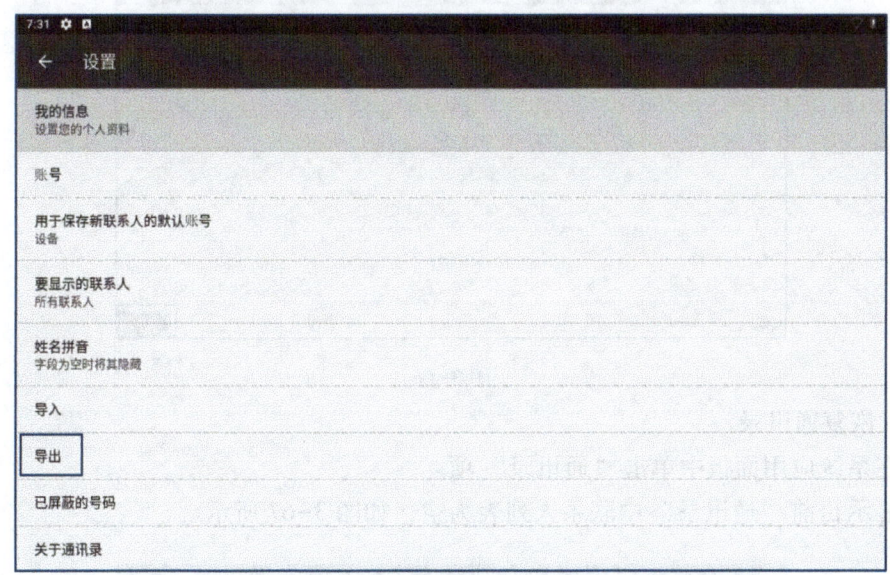

图 3-64

6)在弹出的提示框中单击"导出为.vcf 文件"项,如图 3-65 所示。

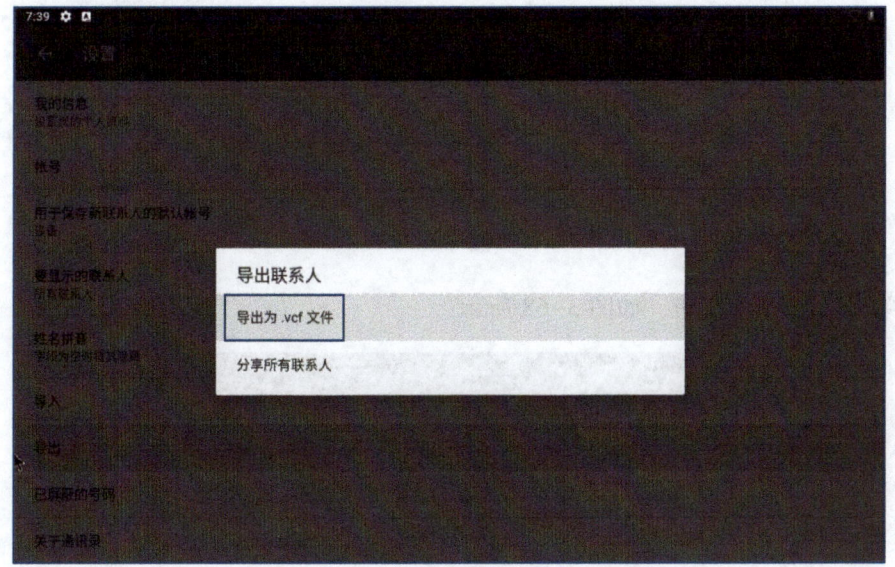

图 3-65

7)在"下载"页面中,文件名默认为 contacts.vcf,单击"保存"按钮,如图 3-66 所示。

图 3-66

（2）恢复通讯录

1）在系统应用面板中单击"通讯录"项。

2）显示目前"通讯录"中联系人列表为空，如图 3-67 所示。

图 3-67

3）单击"导入"按钮，如图 3-68 所示。

图 3-68

4)在弹出提示框中单击".vcf 文件"项,如图 3-69 所示。

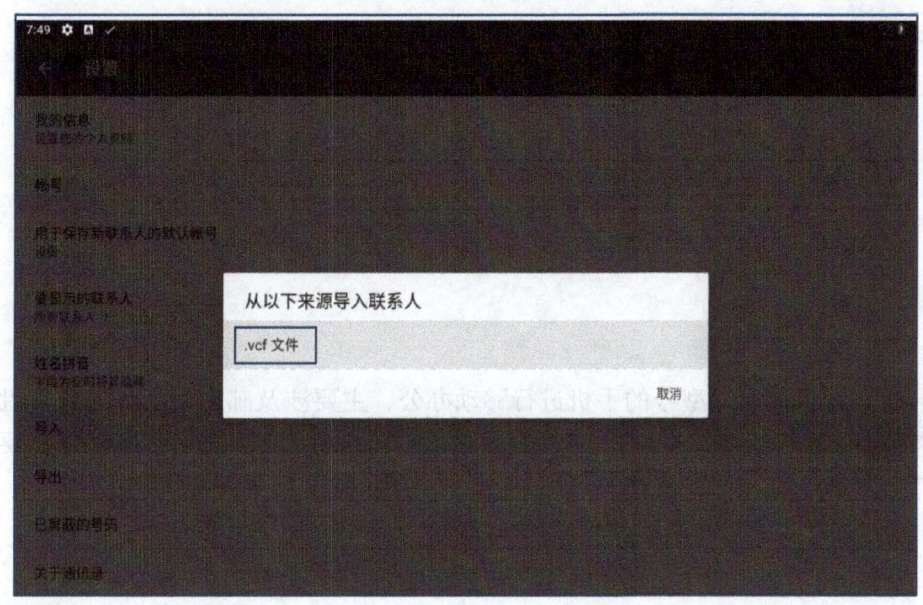

图 3-69

5)在"下载"列表中选择希望导入的 vcf 文件,如图 3-70 所示。

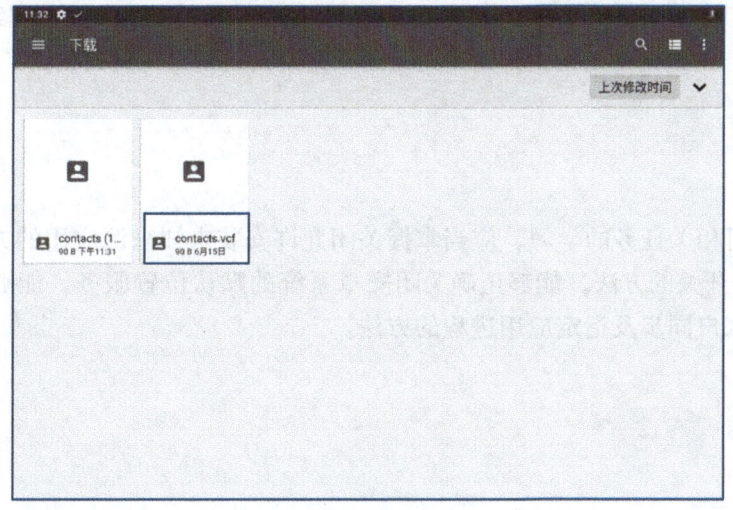

图 3-70

6)导入成功后,"通讯录"中显示联系人信息。

项目实训

1. 场地设备要求

1）计算机一台。
2）智能手机模拟器。

2. 工作任务

公司管理层使用统一型号的手机进行移动办公，主要涉及邮件发送、流程审批、企业重要通知发送和部分系统监控，公司采购的智能手机为 Android 操作系统。现在要对管理层使用手机进行安全加固，具体要求如下：

1）不允许安装未知来源应用程序。
2）防止系统数据被窃取，关闭"开发者选项"开关。
3）为了防止数据丢失，需要对通讯录进行备份，导出现有所有通讯录到默认文件夹。
4）防止部分网站获取用户位置，需关闭安卓系统的默认位置服务。
5）为了防止部分应用后台进行数据沟通、偷跑流量、数据回传造成额外经济损失，需要关闭所有应用账户同步。
6）现发现某"应用中心 HD"开机自动启动占用资源，需要将其进程结束。

项目总结

通过本项目相关任务的学习，应当掌握关闭允许安装未知来源应用的方法，掌握关闭"开发者选项"开关的方法，能够正确关闭安卓系统的默认位置服务，能够正确备份通讯录，掌握关闭账户同步及指定应用进程的方法。

课后习题

一、选择题

1.（　　）公司于 2008 年 10 月正式发布了 Android 1.0 版本。
　　A. 苹果　　　　　　B. 谷歌　　　　　　C. 微软　　　　　　D. 安卓
2. Android 系统应用服务的主要管理器不包括（　　）。

A. 内容管理器　　B. 资源管理器　　C. 通知管理器　　D. 注册表管理器

3. RSA 的数学困难性是（　　）。

A. 离散困难性　　　　　　　　B. 椭圆曲线群上的离散对数困难性

C. 大整数分解的困难性　　　　D. 离散对数困难性

4. 应用程序签名的作用是（　　）。

A. 识别代码的作者

B. 检测应用程序是否发生了改变

C. 在应用程序之间建立信任，以便于应用程序可以安全地共享代码和数据

D. 以上全对

5. 应用程序权限声明机制中，申请即可用的级别是（　　）。

A. Normal　　　　　　　　　　B. Dangerous

C. Signature　　　　　　　　 D. Signatureorsystem

6. 下列不属于 SELinux 基本操作模式的是（　　）。

A. Disabled　　B. Permissive　　C. Enforcing　　D. Advanced

7. 下列不属于 SELinux 访问控制方法的是（　　）。

A. 强制类型　　　　　　　　　B. 基于角色的访问控制

C. 多层保障　　　　　　　　　D. 基于软件版本的访问控制

8. 对于数字形式的密码，哈希值保存在（　　）文件中。

A. /etc/passwd　　　　　　　B. /data/system/locksettings.db

C. /etc/shadow　　　　　　　D. /data/system/password.key

9. Android 包含一个核心库的集合，该核心库提供了（　　）编程语言核心库的大多数功能。

A. C　　　　　　B. Java　　　　　C. Python　　　　D. Dephi

10. 每一个 Android 应用程序都在自己的进程中运行，都拥有一个独立的（　　）虚拟机实例。

A. VMware　　　B. Virtual Box　　C. Dalvik　　　　D. Docker

二、判断题

1. PSK 是预共享密钥，是用于验证 PPTP/IPsec 连接的 Unicode 字符串。（　　）

2. 2016 年 10 月，Android 8.0 正式发布，从该版本开始，消息通知栏样式更加简洁。
（　　）

3. Android 系统基于 Windows 提供核心系统服务，如安全、内存管理、进程管理、网络堆栈、驱动模型。（　　）

4. SQLite 是一个所有应用程序都可以使用的强大且轻量级的关系数据库引擎。（　　）

5. 互相不具备信任关系的应用程序可以运行于同一进程空间。（　　）

6. Android 锁屏密码包括数字形式和手势。（　　）

7. Android 锁屏密码生成哈希值的过程中添加了盐值，盐值保存在/data/system/locks-ettings.db 数据库中。（　　）

8. 每一个 Android 应用程序都在自己的进程中运行，都拥有一个独立的 Dalvik 虚拟机实例。（　　）

三、简答题

1. Android 操作系统的架构包括哪几层？
2. Android 的安全机制包括哪些方面？

第二部分
基础网络与安全设备配置

项目4　交换机安全配置

学习情境

随着经济的不断发展，当今社会已进入了大数据、云端服务的时代；每个企业的发展都离不开网络环境的支撑，而企业网络所受的安全威胁也随之提升。企业网络管理、维护人员需要具备一定的网络搭建、安全防护的技能。本项目将学习交换机安全配置的相关知识与技能。

本项目学习环境为 ENSP 模拟器 V1.3 版本，交换机型号为 S5700，路由器型号为 AR3260，所有实训任务都在该环境中进行操作。

学习目标

知识目标
1）了解网络中交换机的基础知识和安全防护知识。
2）了解交换机的功能。
3）了解交换机的使用环境。
4）了解交换机的基础配置。

技能目标
1）掌握交换机中 VLAN 的创建及命名方法。
2）掌握交换机中静态路由的配置方法。
3）掌握交换机中 VLAN 端口的划分方法。
4）掌握 PC 的网络属性配置方法。
5）掌握交换机的基本网络属性配置方法。

6）掌握交换机远程管理的配置方法。
7）掌握交换机端口模式的配置方法。

相关知识

1. 计算机网络的定义

计算机网络，一般是指通过通信线路和通信设备，将不同地理位置上的计算机系统互连起来的一个计算机系统的集合，通过运行特定的操作系统和通信协议来实现数据通信和资源共享。

2. 计算机网络的组成部分

（1）通信线路
常见的通信线路包括双绞线、同轴电缆、光纤、电磁波等。
（2）通信设备
常见的通信设备包括网卡、交换机、路由器、硬件防火墙等。
（3）常用操作系统
1）PC 端：Windows 7/10、Linux。
2）服务器端：Windows Server 2008/2012/2016、UNIX、Linux。
3）交换机：IOS（CISCO）、Comware（H3C）、华为（Versatile Routing Platform）。
4）路由器：同上。
（4）常用通信协议
1）OSI 参考模型。OSI（Open System Interconnect，开放式系统互连）参考模型（OSI/RM）由 ISO（国际标准化组织）和 CCITT（国际电报电话咨询委员会）联合制定，其主要功能是提供给开发者一个必需的、通用的概念以便开发、完善可以用来解释连接不同系统的框架。OSI 将计算机网络体系结构（Architecture）划分为以下 7 层。

① 物理层：将数据转换为可通过物理介质传送的电子信号，相当于邮局中的搬运工人。
② 数据链路层：决定访问网络介质的方式。在此层将数据分帧，并处理流控制。本层指定拓扑结构并提供硬件寻址，相当于邮局中的装拆箱工人。
③ 网络层：通过路由选择算法为分组通过通信子网选择最合适的路径，相当于邮局中的排序工人。
④ 传输层：提供终端到终端的可靠连接，相当于公司中跑邮局的送信职员。
⑤ 会话层：允许用户使用简单易记的名称建立连接，相当于公司中收寄信、写信封与拆信封的秘书。
⑥ 表示层：协商数据交换格式，相当公司中简报老板、替老板写信的助理。

⑦ 应用层：用户的应用程序和网络之间的接口。

对应上述各层均有不同的协议内容，这些协议的集合称为 OSI 协议集。

2）TCP/IP。TCP/IP（Transmission Control Protocol/Internet Protocol，传输控制协议/网际协议）是 Internet 中最基本的通信协议，对 Internet 中各部分进行通信的标准和方法进行了规定，也是保证网络数据信息及时、完整传输的两个重要的协议。TCP/IP 严格来说是一个四层的体系结构，应用层、传输层、网络层和数据链路层都包含其中。其中，应用层的主要协议有 Telnet、FTP 和 SMTP 等，是用来接收来自传输层的数据或者按不同应用要求与方式将数据传输至传输层；传输层的主要协议有 UDP 和 TCP，是使用者使用平台和计算机信息网内部数据结合的通道，可以实现数据传输与数据共享；网络层的主要协议有 ICMP、IP 和 IGMP，主要负责网络中数据包的传送等；数据链路层也称为网络访问层或网路接口层，主要协议有 ARP 和 RARP，主要功能是提供链路管理错误检测、对不同通信媒介有关信息细节问题进行有效处理等。

3）IPX/SPX。IPX/SPX（Internetwork Packet Exchange/Sequences Packet Exchange，Internet 分组交换/顺序分组交换）是 Novell 公司的通信协议集，因为在设计一开始就考虑了网段的问题，因此具有强大的路由功能，在复杂环境下具有很强的适应性，适合于大型网络使用。当用户端接入 NetWare 服务器时，IPX/SPX 及其兼容协议是最好的选择。

（5）常用网络软件与服务

常用网络软件与服务包括 IE、IIS、SMTP、POP3、FTP、QQ、OA 办公系统、微信等。

3. 交换机

（1）交换机的定义

交换是按照通信两端传输信息的需要，用人工或设备自动完成的方法，把要传输的信息送到符合要求的相应路由上的技术统称。交换机就是一种在通信系统中完成信息交换功能的设备，它应用在数据链路层。交换机有多个端口，每个端口都具有桥接功能，可以连接一个局域网或一台高性能服务器或工作站。实际上，交换机有时也被称为多端口网桥。

（2）交换机的分类

从广义上来看，网络交换机分为两种：广域网交换机和局域网交换机。广域网交换机主要应用于电信领域，提供通信用的基础平台；而局域网交换机则应用于局域网络，用于连接终端设备，如 PC 及网络打印机等。从传输介质和传输速度上，可分为以太网交换机、快速以太网交换机、千兆以太网交换机、FDDI 交换机、ATM 交换机和令牌环交换机等。从规模应用上，又可分为企业级交换机、部门级交换机和工作组交换机等。各厂商划分的尺度并不是完全一致的，一般来讲，企业级交换机都是机架式，部门级交换机可以是机架式（插槽数较少），也可以是固定配置式，而工作组级交换机为固定配置式（功能较为简单）。另一方面，从应用规模来看，作为骨干交换机时，支持 500 个信息点以上大型企业应用的交换机为企业级交换机，支持 300 个信息点以下中型企业的交换机为部门级交换机，而支持 100 个信息点以内的交换机为工作组级交换机。

下面，简要介绍几种最常见的交换机。

1）以太网交换机。随着计算机及其互联技术（也即通常所谓的"网络技术"）的迅速发展，以太网成为了迄今为止普及率最高的短距离二层计算机网络，而以太网的核心部件就是以太网交换机。

不论是人工交换还是程控交换，都是为了传输语音信号，是需要独占线路的"电路交换"。而以太网是一种计算机网络，需要传输的是数据，因此采用的是"分组交换"。但无论采取哪种交换方式，交换机为两点间提供"独享通路"的特性不会改变。就以太网设备而言，交换机和集线器（Hub）的本质区别就在于：当 A 发信息给 B 时，如果通过集线器，则接入集线器的所有网络节点都会收到这条信息（也就是以广播形式发送），只是网卡在硬件层面就会过滤掉不是发给本机的信息；而如果通过交换机，除非 A 通知交换机广播，否则发给 B 的信息 C 绝不会收到（获取交换机控制权限从而监听的情况除外）。

以太网交换机厂商根据市场需求，推出了三层甚至四层交换机。但无论如何，其核心功能仍是二层的以太网数据包交换，只是带有了一定的处理 IP 层甚至更高层数据包的能力。网络交换机是一个扩大网络的器材，能为子网络中提供更多的连接端口，以便连接更多的计算机。随着通信业的发展以及国民经济信息化的推进，网络交换机市场呈稳步上升态势。它具有性能价格比高、高度灵活、相对简单、易于实现等特点。

2）光交换机。光交换是正在研制中的下一代交换技术。所有的交换技术都是基于电信号的，即使是光纤交换机也是先将光信号转为电信号，经过交换处理后，再转回光信号发到另一根光纤。由于光-电转换速率较低，同时电路的处理速度存在物理学上的瓶颈，因此人们希望设计出一种无须经过光-电转换的"光交换机"，其内部不是电路而是光路，逻辑原件不是开关电路而是开关光路，这样将大大提高交换机的处理速率。

（3）交换机的特点

因为交换机有带宽很高的内部交换矩阵和背部总线，并且该背部总线上挂接了所有的端口，通过内部交换矩阵，就能够把数据包直接而迅速地传送到目的节点而非所有节点，这样就不会浪费网络资源，从而达到非常高的效率。同时在此过程中，数据传输的安全程度非常高，受到使用者的欢迎和普遍好评。和集线器每个端口共享同样带宽不同的是，交换机的数据带宽具有独享性。在这样的前提下，在同一个时间段内，交换机就可以将数据传输到多个节点之间，并且每个节点都可以当作独立网段而独自享有固定的部分带宽，这样就没有和其他设备进行实用性竞争的必要。

（4）交换机的工作原理

交换机工作于 OSI 参考模型的第二层，即数据链路层。交换机内部的 CPU 会在每个端口成功连接时，通过将 MAC 地址和端口对应，形成一张 MAC 表。在今后的通信中，发往该 MAC 地址的数据包将仅送往其对应的端口，而不是所有的端口。因此，交换机可用于划分数据链路层广播，即冲突域，但它不能划分网络层广播，即广播域。

前面介绍过，交换机拥有一条很高带宽的背部总线和内部交换矩阵，而交换机的所有的端口都挂接在这条背部总线上，因此控制电路收到数据包以后，处理端口会查找内存中的地址对照表以确定目的 MAC（网卡的硬件地址）的 NIC（网卡）挂接在哪个端口上，通过内部交换矩阵迅速将数据包传送到目的端口，目的 MAC 若不存在，广播到所有的端口，接收端口回应后交换机会"学习"新的 MAC 地址，并把它添加入内部 MAC 地址表中。使用交换机也可以把网络"分段"，通过对照 IP 地址表，交换机只允许必要的网络流量通过交换机。通过交换机的过滤和转发，可以有效地减少冲突域。

（5）交换机的端口

交换机在同一时刻可进行多个端口对之间的数据传输。每一端口都可视为独立的物理网段（注：非 IP 网段），连接在其上的网络设备独自享有全部的带宽，无须同其他设备竞争使用。当节点 A 向节点 D 发送数据时，节点 B 可同时向节点 C 发送数据，而且这两个传输都享有网络的全部带宽，都有着自己的虚拟连接。假使这里使用的是传输速率为 10 Mbit/s 的以太网交换机，那么该交换机这时的总流通量就等于 2×10 Mbit/s = 20 Mbit/s，而使用传输速率为 10 Mbit/s 的共享式 Hub 时，一个 Hub 的总流通量也不会超出 10 Mbit/s。总之，交换机是一种基于 MAC 地址识别，能完成封装转发数据帧功能的网络设备。交换机可以"学习" MAC 地址，并把其存放在内部地址表中，通过在数据帧的始发者和目标接收者之间建立临时的交换路径，使数据帧直接由源地址到达目的地址。

（6）交换机的数据传输工作原理与方式

交换机的任意节点收到数据传输指令后，即对于存储在内存里的地址表进行快速查找，从而对于 MAC 地址的网卡连接位置进行确认，然后再将数据传输到该节点上。如果在地址表中找到相应的位置，则进行传输；如果没有找到，交换机就会将该地址进行记录，以利于下次寻找和使用。交换机一般只需要将帧发送到相应的点，而无须如集线器一样发送到所有节点，从而节省了资源和时间，提高了数据传输的速率。

通过交换的方式进行的数据传输，其实就是交换机的数据传送的方式。相对而言，集线器更多是利用共享的方式来对数据进行传输，没有办法从通信的速度上提升要求。集线器的共享方式，也就是常说的共享式网络，以集线器作为连接设备并且只有一个方向的数据流，因而网络共享的效率非常低。而交换机能够对连接到自身的各台计算机进行相应的识别，通过每台计算机的网卡的物理地址，也就是常说的 MAC 地址，来进行记忆和识别。在这样的前提下，就不用再进行广播寻找，而能够直接将记忆的 MAC 地址找到相应的节点并且通过一个临时性专用的数据传输通道，来完成两个节点之间不受外来干扰的数据传输的通信。由于交换机还具有全双工传输的方式，所以也可以对于多对节点间通过同时建立临时的专用通道，来形成一个立体且交叉的数据传输通道结构。

任务 4-1　交换机基础配置

任务描述

EBusiness 公司的网络管理员为保护业务信息安全，需要通过网络管理机 PC1 管理网络中的交换机 SW1。交换机 SW1 与 PC1 的拓扑图如图 4-1 所示。

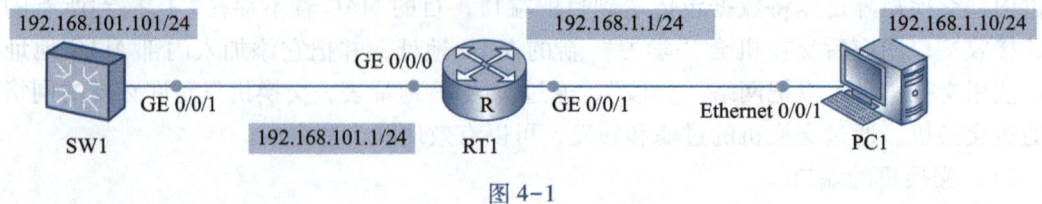

图 4-1

其中 PC1 为网络管理机，SW1 为公司内网的交换机。配置 RT1、SW1 中的路由协议以及 SW1 中的 VLAN 信息和服务协议，使管理机 PC1 能顺利登录交换机 SW1 进行管理。

目前在路由器 RT1 与 PC1 上需要设置好 IP 地址，参数如下。

PC1 的 IP 地址：192.168.1.10/24

RT1 的 GE 0/0/0 接口 IP 地址：192.168.101.1/24

RT1 的 GE 0/0/1 接口 IP 地址：192.168.1.1/24

根据拓扑图完成交换机 SW1 及 PC1、RT1 上的配置，首先使得网络畅通。公司要求网络管理员做如下配置：

1）正确配置管理机 PC1 的 IP 地址与网关，以便可以管理 SW1。

2）对交换机进行基本配置：将交换机命名为 SW1；更改接口 M-GigabitEthernet 0/0/0 速率为 100 Mbit/s，使用全双工。

3）配置交换机 SW1，配置 VLAN1，设置管理口的地址为 192.168.101.101/24；设置静态默认路由保持和路由器畅通，使 PC1 可以与 SW1 连通；将 ping 通的信息保存为文件 Ping221.txt。

4）开启 SW1 上的 Telnet 服务，创建用户 admin，密码为 abc.123，用户登录后，可以完全管理交换机。

知识准备

1. 以太网的分类

（1）共享式以太网

共享式以太网的典型代表是使用 10Base-2/10Base-5 的总线型网络和以集线器为核心的星形网络。在使用集线器的以太网中，集线器将很多以太网设备集中到一台中心设备上，这些设备都连接到集线器中的同一物理总线结构中。从本质上讲，以集线器为核心的以太网同原先的总线型以太网并无根本区别。

（2）交换式以太网

交换式以太网是以交换式集线器（Switching Hub）或交换机（Switch）为核心设备，采用星形拓扑结构建立的高速网络，这种网络在近年来运用得非常广泛。

2. 交换机的远程配置

交换机除了可以通过 Console 端口与计算机直接连接，还可以通过普通端口连接。此时配置交换机就不能用本地配置，而是需要通过 Telnet 或者 Web 浏览器的方式实现交换机的远程配置。具体配置方法如下：

（1）通过 Telnet 进行配置

Telnet 协议是一种远程访问协议，可以通过它登录到交换机进行配置。

假设交换机 IP 为 192.168.0.1，通过 Telnet 进行交换机配置只需要以下两步：

1）单击"开始"按钮，在弹出的"开始"菜单中选择"运行"命令，在打开的对话框中输入"Telnet 192.168.0.1"。

2）单击"确定"按钮，或按 Enter 键，建立与远程交换机的连接。然后，就可以根据实际需要对该交换机进行相应的配置和管理。

（2）通过 Web 浏览器进行配置

1）打开 Web 浏览器，在地址栏中输入交换机 IP 地址并按 Enter 键。

2）与交换机建立连接，打开登录页面，输入正确的用户名和密码。

3）进入交换机配置页面，根据提示进行设置和参数修改即可。

微课 4-1
交换机
基础配置

任务实施

1）按如图 4-2 所示正确配置 PC1 的 IP 地址与网关，以便可以管理 SW1。

图 4-2

2）对交换机 SW1 进行基本配置：将交换机命名为 SW1；更改接口 GE 0/0/1 的传输速率为 100 Mbit/s，使用全双工。命令如下：

```
<Huawei>system-view
[Huawei]sysname SW1
[SW1]
[SW1]interface GigabitEthernet 0/0/1
[SW1-GigabitEthernet0/0/1]undo negotiation auto
[SW1-GigabitEthernet0/0/1]speed 100
[SW1-GigabitEthernet0/0/1]duplex full
[SW1-GigabitEthernet0/0/1]
```

3）设置交换机 SW1 的管理端口地址为 192.168.101.101/24；设置静态默认路由保持和路由器畅通。命令如下：

```
[SW1]interface vlan 1
[SW1-Vlanif1]ip address 192.168.101.101 24
[SW1-Vlanif1]quit
[SW1]interface GigabitEthernet 0/0/1
[SW1-port-group-1]port link-type access
[SW1-port-group-1]port default vlan 1
[SW1-port-group-1]quit
[SW1]ip route-static 192.168.1.0 24 192.168.101.1
```

4）完成交换机 SW1 相关配置后，使 PC1 可以与 SW1 连通，如图 4-3 所示。将 ping 通的信息保存为文件 Ping221.txt。

```
PC>ping 192.168.101.101

Ping 192.168.101.101: 32 data bytes, Press Ctrl_C to break
From 192.168.101.101: bytes=32 seq=1 ttl=254 time=31 ms
From 192.168.101.101: bytes=32 seq=2 ttl=254 time=32 ms
From 192.168.101.101: bytes=32 seq=3 ttl=254 time=31 ms
From 192.168.101.101: bytes=32 seq=4 ttl=254 time=31 ms
From 192.168.101.101: bytes=32 seq=5 ttl=254 time=47 ms

--- 192.168.101.101 ping statistics ---
  5 packet(s) transmitted
  5 packet(s) received
  0.00% packet loss
  round-trip min/avg/max = 31/34/47 ms

PC>
```

图 4-3

5）开启 SW1 上的 Telnet 服务，创建用户 admin，密码为 inspc@hd，用户登录后，可以完全管理交换机。命令如下：

```
<SW1>system-view
[SW1]user-interface vty 0 4
[SW1-ui-vty0-4]authentication-mode aaa
[SW1-ui-vty0-4]quit
```

[SW1]aaa
[SW1-aaa]local-user admin password cipher inspc@ hd privilege level 15
[SW1-aaa]local-user admin service-type telnet
[SW1-aaa]quit
[SW1]telnet server enable
Info: The Telnet server has been enabled.
[SW1]quit
<SW1>save
The current configuration will be written to the device.
Are you sure to continue? [Y/N]y

任务 4-2　交换机接口的安全配置

任务描述

EBusiness 公司内部有一台服务器为用户提供各种服务，出于安全性考虑，要限制用户对服务器的访问，不同的用户仅能根据工作需要获得相应部分的服务，其拓扑图参考图 4-4。

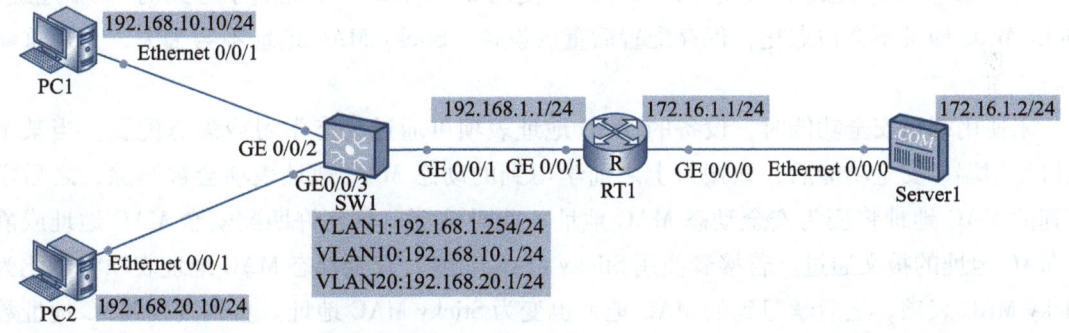

图 4-4

其中 Server1 为公司内部服务器，SW1 为公司内网交换机，RT1 为公司内部路由器，PC1 与 PC2 代表了公司不同的用户群体。通过配置 SW1 与 RT1 上的路由协议，使公司内网可以相互通信，配置 SW1 中的 VLAN 信息对公司内网的用户进行群体划分。

目前在路由器 RT1 与 Server1 服务器上需要设置好 IP 地址，参数如下。

Server1 的 IP 地址：172.16.1.2/24

RT1 的 GE 0/0/0 接口 IP 地址：172.16.1.1/24

RT1 的 GE 0/0/1 接口 IP 地址：192.168.1.1/24

公司要求网络管理员做如下配置：

1）在三层交换机 SW1 上配创建 VLAN10、VLAN20，并对 VLAN 加以命名，其中 VLAN10 命名为 Sales；VLAN20 命名为 Leaders。

2）要求配置公司内 SW1 的交换机上各 SVI 接口的 IP 地址；对 PC1、PC2 划入正确的 VLAN 使其能够访问 Server1 上的各服务。

3）在 SW1 与 RT1 之间使用静态路由协议（默认路由方式），保持网络连通。

知识准备

端口安全（Port Security）功能将设备接口学习到的 MAC 地址变为安全 MAC 地址（包括安全动态 MAC、安全静态 MAC 和 Sticky MAC），可以阻止除安全 MAC 和静态 MAC 之外的主机通过本接口和设备通信，从而增强设备安全性。

1. 端口学习安全 MAC 地址的方式

1）安全动态 MAC 地址：使用端口安全而未使用 Sticky MAC 功能时学习到的 MAC 地址。默认情况下，安全动态 MAC 地址不会被老化，设备重启后安全动态 MAC 地址会丢失，需要重新学习。

2）安全静态 MAC 地址：使用端口安全而未使用 Sticky MAC 功能时手工配置的静态 MAC 地址。安全静态 MAC 地址不会被老化。

3）Sticky MAC 地址：使用端口安全后又使用 Sticky MAC 功能后学习到的 MAC 地址。Sticky MAC 地址不会被老化，保存配置后重启设备，Sticky MAC 地址不会丢失，无须重新学习。

未使用端口安全功能时，设备的 MAC 地址表项可通过动态学习或静态配置。当某个接口使用端口安全功能后，该接口上之前学习到的动态 MAC 地址表项会被删除，之后学习到的 MAC 地址将变为安全动态 MAC 地址，此时该接口仅允许匹配安全 MAC 地址或静态 MAC 地址的报文通过。若接着使用 Sticky MAC 功能，安全动态 MAC 地址表项将转化为 Sticky MAC 表项，之后学习到的 MAC 地址也变为 Sticky MAC 地址。直到安全 MAC 地址数量达到限制，将不再学习 MAC 地址，并对接口或报文采取配置的保护动作。

2. 交换机端口常见的安全配置

交换机端口安全功能，是指针对交换机的端口进行安全属性的配置，从而控制用户的安全接入。交换机端口安全主要有两种类型：一是限制交换机端口的最大连接数；二是针对交换机端口进行 MAC 地址、IP 地址的绑定。限制交换机端口的最大连接数可以控制交换机端口下连的主机数，并防止用户进行恶意 ARP 欺骗。交换机端口的地址绑定，可以针对 IP 地址、MAC 地址、IP+MAC 进行灵活的绑定，可以实现对用户进行严格的控制，保证用户的安全接入和防止常见的内网的网络攻击。

3. VLAN（虚拟局域网）

（1）VLAN 的定义

VLAN（Virtual Local Area Network，虚拟局域网）是将一组位于同一物理网段或不同物理网段上的用户在逻辑上划分成一个局域网，用户的广播流量被限制在本虚拟局域网内部，如图 4-5 所示。

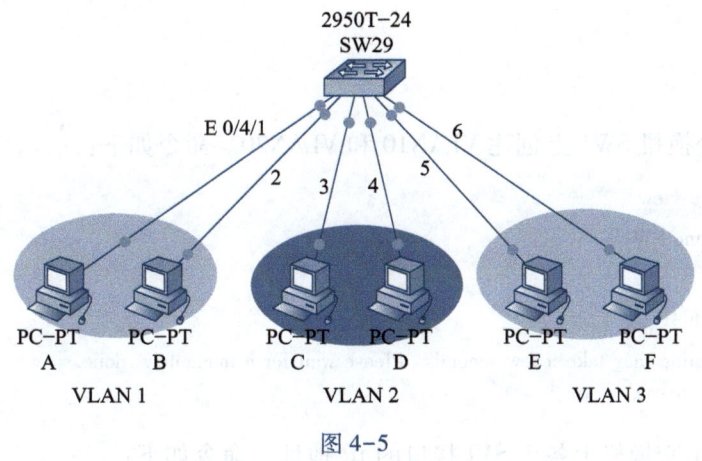

图 4-5

（2）划分 VLAN 的优点

1）隔离二层广播，优化网络性能。

2）可以创建虚拟工作组，方便对同一部门用户的管理。

3）分隔不同用户，提高网络安全性。每个 VLAN 是一个独立的子网，VLAN 间的通信要通过三层设备实现，可以通过访问控制列表对 VLAN 间的通信进行安全控制。

4. 交换机 VLAN 的划分方式

网络管理者不仅可以将同一物理局域网划分成多个 VLAN，也可以将不同物理局域网划分到同一个 VLAN 中。同一 VLAN 内各设备从属于同一广播域中，彼此之间相互通信；不同 VLAN 之间相互隔离，即不同 VLAN 内的设备之间不能互相通信。

常见的 VLAN 划分方式有以下几种。

1）基于接口的 VLAN 划分：按照设备接口来定义 VLAN 成员，将设备上的指定接口加入到不同的 VLAN 中，则从该接口接收的报文将只能在相应的 VLAN 内进行传输。

2）基于 MAC 地址的 VLAN 划分：按照报文的源 MAC 地址来定义 VLAN 成员，设备从接口接收到报文后，会根据报文的源 MAC 地址来确定报文所属的 VLAN，然后将报文自动划分到指定 VLAN 中进行传输。

3）基于协议的 VLAN 划分：根据接口接收到的报文所属的协议（族）类型及封装格式来给报文分配不同的 VLAN。

4）基于 IP 子网的 VLAN 划分：根据报文源 IP 地址及子网掩码来定义 VLAN 成员，设备从接口接收到报文后，会根据报文的源 IP 地址来确定报文所属的 VLAN，然后将报文自动划分到指定 VLAN 中进行传输。

5）基于策略的 VLAN 划分：根据报文"MAC 地址+IP 地址"以及"MAC 地址+IP 地址+接口"策略来定义 VLAN 成员，设备从接口接收到报文后，会根据报文的组合策略来确定报文所属的 VLAN，然后将报文自动划分到指定 VLAN 中进行传输。

微课 4-2 交换机接口的安全配置

任务实施

1）在三层交换机 SW1 上创建 VLAN10 和 VLAN20。命令如下：

```
<Huawei>system-view
[Huawei]sysname SW1
[SW1]
[sw1]vlan batch 10 20
Info：This operation may take a few seconds. Please wait for a moment...done.
[sw1]
```

2）配置 SW1 交换机上各个 SVI 接口的 IP 地址。命令如下：

```
[sw1]interface vlan 10
[sw1-Vlanif10]ip address 192.168.10.1 24
[sw1-Vlanif10]quit
[sw1]interface vlan 20
[sw1-Vlanif20]ip address 192.168.20.1 24
[sw1-Vlanif20]quit
[sw1]interface GigabitEthernet 0/0/2
[sw1-GigabitEthernet0/0/2]port link-type access
[sw1-GigabitEthernet0/0/2]port default vlan 10
[sw1-GigabitEthernet0/0/2]quit
[sw1]interface GigabitEthernet 0/0/3
[sw1-GigabitEthernet0/0/3]port link-type access
[sw1-GigabitEthernet0/0/3]port default vlan 20
[sw1-GigabitEthernet0/0/3]quit
[sw1]interface GigabitEthernet 0/0/1
[sw1-GigabitEthernet0/0/1]port default vlan 1
[sw1-GigabitEthernet0/0/1]quit
[sw1]
```

3）配置 PC1 和 PC2 的 IP 地址，并划入正确的 VLAN 使其能够访问 Server1 服务器上的各种服务，如图 4-6 和图 4-7 所示。

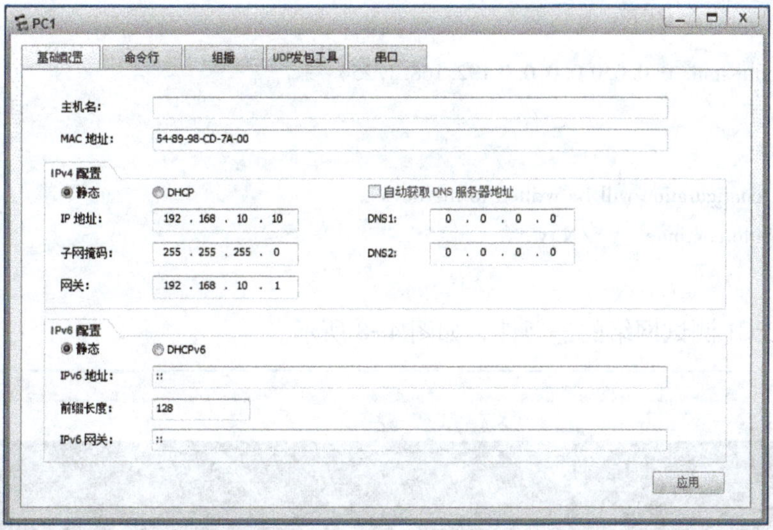

项目 4　交换机安全配置

图 4-6

图 4-7

4) 在 SW1 与 RT1 之间使用静态路由协议（默认路由方式），保持网络连通。
① SW1 配置命令如下：

[sw1]ip route-static 0. 0. 0. 0 0. 0. 0. 0 192. 168. 1. 1
[SW1]quit
<SW1>save
The current configuration will be written to the device.
Are you sure to continue?［Y/N］y

② RT1 配置命令如下：

[RT1]ip route-static 0. 0. 0. 0 0. 0. 0. 0 192. 168. 1. 254
[RT1]quit
<RT1>save
The current configuration will be written to the device.
Are you sure to continue?[Y/N]y

5）使用 PC1 测试网络的连通性，如图 4-8 所示。

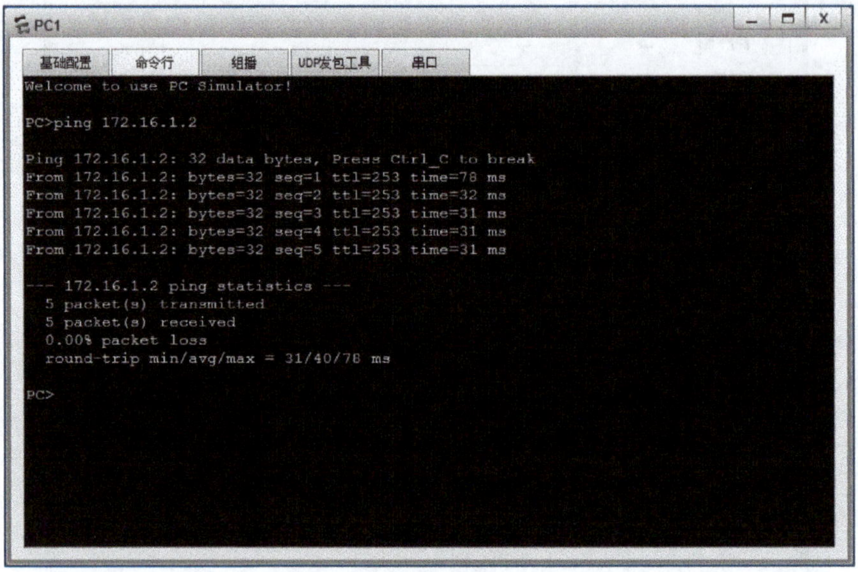

图 4-8

任务 4-3　交换机访问控制策略

任务描述

EBusiness 公司内部网络安全和网络服务质量问题日益突出，企业重要服务器资源访问不受限制，企业机密信息容易泄露，造成安全隐患。为防止内部网络安全事件，需要设置访问控制策略，其拓扑图参考图 4-9。

其中，Server1 为公司服务器，SW1 为公司内网交换机。通过配置 SW1 中的路由协议和 VLAN 信息，达到公司内网之间相互通信，以及将公司内部用户划分为不同的群体的要求。配置 RT1 上的路由协议，使公司内网可以与服务器。目前在 RT1 与 Server1 服务器上需设置 IP 地址，参数如下：

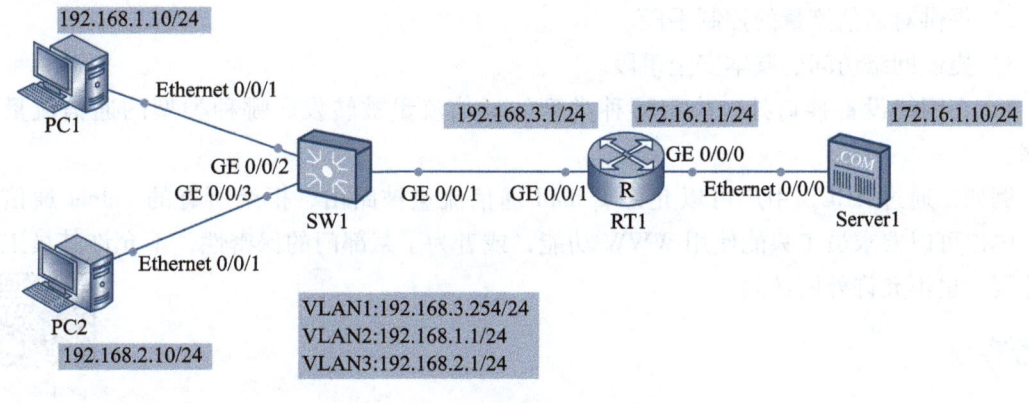

图 4-9

Server1 的 IP 地址：172.16.1.10/24

RT1 的 GE 0/0/0 接口 IP 地址：172.16.1.1/24

RT1 的 GE 0/0/1 接口 IP 地址：192.168.3.1/24

公司要求网络管理员做如下配置：

1）在三层交换机 SW1 上配创建 VLAN2、VLAN3，并配置 SW1 的交换机上各 SVI 接口的 IP 地址。

2）在 SW1 上对 PC1、PC2 划入正确的 VLAN，并且开启相应的动态路由协议 RIP，使企业网络正常通信。

3）在 RT1 路由器上配置访问控制列表，列表号 3001；并在 GE 0/0/1 接口上应用访问控制列表，使得 192.168.1.0/24 网段只能访问 Server1 上面 DNS、SMTP、POP3 等服务，其他不允许；对于 192.168.2.0/24 网段，该网段的其他机器只能访问服务器的 ICMP 与 HTTP 两个服务，同时开启动态路由协议。

知识准备

1. ACL 简介

访问控制列表（Access Control Lists，ACL）是应用在路由器接口的指令列表，这些指令列表用来告诉路由器哪些数据包可以收，哪些数据包需要拒绝，至于数据包是被接收还是拒绝，可以由类似于源地址、目的地址、端口号等的特定指示条件来决定。

访问控制列表从概念上来讲并不复杂，复杂的是对它的配置和使用，许多初学者往往在使用访问控制列表时出现错误。

2. ACL 的功能

1）限制网络流量、提高网络性能。例如，ACL 可以根据数据包的协议，指定这种类型的数据包具有更高的优先级，同等情况下可预先被网络设备处理。

2）提供对通信流量的控制手段。

3）提供网络访问的基本安全手段。

4）在网络设备接口处，决定哪种类型的通信流量被转发、哪种类型的通信流量被阻塞。

例如，通过 ACL，用户可以允许 E-mail 通信流量被路由，拒绝所有的 Telnet 通信流量；单位可以要求员工只能使用 WWW 功能，或者为了某部门的保密性，不允许其员工访问外网，也不允许外网访问。

任务实施

1）在三层交换机 SW1 上配创建 VLAN2 和 VLAN3，并配置 SW1 的交换机上各 SVI 接口的 IP 地址。命令如下：

微课 4-3
交换机访问控制策略

```
<Huawei>system-view
[Huawei]sysname SW1
[SW1]
[SW1]vlan batch 2 3
[SW1]interface vlan 2
[SW1-Vlanif2]ip address 192.168.1.1 24
[SW1-Vlanif2]quit
[SW1]interface vlan 3
[SW1-Vlanif3]ip address 192.168.2.1 24
[SW1-Vlanif3]quit
[SW1]interface vlan 1
[SW1-Vlanif1]ip address 192.168.3.254 24
[SW1-Vlanif1]quit
[SW1]
```

2）在 SW1 上把 PC1 和 PC2 划入正确的 VLAN，并且开启相应的动态路由协议 RIP，使企业网络正常通信。命令如下：

```
[SW1]interface GigabitEthernet 0/0/2
[SW1-GigabitEthernet0/0/2]port link-type access
[SW1-GigabitEthernet0/0/2]port default vlan 2
[SW1-GigabitEthernet0/0/2]quit
[SW1]interface GigabitEthernet 0/0/3
[SW1-GigabitEthernet0/0/3]port link-type access
[SW1-GigabitEthernet0/0/3]port default vlan 3
[SW1-GigabitEthernet0/0/3]quit
[SW1]rip
[SW1-rip-1]version 2
```

［SW1-rip-1］undo summary
［SW1-rip-1］network 192.168.1.0
［SW1-rip-1］network 192.168.2.0
［SW1-rip-1］network 192.168.3.0
［SW1-rip-1］quit
［SW1］quit
<SW1>save
The current configuration will be written to the device.
Are you sure to continue?［Y/N］y

3）在 RT1 路由器上配置访问控制列表，列表号 3001；并在 GE 0/0/1 接口上应用访问控制列表，使得 192.168.1.0/24 网段只能访问 Server1 上的 DNS、SMTP 和 POP3 等服务，其他不允许；对于 192.168.2.0/24 网段，该网段的其他机器只能访问服务器的 ICMP 与 HTTP 两个服务。命令如下：

<Huawei>system-view
［Huawei］sysname RT1
［RT1］acl 3001
［RT1-acl-adv-3001］rule 1 permit tcp source 192.168.1.0 0.0.0.255 destination 172.16.1.0 0.0.0.255 destination-port eq 25
［RT1-acl-adv-3001］rule 2 permit tcp source 192.168.1.0 0.0.0.255 destination 172.16.1.0 0.0.0.255 destination-port eq 110
［RT1-acl-adv-3001］rule 3 permit tcp source 192.168.1.0 0.0.0.255 destination 172.16.1.0 0.0.0.255 destination-port eq 53
［RT1-acl-adv-3001］rule 4 permit udp source 192.168.1.0 0.0.0.255 destination 172.16.1.0 0.0.0.255 destination-port eq 53
［RT1-acl-adv-3001］rule 5 permit icmp source 192.168.2.0 0.0.0.255 destination 172.16.1.0 0.0.0.255
［RT1-acl-adv-3001］rule 6 permit tcp source 192.168.2.0 0.0.0.255 destination 172.16.1.0 0.0.0.255 destination-port eq www
［RT1-acl-adv-3001］rule 7 deny ip
［RT1-acl-adv-3001］quit
［RT1］interface GigabitEthernet 0/0/1
［RT1-GigabitEthernet0/0/1］traffic-filter inbound acl 3001
［RT1-GigabitEthernet0/0/1］quit
［RT1］rip
［RT1-rip-1］version 2
［RT1-rip-1］undo summary
［RT1-rip-1］network 172.16.1.0
［RT1-rip-1］network 192.168.3.0
［RT1-rip-1］quit

[RT1]quit
<RT1>save
The current configuration will be written to the device.
Are you sure to continue?[Y/N]y

任务 4-4　交换机安全远程管理配置

任务描述

EBusiness 公司为了开展业务需要，将公司网络接入了 Internet，采用 SSH 服务对交换机进行安全远程管理，拓扑图参考图 4-10。

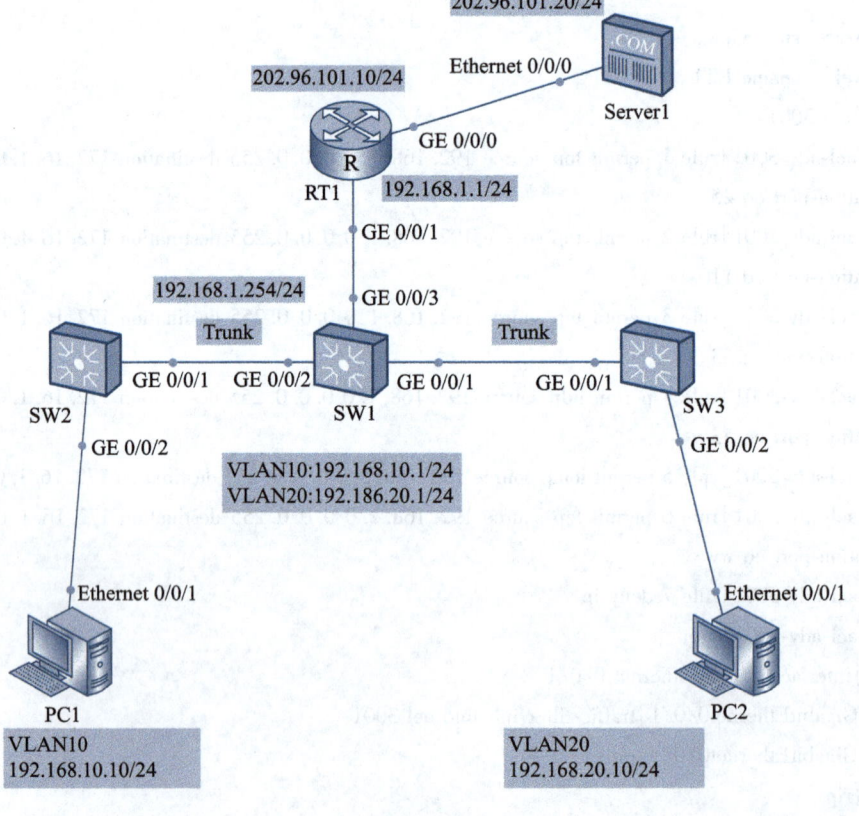

图 4-10

其中，Server1 为外网服务器，SW2 和 SW3 为公司内网交换机，SW1 为公司内网相互通信的交换机。通过配置 SW2 和 SW3 的端口模式以及 SW1 中的路由协议，达到公司内网之间相互通信的要求；配置 RT1 上的路由协议，使公司内网可以与外网相互通信。

目前在 RT1 与 Server1 服务器上需要设置 IP 地址，参数如下。

Server1 的 IP 地址：202.96.101.20/24

RT1 的 GE 0/0/0 接口 IP 地址：192.168.1.1/24

RT1 的 GE 0/0/1 接口 IP 地址：202.96.101.10/24

SW1 的 GE0/0/3 接口 IP 地址：192.168.1.254/24

公司要求网络管理员做如下配置：

1）在 RT1 上配置好接口 IP，其中，RT1 的 GE 0/0/1 接口为 192.168.1.1/24，GE 0/0/0 接口为 202.96.101.10/24。

2）按拓扑图开启相关 RIP。

3）在三层交换机 SW1 上创建 VLAN10 和 VLAN20，并对 VLAN 加以命名，其中 VLAN10 命名为 Sales，VLAN20 命名为 Leaders；配置 SW1 的交换机上各 SVI 的 IP 地址，在 SW1 与 RT1 上使用动态路由协议确保网络能正常通信。

4）为保证核心交换机 SW1 远程管理的安全性，在 SW1 上开启 SSH 服务，以加密登录通信，用户权限改为管理员权限。登录的用户名是 sshadmin，密码为 ssh123。

知识准备

1. 串口的安全相关知识

（1）安全策略介绍

串口（Console 口）属于物理接口，在设备部署、组网上通过物理隔离，可防止恶意用户通过串口登录设备。

串口登录支持密码认证、AAA 认证以及不认证 3 种方式。

当设备第一次启用时，需要通过串口进行第一次配置，步骤如下：

1）插入串口，在设备启动过程中，通过按 Ctrl+B 组合键，利用默认密码进入 BIOS 菜单，修改密码。

2）设备生成配置，将串口用户界面修改为密码认证方式，并记录配置的密码。

设备出厂时，其 BootROM 已有默认密码，输入初始密码 Admin@huawei.com 进入系统，但此密码不是安全密码，应及时修改。

由于设备密码采用密文保存，用户需要记录此时配置的密码，以便日后管理登录串口时使用。

（2）攻击方法介绍

在没有串口服务器的情况下，攻击者尝试突破物理隔离。接触到串口后，设备将暴露给攻击者，设备将无法保障安全。即使该攻击者没有破解用户名和密码，也能够对设备造成损害。

在使用串口服务器的情况下，可能有潜在的攻击者通过网络连接尝试破解用户名和密码，获取系统管理权限。

(3) 配置维护建议

为保证串口安全,建议正确配置串口的认证方式。串口认证支持密码认证和 AAA 认证,建议用户使用 AAA 认证,通过用户名和密码验证用户。

在串口没有认证配置的情况下,设备允许用户登录并配置密码,建议用户此时将 Console 口用户界面的认证方式修改为 AAA 认证,并在 AAA 视图下配置正确的用户名和密码。

2. Telnet 安全相关知识

(1) 安全策略介绍

1) 支持认证。Telnet Server 支持密码认证、AAA 认证和不认证 3 种方式。当配置了认证后,只有通过认证的用户才能登录设备,进入命令行界面。为了保证更好的安全性,建议不要使用不认证方式。

2) 支持关闭服务。当开启 Telnet Server 服务器时,设备将开启 Socket 服务,易被攻击者扫描。当不使用 Telnet Server 时,可以关闭 Telnet Server。

3) 支持变更端口号。Telnet Server 23 号端口属于知名端口号,易被扫描和攻击。可以修改 Telnet Server 的端口为私有端口,减小被扫描攻击的概率。

4) 支持 ACL。在用户界面视图(User-interface)可以配置各个 VTY 通道的 ACL 过滤规则,通过 ACL 控制允许登录的客户端 IP。

5) 支持配置允许客户端连接的源接口。在系统视图下,支持通过 Loopback 口为允许客户端接入的源接口。

(2) 常见攻击方法

1) 端口扫描:针对设备网络端口的网络扫描和侦听,尝试获取用户交互报文,由于 Telnet 是明文交互,设备的信息会被窃取。

2) 暴力破解密码:攻击者在侦听到 Telnet 端口后,尝试进行连接,设备提示认证,则其会进行暴力破解尝试通过认证,获取访问权限。

3) 拒绝服务式攻击:Telnet Server 支持的用户数有限,在用户登录达到上限后,其他用户将无法登录。这个可能是正常使用造成,也可能是攻击者造成。

(3) 配置维护方法

1) 配置认证方式为 AAA 认证。

2) 单独规划设备管理的网络 IP,防止设备被扫描和窃听。

3) 修改 Telent Server 端口号。

4) 配置 ACL 策略,限定 Telnet 允许访问的 IP。

5) 建议使用 SSH 替换 Telnet,提供安全的管理通道。

3. SSH 安全性介绍

在项目 2 中,已经简单介绍过 SSH 的相关知识。SSH 客户端适用于多种平台,几乎所有的 UNIX 平台,包括 HP-UX、Linux、AIX、Solaris、Digital UNIX、Irix 以及其他平台,都可运行 SSH。

传统的网络服务程序，如 FPT、POP 和 Telnet 在本质上都是不安全的，因为它们在网络上用明文传送口令和数据，别有用心的人就可以非常容易截获这些口令和数据。而且，这些服务程序的安全验证方式也是有其弱点的，就是很容易受到"中间人"（man-in-the-middle）这种方式的攻击。所谓"中间人"的攻击方式，就是"中间人"冒充真正的服务器接收你传给服务器的数据，然后再冒充用户把数据传给真正的服务器。服务器和用户之间的数据传送被"中间人"通过转手做了手脚之后，就会出现很严重的安全问题。通过使用 SSH，用户可以把所有传输的数据进行加密，这样"中间人"这种攻击方式就不可能实现了，而且也能够防止 DNS 欺骗和 IP 欺骗。使用 SSH，还有一个额外的好处就是传输的数据是经过压缩的，所以可以加快传输的速度。SSH 有很多功能，它既可以代替 Telnet，又可以为 FTP、POP 甚至 PPP 提供一个安全的"通道"。

4. RIP 简介

（1）RIP 的定义

RIP（Routing Information Protocol，路由信息协议）是一种较为简单的内部网关协议（Interior Gateway Protocol）。RIP 是一种基于距离矢量（Distance-Vector）算法的协议，它使用跳数（Hop Count）作为度量来衡量到达目的网络的距离。RIP 通过 UDP 报文进行路由信息的交换，使用的端口号为 520。

RIP 包括 RIP-1 和 RIP-2 两个版本，RIP-2 对 RIP-1 进行了扩充，使其更具有优势。

（2）RIP 的目的

由于 RIP 的实现较为简单，在配置和维护管理方面也远比 OSPF 和 IS-IS 容易，因此 RIP 主要应用于规模较小的网络中，如校园网以及结构较简单的地区性网络。对于更为复杂的环境和大型网络，一般不使用 RIP。

（3）RIP 的基本原理

在 RIP 网络中，默认情况下，设备到与它直接相连网络的跳数为 0，通过一个设备可达的网络的跳数为 1，其余依此类推。也就是说，度量值等于从本网络到达目的网络间的设备数量。为限制收敛时间，RIP 规定度量值取 0~15 之间的整数，大于或等于 16 的跳数被定义为无穷大，即目的网络或主机不可达。由于这个限制，使得 RIP 不可能在大型网络中得到应用。

（4）RIP 路由表的形成

RIP 启动时的初始路由表仅包含本设备的一些直连接口路由。通过相邻设备互相学习路由表项，才能实现各网段路由互通，如图 4-11 所示。

RIP 启动之后，RouterA 会向相邻的路由器广播一个 Request 报文。当 RouterB 从接口接收到 RouterA 发送的 Request 报文后，把自己的 RIP 路由表封装在 Response 报文

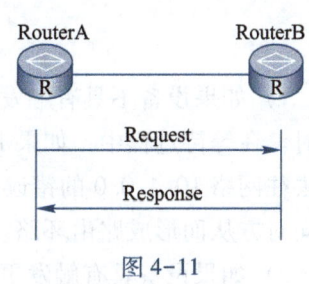

图 4-11

内，然后向该接口对应的网络广播。RouterA 再根据 RouterB 发送的 Response 报文，形成自己的路由表。

(5) RIP 的更新与维护

RIP 在更新和维护路由信息时，主要使用如下定时器。

1) 更新定时器（Update Timer）：当此定时器超时时，立即发送更新报文。

2) 老化定时器（Age Timer）：RIP 设备如果在老化时间内没有收到邻居发来的路由更新报文，则认为该路由不可达。

3) 垃圾收集定时器（Garbage-collect Timer）：如果在垃圾收集时间内不可达路由没有收到来自同一邻居的更新，则该路由将被从 RIP 路由表中彻底删除。

(6) RIP 路由与定时器之间的关系

1) RIP 的更新信息发布是由更新定时器控制的，默认为每 30 秒发送一次。

2) 每一条路由表项对应两个定时器：老化定时器和垃圾收集定时器。当学到一条路由并添加到 RIP 路由表中时，老化定时器启动。如果老化定时器超时，设备仍没有收到邻居发来的更新报文，则把该路由的度量值置为 16（表示路由不可达），并启动垃圾收集定时器。如果垃圾收集定时器超时，设备仍然没有收到更新报文，则在 RIP 路由表中删除该路由。

(7) 触发更新

触发更新是指当路由信息发生变化时，立即向邻居设备发送触发更新报文，而不用等待更新定时器超时，从而避免产生路由环路。如图 4-12 所示，网络 10.4.0.0 不可达时，RouterC 最先得到这一信息。

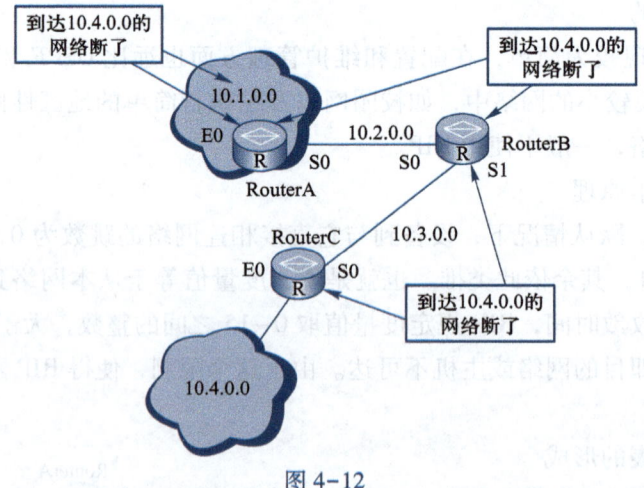

图 4-12

1) 如果设备不具有触发更新功能，RouterC 发现网络故障之后，需要等待更新定时器超时。在等待过程中，如果 RouterB 的更新报文传到了 RouterC，RouterC 就会学到 RouterB 的去往网络 10.4.0.0 的错误路由，这样 RouterB 和 RouterC 上去往网络 10.4.0.0 的路由都指向对方从而形成路由环路。

2) 如果设备具有触发更新功能，RouterC 发现网络故障之后，不必等待更新定时器超时,立即发送路由更新信息给路由器 B,这样就避免了路由环路的产生。

任务实施

微课 4-4
交换机安全
远程管理配置

1)首先在 RT1 上配置接口 IP 地址。RT1 的 GE 0/0/0 接口为 202.96.101.10/24,GE 0/0/1 接口为 192.168.1.1/24。命令如下:

```
[RT1]interface GigabitEthernet0/0/0
[RT1-GigabitEthernet0/0/0]ip address 202.96.101.10 24
[RT1-GigabitEthernet0/0/0]quit
[RT1]interface GigabitEthernet 0/0/1
[RT1-GigabitEthernet0/0/1]ip address 192.168.1.1 24
[RT1-GigabitEthernet0/0/1]quit
[RT1]
```

2)根据拓扑图中的网络部署信息,在路由器 RT1 中开启相关 RIP。命令如下:

```
[RT1]rip
[RT1-rip-1]version 2
[RT1-rip-1]undo summary
[RT1-rip-1]network 202.96.101.0
[RT1-rip-1]network 192.168.1.0
[RT1-rip-1]quit
[RT1]quit
<RT1>save
The current configuration will be written to the device.
Are you sure to continue?[Y/N]y
```

3)在三层交换机 SW1 上,需要创建 VLAN10 和 VLAN20,并对 VLAN 加以描述,其中 VLAN10 描述为 Sales,VLAN20 描述为 Leaders;配置 SW1 的交换机上各 SVI 的 IP 地址,在 SW1 与 RT1 上使用的是动态路由协议,以确保网络能正常传输通信。命令如下:

```
<Huawei>system-view
[Huawei]sysname SW1
[SW1]vlan 10
[SW1-vlan10]description Sales
[SW1-vlan10]vlan 20
[SW1-vlan20]description Leaders
[SW1]interface vlan 10
[SW1-Vlanif10]ip address 192.168.10.1 24
[SW1-Vlanif10]quit
[SW1]interface vlan 20
[SW1-Vlanif20]ip address 192.168.20.1 24
```

```
[SW1-Vlanif20]quit
[SW1]interface vlan 1
[SW1-Vlanif1]ip address 192.168.1.254 24
[SW1-Vlanif1]quit
[SW1]interface GigabitEthernet 0/0/2
[SW1-GigabitEthernet0/0/2]port link-type trunk
[SW1-GigabitEthernet0/0/2]port trunk allow-pass vlan 10
[SW1-GigabitEthernet0/0/2]quit
[SW1]interface GigabitEthernet 0/0/1
[SW1-GigabitEthernet0/0/1]port link-type trunk
[SW1-GigabitEthernet0/0/1]port trunk
[SW1-GigabitEthernet0/0/1]port trunk allow-pass vlan 20
[SW1-GigabitEthernet0/0/1]quit
[SW1]rip
[SW1-rip-1]version 2
[SW1-rip-1]undo summary
[SW1-rip-1]network 192.168.20.0
[SW1-rip-1]network 192.168.10.0
[SW1-rip-1]network 192.168.1.0
[SW1-rip-1]quit
[SW1]quit
<SW1>save
The current configuration will be written to the device.
Are you sure to continue? [Y/N]y
```

4）将二层交换机 SW2 与 SW3 的端口划分到相应的 VLAN 中，确保网络通畅、可用。

① SW2 配置命令如下：

```
<Huawei>system-view
[Huawei]sysname SW2
[SW2]vlan 10
[SW2-vlan10]description Sales
[SW2-vlan10]quit
[SW2]interface GigabitEthernet 0/0/1
[SW2-GigabitEthernet0/0/1]port link-type trunk
[SW2-GigabitEthernet0/0/1]port trunk  allow-pass vlan 10
[SW2-GigabitEthernet0/0/1]quit
[SW2]interface GigabitEthernet 0/0/2
[SW2-GigabitEthernet0/0/2]port link-type access
SW2-GigabitEthernet0/0/2]port default vlan 10
[SW2-GigabitEthernet0/0/2]quit
```

[SW2]quit

<SW2>save

The current configuration will be written to the device.

Are you sure to continue? [Y/N]y

② SW3 配置命令如下：

<Huawei>system-view

[Huawei]sysname SW3

[SW3]vlan 20

[SW3-vlan20]description Leaders

[SW3-vlan20]quit

[SW3]interface GigabitEthernet 0/0/1

[SW3-GigabitEthernet0/0/1]port link-type trunk

[SW3-GigabitEthernet0/0/1]port trunk allow-pass vlan 20

[SW3-GigabitEthernet0/0/1]quit

[SW3]interface GigabitEthernet 0/0/2

[SW3-GigabitEthernet0/0/2]port link-type access

[SW3-GigabitEthernet0/0/2]port default vlan 20

[SW3-GigabitEthernet0/0/2]quit

[SW3]quit

<SW3>save

The current configuration will be written to the device.

Are you sure to continue? [Y/N]y

5）配置 PC1 与 PC2 网络属性，如图 4-13 和图 4-14 所示，并且使用 PC1 测试网络拓扑整体联通性，如图 4-15 所示。

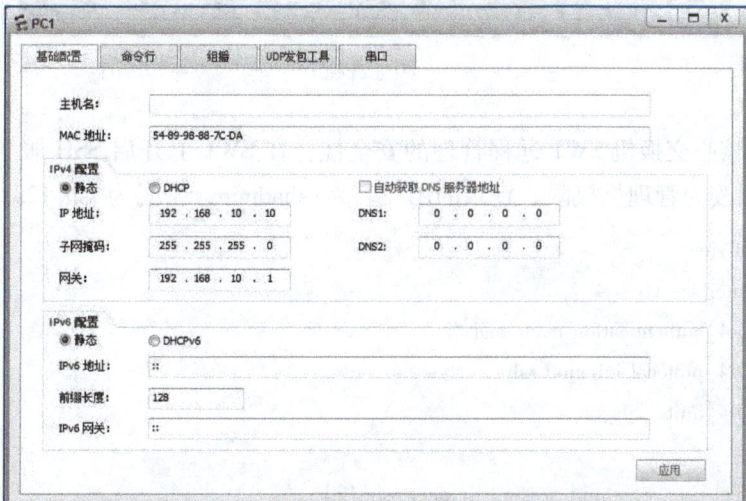

图 4-13

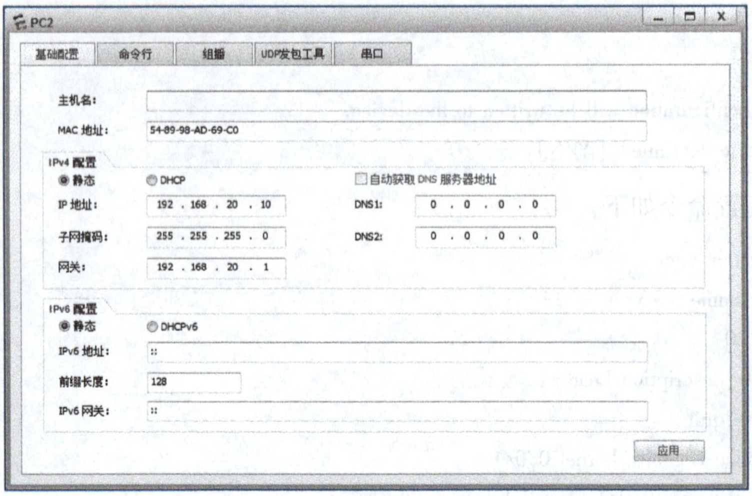

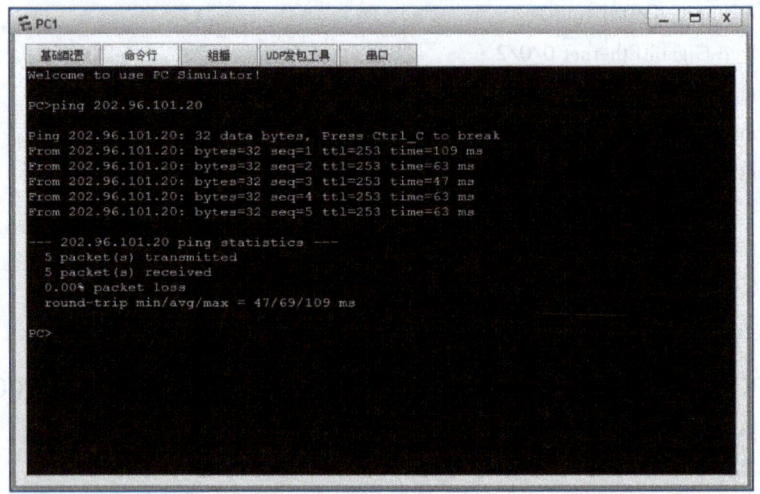

图 4-14

图 4-15

6）为保证核心交换机 SW1 远程管理的安全性，在 SW1 上开启 SSH 服务，以加密登录通信，用户权限改为管理员权限。登录的用户名为 sshadmin，密码为 ssh.123。命令如下：

<SW1>system-view

［SW1］user-interface vty 0 4

［SW1-ui-vty0-4］authentication-mode aaa

［SW1-ui-vty0-4］protocol inbound ssh

［SW1-ui-vty0-4］quit

［SW1］aaa

［SW1-aaa］local-user sshadmin password cipher ssh.123

［SW1-aaa］local-user privilege level 15

[SW1-aaa]local-user sshadmin service-type ssh

[SW1-aaa]quit

[SW1]stelnet server enable

[SW1]quit

<SW1>save

The current configuration will be written to the device.

Are you sure to continue?[Y/N]y

项目实训

1. 场地设备要求

1) 计算机一台。

2) ENSP V1.3 模拟器。

2. 工作任务

EBusiness 公司内部业务已经扩展，根据业务的需求，公司新上架了一台三层交换机 SW1，拓扑图参考图 4-16。

请根据企业需求，完成以下操作：

1) 在三层交换机 SW1 上，创建 VLAN10 和 VLAN20，并对 VLAN 加以命名，其中 VLAN10 命名为 Sales，VLAN20 命名为 Leaders；配置 SW1 的交换机上各 SVI 的 IP 地址，在 SW1 与 RT1 上使用动态路由协议使网络能正常网络通信。

2) 正确配置 SW2 和 SW3 的 VLAN，与 SW1 连接的接口的 Trunk 功能及放行需要通信的 VLAN。将 PC1 和 PC2 划入正确的 VLAN。

3) RT1 上配置接口 IP 地址，并开启 RIP。其中，RT1 的 GE 0/0/1 接口 IP 地址为 192.168.1.1/24，GE 0/0/0 接口 IP 地址为 202.96.101.10/24。

4) 为保证核心交换机 SW1 远程管理的安全性，在 SW1 上开启 SSH 服务，以加密登录通信，用户权限改为管理员权限。登录的用户名为 sshadmin，密码为 ssh123。

5) 正确配置两台 PC 的网络属性。

6) 使用 PC1 与 Server1 通信，测试网络连通性。

7) 在 SW1 中完成相关网络配置。

8) 在 RT1 路由器中配置相关路由协议和网络属性。

9) 配置完成后，在 SW1、SW2、SW3 和 RT1 上分别保存当前配置文件，并导出当前配置文件。

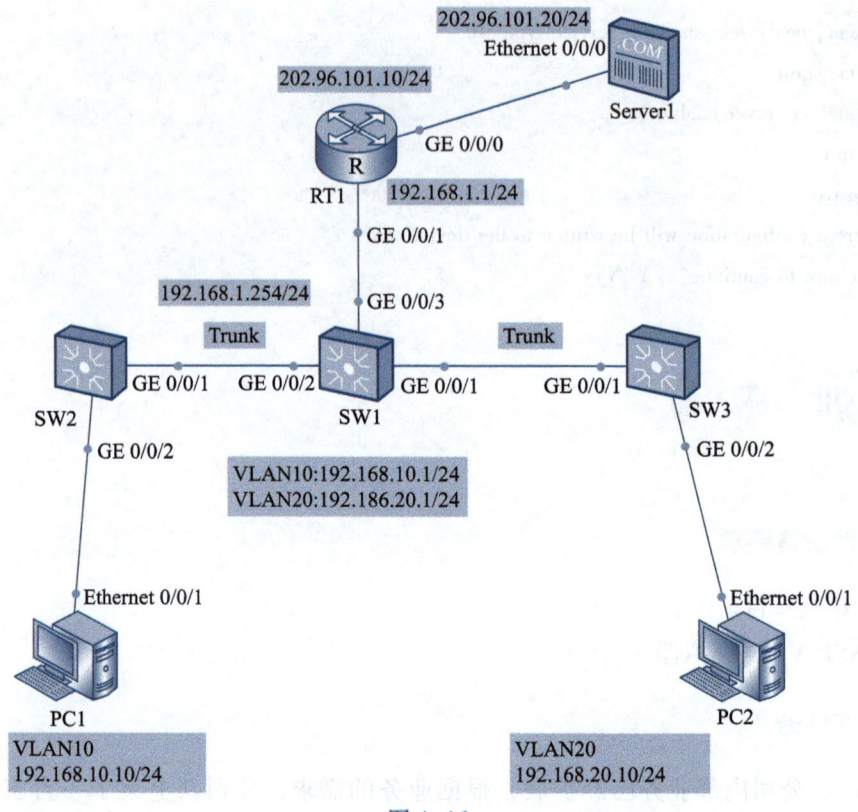

图 4-16

项目总结

通过本项目的学习和实训，应该掌握交换机的基础配置、静态路由、动态路由、访问控制策略和安全远程登录配置等知识和技能。

课后习题

一、选择题

1. OSI 七层参考模型从上至下按顺序排是（　　）。
   A. 应用层、传输层、网络层、物理层
   B. 应用层、表示层、会话层、网络层、传输层、数据链路层、物理层
   C. 应用层、表示层、会话层、传输层、网络层、数据链路层、物理层
   D. 应用层、会话层、传输层、物理层

2. 网桥属于 OSI 七层参考模型的第（　　）层。
   A. 1　　　　　　B. 2　　　　　　C. 3　　　　　　D. 4
3. 交换机工作模式是分等级设置，主要分为用户模式、特权模式、全局配置模式。不同模式下，用户拥有不同权限，其中用户模式的权限值为（　　）。
   A. 1　　　　　　B. 6　　　　　　C. 10　　　　　D. 15
4. （　　）方式的远程管理交换机，其用户名、密钥都是明文方式传输的，因此存在安全隐患。
   A. SSH　　　　　B. CDP　　　　　C. Telnet　　　　D. SSL
5. 网络管理员为了将某些经常变换办公位置，因而经常会从不同的交换机接入公司网络的用户规划到 VLAN10，则应使用（　　）方式来划分 VLAN。
   A. 基于端口划分 VLAN
   B. 基于协议划分 VLAN
   C. 基于 MAC 地址划分 VLAN
   D. 基于子网划分 VLAN
6. 在 OSI 参考模型中，能够完成端到端差错检测和流量控制的是（　　）。
   A. 物理层　　　　B. 数据链路层　　C. 网络层　　　　D. 传输层
7. 远程管理交换机的方式主要包括（　　）、Telnet 等。
   A. TTL　　　　　B. SSH　　　　　C. CDP　　　　　D. SSL
8. 以太网电接口可以工作在 3 种双工模式，而以太网光接口只能工作在（　　）模式。
   A. 全双工　　　　B. 半双工　　　　C. 自协商　　　　D. 单工
9. 在 Quidway 路由器上使用（　　）键可以补全命令。
   A. Tab　　　　　B. ?　　　　　　C. Enter　　　　　D. Ctrl+C
10. 在 Quidway VRP 命令中使用（　　）命令可以检测网络的连通性。
    A. ping　　　　　　　　　　　　B. display ip routing-table
    C. show path　　　　　　　　　　D. display path

二、简答题

1. 简述 OSI 七层模型中传输层、网络层、数据链路层的功能和它们进行数据封装时头部信息。
2. 三层交换机和路由器有什么区别？
3. 简述 VLAN 技术的种类和各自的特点。

项目5　路由器安全配置

学习情境

本项目将学习路由器安全配置的相关知识与技能。

本项目学习环境为 ENSP 模拟器 V1.3 版本，路由器型号为 AR3260，所有实训任务都在该环境中进行操作。

学习目标

知识目标
1）了解路由器功能。
2）了解路由器使用环境。
3）了解路由器的扩展配置。
4）了解使用模拟软件搭建网络拓扑图的方法。
5）了解根据网络环境配置 PC 网络参数的方法。
6）了解路由协议基础知识。

技能目标
1）掌握路由器的基础配置方法。
2）掌握路由器基础安全配置方法。
3）掌握路由协议的配置方法。

相关知识

1. 以太网接口简介

以太网接口是一种用于局域网组网的接口,包括以太网电接口、以太网光接口两大类。

为了适应网络需求,一般设备上定义了以下几种以太网接口类型。

1) 二层以太网接口:一种物理接口,如图 5-1 所示,工作在数据链路层,不能配置 IP 地址。它可以对接收到的报文进行二层交换转发,也可以加入 VLAN,通过 VLANIF 接口对接收到的报文进行三层路由转发。二层以太网接口的属性见表 5-1。

图 5-1

表 5-1

接口类型	速率(Mbit/s)	双工模式	自协商模式	流量控制	流量控制自协商
FE 电接口	10	全双工/半双工	支持	支持	不支持
	100	全双工/半双工			
GE 电接口	10	全双工/半双工	支持	支持	支持
	100	全双工/半双工			
	1000	全双工			
GE 光接口	100	全双工	支持	支持	支持
	1000	全双工			

2) 三层以太网接口:一种物理接口,工作在网络层,可以配置 IP 地址。它可以对接收到的报文进行三层路由转发。

2. 路由器简介

路由器是连接两个或多个网络的硬件设备,在网络间起网关的作用,是读取每一个数据包中的地址后决定如何传送的专用智能性的网络设备。路由器能够理解不同的协议。例如,某个局域网使用的是以太网协议,而 Internet 使用的是 TCP/IP。这样,路由器可以分析各种不同类型网络传来的数据包的目的地址，把非 TCP/IP 网络的地址转换成 TCP/IP 地址，或者反之；再根据选定的路由算法把各数据包按最佳路线传送到指定位置。所以路由器可以把非 TCP/IP 网络连接到 Internet 上。

3. 路由器的工作原理

网络中的设备相互通信主要是用它们的 IP 地址，路由器只能根据具体的 IP 地址来转发数据。IP 地址由网络地址和主机地址两部分组成。在 Internet 中采用的是由子网掩码来确定网络地址和主机地址。子网掩码与 IP 地址一样都是 32 位的，并且这两者是一一对应的，子网掩码中"1"对应 IP 地址中的网络地址，"0"对应的是主机地址，网络地址和主机地址就构成了一个完整的 IP 地址。在同一个网络中，IP 地址的网络地址必须是相同的。计算机之间的通信只能在具有相同网络地址的 IP 地址之间进行，如果想要与其他网段的计算机进行通信，则需要经过路由器转发出去。不同网络地址的 IP 地址是不能直接通信的，即便它们距离非常近，也不能进行通信。路由器的多个端口可以连接多个网段，每个端口的 IP 地址的网络地址都必须与所连接的网段的网络地址一致。不同的端口它的网络地址是不同的，所对应的网段也是不同的，这样才能使各个网段中的主机通过自己网段的 IP 地址把数据发送到路由器上。

4. 安全管理机制 AAA 简介

（1）AAA 的定义

AAA 是 Authentication（认证）、Authorization（授权）和 Accounting（计费）的简称，是网络安全的一种集中式管理机制，提供了认证、授权、计费 3 种安全功能。这 3 种安全功能的具体作用如下。

1）认证：验证用户是否可以获得网络访问权。
2）授权：授权用户可以使用哪些服务。
3）计费：记录用户使用网络资源的情况。

用户可以只使用 AAA 提供的一种或多种安全服务。例如，公司仅仅想让员工在访问某些特定资源的时候进行身份认证，那么网络管理员只要配置认证服务器即可。但是若希望对员工使用网络的情况进行记录，那么还需要配置计费服务器。

如上所述，AAA 是一种管理框架，它提供了授权部分用户去访问特定资源，同时可以记录这些用户操作行为的一种安全机制，因其具有良好的可扩展性，并且容易实现用户信息的集中管理而被广泛使用。AAA 可以通过多种协议来实现，目前设备支持基于 RADIUS 协议或 HWTACACS 协议来实现 AAA，在实际应用中，最常使用 RADIUS 协议。

（2）AAA 的目的

提供对用户进行认证、授权和计费等安全功能，防止非法用户登录设备，增强设备系统安全性。

任务 5-1　路由器基本配置

任务描述

EBusiness 公司由于业务发展需求开设了分公司，为方便分公司工作人员访问总部资源，达到两地协同办公的目标，需要保障总公司和分公司之间的网络连通。EBusiness 公司网络拓扑图如图 5-2 所示。

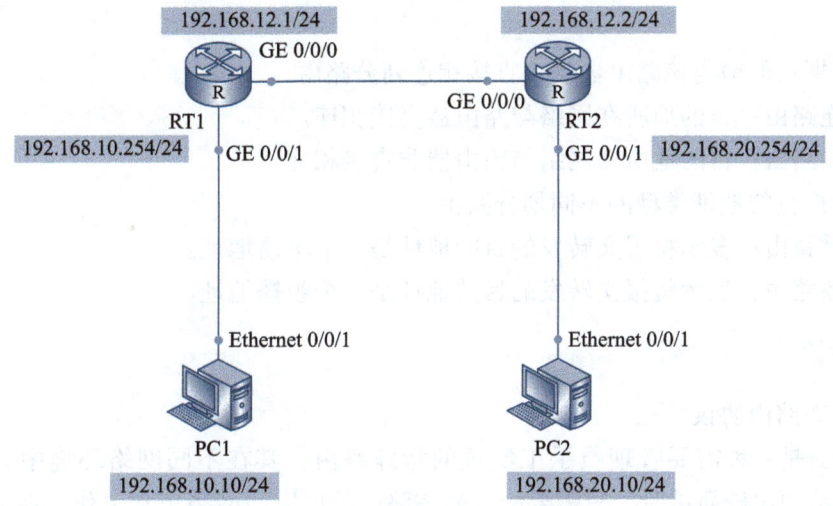

图 5-2

分公司网段为 192.168.10.X/24，PC1 配置 IP 地址为 192.168.10.10/24。

总公司网段为 192.168.20.X/24，PC2 配置 IP 地址为 192.168.20.10/24。

现在企业需要通过配置相关路由器使分公司的 PC 即 PC1 可以与总公司的 PC 即 PC2 可以相互通信，并对路由器进行基础的安全配置。

总公司与分公司通信网段为 192.168.12.X/24，RT1 的 GE 0/0/0 和 GE 0/0/1 端口分别配置 IP 地址为 192.168.12.1/24 和 192.168.10.254/24。

公司要求网络管理员做如下配置：

1）搭建网络拓扑（RT1、RT2 两台路由器；PC1、PC2 两台 PC 机；RT1 为分公司路由器；RT2 为总公司路由器）。

2）配置两台 PC 的 IP 地址和网关。

3）配置 RT1 的网络接口信息。

4）配置 RT1 的 Console 口的登录用户名和密码。

5）配置 RT1 的路由协议。

知识准备

1. 路由的基本概念及分类

路由是数据通信网络中最基本的要素。路由信息就是指导报文发送的路径信息，路由的过程就是报文转发的过程。

（1）根据路由目的地的不同划分路由

1）网段路由：目的地为网段，IPv4 地址子网掩码长度小于 32 位或 IPv6 地址前缀长度小于 128 位。

2）主机路由：目的地为主机，IPv4 地址子网掩码长度为 32 位或 IPv6 地址前缀长度为 128 位。

（2）根据目的地与该路由器是否直接相连划分路由

1）直连路由：目的地所在网络与路由器直接相连。

2）间接路由：目的地所在网络与路由器非直接相连。

（3）根据目的地址类型的不同划分路由

1）单播路由：表示将报文转发的目的地址是一个单播地址。

2）组播路由：表示将报文转发的目的地址是一个组播地址。

2. 主要路由协议介绍

（1）静态路由协议

静态路由是一种需要管理员手工配置的特殊路由，其在不同网络环境中有不同的目的。当网络结构比较简单时，只需要配置静态路由就可以使网络正常工作；在复杂网络环境中，配置静态路由可以改进网络的性能，并可为重要的应用保证带宽。静态路由可在 VPN 实例中使用，主要用于 VPN 路由的管理。静态路由所使用的路径选择是预先在离线情况下计算好的，并在网络启动时被下载到路由器。静态路由无法响应故障，因此对于路由选择已经很清楚的场合非常有用。

（2）动态路由协议

动态路由协议是网络中的路由器之间相互通信、传递路由信息、利用收到的路由信息更新路由器表的过程，它能实时地适应网络结构的变化。动态路由适用于网络规模大、网络拓扑复杂的网络。动态路由协议目前有 4 个版本，即 RIPv1、RIPv2、RIPv3 和 RIPv4。各种动态路由协议会不同程度地占用网络带宽和 CPU 资源。动态路由协议会改变它们的路由决策以便反映出拓扑结构的变化，通常也会反映出流量的变化情况。动态路由算法在多个方面有所不同，即获取信息的来源不同，改变路径的时间不同以及用于路由优化的度量不同。

3. 路由器的功能

路由器最主要的功能可以理解为实现信息的转送。因此，这个过程又称为寻址过程。因为路由器处在不同网络之间，但并不一定是信息的最终接收地址，所以在路由器中，通常存在着一张路由表,根据传送信息的最终地址,寻找下一转发地址应该是哪个网络。打一个形象的比喻,就如同快递公司发送邮件,邮件并不是瞬间到达最终目的地,而是通过不同分站的分拣,不断地接近最终地址,从而实现邮件的投递过程。路由器寻址过程也是类似原理,通过最终地址,在路由表中进行匹配,通过算法确定下一转发地址。这个地址可能是中间地址,也可能是最终的到达地址。

路由器的功能就是将不同的子网之间的数据进行传递,具体而言,有以下几点:

1)实现 IP、TCP、UDP、ICMP 等网络的互连。

2)对数据进行处理。收发数据包,具有对数据的分组过滤、复用、加密、压缩及防护墙等各项功能。

3)依据路由表的信息,对数据包下一传输目的地进行选择。

4)进行外部网关协议和其他自治域之间拓扑信息的交换。

5)实现网络管理和系统支持功能,如图 5-3 所示。

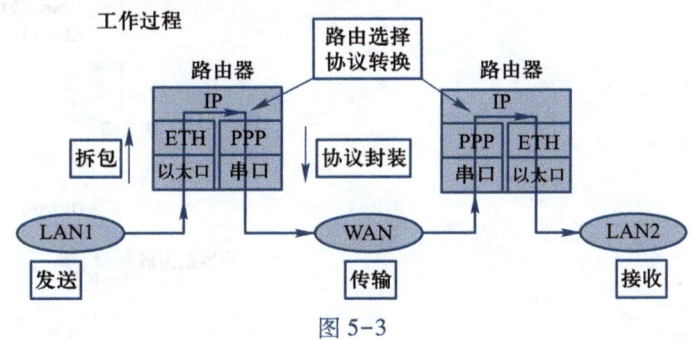

图 5-3

4. 路由器的分类

(1)按功能划分

路由器从功能上可分为骨干级、企业级和接入级三类。骨干级路由器数据吞量较大且重要,是企业级网络实现互连的关键,要求性能的高速度及高可靠性;网络通常采用热备份、双电源和双数据通路等技术来确保其可靠性;企业级路由器连接对象为许多终端系统,简单且数据流量较小。

(2)按结构划分

路由器从结构上可分为模块化和非模块化两类。模块化路由器可以实现路由器的灵活配置,适应企业的业务需求;非模块化路由器只能提供固定单一的端口。通常情况下,高端路由器是模块化结构,低端路由器是非模块化结构的。

(3)按所处网络位置划分

路由器按所处网络位置划分,可分为边界路由器和中间节点路由器。在广域网范围内的路由器,按其转发报文的性能也可以分为边界路由器和中间节点路由器两类。

1)边界类路由器:处于网络边界的边缘或末端,用于不同网络路由器的连接,这也是目前大多数路由器的类型,如互联网接入路由器和后面要介绍的 VPN 路由器都属于边界路由器。这类路由器所支持的网络协议和路由协议比较广,背板带宽非常高,具有较高的吞吐能力,以满足各类不同类型网络(包括局域网和广域网)的互连,如图 5-4 所示。

2)中间节点类路由器:处于局域网的内部,通常用于连接不同局域网,起到一个数据转发的桥梁作用。中间节点类路由器更注重 MAC 地址的记忆功能,要求较大的缓存。因为所连接的网络基本上是局域网,所以所支持的网络协议比较单一,背板带宽也较小,这些都是为了获得最高的性价比,适应一般企业的要求,如图 5-5 所示。

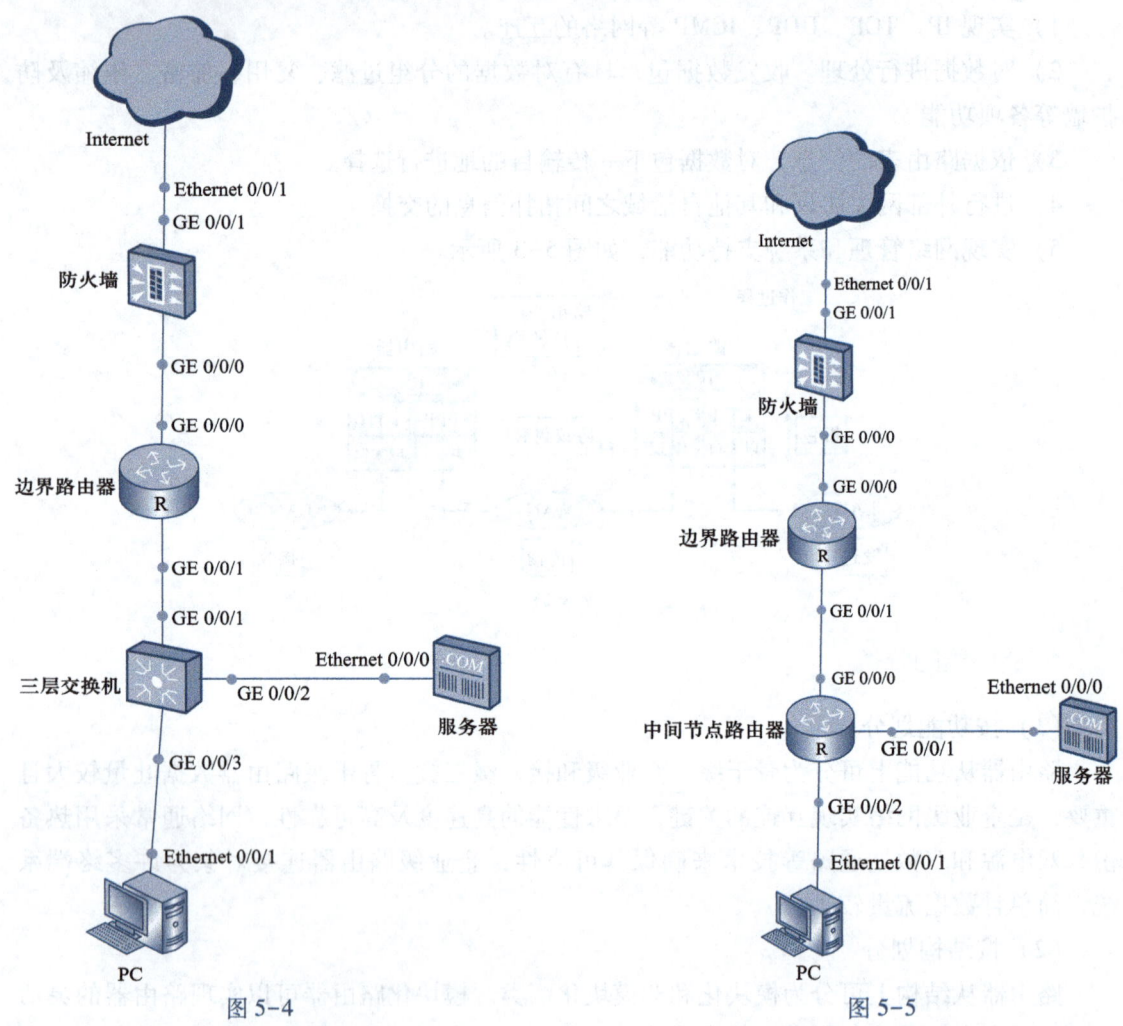

图 5-4   图 5-5

5. 路由器的特点和优势

从过滤网络流量的角度来看,路由器的作用与交换机和网桥非常相似。但是与工作在网络数据链路层、从物理上划分网段的交换机不同,路由器使用专门的软件协议从逻辑上对整个网络进行划分。例如,一台支持 IP 的路由器可以把网络划分成多个子网段,只有指向特殊 IP 地址的网络流量才可以通过路由器。对于每一个接收到的数据包,路由器都会重新计算其校验值,并写入新的物理地址。因此,使用路由器转发和过滤数据的速度往往要比只查看数据包物理地址的交换机慢。但是，对于那些结构复杂的网络，使用路由器可以提高网络的整体效率。路由器的另外一个明显优势就是可以自动过滤网络广播。总体来说，在网络中添加路由器的整个安装过程要比即插即用的交换机复杂得多。

有的路由器仅支持单一协议，但大部分路由器可以支持多种协议的传输，即多协议路由器。由于每一种协议都有自己的规则，要在一个路由器中完成多种协议的算法，势必会降低路由器的性能。路由器的主要工作就是为经过路由器的每个数据帧寻找一条最佳传输路径，并将该数据有效地传送到目的站点。由此可见，选择最佳路径的策略即路由算法是路由器的关键所在。为了完成这项工作，在路由器中保存着各种传输路径的相关数据——路径表（Routing Table），供路由选择时使用。路径表中保存着子网的标志信息、网上路由器的个数和下一个路由器的名字等内容。路径表可以是由系统管理员固定设置好的。

任务实施

1）在模拟软件中，选取合适的模拟设备搭建网络拓扑图，如图5-2所示，其中RT1为分公司路由器，RT2为总公司路由器。

微课5-1
路由器
基本配置

2）配置PC1和PC2的IP地址和网关，如图5-6和图5-7所示。

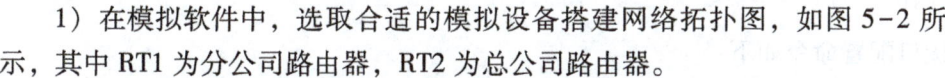

图5-6

3）配置路由器RT1和RT2的网络接口信息。

① RT1接口配置命令如下：

```
<RT1>system-view
[RT1]interface GigabitEthernet 0/0/1
[RT1-GigabitEthernet0/0/1]ip address 192.168.10.254 24
[RT1]interface GigabitEthernet 0/0/0
[RT1-GigabitEthernet0/0/0]ip address 192.168.12.1 24
```

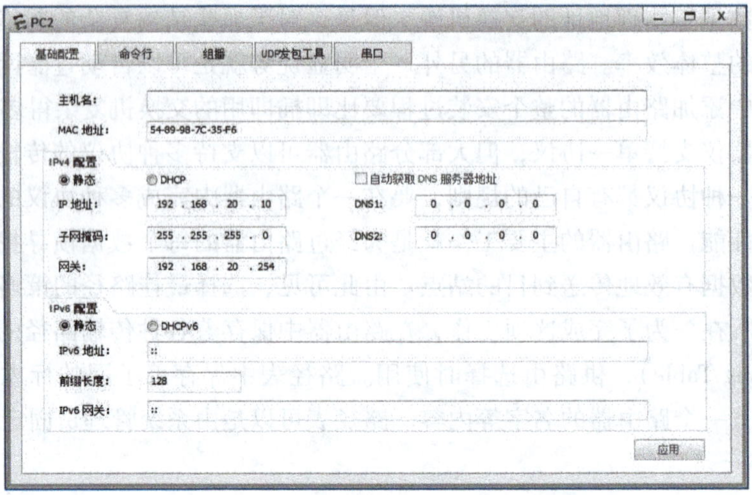

图 5-7

② RT2 接口配置命令如下：

```
<RT2>system-view
[RT2]interface GigabitEthernet 0/0/0
[RT2-GigabitEthernet0/0/0]ip address 192.168.12.2 24
[RT2-GigabitEthernet0/0/0]quit
[RT2]interface GigabitEthernet 0/0/1
[RT2-GigabitEthernet0/0/0]ip address 192.168.20.254 24
```

4）为保证 RT1 的安全性，配置 Console 接口，密码为 inspc@123，并设置登录仅为最低级别；配置 RT1 的 Super 密文，密码为 inspc@sp，拥有 Super 密码才能管理路由器。命令如下：

```
[RT1]user-interface console 0
[RT1-ui-console0]user privilege level 0
[RT1-ui-console0]authentication-mode password Please configure the login password (maximum length 16): inspc@123
[RT1-ui-console0]quit
[RT1]super password cipher inspc@sp
```

5）配置 RT1 和 RT2 的静态路由协议。

① RT1 静态路由协议配置如下：

```
[RT1]ip route-static 192.168.20.0 24 192.168.12.2
[RT1]quit
<RT1>save
The current configuration will be written to the device.
Are you sure to continue? (y/n)[n]:y
```

② RT2 静态路由协议配置如下：

[RT2]ip route-static 192.168.10.0 24 192.168.12.1
[RT2]quit
<RT2>save
The current configuration will be written to the device.
Are you sure to continue?(y/n)[n]:y

6）使用 PC1 进行 ping 命令测试，结果如图 5-8 所示。

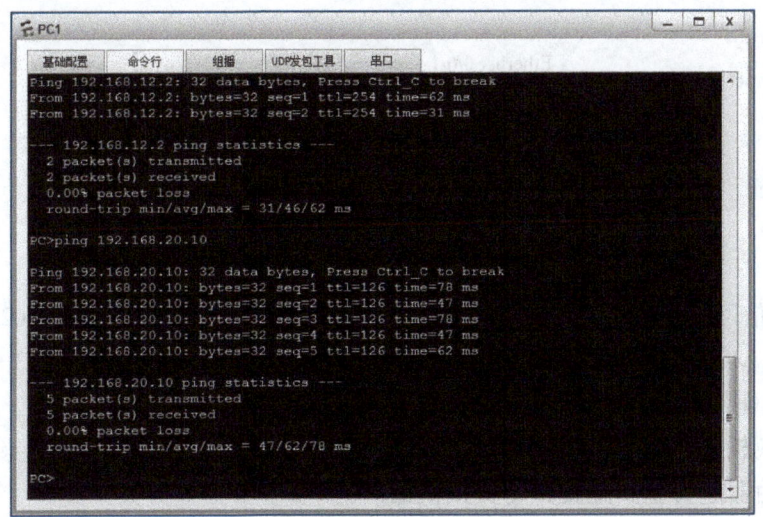

图 5-8

7）配置完成后，保存当前拓扑以及配置文件。

任务 5-2　路由器访问控制策略

任务描述

EBusiness 公司为方便分公司的工作人员能够访问总部资源，保障业务开展，向当地电信申请了专线接入；同时为保护业务信息安全，需要配置访问控制策略，达到根据业务需要，允许或限制不同业务部门访问的目标。EBusiness 公司拓扑图如图 5-9 所示，路由器 RT1 的接口 GE 0/0/1 为与电信局设备通信的接口，接口 GE 0/0/0 为公司内部通信接口。

分公司网段为 192.168.10.X/24 和 192.168.20.X/24 两个网段，PC1 配置 IP 地址为 192.168.10.10/24，PC2 配置 IP 地址为 192.168.20.10/24。

现在企业需要通过配置相关路由器使分公司的 PC 即 PC1 可以与总公司的 PC 即 PC2 可以相互通信。

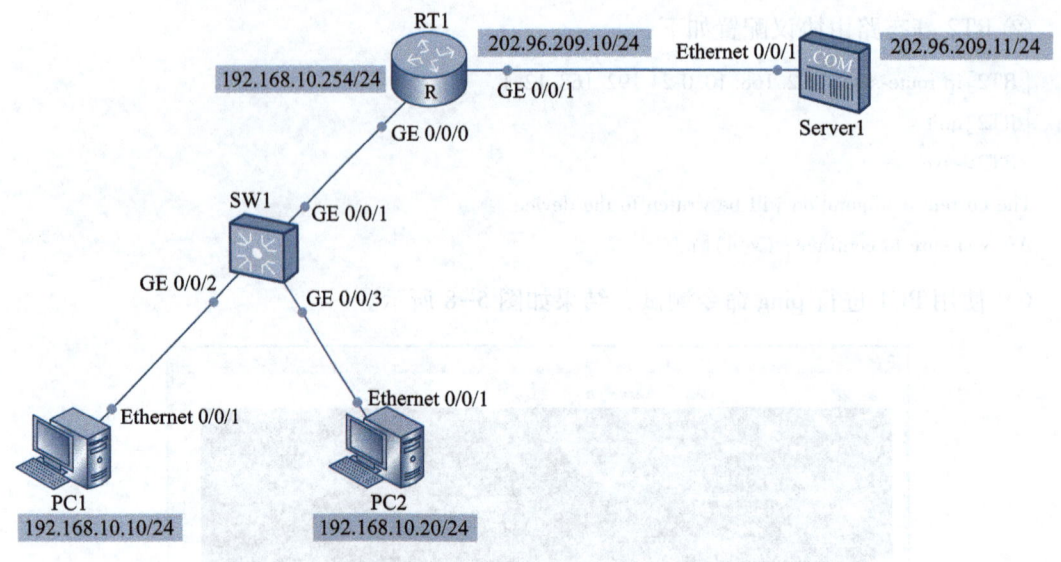

图 5-9

分公司通信网段为 192.168.10.X/24，与总公司服务器通信的网段为 202.96.209.X/24，RT1 的接口 GE 0/0/0 和 GE 0/0/1 分别配置 IP 地址为 192.168.10.254/24 和 202.96.209.10/24。

公司要求网络管理员做如下配置：

1）对交换机进行基本配置：将交换机命名为 SW1。

2）对路由器进行基本配置：将交换机命名为 RT1。

3）路由器 RT1 的接口 GE 0/0/1 是外接电信局方设备，IP 地址为 202.96.209.10/24。

4）配置路由器 RT1 的接口 GE 0/0/0 的 IP 地址为 192.168.10.254/24。

5）配置 PC1 的 IP 为 192.168.10.10/24，PC2 的 IP 为 192.168.10.20/24。正确配置两台 PC 的网关，使得 PC 可以与 Server1 连通；将 ping 通的信息保存为文件 Ping222.txt。

6）配置 RT1 的 Console 口的登录用户名和密码。

知识准备

1. ACL 的分类（非 Cisco 产品）

（1）基于 ACL 标识方法的划分

1）数字型 ACL：传统的 ACL 标识方法。创建 ACL 时，指定一个唯一的数字标识该 ACL。

2）命名型 ACL：通过名称代替编号来标识 ACL。

用户在创建 ACL 时可以为其指定编号，不同的编号对应不同类型的 ACL，见表 5-2。同时，为了便于记忆和识别，用户还可以创建命名型 ACL，即在创建 ACL 时为其设置名称。命名型 ACL，也可以是"名称 数字"的形式，即在定义命名型 ACL 时，同时指定 ACL 编号。如果不指定编号，系统则会自动为其分配一个数字型 ACL 的编号。

表 5-2

分　　类	适用的 IP 版本	规则定义描述	编 号 范 围
基本 ACL	IPv4	仅使用报文的源 IP 地址、分片信息和生效时间段信息来定义规则	2000~2999
高级 ACL	IPv4	既可使用 IPv4 报文的源 IP 地址，也可使用目的 IP 地址、IP 类型、ICMP 类型、TCP 源/目的端口、UDP 源/目的端口号、生效时间段等来定义规则	3000~3999
二层 ACL	IPv4&IPv6	使用报文的以太网帧头信息来定义规则，如根据源 MAC（Media Access Control）地址、目的 MAC 地址、二层协议类型等	4000~4999
用户 ACL	IPv4	既可使用 IPv4 报文的源 IP 地址，也可使用目的 IP 地址、IP 类型、ICMP 类型、TCP 源端口/目的端口、UDP 源端口/目的端口号等来定义规则	6000~6031
基本 ACL6	IPv6	可使用 IPv6 报文的源 IPv6 地址、分片信息和生效时间段来定义规则	2000~2999
高级 ACL6	IPv6	可以使用 IPv6 报文的源 IPv6 地址、目的 IPv6 地址、IPv6 类型、ICMPv6 类型、TCP 源/目的端口、UDP 源/目的端口号、生效时间段等来定义规则	3000~3999

有关注意事项：

① 命名型 ACL 一旦创建成功，便不允许用户再修改其名称。如果删除 ACL 名称，则表示删除整个 ACL。

② 仅基本 ACL 与基本 ACL6，以及高级 ACL 与高级 ACL6，可以使用相同的 ACL 名称；其他类型 ACL 之间，不能使用相同的 ACL 名称。

（2）基于对 IPV4 和 IPV6 支持情况的划分

1）ACL4：通常直接叫作 ACL，特指仅支持过滤 IPv4 报文的 ACL。

2）ACL6：又叫作 IPv6 ACL，特指仅支持过滤 IPv6 报文的 ACL。

以上两种 ACL，以及既支持过滤 IPv4 报文又支持过滤 IPv6 报文的 ACL，统一称作"ACL"。各类型 ACL 对 IPv4 和 IPv6 的支持情况参见表 5-2。

2. ACL 的工作机制

设备将报文与 ACL 规则进行匹配时，遵循"一旦命中即停止匹配"的机制，如图 5-10 所示。

首先，系统会查找设备上是否配置了 ACL。如果 ACL 不存在，则返回 ACL 匹配结果为"不匹配"；如果 ACL 存在，则查找设备是否配置了 ACL 规则。

1）如果规则不存在，则返回 ACL 匹配结果为"不匹配"。

2）如果规则存在，则系统会从 ACL 中编号最小的规则开始查找。

3）如果匹配上了 permit 规则，则停止查找规则，并返回 ACL 匹配结果为"匹配（允许）"。

4）如果匹配上了 deny 规则，则停止查找规则，并返回 ACL 匹配结果为"匹配（拒绝）"。

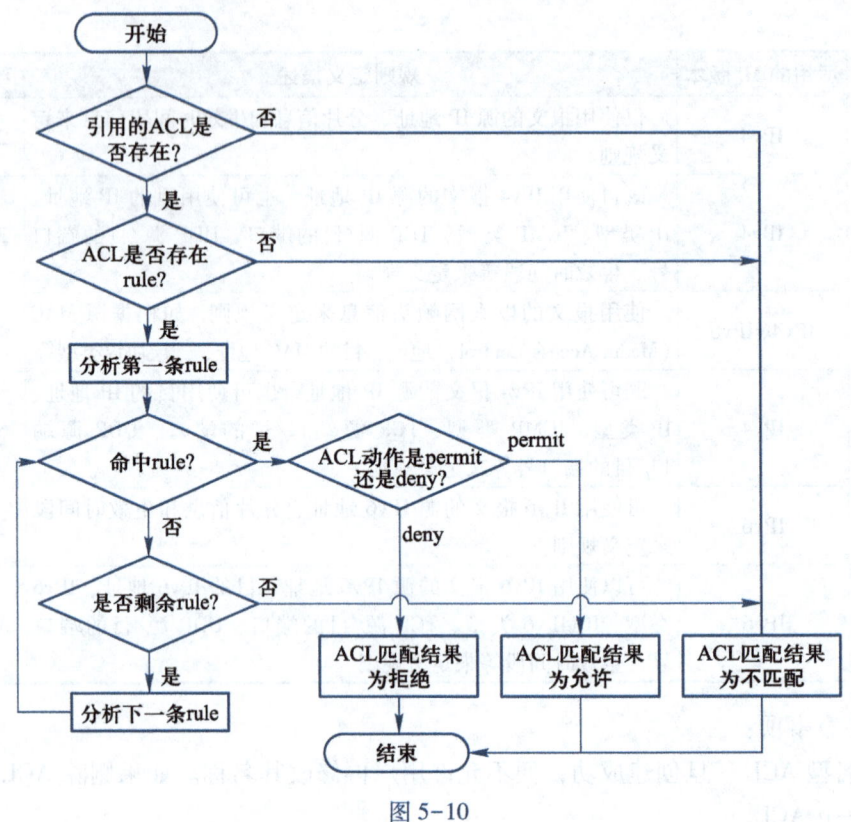

图 5-10

5）如果未匹配上规则，则继续查找下一条规则，以此循环。如果一直查到最后一条规则，报文仍未匹配上，则返回 ACL 匹配结果为"不匹配"。

从整个 ACL 匹配流程可以看出，报文与 ACL 规则匹配后，会产生"匹配"或"不匹配"两种结果。

① 匹配（命中规则）：指存在 ACL，且在 ACL 中查找到了符合匹配条件的规则。不论匹配的动作是 permit 还是 deny，都称为"匹配"，而不是只是匹配上 permit 规则才算"匹配"。

② 不匹配（未命中规则）：指不存在 ACL，或 ACL 中无规则，再或者在 ACL 中遍历了所有规则都没有找到符合匹配条件的规则。以上 3 种情况，都叫作"不匹配"。

注意以下几点：

① 配置 ACL 后，还需要将 ACL 在业务模块中应用，ACL 才能生效。

② ACL 可以应用于诸多业务模块，其中最基本的 ACL 应用，就是在简化流策略/流策略中应用 ACL，使设备能够基于全局、VLAN 或接口下发 ACL，实现对转发报文的过滤。此外，ACL 还可以应用在 Telnet、FTP、路由等模块。业务模块之间的 ACL 默认处理动作和处理机制有所不同。

③ 无论报文匹配 ACL 的结果是"不匹配""允许"还是"拒绝"，该报文最终是被允许

通过还是拒绝通过,实际是由应用 ACL 的各个业务模块来决定。不同的业务模块,对命中和未命中规则报文的处理方式也各不相同。例如,在 Telnet 模块中应用 ACL,只要报文命中了 permit 规则,就允许通过;而在流策略中应用 ACL,如果报文命中了 permit 规则,但流行为动作配置的是 deny,该报文仍会被拒绝通过。关于各个业务模块 ACL 处理机制的详细介绍,可参见 ACL 应用模块的 ACL 默认动作和处理机制。

微课 5-2
路由器访问
控制策略

任务实施

1)对交换机进行基本配置,将交换机命名为 SW1。命令如下:

```
<Huawei>system-view
[Huawei]sysname SW1
[SW1]quit
<SW1>save
The current configuration will be written to the device.
Are you sure to continue? (y/n)[n]:y
```

2)对路由器进行基本配置,将路由器命名为 RT1。命令如下:

```
<Huawei>system-view
[Huawei]sysname RT1
[RT1]
```

3)路由器 RT1 的接口 GE 0/0/1 为与电信局设备通信的接口,IP 地址为 202.96.209.10/24。命令如下:

```
[RT1]interface GigabitEthernet0/0/1
[RT1-GigabitEthernet0/0/1]ip address 202.96.209.10 24
[RT1-GigabitEthernet0/0/1]
```

4)路由器 RT1 的接口 GE 0/0/0 为公司内部通信接口,IP 地址为 192.168.10.254/24。命令如下:

```
[RT1]interface GigabitEthernet0/0/0
[RT1-GigabitEthernet0/0/0]ip address 192.168.10.254 24
[RT1-GigabitEthernet0/0/0]quit
[RT1]quit
<RT1>save
The current configuration will be written to the device.
Are you sure to continue? (y/n)[n]:y
```

5)打开 PC1 的配置界面,配置 PC1 和 PC2 的网络接口信息,如图 5-11 和图 5-12 所示。

6)打开 Server1 服务器的配置界面,配置其网络接口信息,如图 5-13 所示。

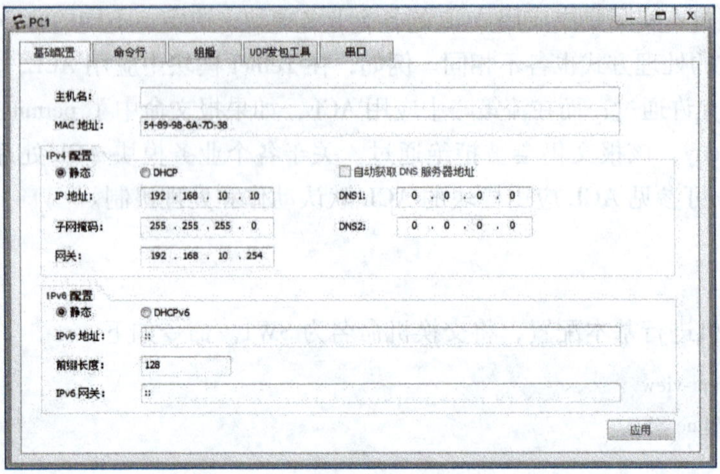

图 5-11

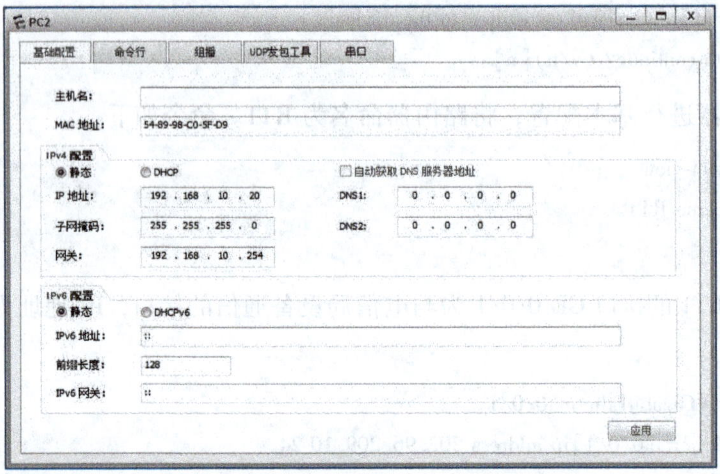

图 5-12

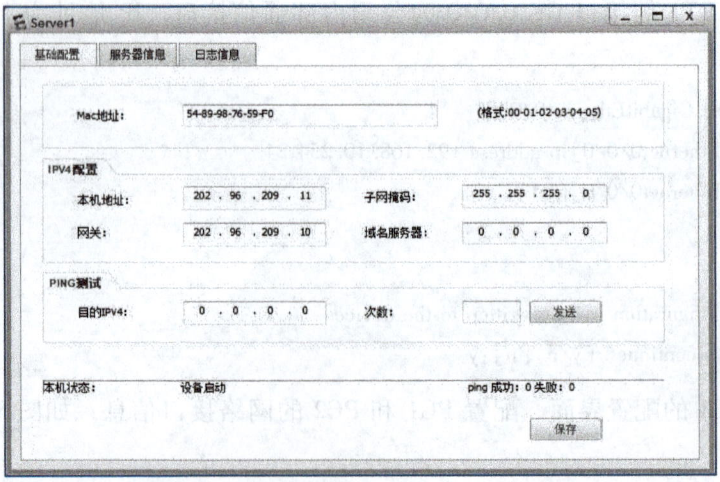

图 5-13

7）PC1 与 PC2 可以与 Server1 服务器连通后，分别用 PC1、PC2 与 Server1 进行通信，如图 5-14 和图 5-15 所示。

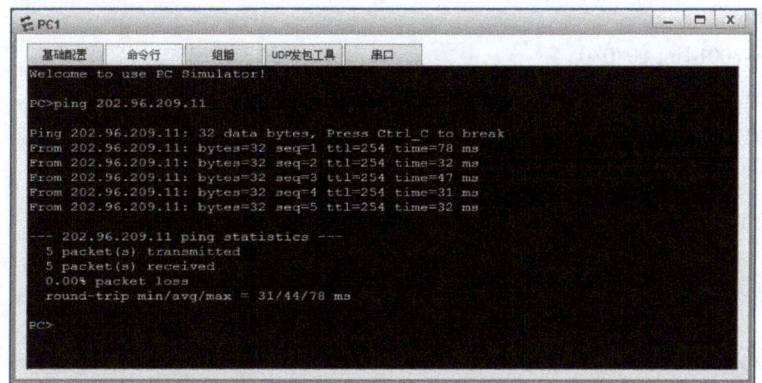

图 5-14

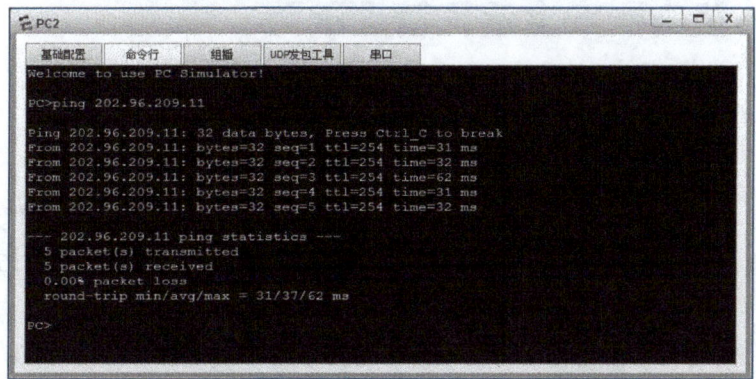

图 5-15

8）配置 RT1 的 Console 口，使用 3A 认证方式，登录用户名为 admin，密码为 inspc@hd。命令如下：

```
<RT1>system-view
[RT1]user-interface console 0
RT1-ui-console0]authentication-mode aaa
[RT1-ui-console0]user privilege level 15
[RT1-ui-console0]quit
[RT1]aaa
[RT1-aaa]local-user admin password cipher inspc@ hd
[RT1-aaa]local-user admin service-type terminal
[RT1-aaa] quit
```

9）在 RT1 上配置访问控制，列表号为 3001，禁止 192.168.10.0 网段访问 Server1 服务器的 FTP 服务。命令如下：

```
[RT1]acl 3001
[RT1-acl-adv-3001]rule 1 deny tcp source 192.168.10.0 0.0.0.255 destination 202.96.209.11 0 destination-port eq ftp
[RT1-acl-adv-3001]int g0/0/0
[RT1-GigabitEthernet0/0/0]traffic-filter inbound acl 3001
[RT1-GigabitEthernet0/0/0]quit
[RT1]quit
<RT1>save
The current configuration will be written to the device.
Are you sure to continue? (y/n)[n]:y
```

10）配置完成后，保存当前拓扑以及配置文件。

任务 5-3　路由器安全远程管理配置

任务描述

为方便监控、维护、集中管理，EBusiness 公司网络管理员需要远程管理设备，为保护业务信息的安全，需要对路由器进行安全远程管理配置。网络拓扑图如图 5-16 所示。

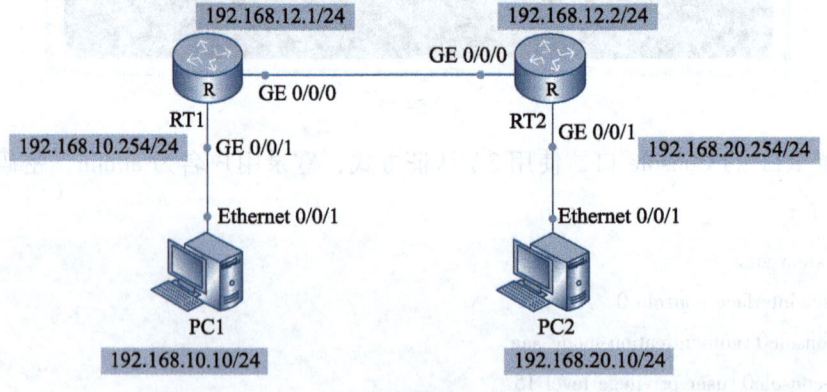

图 5-16

分公司网段为 192.168.10.X/24，PC1 配置 IP 地址为 192.168.10.10/24。

总公司网段为 192.168.20.X/24，PC2 配置 IP 地址为 192.168.20.10/24。

现在企业需要通过配置相关路由器使分公司的 PC 即 PC1 可以与总公司的 PC 即 PC2 可以相互通信，并对路由器进行基础的安全配置。

总公司与分公司通信网段为 192.168.12.X/24，RT1 的接口 GE 0/0/0 和 GE 0/0/1 分别配置 IP 地址为 192.168.12.1/24 和 192.168.10.254/24。RT2 的接口 GE 0/0/0 和 GE 0/

0/1 分别配置 IP 地址为 192.168.12.2/24 和 192.168.20.254/24。

公司要求网络管理员做如下配置：

1）按拓扑图在 RT1 上配置各接口的 IP 地址。

2）按拓扑图在 RT2 上配置各接口的 IP 地址。

3）在 RT1 上配置时钟为 2020 年 1 月 1 日上午 10:00。将过程和结果保存为文件 RT1_Clock223.txt。

4）在 RT1 配置各接口并做好接口描述，GE 0/0/0 接口描述内容"Up to the GE0/0/0"，GE 0/0/1 接口描述内容"Up to the GE0/0/1"；启用各接口，各接口的速度调整为自动协商、全双工。

5）配置 PC1 和 PC2 的 IP 地址和网关。

6）在 RT1 与 RT2 上配置路由协议。

7）在路由器 RT1 与 RT2 上启用 SSH 方式登录，对设备进行安全远程管理操作，用户名为 admin，密码为 inspc@hd。

知识准备

1. SSH 的验证

从客户端来看，SSH 提供以下两种级别的安全验证。

1）基于口令的安全验证（第 1 种级别）：只要用户知道自己账号和口令，就可以登录到远程主机。所有传输的数据都会被加密，但是不能保证用户正在连接的服务器就是用户想连接的服务器。可能会有别的服务器在冒充真正的服务器，也就是受到"中间人"方式的攻击。

2）基于密匙的安全验证（第 2 种级别）：需要依靠密匙，也就是用户必须为自己创建一对密匙，并把公用密匙放在需要访问的服务器上。如果用户要连接到 SSH 服务器上，客户端软件就会向服务器发出请求，请求使用用户的密匙进行安全验证。服务器收到请求之后，先在该服务器上用户的主目录下寻找公用密匙，然后把它和用户发送过来的公用密匙进行比较。如果两个密匙一致，服务器就用公用密匙加密"质询"（Challenge）并把它发送给客户端软件。客户端软件收到"质询"之后就可以用用户的私人密匙解密再把它发送给服务器。

用这种方式，用户必须知道自己密匙的口令。但是，与第 1 种级别相比，第 2 种级别不需要在网络上传送口令。

第 2 种级别不仅加密所有传送的数据，而且"中间人"这种攻击方式也是不可能的（因为没有用户的私人密匙）。但是整个登录的过程可能需要 10 秒。

2. SSH 安全相关知识

（1）安全策略介绍

1）支持认证。SSH Server 支持密码认证和 Public-Key 认证，只有通过认证的用户才能登录设备，进入命令行界面。

2）支持关闭服务。当开启 SSH Server 服务器时，设备将开启 Socket 服务，易被攻击者扫描。当不使用 SSH Server 时，可以将其关闭。

3）支持变更端口号。SSH Server 22 号端口属于知名端口号，易被扫描和攻击。可以修改 SSH Server 的端口为私有端口，减小被扫描攻击的概率。

4）支持 ACL。在用户界面视图（User-interface）可以配置各个 VTY 通道的 ACL 过滤规则，通过 ACL 控制允许登录的客户端 IP。

5）支持配置 SSH 服务器源接口。默认情况下，SSH 服务器端接收来自所有接口登录连接请求，系统安全性比较低。为了提高系统安全性，可通过本命令指定 SSH 服务器端的源接口，增加登录受限功能，仅授权客户可以登录服务器。

成功指定 SSH 服务器端的源接口后，系统只允许 SSH 用户通过指定的源接口登录服务器，通过其他接口登录的 SSH 用户都将被拒绝。但对于已登录到服务器的 SSH 用户不会产生影响，只限制后续登录的 SSH 用户。

（2）常见攻击方法

1）暴力破解密码：攻击者在侦听到 SSH 端口后，尝试进行连接，设备提示认证，则其会进行暴力破解尝试通过认证，获取访问权限。

2）拒绝服务式攻击：SSH Server 支持的用户数有限，在用户登录达到上限后，其他用户将无法登录。这个可能是正常使用造成，也可能是攻击者造成。

（3）SSH 配置维护方法

1）配置关闭 SSH 服务（SSH 服务默认开启）。

2）关闭 STelnet 服务。

3）配置变更端口号为 53555。

4）当需要限制某个地址或地址段的用户登录到路由器时，使用 inbound。

5）当需要限制已经登录的用户登录到其他路由器时，使用 outbound。

（4）配置维护建议

1）单独规划设备管理的网络 IP，防止设备被扫描和窃听。

2）修改 SSH Server 端口号。

3）配置 ACL 策略，限定 SSH 允许访问的 IP。

4）提供对 SSH 用户增加 Public-key 的认证。

5）Public-key 采用 RSA 2048 位及以上算法。

微课 5-3
路由器安全
远程管理配置

任务实施

1）按拓扑图所示，在 RT1 上配置各接口的 IP 地址。命令如下：

```
<RT1>system-view
[RT1]interface GigabitEthernet0/0/0
[RT1-GigabitEthernet0/0/0]ip address 192.168.12.1 24
```

[RT1-GigabitEthernet0/0/0]quit
[RT1]interface GigabitEthernet0/0/1
[RT1-GigabitEthernet0/0/1]ip address 192.168.10.254 24
[RT1-GigabitEthernet0/0/1]quit

2）按拓扑图所示，在 RT2 上配置各接口的 IP 地址。命令如下：

<RT2>system-view
[RT2interface GigabitEthernet0/0/0
[RT2-GigabitEthernet0/0/0]ip address 192.168.12.2 24
[RT2-GigabitEthernet0/0/0]quit
[RT1]interface GigabitEthernet0/0/1
[RT2-GigabitEthernet0/0/1]ip address 192.168.20.254 24

3）在 RT1 上配置时钟为 2020 年 1 月 1 日上午 10:00，并将过程和结果截图保存。命令如下：

[RT1]quit
<RT1>clock datetime 10:00:00 2020-01-01
<RT1>display clock
2020-01-01 10:00:02
Wednesday
Time Zone(China-Standard-Time) : UTC-08:00
<RT1>

4）在 RT1 配置各接口并做好接口描述，GE 0/0/0 接口描述内容"Up to the GE0/0/0"，GE 0/0/1 接口描述内容"Up to the GE0/0/1"。命令如下：

[RT1]interface GigabitEthernet0/0/0
[RT1-GigabitEthernet0/0/0]description Up to the GE0/0/0
[RT1-GigabitEthernet0/0/0]QUIT
[RT1]interface GigabitEthernet0/0/1
[RT1-GigabitEthernet0/0/1]description Up to the GE0/0/1

5）配置 PC1 和 PC2 的网络属性，如图 5-6 和图 5-7 所示。
6）配置 RT1 与 RT2 的路由协议。命令如下：

RT1 路由配置命令：
[RT1]ip route-static 192.168.20.0 24 192.168.12.2

RT2 路由配置命令：
<RT2>system-view
[RT2]ip route-static 192.168.10.0 24 192.168.12.1

7）在之前的网络配置均完成的前提下，测试 PC1 与 PC2 是否可以正常通信，正常通信的情况下，如图 5-17 所示。

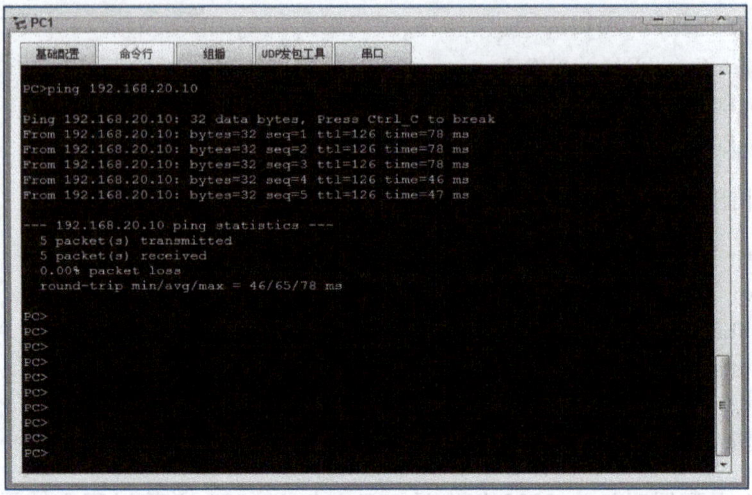

图 5-17

8）在路由器 RT1 与 RT2 上启用 SSH 方式登录，对设备进行安全远程管理操作，用户名为 admin，密码为 inspc@hd。

① RT1（AR3260）路由配置命令如下：

```
<RT1>system-view
[RT1]stelnet server enable
[RT1]rsa local-key-pair create
[RT1]aaa
[RT1-aaa]local-user admin password cipher inspc@hd
[RT1-aaa]local-user admin privilege level 15
[RT1-aaa]local-user admin service-type ssh
[RT1-aaa]quit
[RT1]user-interface vty 0 4
[RT1-ui-vty0-4]authentication-mode aaa
[RT1-ui-vty0-4]protocol inbound ssh
[RT1-ui-vty0-4]quit
[RT1]ssh client first-time enable
[RT1]quit
<RT1>save
The current configuration will be written to the device.
Are you sure to continue? (y/n)[n]:y
```

② RT2 路由配置命令如下：

```
<RT2>system-view
[RT2]stelnet server enable
[RT2]rsa local-key-pair create
```

［RT2］aaa
［RT2-aaa］local-user admin password cipher inspc@ hd
［RT2-aaa］local-user admin privilege level 15
［RT2-aaa］local-user admin service-type ssh
［RT2-aaa］quit
［RT2］user-interface vty 0 4
［RT2-ui-vty0-4］authentication-mode aaa
［RT2-ui-vty0-4］protocol inbound ssh
［RT2-ui-vty0-4］quit
［RT2］ssh client first-time enable
［RT2］quit
<RT2>save
The current configuration will be written to the device.
Are you sure to continue?（y/n）［n］:y

9）配置完成后，保存当前拓扑以及配置文件。

任务 5-4　OSPF 动态路由配置

任务描述

EBusiness 公司为保障业务信息发展的需要，通过电信专线将总公司与分公司进行互连，网络拓扑如图 5-18 所示。公司要求网络管理员配置 OSPF 动态路由，充分利用 OSPF 收敛快等特点，提高公司整体网络环境的效率和稳定性。

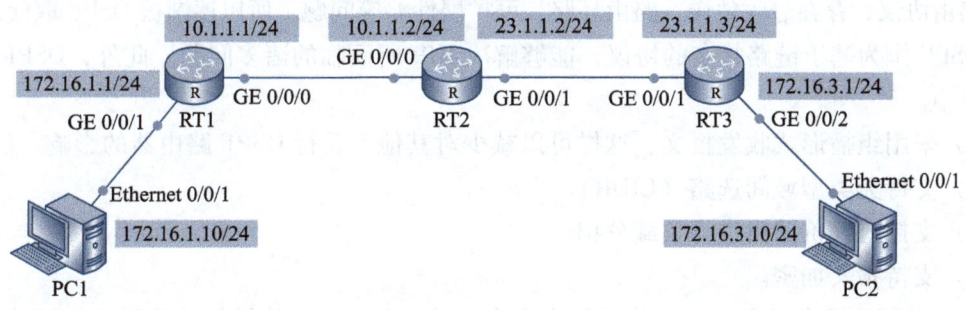

图 5-18

在图 5-18 中，RT1 是总公司出口路由，RT2 是电信路由，RT3 是分公司接入路由。分公司网段为 172.16.3.X/24，PC2 配置 IP 地址为 172.16.3.10/24。

公司网段为 172.16.1.X/24，PC1 配置 IP 地址为 172.16.1.10/24。

在企业需要通过配置相关路由器使分公司的 PC 即 PC2 可以与总公司的 PC 即 PC1 可

以相互通信，并对路由器进行基础的安全配置。

公司要求网络管理员做如下配置：

1）按拓扑图在 RT1 上配置各接口的 IP 地址。

2）按拓扑图在 RT2 上配置各接口的 IP 地址。

3）按拓扑图在 RT3 上配置各接口的 IP 地址。

4）在 RT3 上配置时钟为 2020 年 5 月 22 日 15：00。将过程和结果保存为文件 RT1_Clock224. txt。

5）在 RT3 上配置欢迎的 header 消息为"This is RT3 Device"。

6）配置 RT3 的接口 GE 0/0/1 的 IP 为 23.1.1.3/24，并配置描述信息为"Connect to Telecom"。

7）在相关的路由器上配置静态路由条目（非默认路由方式），使得分公司可以访问总公司服务器网段 172.16.1.0/24。

知识准备

1. OSPF 概述

（1）OSPF 的定义

OSPF（Open Shortest Path First，开放式最短路径优先）是 IETF 组织开发的一个基于链路状态的内部网关协议（Interior Gateway Protocol，IGP）。

目前针对 IPv4 使用的是 OSPF Version 2（RFC 2328），而针对 IPv6 使用 OSPF Version 3（RFC 2740）。如无特殊说明，本文中所指的 OSPF 均为 OSPF Version 2。

（2）OSPF 的作用

在 OSPF 出现前，网络上广泛使用 RIP 作为内部网关协议。由于 RIP 是基于距离矢量算法的路由协议，存在着收敛慢、路由环路、可扩展性差等问题，所以逐渐被 OSPF 取代。

OSPF 作为基于链路状态的协议，能够解决 RIP 所面临的诸多问题。此外，OSPF 还有以下优点：

1）采用组播形式收发报文，这样可以减少对其他不运行 OSPF 路由器的影响。

2）支持无类型域间选路（CIDR）。

3）支持对等价路由进行负载分担。

4）支持报文加密。

由于 OSPF 具有以上优势，使得其作为优秀的内部网关协议被快速接受并广泛使用。

2. OSPF 的特点

OSPF 具有以下特点：

1）把自治系统（Autonomous System，AS）划分成逻辑意义上的一个或多个区域。

2）通过 LSA（Link State Advertisement）的形式发布路由。LSA 的类型及作用见表 5-3。

表 5-3

SA 类型	LSA 作用
Router-LSA（Type1）	每个设备都会产生，描述了设备的链路状态和开销，在所属的区域内传播
Network-LSA（Type2）	由 DR（Designated Router）产生，描述本网段的链路状态，在所属的区域内传播
Network-summary-LSA（Type3）	由 ABR 产生，描述区域内某个网段的路由，并通告给发布或接收此 LSA 的非 Totally STUB 或 NSSA 区域
ASBR-summary-LSA（Type4）	由 ABR 产生，描述到 ASBR 的路由，通告给除 ASBR 所在区域的其他相关区域
AS-external-LSA（Type5）	由 ASBR 产生，描述到 AS 外部的路由，通告到所有的区域（除了 STUB 区域和 NSSA 区域）
NSSA LSA（Type7）	由 ASBR 产生，描述到 AS 外部的路由，仅在 NSSA 区域内传播
Opaque LSA（Type9/Type10/Type11）	Opaque LSA 提供用于 OSPF 的扩展的通用机制。其中： 1）Type9 LSA 仅在接口所在网段范围内传播，用于支持 GR 的 Grace LSA 就是 Type9 LSA 的一种 2）Type10 LSA 在区域内传播，用于支持 TE 的 LSA 就是 Type10 LSA 的一种 3）Type11 LSA 在自治域内传播，目前还没有实际应用的例子

3）依靠在 OSPF 区域内各设备间交互 OSPF 报文来达到路由信息的统一。

4）OSPF 报文封装在 IP 报文内，可以采用单播或组播的形式发送。OSPF 报文的类型及作用见表 5-4。

表 5-4

报 文 类 型	报 文 作 用
Hello 报文	周期性发送，用来发现和维持 OSPF 邻居关系
DD 报文（Database Description packet）	描述本地 LSDB（Link State Database）的摘要信息，用于两台设备进行数据库同步
LSR 报文（Link State Request packet）	用于向对方请求所需的 LSA 设备只有在 OSPF 邻居双方成功交换 DD 报文后才会向对方发出 LSR 报文
LSU 报文（Link State Update packet）	用于向对方发送其所需要的 LSA
LSAck 报文（Link State Acknowledgment packet）	用来对收到的 LSA 进行确认

3．OSPF 的基本原理

OSPF 路由的计算过程可简单描述如下：

1）建立邻接关系。过程如下：

① 本端设备通过接口向外发送 Hello 报文与对端设备建立邻居关系。
② 两端设备进行主/从关系协商和 DD 报文交换。
③ 两端设备通过更新 LSA 完成链路数据库 LSDB 的同步。
此时，邻接关系建立成功。

2）路由的计算。OSPF 采用 SPF（Shortest Path First）算法计算路由，可以达到路由快速收敛的目的。

在上述邻居状态机的变化中，有两处决定是否建立邻接关系：
① 当与邻居的双向通讯初次建立时。
② 当网段中的 DR 和 BDR 发生变化时。

微课 5-4
OSPF 动态
路由配置

任务实施

1）在 RT1 上配置各接口的 IP 地址。命令如下：

```
<RT1>system-view
[RT1]interface GigabitEthernet0/0/0
[RT1-GigabitEthernet0/0/0]ip address 10.1.1.1 24
[RT1-GigabitEthernet0/0/0]quit
[RT1]interface GigabitEthernet0/0/1
[RT1-GigabitEthernet0/0/1]ip address 172.16.1.1 24
```

2）在 RT2 上配置各接口的 IP 地址。命令如下：

```
<RT2>system-view
[RT2]interface GigabitEthernet0/0/0
[RT2-GigabitEthernet0/0/0]ip address 10.1.1.2 24
[RT2-GigabitEthernet0/0/0]quit
[RT2]interface GigabitEthernet0/0/1
[RT2-GigabitEthernet0/0/1]ip address 23.1.1.2 24
[RT2-GigabitEthernet0/0/1]quit
```

3）在 RT3 上配置各接口的 IP 地址。命令如下：

```
<RT3>system-view
[RT3]interface GigabitEthernet0/0/0
[RT3-GigabitEthernet0/0/1]ip address 23.1.1.3 24
[RT3-GigabitEthernet0/0/1]quit
[RT3]interface GigabitEthernet0/0/2
[RT3-GigabitEthernet0/0/2]ip address 172.16.3.1 24
[RT3-GigabitEthernet0/0/2]quit
```

4）在 RT3 上配置时钟为 2020 年 5 月 22 日 15:00，并将过程和结果截图保存。命令如下：

```
<RT3>clock datetime 15:00:00 2020-05-22
<RT3>
```

5)在 RT3 上配置会话,建立 header 消息为"This is RT3 Device"。命令如下:

```
[RT3]header shell information &This is RT3 Device&
[RT3]
```

6)配置 RT3 的接口 GE 0/0/1 的 IP 地址为 23.1.1.3/24,并配置描述信息为"Connect to Telecom"。命令如下:

```
[RT3]interface GigabitEthernet0/0/1
[RT3-GigabitEthernet0/0/1]description Connect to Telecom
```

7)在相应的路由器 RT1、RT2 和 RT3 上配置动态路由(OSPF 宣告相关网段)。

① 路由器 RT1 配置信息如下:

```
<RT1>system-view
[RT1]ospf
[RT1-ospf-1]area 0
[RT1-ospf-1-area-0.0.0.0]network 172.16.1.0 0.0.0.255
[RT1-ospf-1-area-0.0.0.0]network 10.1.1.0 0.0.0.255
[RT1-ospf-1-area-0.0.0.0]quit
[RT1-ospf-1]quit
[RT1]display ospf peer brief

    OSPF Process 1 with Router ID 10.1.1.1
        Peer Statistic Information
 ----------------------------------------------------------------
 Area Id         Interface               Neighbor id     State
 0.0.0.0         GigabitEthernet0/0/0    10.1.1.2        Full
 ----------------------------------------------------------------

[RT1]quit
<RT1>save
The current configuration will be written to the device.
Are you sure to continue? (y/n)[n]:y
```

② 路由器 RT2 配置信息如下:

```
<RT2>system-view
[RT2]ospf
[RT2-ospf-1]area 0
[RT2-ospf-1-area-0.0.0.0]network 23.1.1.0 0.0.0.255
[RT2-ospf-1-area-0.0.0.0]network 10.1.1.0 0.0.0.255
```

```
[RT2-ospf-1-area-0.0.0.0]quit
[RT2-ospf-1-area-0.0.0.0]quit
[RT2-ospf-1]quit
 [RT2]display ospf peer brief

     OSPF Process 1 with Router ID 10.1.1.2
           Peer Statistic Information
 ----------------------------------------------------------------
 Area Id        Interface              Neighbor id      State
 0.0.0.0        GigabitEthernet0/0/0   10.1.1.1         Full
 0.0.0.0        GigabitEthernet0/0/1   172.16.3.1       Full
 ----------------------------------------------------------------

[RT2]quit
<RT2>save
The current configuration will be written to the device.
Are you sure to continue? (y/n)[n]:y
```

③ 路由器 RT3 配置信息如下：

```
<RT3>system-view
[RT3]ospf
[RT3-ospf-1]area 0
[RT3-ospf-1-area-0.0.0.0]network 23.1.1.0 0.0.0.255
[RT3-ospf-1-area-0.0.0.0]network 172.16.3.0 0.0.0.255
[RT3-ospf-1-area-0.0.0.0]quit
[RT3-ospf-1]quit
[RT3]display ospf peer brief

     OSPF Process 1 with Router ID 172.16.3.1
           Peer Statistic Information
 ----------------------------------------------------------------
 Area Id        Interface              Neighbor id      State
 0.0.0.0        GigabitEthernet0/0/1   10.1.1.2         Full
 ----------------------------------------------------------------

[RT3]quit
<RT3>save
The current configuration will be written to the device.
Are you sure to continue? (y/n)[n]:y
```

8）通过 PC1 向服务器通信，将通信结果截图并保存，如图 5-19 所示。

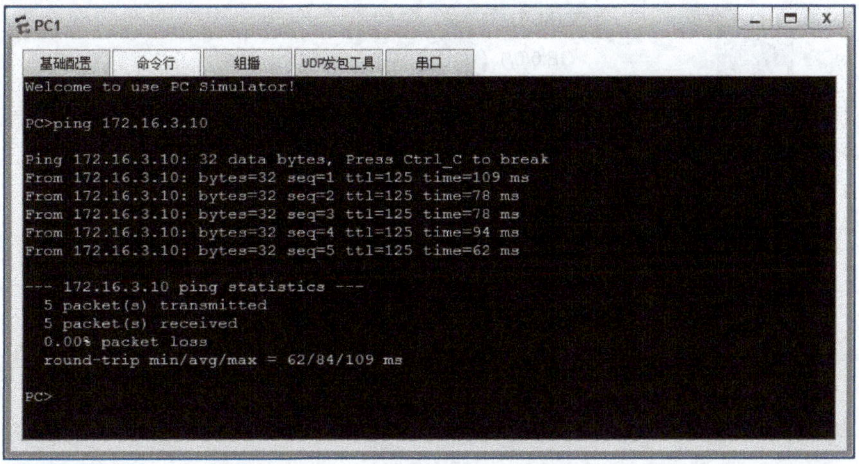

图 5-19

9）配置完成后，保存当前拓扑以及配置文件，将文件另存到指定文件夹下，文件名为 2.2.4.cfg。

项目实训

1. 场地设备要求

1）计算机一台。
2）ENSP V1.3 模拟器。

2. 工作任务

某公司为保护业务信息发展的需要，通过电信专线将总公司与分公司进行互连，网络拓扑如图 5-20 所示。

分公司网段为 192.168.1.X/24，PC1 配置 IP 地址为 192.168.1.1/24。

总公司网段为 192.168.2.X/24，PC2 配置 IP 地址为 192.168.2.1/24。

现在企业需要通过配置相关路由器使分公司的 PC 即 PC1 可以与总公司的 PC 即 PC2 可以相互通信，并对路由器进行基础的安全配置。

总公司与分公司通信网段为 222.1.1.X/24，RT1 的接口 GE 0/0/0 和 RT2 的接口 GE 0/0/0 分别配置 IP 地址为 222.1.1.1/24 和 222.1.1.2/24。

RT1 与 RT2 上需配置相应的路由协议，地址协议是网络可以互通。

具体要求如下：

1）按拓扑图在 RT1 上配置各接口的 IP 地址。

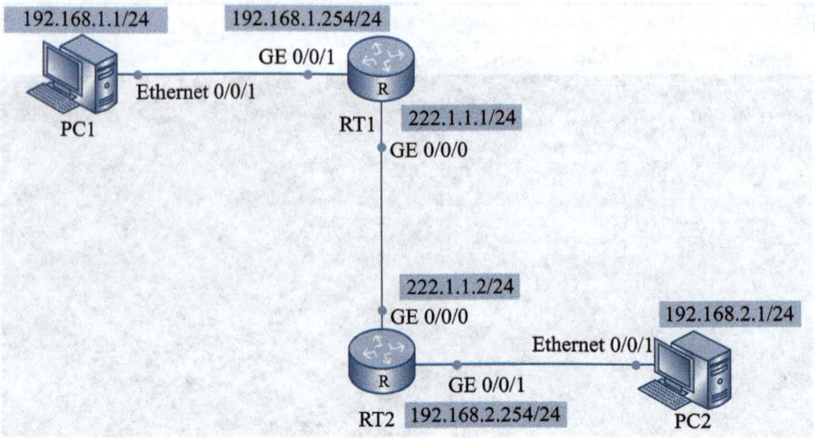

```
          192.168.1.1/24    192.168.1.254/24
                              GE 0/0/1
                    Ethernet 0/0/1
                PC1                RT1   222.1.1.1/24
                                         GE 0/0/0



                                         222.1.1.2/24
                                         GE 0/0/0
                                                        192.168.2.1/24
                                                  Ethernet 0/0/1
                                   RT2   GE 0/0/1
                                         192.168.2.254/24        PC2
```

图 5-20

2）按拓扑图在 RT2 上配置各接口的 IP 地址。

3）在 RT1 上配置时钟为 2025 年 1 月 1 日上午 10:00，并将过程和结果保存为文件 RT1_Clock225.txt。

4）在 RT1 配置各接口的传输速率为 100 Mbit/s，调整为强制模式、全双工。

5）在 RT1 上进行相关配置，使终端上显示调试信息，并打开 ICMP 的调试开关，并将命令及信息保存为文件 RT1_icmp225.txt。

6）调试网络，配置路由使 PC1 可以与 PC2 通信。

7）测试 PC1 与 PC2 通信正常，并将测试结果粘贴保存在文件 Ping225.txt 中。

8）配置完成后，保存当前拓扑以及配置文件，将文件另存到指定文件夹下，文件名为 2.2.5.cfg。

项目总结

通过本项目的学习和实训，应该掌握路由器的基础知识，以及路由器基本配置、路由器访问控制策略配置、静态路由配置、OSPF 动态路由配置、路由器安全远程管理等技能。

课后习题

一、单选题

1. 物理安全对于一个操作环境来说是至关重要的，路由器必须以一个安全固定方式安装，最好装在一个架子上或是（　　）的区域。

  A．半封闭　　　　　B．封闭　　　　　C．开放　　　　　D．公共

2．远程管理路由器的方式主要包括（　　）和 Telnet 等。

  A．TTL　　　　　　B．SSH　　　　　C．CDP　　　　　D．SSL

3．在远程管理路由器的过程中，通过（　　）方式，可以对所有传输的数据进行加密，有效避免"中间人"攻击。

  A．SSH　　　　　　B．CDP　　　　　C．Telnet　　　　D．SSL

4．路由器工作模式是分等级设置，主要分为用户模式、特权模式和全局配置模式。在不同模式下，用户拥有不同权限，其中特权模式的权限值为（　　）。

  A．1　　　　　　　B．6　　　　　　C．10　　　　　　D．15

5．OSPF 目前有（　　）个版本。

  A．2　　　　　　　B．3　　　　　　C．4　　　　　　D．5

6．IP 路由表中的 0.0.0.0 指的是（　　）。

  A．静态路由　　　　B．默认路由　　　C．RIP 路由　　　D．动态路由

7．OSPF 与（　　）处在 OSI 七层模型的同一层次。

  A．RIP　　　　　　B．IP　　　　　　C．TCP　　　　　D．JPEG

8．静态路由的优点不包括（　　）。

  A．节约带宽　　　　B．安全性良好　　C．自动更新　　　D．易于配置

9．动态路由的优点不包括（　　）。

  A．随着网络状态改变自动更新　　　　B．扩展性较好

  C．管理员维护路由工作量少　　　　　D．节约带宽

10．ACL 访问控制列表分为很多种，不包括（　　）。

  A．动态 ACL　　　　　　　　　　　B．基于时间的 ACL

  C．命名 ACL　　　　　　　　　　　D．目标 ACL

二、简答题

1．TCP 和 UDP 的区别有哪些？

2．有类路由协议和无类路由协议的区别有哪些？

项目6 防火墙安全配置

学习情境

本项目将学习企业网络防护常用设备防火墙的相关知识与技能。

本项目学习环境为 OPNsense 模拟器,所有实训任务都在该环境中进行操作。

学习目标

知识目标
1) 了解防火墙的基础管理与配置知识。
2) 了解防火墙的安全策略配置知识。

技能目标
1) 掌握防火墙的部署模式。
2) 掌握防火墙的基础管理配置方法。
3) 掌握防火墙的路由配置、安全策略配置方法。
4) 掌握防火墙的攻击防护配置方法。

相关知识

1. 防火墙的基本定义

所谓"防火墙"是指一种将内部网和公众访问网(如 Internet)分开的方法,它实际上是一种建立在现代通信网络技术和信息安全技术基础上的应用性安全隔离技术。其越来越多地应用于专用网络与公用网络的互连环境之中，尤其以接入 Internet 网络最为普遍。

防火墙主要是以硬件和软件的形式作用于内部网络和外部网络之间，产生一种保护的屏障，从而实现对计算机不安全因素的阻断。可以认为防火墙是在两个网络通信时执行的一种访问控制尺度，能最大限度阻止网络中的非法访问，是设置在不同网络（如可信任的企业内部网络和不可信的公共网络）或网络安全域之间的一系列部件的组合。它是不同网络或网络安全域之间信息的唯一出入口，能根据企业的安全策略控制（允许、拒绝、监测）出入网络的信息流，且本身具有较强的抗攻击能力。它是提供信息安全服务，实现网络安全和信息安全的基础设施。在逻辑上，防火墙是一个分离器，一个限制器，也是一个分析器，有效地监控了内部网络和 Internet 之间的任何活动，保证了内部网络的安全。

2. 防火墙的主要功能

防火墙对流经它的网络通信进行扫描，这样能够过滤掉一些攻击，以免其在目标计算机上被执行。防火墙还可以关闭不使用的端口，而且它还能禁止特定端口的流出通信，封锁特洛伊木马。最后，它可以禁止来自特殊站点的访问，从而防止来自不明入侵者的所有通信。

（1）网络安全的屏障

防火墙（作为阻塞点、控制点）能极大提高内部网络的安全性，并通过过滤不安全的服务而降低风险。由于只有经过精心选择的应用协议才能通过防火墙，所以网络环境变得更安全。例如，防火墙可以禁止诸如众所周知的不安全的 NFS 协议进出受保护网络，这样，外部的攻击者就不可能利用这些脆弱的协议来攻击内部网络。防火墙同时也可以保护网络免受基于路由的攻击，如 IP 选项中的源路由攻击和 ICMP 重定向中的重定向路径。防火墙应该可以拒绝所有以上类型攻击的报文并通知防火墙管理员。

（2）强化网络安全策略

通过以防火墙为中心的安全方案配置，能将所有安全软件（如口令、加密、身份认证、审计等）配置在防火墙上。与将网络安全问题分散到各个主机上相比，防火墙的集中安全管理更经济。例如在网络访问时，一次一密口令系统和其他的身份认证系统完全可以不必分散在各个主机上，而集中在防火墙上。

（3）监控审计

如果所有的访问都经过防火墙，那么，防火墙就能记录下这些访问并形成日志记录，同时也能提供网络使用情况的统计数据。当发生可疑动作时，防火墙能进行适当的报警，并提供网络是否受到监测和攻击的详细信息。另外，收集一个网络的使用和误用情况也是非常重要的，其首要理由是可以了解防火墙是否能够抵挡攻击者的探测和攻击，并清楚防火墙的控制是否充足，而网络使用统计对网络需求分析和威胁分析等而言也是非常重要的。

（4）防止内部信息的外泄

通过利用防火墙对内部网络的划分，可实现内部网络重点网段的隔离，从而限制了局部重点或敏感网络安全问题对全局网络造成的影响。再者，隐私是内部网络非常关心的问题，一个内部网络中不引人注意的细节可能包含了有关安全的线索而引起外部攻击者的兴趣，甚至因此而暴露了内部网络的某些安全漏洞。使用防火墙就可以隐蔽那些透露内部细节，如 Finger、DNS 等服务。Finger 显示主机的所有用户的注册名、真名、最后登录时间和使用 shell 类型等，但是 Finger 显示的信息非常容易被攻击者所获悉。通过截取 Finger 服务，攻击者可以知道一个系统使用的频繁程度，该系统是否有用户正在连线上网，是否在被攻击时会引起用户的注意等等。防火墙可以同样阻塞有关内部网络中的 DNS 信息，这样，主机的域名和 IP 地址就不会被外界所了解。除了安全作用，防火墙还支持具有 Internet 服务的企业内部网络技术体系 VPN（虚拟专用网）。

3. 部署防火墙的重要性

（1）记录计算机网络之中的数据信息

数据信息对于计算机网络建设工作有着积极的促进作用，同时其对于计算机网络安全也有着一定程度上的影响。通过防火墙技术能够收集计算机网络在运行过程当中的数据传输、信息访问等多方面的内容，同时对收集的信息进行分类分组，借此找出其中存在安全隐患的数据信息，采取针对性的措施进行解决，有效防止这些数据信息影响到计算机网络的安全。除此之外，工作人员在对防火墙之中记录的数据信息进行总结之后，能够明确不同类型的异常数据信息的特点，借此能够有效提高计算机网络风险防控工作的效率和质量。

（2）防止工作人员访问存在安全隐患的网站

计算机网络安全问题之中有相当一部分是由工作人员进入了存在安全隐患的网站所导致的。通过应用防火墙技术能够对工作人员的操作进行实时监控，一旦发现工作人员即将进入存在安全隐患的网站，防火墙就会立刻发出警报，借此有效防止工作人员误入存在安全隐患的网站，有效提高访问工作的安全性。

（3）控制不安全服务

计算机网络在运行的过程当中会出现许多不安全服务，这些不安全服务会严重影响到计算机网络的安全。通过应用防火墙技术能够有效降低工作人员的实际操作风险，其能够将不安全的服务有效拦截下来，有效防止非法攻击对计算机网络安全造成影响。此外，通过防火墙技术还能够实现对计算机网络之中的各项工作进行实时监控，借此使得计算机用户的各项工作能够在一个安全可靠的环境之下进行，有效防止因为计算机网络问题给用户带来经济损失。

4. 防火墙的主要特征

典型的防火墙具有以下基本特性：

（1）数据必经之地

内部网络和外部网络之间的所有网络数据流都必须经过防火墙，这是防火墙所处网络位置特性，同时也是一个前提。因为只有当防火墙是内、外部网络之间通信的通道，才可以全面、有效地保护企业内部网络不受侵害。根据美国国家安全局制定的《信息保障技术框架》，防火墙适用于用户网络系统的边界，属于用户网络边界的安全保护设备。所谓网络边界即是采用不同安全策略的两个网络连接处，如用户网络和互联网之间连接、和其他业务往来单位的网络连接、用户内部网络不同部门之间的连接等。防火墙的目的就是在网络连接之间建立一个安全控制点，通过允许、拒绝或重新定向经过防火墙的数据流，实现对进、出内部网络的服务和访问的审计和控制。

典型的防火墙体系网络结构一端连接企事业单位内部的局域网，另一端则连接着互联网。所有的内、外部网络之间的通信都要经过防火墙，只有符合安全策略的数据流才能通过防火墙。

（2）网络流量的合法性

防火墙最基本的功能是确保网络流量数据的合法性，并在此前提下将网络的流量快速地从一条链路转发到另外的链路上去。原始的防火墙是一台"双穴主机"，即具备两个网络接口，同时拥有两个网络层地址。防火墙将网络上的流量通过相应的网络接口接收上来，按照 OSI 协议栈的七层结构顺序上传，在适当的协议层进行访问规则和安全审查，然后将符合通过条件的报文从相应的网络接口送出，而对于那些不符合通过条件的报文则予以阻断。因此，从这个角度上来说，防火墙是一个类似于桥接或路由器的、多端口的（网络接口≥2）转发设备，它跨接于多个分离的物理网段之间，并在报文转发过程之中完成对报文的审查工作。

（3）抗攻击免疫力

防火墙自身应具有非常强的抗攻击免疫力，这是防火墙之所以能担当企业内部网络安全防护重任的先决条件。防火墙处于网络边缘，它就像一个边界卫士一样，每时每刻都要面对黑客的入侵，这就要求防火墙自身要具有非常强的抗击入侵本领。之所以具有这么强的能力，防火墙操作系统本身是关键，只有自身具有完整信任关系的操作系统才可以谈论系统的安全性；其次就是防火墙自身具有非常低的服务功能，除了专门的防火墙嵌入系统外，再没有其他应用程序在防火墙上运行。当然这些防火墙的安全性也只能说是相对的。目前国外主流厂商为思科（Cisco）、CheckPoint、NetScreen 等，国内主流厂商为东软、天融信、联想、方正等，它们都提供不同级别的防火墙产品。

防火墙的硬件体系结构主要有通用 CPU 架构、ASIC 架构和网络处理器架构等几类，它们均有各自的特点。

1）通用 CPU 架构。最常见的基于 Intel X86 架构的防火墙，在百兆防火墙中 Intel X86 架构的硬件以其高灵活性和扩展性一直受到防火墙厂商的喜爱。由于采用了 PCI 总线接口，Intel X86 架构的硬件虽然理论上能达到 2 Gbit/s 的吞吐速率甚至更高，但在实际应用中，尤其是在小包情况下，远远达不到标称性能，通用 CPU 的处理能力也很有限。国内安全设备主要采用的就是基于 X86 的通用 CPU 架构。

2）ASIC 架构。ASIC（Application Specific Integrated Circuit，专用集成电路）技术是国外高端网络设备几年前广泛采用的技术。由于采用了硬件转发模式、多总线技术、数据层面与控制层面分离等技术，ASIC 架构防火墙解决了带宽容量和性能不足的问题，稳定性也得到了很好的保证。ASIC技术的性能优势主要体现网络层转发上，而对于需要强大计算能力的应用层数据的处理则不占优势，而且面对频繁变异的应用安全问题，其灵活性和扩展性也难以满足要求。由于该技术有较高的技术和资金门槛，主要是国内外知名厂商在采用，国外主要代表厂商是Netscreen，国内主要代表厂商为天融信。

3）网络处理器架构。由于网络处理器所使用的微码编写有一定技术难度，难以实现产品的最优性能，因此网络处理器架构的防火墙产品难以占有大量的市场份额。随着网络处理器的主要供应商Intel、Broadcom、IBM等公司相继出售其网络处理器业务，该技术在网络安全产品中的应用已经基本被淘汰。

5. 防火墙的主要类型

防火墙是现代网络安全防护技术中的重要构成内容，其可以有效地防护外部的侵扰与影响。随着网络技术手段的完善，防火墙技术的功能也在不断地完善。

（1）过滤型防火墙

过滤型防火墙是在网络层与传输层中，可以基于数据源头的地址以及协议类型等标志特征进行分析，确定是否可以通过。在符合防火墙规定标准之下，满足安全性能以及类型才可以进行信息的传递，而一些不安全的因素则会被防火墙过滤、阻挡。

（2）应用代理类型防火墙

应用代理防火墙主要的工作范围就是在OSI的最高层，位于应用层之上。其主要的特征是可以完全隔离网络通信流，通过特定的代理程序就可以实现对应用层的监督与控制。这两种防火墙是应用较为普遍的防火墙，其他一些防火墙应用效果也较为显著。在实际应用中要综合考虑具体的需求，以及合理地选择防火墙的类型，这样才可以有效地避免防火墙的外部侵扰等问题的出现。

（3）复合型防火墙

目前应用较为广泛的防火墙技术当属复合型防火墙技术，其综合了包过滤防火墙技术以及应用代理防火墙技术的优点，例如发过来的安全策略是包过滤策略，那么可以针对报文的报头部分进行访问控制；如果安全策略是代理策略，就可以针对报文的内容数据进行访问控制，因此复合型防火墙技术综合了其组成部分的优点，同时摒弃了两种防火墙的原有缺点，大大提高了防火墙技术在应用实践中的灵活性和安全性。

6. 防火墙的关键技术

（1）包过滤技术

防火墙的包过滤技术一般只应用于OSI七层的模型网络层的数据中，其能够完成对防火墙的状态检测，从而预先可以确定其逻辑策略。逻辑策略主要针对地址、端口与源地址，通过防火墙的所有数据都需要进行分析，如果数据包内具有的信息和策略要求是不相符的，则其数据包就能够顺利通过；如果是完全相符的，则其数据包就被迅速拦截。计算机数据包传输的过程中，一般都会分解成为很多由目的地址组成的一种小型数据包，当它们通过防火墙的时候,尽管其能够通过很多传输路径进行传输,而最终都会汇合于同一地方,在这个目的位置,所有的数据包都需要进行防火墙的检测,在检测合格后,才会允许通过。如果传输的过程中,出现数据包的丢失以及地址的变化等情况,则就会被抛弃。

(2) 加密技术

计算机信息传输的过程中,借助防火墙还能够有效地实现信息的加密,通过这种加密技术,相关人员就能够对传输的信息进行有效的加密,其中信息密码是信息交流的双方掌握的,接受信息的人员需要对加密的信息实施解密处理后,才能获取所接收的信息数据。在防火墙加密技术应用中,要时刻注意信息加密处理安全性的保障。在防火墙技术应用中,想要实现信息的安全传输,还需要做好用户身份的验证,在进行加密处理后,信息的传输需要对用户授权,然后对信息接收方以及发送方要进行身份的验证,从而建立信息安全传递的通道,保证计算机的网络信息在传递中具有良好的安全性。非法分子不拥有正确的身份验证条件,因此,其就不能对计算机的网络信息实施入侵。

(3) 防病毒技术

防火墙具有防病毒的功能。在防病毒技术的应用中,主要包括病毒的预防、清除和检测等方面。防火墙的病毒预防功能的实现,具体是指在网络的建设过程中,通过安装相应的防火墙来对计算机和互联网间的信息数据进行严格的控制,从而形成一种安全的屏障来对计算机外网以及内网数据实施保护。计算机网络要想进行连接,一般都是通过互联网和路由器连接实现的,因此对网络进行保护就需要从主干网的部分开始,在主干网的中心资源实施控制,防止服务器出现非法的访问。为了杜绝外来非法的入侵对信息进行盗用,在计算机连接的端口所接入的数据,还要进行以太网和 IP 地址的严格检查,被盗用 IP 地址的数据会被丢弃,同时还会对重要信息资源进行全面记录,保障其计算机的信息网络具有良好安全性。

(4) 代理服务器

代理服务器是防火墙技术中应用比较广泛的功能,根据计算机的网络运行模式可以通过防火墙技术设置相应的代理服务器,从而借助防火墙来进行信息的交互。在信息数据从内网向外网发送时,其信息数据会携带着正确 IP 地址,非法攻击者能够分析信息数据 IP 地址作为追踪的对象,从而让病毒进入到内网中。如果使用代理服务器,就能够实现信息数据 IP 地址的虚拟化,非法攻击者在进行虚拟 IP 地址的跟踪中,就不能够获取真实的解析信息,从而代理服务器实现了对计算机网络的安全防护。另外,代理服务器还能够进行信息数据的中转,对计算机内网以及外网信息的交互进行控制,对计算机的网络安全起到保护。

7. 防火墙的具体应用

(1) 内网中的防火墙应用技术

防火墙在内网中的设定位置是比较固定的,一般将其设置在服务器的入口处,通过对外部的访问者进行控制,从而达到保护内部网络的作用。内网中的防火墙主要起到以下两个作用:

1）认证应用，内网中的多项行为具有远程的特点，只有在约束的情况下，通过相关认证才能进行。

2）记录访问记录，避免来自内网的攻击，形成安全策略。

（2）外网中的防火墙应用技术

应用于外网中的防火墙，主要发挥其防范作用，外网在防火墙授权的情况下，才可以进入内网。针对外网布设防火墙时，必须保障全面性，促使外网的所有网络活动均可在防火墙的监视下，如果外网出现非法入侵，则防火墙可主动拒绝为外网提供服务。基于防火墙的作用下，内网对于外网而言处于完全封闭的状态，外网无法解析到内网的任何信息，防火墙成为外网进入内网的唯一途径，所以防火墙能够详细记录外网活动并汇总成日志，再通过分析日常日志，判断外网行为是否具有攻击特性。

8. 防火墙的未来发展趋势

随着网络技术的不断发展，防火墙相关产品和技术也在不断进步。

（1）防火墙的产品发展趋势

目前，就防火墙产品而言，新的产品有智能防火墙、分布式防火墙和网络产品的系统化应用等。

1）智能防火墙：在防火墙产品中加入人工智能识别技术，不但提高防火墙的安全防范能力，而且由于防火墙具有自学习功能，可以防范来自网络的最新型攻击。

2）分布式防火墙：一种全新的防火墙体系结构，网络防火墙、主机防火墙和管理中心是分布式防火墙的构成组件。传统防火墙实际上是在网络边缘上实现防护的防火墙，而分布式防火墙则在网络内部增加了另外一层安全防护。分布式防火墙的优点包括支持移动计算、支持加密和认证功能、与网络拓扑无关等。

3）网络产品的系统化应用：主要是指某些厂商的安全产品直接与防火墙进行融合，打包销售。另外，有些厂商的产品之间虽然各自独立，但各个产品之间可以进行通信。

（2）防火墙的技术发展趋势

包过滤技术作为防火墙技术中最核心的技术之一，自身具有比较明显的缺点，即不具备身份验证机制和用户角色配置功能。因此，一些产品开发商就将 AAA 认证系统集成到防火墙中，确保防火墙具备支持基于用户角色的安全策略功能。多级过滤技术就是在防火墙中设置多层过滤规则。在网络层，利用分组过滤技术拦截所有假冒的 IP 源地址和源路由分组；根据过滤规则，传输层拦截所有禁止出/入的协议和数据包；在应用层，利用 FTP、SMTP 等网关对各种 Internet 的服务进行监测和控制。

综合来讲，上述技术都是对已有防火墙技术的有效补充，是提升已有防火墙技术的弥补措施。

（3）防火墙的体系结构发展趋势

随着软硬件处理能力、网络带宽的不断提升，防火墙的数据处理能力也在得到提升。尤其近几年多媒体流技术（在线视频）的发展，要求防火墙的处理时延必须越来越小。基于以上业务需求,防火墙制造商开发了基于网络处理器和基于 ASIC(ApplicationSpecificIntegratedCircuits,专用集成电路)的防火墙产品。基于网络处理器的防火墙,其本质上还是依赖于软件系统的解决方案,因此软件性能的好坏直接影响防火墙的性能;而基于 ASIC 的防火墙产品具有定制化、可编程的硬件芯片以及与之相匹配的软件系统,因此性能的优越性不言而喻,可以很好地满足客户对系统灵活性和高性能的要求。

任务 6-1　防火墙部署模式配置

任务描述

EBusiness 公司为保障信息安全和网络连通性,购置了防火墙,网络拓扑如图 6-1 所示。

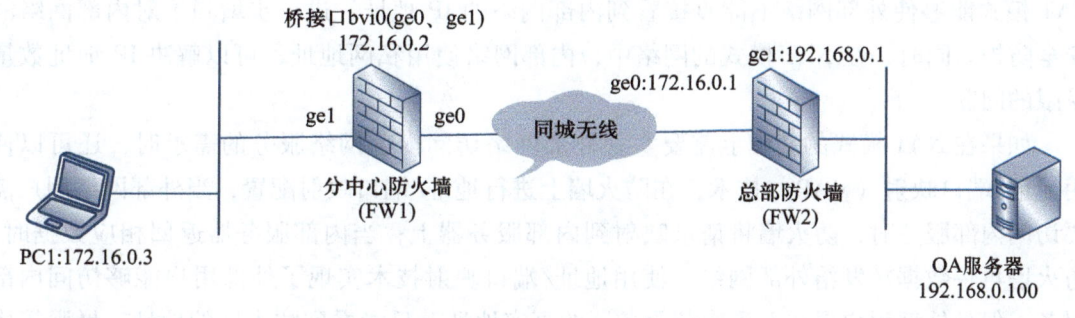

图 6-1

分中心防火墙出口 IP 地址为 172.16.0.2/24,PC1 配置 IP 地址为 172.16.0.3/24。
总部防火墙出口 IP 地址为 172.16.0.1/24,OA 服务器 IP 地址为 192.168.0.200/24。
公司要求网络管理员做如下配置:
1)分中心防火墙采用桥模式部署,正确设置桥接口 IP 地址和路由。
2)总部防火墙采用路由模式部署,配置路由和安全规则,使分中心 PC1 可以访问总部 OA 服务器的 HTTP 服务。

知识准备

防火墙是为加强网络安全防护能力在网络中部署的硬件设备,有多种部署方式,常见的有桥模式、网关模式和 NAT 模式等。

1. 桥模式

一般部署在不需要对网络地址进行重新规划的情况下。最简单的网络由客户端和服务器组成,客户端和服务器处于同一网段。从安全方面考虑,在客户端和服务器之间增加防火墙设备,对经过的流量进行安全控制。正常的客户端请求通过防火墙送达服务器,服务器将响应返回给客户端,用户不会感觉到中间设备的存在。工作在桥模式下的防火墙没有 IP 地址,当对网络进行扩容时无须对网络地址进行重新规划,但牺牲了路由、VPN 等功能。

2. 网关模式

网关模式适用于内外网不在同一网段的情况,防火墙设置网关地址实现路由器的功能,为不同网段进行路由转发。网关模式相比桥模式具备更高的安全性,在进行访问控制的同时实现了安全隔离,具备了一定的私密性。

3. NAT 模式

NAT(Network Address Translation,网络地址转换)技术是指防火墙对内部网络的 IP 地址进行翻译,使用防火墙的 IP 地址替换内部网络的源地址向外部网络发送数据;当外部网络的响应数据流量返回到防火墙后,防火墙再将目的地址替换为内部网络的源地址。NAT 模式能够使外部网络不能直接看到内部网络的 IP 地址,进一步增强了对内部网络的安全防护。同时,在 NAT 模式的网络中,内部网络使用私网地址,可以解决 IP 地址数量受限的问题。

如果在 NAT 模式的基础上需要实现外部网络访问内部网络服务的需求时,还可以使用地址/端口映射(MAP)技术,在防火墙上进行地址/端口映射配置,当外部网络用户需要访问内部服务时,防火墙将请求映射到内部服务器上;当内部服务器返回相应数据时,防火墙再将数据转发给外部网络。使用地址/端口映射技术实现了外部用户能够访问内部服务,但是外部用户无法看到内部服务器的真实地址,只能看到防火墙的地址,增强了内部服务器的安全性。

4. 高可靠性设计

防火墙都部署在网络的出入口,是网络通信的大门,这就要求防火墙的部署必须具备高可靠性。一般 IT 设备的使用寿命被设计为 3~5 年,当单点设备发生故障时,要通过冗余技术实现可靠性,可以通过如虚拟路由冗余协议(VRRP)等技术实现主备冗余。目前,主流的网络设备都支持高可靠性设计。

任务实施

1)在模拟平台中,选取合适的模拟设备搭建网络拓扑图(分中心防火墙 FW1、总部防火墙 FW2、个人计算机 PC1、OA 服务器)。配置 PC1 的 IP 地址和网关,如图 6-2 所示。

微课 6-1
防火墙部署模式配置

2)根据搭建的网络拓扑图,配置 FW1 的网络接口信息。步骤如下:

① 创建并分配防火墙接口,如图 6-3 所示。

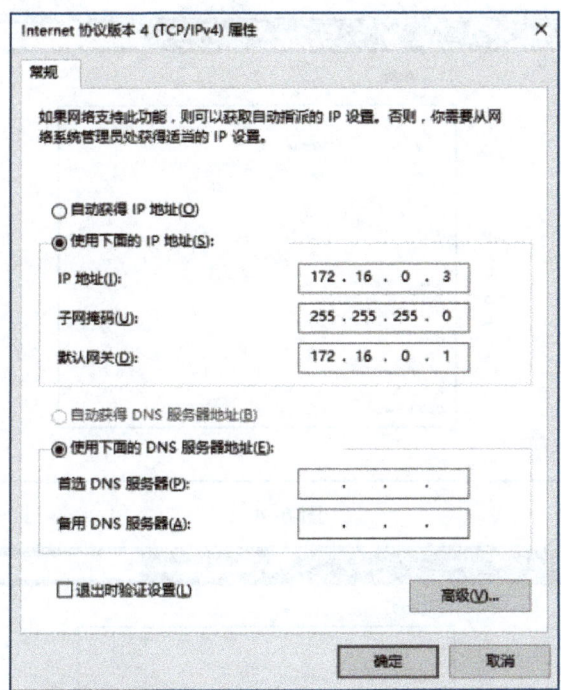

图 6-2

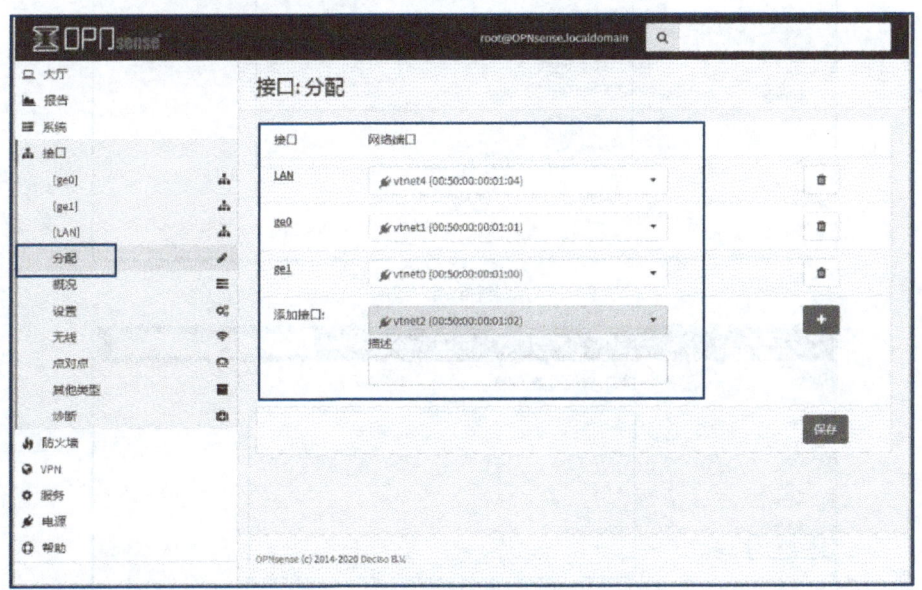

图 6-3

② 启用接口 ge0，如图 6-4 所示。
③ 启用接口 ge1，如图 6-5 所示。
④ 将接口配置为网桥模式，如图 6-6 所示。
⑤ 配置网桥地址，如图 6-7 所示。

192　第二部分　基础网络与安全设备配置

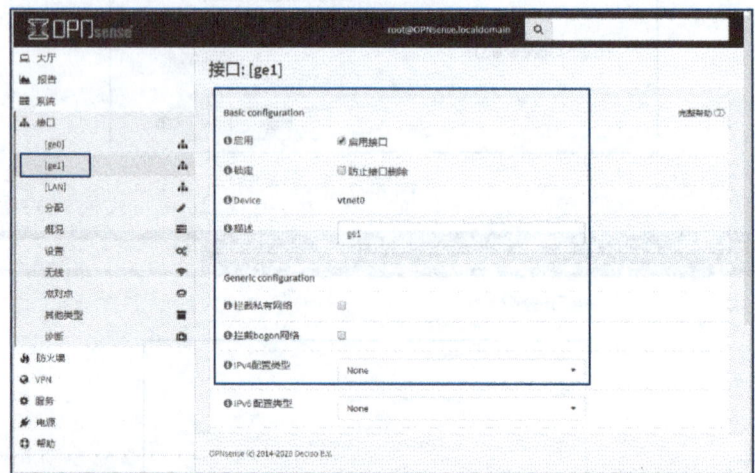

图 6-4

图 6-5

图 6-6

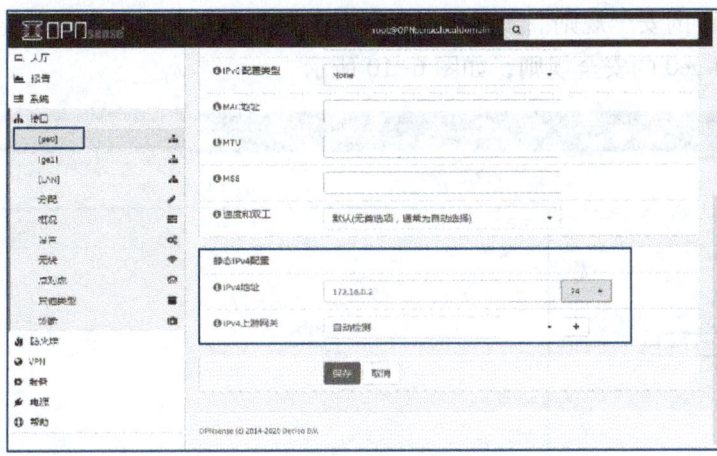

图 6-7

3) 配置 FW2 的 Web 管理密码为 Admin@ 123，如图 6-8 所示。

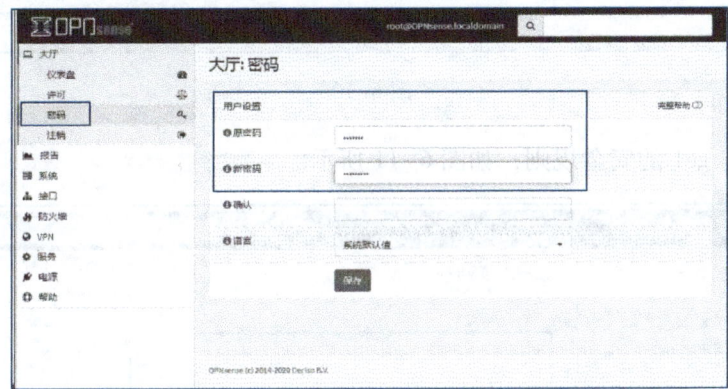

图 6-8

4) 配置 FW1 的路由，如图 6-9 所示。

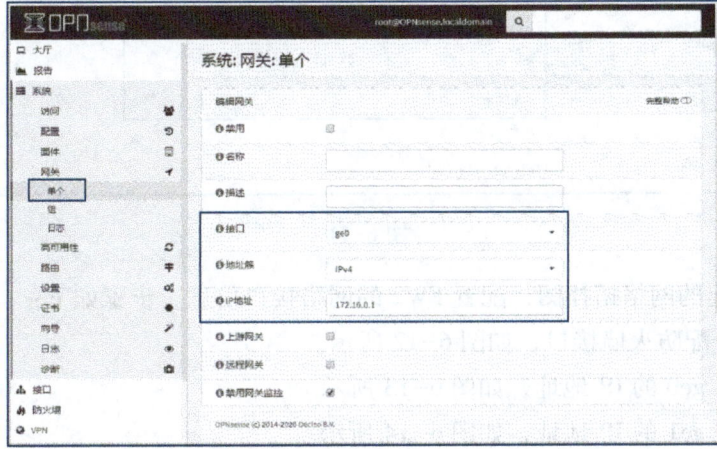

图 6-9

5）配置 FW1 的安全规则。步骤如下：

① 配置接口 ge0 的安全规则，如图 6-10 所示。

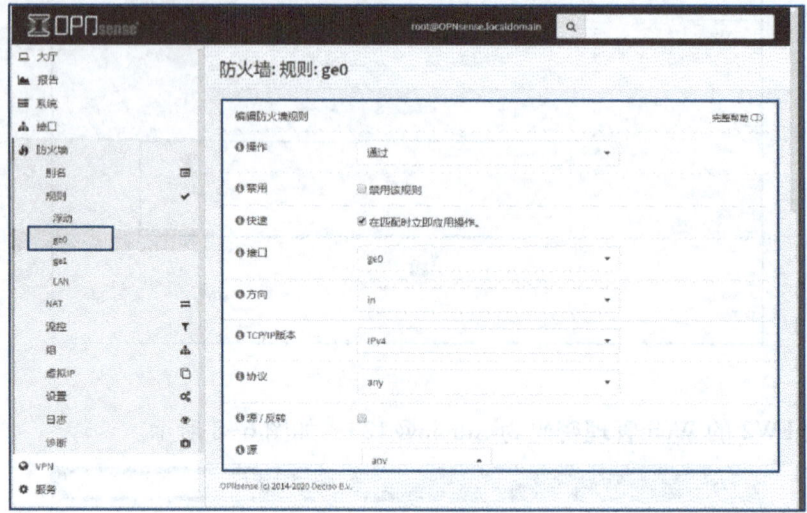

图 6-10

② 配置接口 ge1 的安全规则，如图 6-11 所示。

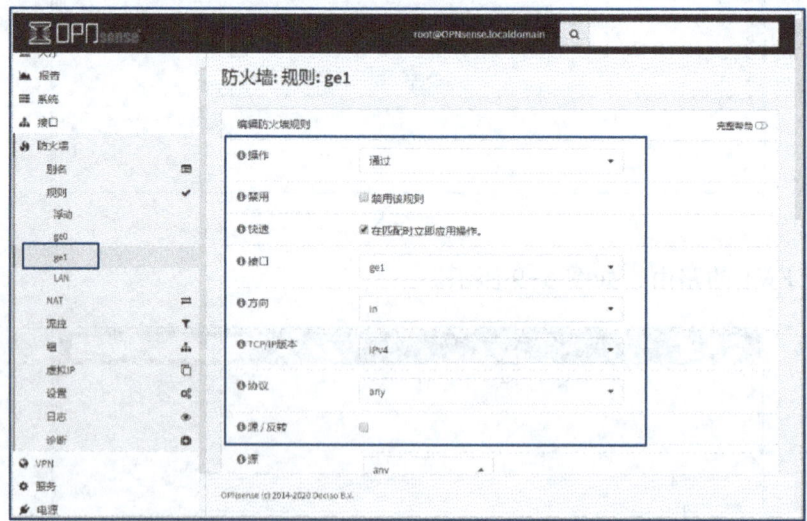

图 6-11

6）根据搭建的网络拓扑图，配置 FW2 的网络接口信息。步骤如下：

① 创建并分配防火墙接口，如图 6-12 所示。

② 配置接口 ge0 的 IP 地址，如图 6-13 所示。

③ 配置接口 ge1 的 IP 地址，如图 6-14 所示。

7）FW2 的规则配置如图 6-15 所示。

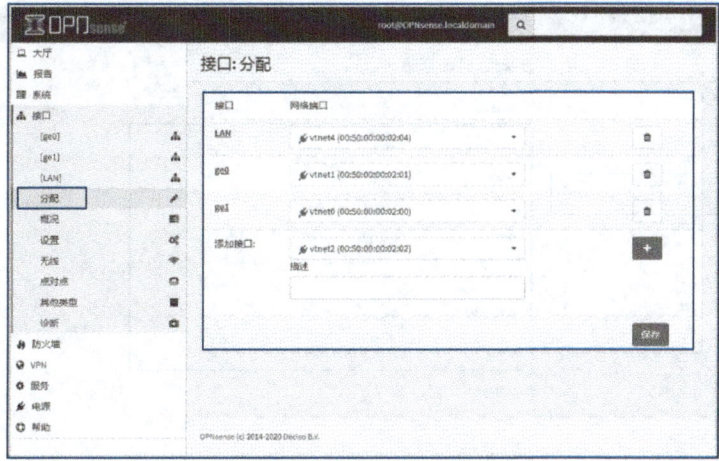

图 6-12

图 6-13

图 6-14

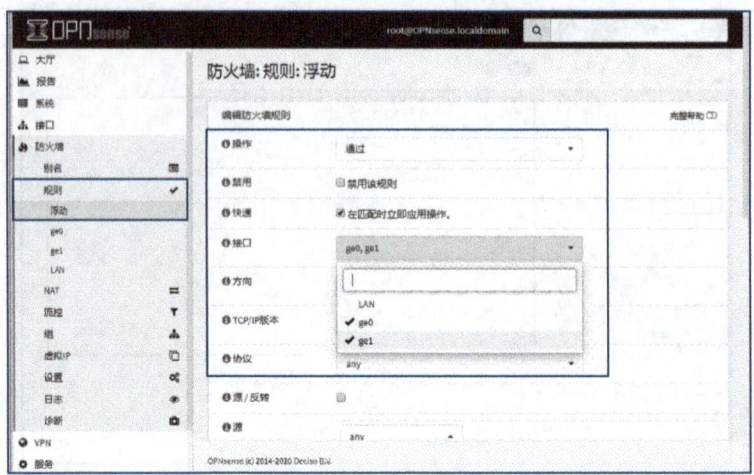

图 6-15

8）导出 FW1、FW2 的配置文件至桌面指定文件夹，配置文件名为 FW1.cfg 和 FW2.cfg，如图 6-16 所示。

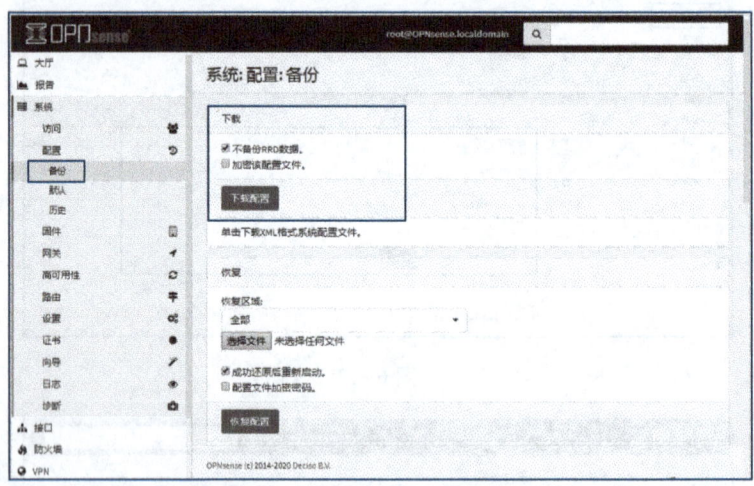

图 6-16

9）保存拓扑图，完成本任务。

任务 6-2　防火墙 NAT 配置

任务描述

EBusiness 公司为保障信息安全和网络连通性，购置了防火墙，网络拓扑如图 6-17 所示。

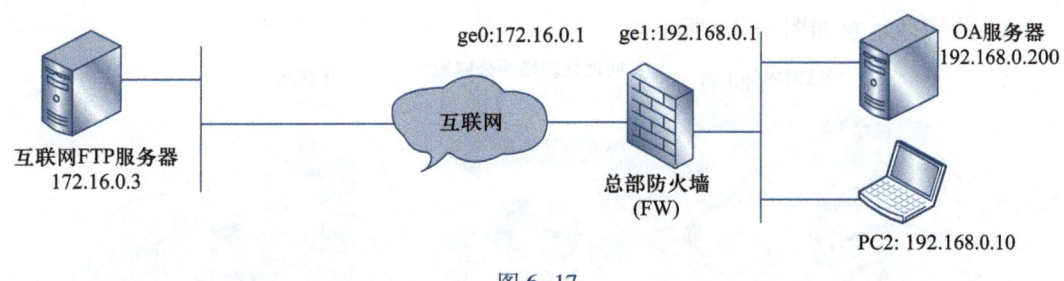

图 6-17

EBusiness 公司在互联网部署了 1 台 FTP 服务器，IP 地址为 172.16.0.3/24，与企业内部有数据互访需求。

EBusiness 公司内部防火墙出口 IP 地址为 172.16.0.1/24，OA 服务器 IP 地址为 192.168.0.200/24，PC2 的 IP 地址为 192.168.0.10。

公司要求网络管理员做如下配置：

1）内部防火墙配置源 NAT 静态路由和安全规则，使用 PC2 可以访问互联网 FTP 服务器的 FTP 服务。

2）内部防火墙配置目的 NAT、静态路由和安全规则，将 172.16.0.200 地址映射到 192.168.0.200 服务器，使互联网 FTP 服务器可访问总部 OA 服务器的 HTTP 服务。

知识准备

1. NAT 技术的工作原理和特点

前面介绍过，NAT（Network Address Translation，网络地址转换）就是替换 IP 报文头部的地址信息。NAT 通常部署在一个组织的网络出口位置，通过将内部网络 IP 地址替换为出口的 IP 地址提供公网可达性和上层协议的连接能力。那么，什么是内部网络 IP 地址？

RFC 1918 规定了 3 个保留地址段落，分别是 10.0.0.0～10.255.255.255、172.16.0.0～172.31.255.255、192.168.0.0～192.168.255.255。这 3 个范围分别处于 A、B、C 类的地址段，不向特定的用户分配，被 IANA 作为私有地址保留。这些地址可以在任何组织或企业内部使用，和其他 Internet 地址的区别在于，其仅能在内部使用，不能作为全球路由地址。这就是说，出了组织的管理范围这些地址就不再有意义，无论是作为源地址，还是目的地址。对于一个封闭的组织，如果其网络不连接到 Internet，就可以使用这些地址而不用向 IANA 提出申请，而在内部的路由管理和报文传递方式与其他网络没有差异。

对于有 Internet 访问需求而内部又使用私有地址的网络，就要在组织的出口位置部署 NAT 网关，在报文离开私网进入 Internet 时，将源 IP 替换为公网地址，通常是出口设备的接口地址。一个对外的访问请求在到达目标以后，表现为由本组织出口设备发起，因此被请求的服务端可将响应由 Internet 发回出口网关。出口网关再将目的地址替换为私网的源主机地址，发回内部。这样，一次由私网主机向公网服务端的请求和响应就在通信两端均无感知的情况下完成了。依据这种模型，数量庞大的内网主机就不再需要公有 IP 地址了。

NAT 的转换示意如图 6-18 所示。

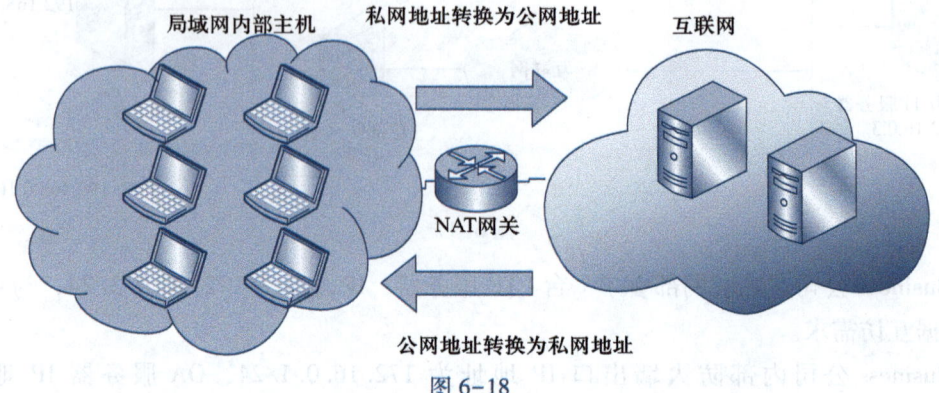

图 6-18

一般使用私网 IP 地址作为局域网内部的主机标识,使用公网 IP 地址作为互联网上通信的标识。

在整个 NAT 的转换中,最关键的流程有以下几点:

1)网络被分为私网和公网两个部分,NAT 网关设置在私网到公网的路由出口位置,双向流量必须都要经过 NAT 网关。

2)网络访问只能先由私网侧发起,公网无法主动访问私网主机。

3)NAT 网关在两个访问方向上完成两次地址的转换或翻译,出方向做源信息替换,入方向做目的信息替换。

4)NAT 网关的存在对通信双方是保持透明的。

5)NAT 网关为了实现双向翻译的功能,需要维护一张关联表,把会话的信息保存下来。

(1)静态 NAT

如果一台内部主机占用唯一的公网 IP 地址,这种方式被称为一对一模型。此种方式下,转换上层协议就是不必要的,因为一个公网 IP 地址就能唯一对应一台内部主机。显然,这种方式对节约公网 IP 地址没有太大意义,主要是为了实现一些特殊的组网需求。例如,用户希望隐藏内部主机的真实 IP 地址,或者实现两个 IP 地址重叠网络的通信,如图 6-19 所示。

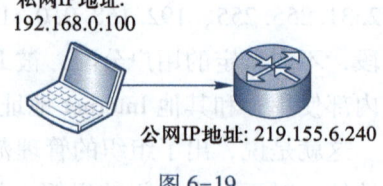

图 6-19

(2)动态 NAT

使用动态 NAT 能够将未注册的 IP 地址映射到注册 IP 地址池中的一个地址。与使用静态 NAT 不同,动态 NAT 无须静态地配置路由器,使其将每个内部地址映射到一个外部地址,但必须有足够的公网 IP 地址,让连接到 Internet 的主机都能够同时发送和接收分组,如图 6-20 所示。

(3)NAT 重载

NAT 重载也称为 PAT(Port Address Translation,端口地址转换),是最常用的 NAT 类

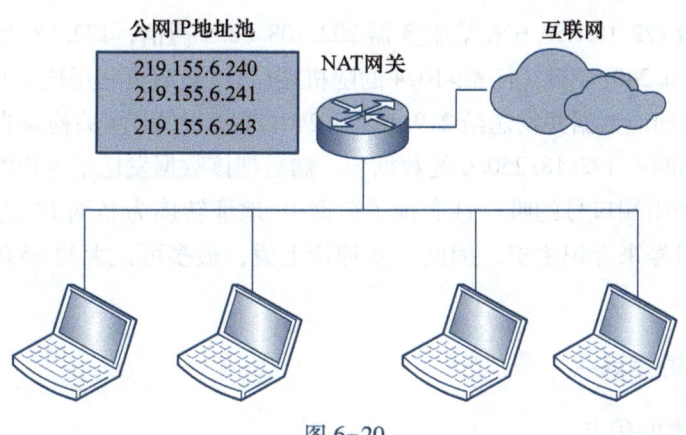

图 6-20

型。NAT 重载也是动态 NAT,它利用源端口将多个私网 IP 地址映射到一个公网 IP 地址(多对一)。其独特之处在于,通过使用 NAT 重载,只需要使用一个公网 IP 地址,就可将数千名用户连接到 Internet,其核心之处就在于利用端口号实现公网和私网的转换。

面对私网内部数量庞大的主机,如果 NAT 只进行 IP 地址的简单替换,就会产生一个问题:当有多台内部主机去访问同一个服务器时,从返回的信息不足以区分响应应该转发到哪台内部主机。此时,需要 NAT 设备根据传输层信息或其他上层协议去区分不同的会话,并且可能要对上层协议的标识进行转换,如 TCP 或 UDP 端口号。这样 NAT 网关就可以将不同的内部连接访问映射到同一公网 IP 的不同传输层端口,通过这种方式实现公网 IP 的复用和解复用。这种方式也被称为端口转换 PAT、NAPT 或 IP 伪装,但更多时候被直接称为 NAT,因为它是最典型的一种应用模式,如图 6-21 所示。

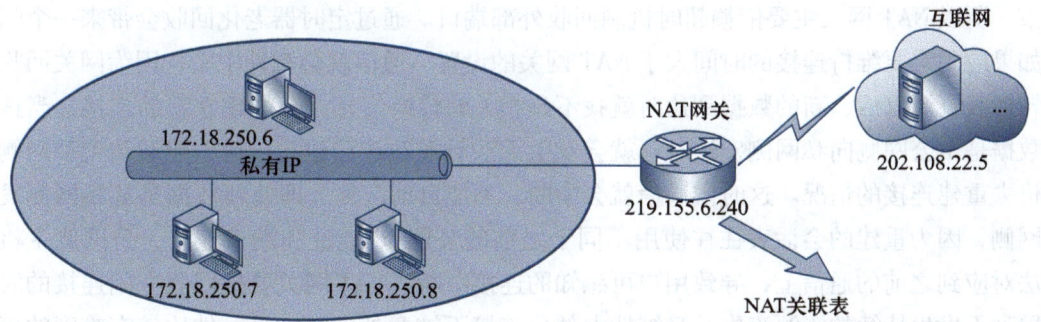

协议	私网的私有IP地址	公网IP+端口号	目的地址IP+端口号
TCP	172.18.250.6	219.155.6.240:1723	202.108.22.5:80
TCP	172.18.250.7	219.155.6.240:1026	202.108.22.5:80
TCP	172.18.250.8	219.155.6.240:1492	202.108.22.5:80

图 6-21

例如，客户端 172.18.250.6 和某服务器 202.108.22.5 通信，172.18.250.6 发送数据时，先转换为 219.155.6.240:1723（任意>1024 的随机端口），然后再利用这个身份发送数据给服务器，然后服务器回应数据并发送给 219.155.6.240:1723，NAT 网关检查自己的关联表，意识到这是自己的私网中 172.18.250.6 的数据包，然后把该数据发送给客户端。

也就是说，利用端口号的唯一性实现了公网 IP 地址转换为私网 IP 地址。NAT 重载能够使用传输层端口号来标识主机，因此，从理论上说，最多可让大约 65 000 台主机共用一个公有 IP 地址。

2. NAT 技术的优缺点

（1）NAT 技术的优点

1）节省大量合法的公有 IP 地址。

2）为地址重叠提供解决方案。

3）网络发生变化时，避免重新编址。例如，单位搬迁到新的地址，网络环境发生变化，但由于 NAT 技术的特点，单位局域网的地址并没有发生改变，依然可以使用着最初的编址方案。

（2）NAT 的缺点

首先，NAT 使 IP 会话的保持时效变短。因为一个会话建立后会在 NAT 设备上建立一个关联表，在会话静默的这段时间，NAT 网关会进行老化操作。这是任何一个 NAT 网关必须做的事情，因为 IP 地址和端口资源有限，通信的需求无限，所以必须在会话结束后回收资源。通常 TCP 会话通过协商的方式主动关闭连接，NAT 网关可以跟踪这些报文，但总是存在例外的情况，要依赖自己的定时器去回收资源。而基于 UDP 的通信协议很难确定何时通信结束，所以 NAT 网关主要依赖超时机制回收外部端口。通过定时器老化回收会带来一个问题，如果应用需要维持连接的时间大于 NAT 网关的设置，通信就会意外中断，因为网关回收相关转换表资源以后，新的数据到达时就找不到相关的转换信息，必须建立新的连接。当这个新数据是由公网侧向私网侧发送时，就会发生无法触发新连接建立，也不能通知到私网侧的主机去重建连接的情况。这时候通信就会中断，不能自动恢复。即使新数据是从私网侧发向公网侧，因为重建的会话表往往使用不同于之前的公网 IP 地址和端口地址，公网侧主机也无法对应到之前的通信上，导致用户可感知的连接中断。NAT 网关要把回收空闲连接的时间设置到不发生持续的资源流失，又维持大部分连接不被意外中断，是一件比较有难度的事情。在 NAT 已经普及化的时代，很多应用协议的设计者已经考虑到了这种情况，所以一般会设置一个连接保活的机制，即在一段时间没有数据需要发送时，主动发送一个 NAT 能感知到而又没有实际数据的保活消息，这么做的主要目的就是重置 NAT 的会话定时器。

其次，NAT 在实现上将多个内部主机发出的连接复用到一个 IP 地址上，这就使依赖 IP 地址进行主机跟踪的机制都失效了。如网络管理中需要的基于网络流量分析的应用无法跟踪到终端用户与流量的具体行为的关系。基于用户行为的日志分析也变得困难，因为一个 IP 地址被很多用户共享，如果存在恶意的用户行为，很难定位到发起连接的那个主机。

即便有一些机制提供了在 NAT 网关上进行连接跟踪的方法，但是把这种变换关系接续起来也是困难重重。基于 IP 地址的用户授权不再可靠，因为拥有相同 IP 地址的不等于是同一个用户或主机。服务器也不能简单地把同一 IP 地址的访问视作同一主机发起的，不能进行关联。有些服务器设置有连接限制，同一时刻只接纳来自一个 IP 地址的有限访问（有时是仅一个访问），这会造成不同用户之间的服务抢占和排队。有时服务器端这样做是出于 DoS 攻击防护的考虑，因为一个用户在正常情况下不应该建立大量的连接请求，过度使用服务资源被理解为攻击行为。但是这在 NAT 存在时不能简单按照连接数判断。

3. NAT 穿越技术

前面解释了 NAT 的弊端，为了解决 IP 端到端应用在 NAT 环境下遇到的问题，网络协议的设计者们创造了各种武器来进行应对。但遗憾的是，这里每一种方法都不完美，还需要在内部主机、应用程序或者 NAT 网关上增加额外的处理。

（1）应用层网关（ALG）

NAT 实现了对 UDP 或 TCP 报文头中的 IP 地址及端口转换功能，但对应用层数据载荷中的字段则无能为力（也就是净载中的数据无法修改），在许多应用层协议中，如多媒体协议（H.323、SIP 等）、FTP、SQLNet 等，TCP/UDP 载荷中带有地址或者端口信息，这些内容不能被 NAT 进行有效的转换，就可能导致问题。也就是说，NAT 只是将数据包的包头的 IP 地址和端口号进行了转换，但是没有对包内数据中的 IP 地址和端口号进行转换。于是，人们开始设想能不能使用一种行之有效的方法保证包头的 IP 和端口号与包中数据里的 IP 地址和端口号都转化为公网的 IP 地址和端口号。

（2）ALG 的实际应用

如图 6-22 所示，私网侧的主机要访问公网的 FTP 服务器。

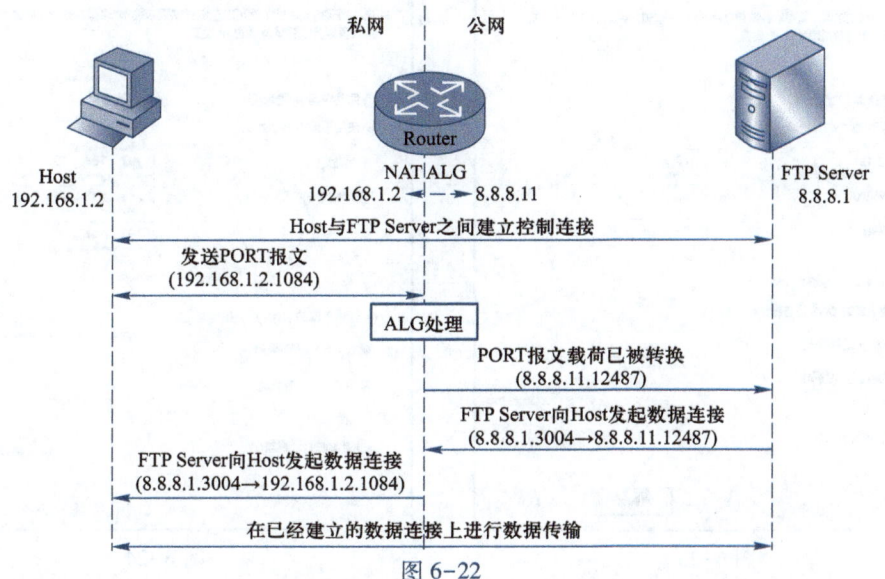

图 6-22

NAT 设备上配置了私网地址 192.168.1.2 到公网地址 8.8.8.11 的映射,实现地址的 NAT 转换,以支持私网主机对公网的访问。组网中,若没有 ALG 对报文载荷的处理,私网主机发送的 PORT 报文到达服务器端后,服务器无法根据私网地址进行寻址,也就无法建立正确的数据连接。整个通信过程包括如下 4 个阶段:

1)私网主机和公网 FTP 服务器之间通过 TCP 三次握手成功建立控制连接。

2)控制连接建立后,私网主机向 FTP 服务器发送 PORT 报文,报文中携带私网主机指定的数据连接的目的地址和端口,用于通知服务器使用该地址和端口和自己进行数据连接。

3)PORT 报文在经过支持 ALG 特性的 NAT 设备时,报文载荷中的私网地址和端口会被转换成对应的公网地址和端口。即设备将收到的 PORT 报文载荷中的私网地址 192.168.1.2 转换成公网地址 8.8.8.11,端口 1084 转换成 12487。

4)公网的 FTP 服务器收到 PORT 报文后,解析其内容,并向私网主机发起数据连接,该数据连接的目的地址为 8.8.8.11,目的端口为 12487(注意:一般情况下,该报文源端口为 20,但由于 FTP 没有严格规定,有的服务器发出的数据连接源端口为大于 1024 的随机端口,如本例采用的是 wftpd 服务器,采用的源端口为 3004)。由于该目的地址是一个公网地址,因此后续的数据连接就能够成功建立,从而实现私网主机对公网服务器的访问。

任务实施

1)在模拟软件中,选取合适的模拟设备搭建网络拓扑图(1 台互联网 FTP 服务器,1 台FW 防火墙,1 台 OA 服务器,1 台个人计算机 PC2),配置互联网服务器、OA 服务器和 PC2 的 IP 地址和网关,如图 6-23~图 6-25 所示。

微课 6-2
防火墙 NAT 配置

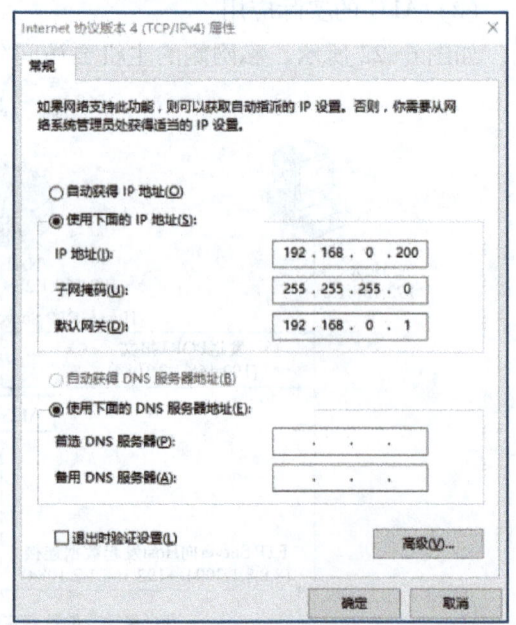

图 6-23   图 6-24

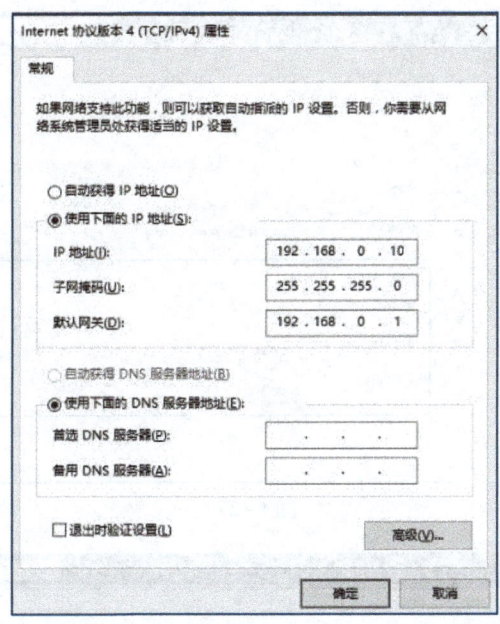

图 6-25

2）根据搭建的网络拓扑图配置 FW 的网络接口信息。步骤如下：
① 配置接口 ge0 的 IP 地址，如图 6-26 所示。

图 6-26

② 配置接口 ge1 的 IP 地址，如图 6-27 和图 6-28 所示。
3）配置 FW 的 Web 管理密码为 Admin@ 123。
4）配置虚拟 IP 地址，如图 6-29 所示。

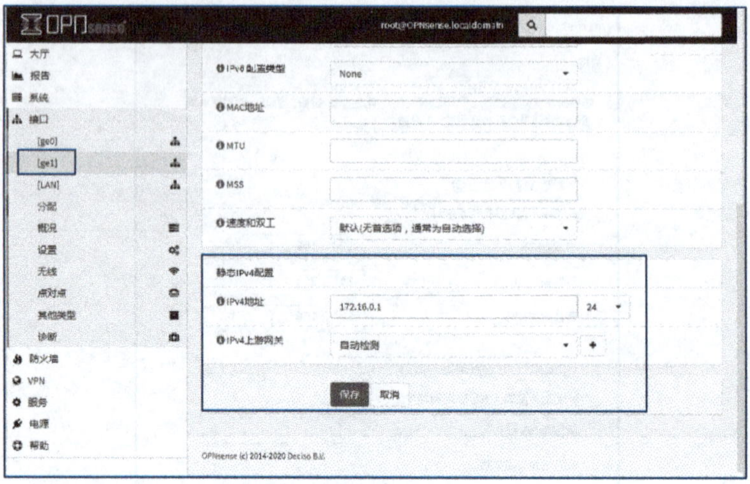

图 6-27

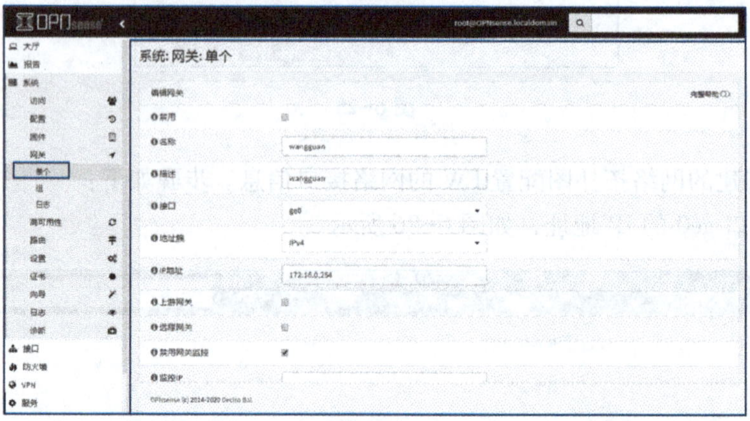

图 6-28

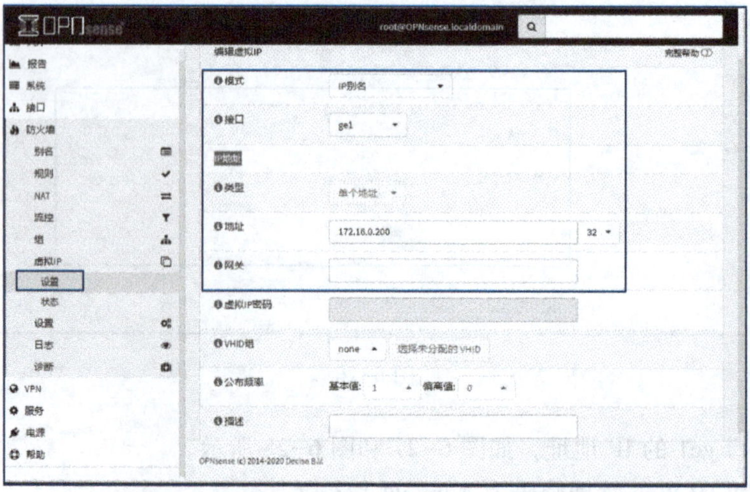

图 6-29

5）配置 FW 的安全规则。步骤如下：
① 配置接口 ge0 的安全规则，如图 6-10 所示。
② 配置接口 ge1 的安全规则，如图 6-11 所示。
6）配置 FW 的 NAT 地址转换规则，如图 6-30~图 6-33 所示。

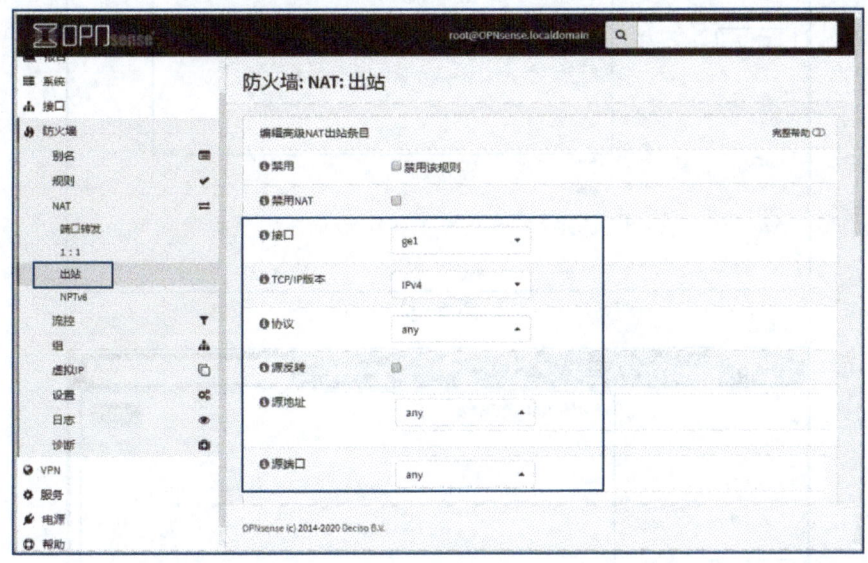

图 6-30

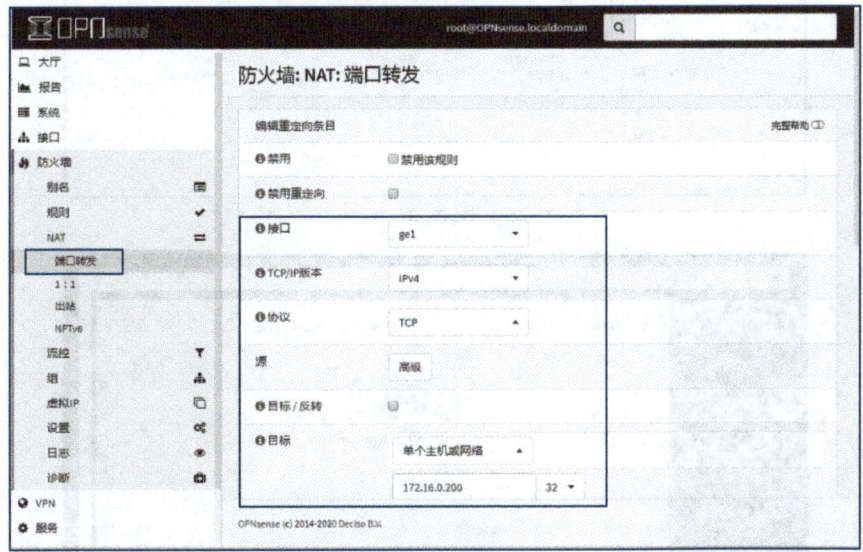

图 6-31

7）使用 PC2 测试 FW 配置是否有效，能否顺利访问外部网站，如图 6-34 所示。
8）导出 FW 配置文件至桌面指定的文件夹，配置文件名为 FW.cfg，如图 6-16 所示。
9）保存拓扑图，完成本任务。

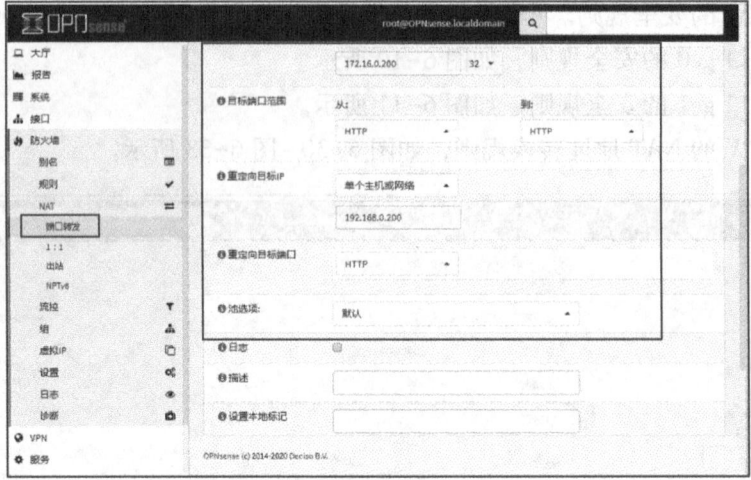

图 6-32

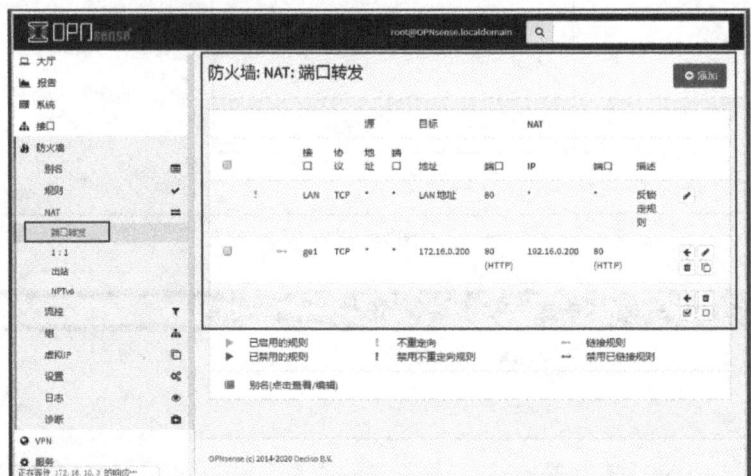

图 6-33

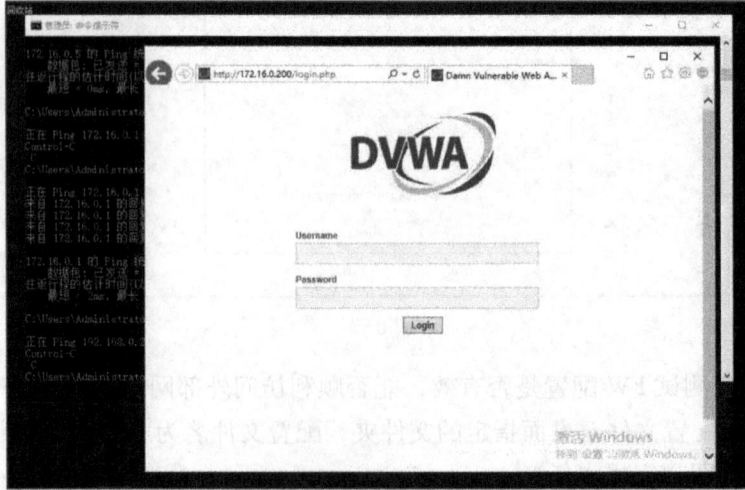

图 6-34

任务 6-3　防火墙远程管理安全配置

任务描述

EBusiness 公司为了保护公司内部网络安全,在出口处部署了一台防火墙,同时为防止 FTP 服务器受到攻击,配置防火墙策略,禁止相关的服务访问 FTP。网络拓扑如图 6-35 所示。

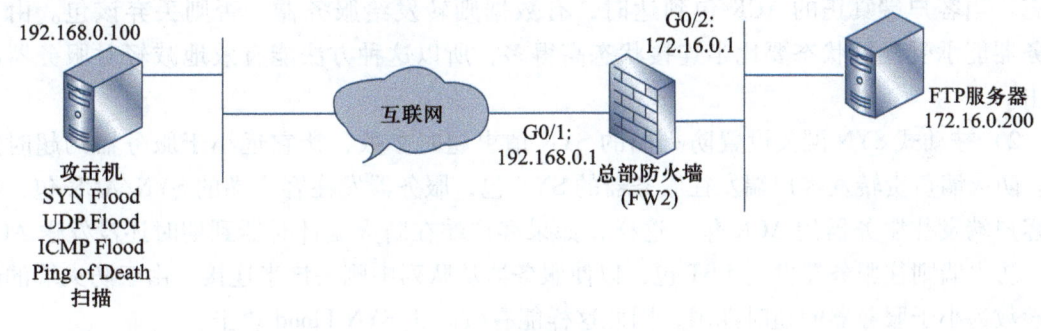

图 6-35

企业内部防火墙出口 IP 地址为 172.16.0.1/24,FTP 服务器 IP 地址为 172.16.0.200/24。

公司要求网络管理员做如下配置:开启相关策略,禁止 ICMP 访问 FTP 服务器,以免造成 ICMP Flood、Ping of Death 等危害。

知识准备

1. SYN Flood 介绍

DoS(Denial of Service,拒绝服务)和 DDoS(Distributed Denial of Service,分布式拒绝服务)攻击是大型网站和网络服务器的安全威胁之一。2000 年 2 月,Yahoo、亚马逊、CNN 被攻击等事例,被刻在网络重大安全事件的历史中。SYN Flood 由于其攻击效果好,已经成为目前最流行的 DoS 和 DDoS 攻击手段。

SYN Flood 利用 TCP 的缺陷,发送了大量伪造的 TCP 连接请求,使得被攻击方资源耗尽,无法及时回应或处理正常的服务请求。一个正常的 TCP 连接需要三次握手,首先客户端发送一个包含 SYN 标志的数据包,其后服务器返回一个 SYN/ACK 的应答包,表示客户端的请求被接受,最后客户端再返回一个确认包 ACK,这样才完成 TCP 连接。在服务器端发送应答包后,如果客户端不发出确认,服务器会等待到超时,期间这些半连接状态都保存在一个空间有限的缓存队列中；如果大量的 SYN 包发到服务器端后没有应答，就会使服务器端的 TCP 资源迅速耗尽，导致正常的连接不能进入，甚至会导致服务器的系统崩溃。

防火墙通常用于保护内部网络不受外部网络的非授权访问，它位于客户端和服务器之间，因此利用防火墙来阻止 DoS 攻击能有效地保护内部的服务器。针对 SYN Flood，防火墙通常有 SYN 网关、被动式 SYN 网关和 SYN 中继 3 种防护方式。

1）SYN 网关防火墙收到客户端的 SYN 包时，直接转发给服务器；防火墙收到服务器的 SYN/ACK 包后，一方面将 SYN/ACK 包转发给客户端，另一方面以客户端的名义给服务器回送一个 ACK 包，完成 TCP 的三次握手，让服务器端由半连接状态进入连接状态。当客户端真正的 ACK 包到达时，有数据则转发给服务器，否则丢弃该包。由于服务器能承受连接状态要比半连接状态高得多，所以这种方法能有效地减轻对服务器的攻击。

2）被动式 SYN 网关设置防火墙的 SYN 请求超时参数，让它远小于服务器的超时期限。防火墙负责转发客户端发往服务器的 SYN 包，服务器发往客户端的 SYN/ACK 包、以及客户端发往服务器的 ACK 包。这样，如果客户端在防火墙计时器到期时还没发送 ACK 包，防火墙则往服务器发送 RST 包，以使服务器从队列中删去该半连接。由于防火墙的超时参数远小于服务器的超时期限，因此这样能有效防止 SYN Flood 攻击。

3）SYN 中继防火墙在收到客户端的 SYN 包后，并不向服务器转发而是记录该状态信息然后主动给客户端回送 SYN/ACK 包，如果收到客户端的 ACK 包，表明是正常访问，由防火墙向服务器发送 SYN 包并完成三次握手。这样由防火墙作为代理来实现客户端和服务器端的连接，可以完全过滤不可用连接发往服务器。

2. ICMP 概述

对于 ICMP（Internet Control Message Protocol，网际控制信息协议），很多人可能会感到陌生，实际上，其与人们的网络活动息息相关。在网络体系结构的各层次中，都需要控制，而不同的层次有不同的分工和控制内容，IP 层的控制功能是最复杂的，主要负责差错控制、拥塞控制等，任何控制都是建立在信息的基础之上的，在基于 IP 数据报的网络体系中，网关必须自己处理数据报的传输工作，而 IP 自身没有内在机制来获取差错信息并处理。为了处理这些错误，TCP/IP 设计了 ICMP，当某个网关发现传输错误时，立即向信源主机发送 ICMP 报文，报告出错信息，让信源主机采取相应处理措施，它是一种差错和控制报文协议，不仅用于传输差错报文，还传输控制报文。

3. ICMP 报文格式

ICMP 报文包含在 IP 数据报中，属于 IP 的一个用户。IP 头部就在 ICMP 报文的前面，所以一个 ICMP 报文包括 IP 头部、ICMP 头部和 ICMP 报文。IP 头部的 Protocol 值为 1 就说明这是一个 ICMP 报文，ICMP 头部中的类型（Type）域用于说明 ICMP 报文的作用及格式，此外还有一个代码（Code）域用于详细说明某种 ICMP 报文的类型，所有数据都在 ICMP 头部后面。RFC 定义了 13 种 ICMP 报文格式，具体见表 6-1。

表 6-1

类 型 代 码	类 型 描 述
0	响应应答（ECHO-REPLY）
3	不可到达
4	源抑制
5	重定向
8	响应请求（ECHO-REQUEST）
11 超时	超时
12 参数失灵	参数失灵
13 时间戳请求	时间戳请求
14	时间戳应答
15	信息请求（*已作废）
16	信息应答（*已作废）
17	地址掩码请求
18	地址掩码应答

4. 常见的 ICMP 报文

（1）响应请求

日常使用最多的 ping 命令，就是响应请求（Type=8）和应答（Type=0），一台主机向一个节点发送一个 Type=8 的 ICMP 报文，如果途中没有异常（如被路由器丢弃、目标不回应 ICMP 或传输失败），则目标返回 Type=0 的 ICMP 报文，说明这台主机存在，更详细的 tracert 通过计算 ICMP 报文通过的节点来确定主机与目标之间的网络距离。

（2）目标不可到达、源抑制和超时报文

这 3 种报文的格式是一样的，目标不可到达报文（Type=3）在路由器或主机不能传递数据报时使用，例如要连接对方一个不存在的系统端口（端口号小于 1024）时，将返回 Type=3、Code=3 的 ICMP 报文，它要告诉人们："嘿，别连接了，我不在家！"常见的不可到达类型还有网络不可到达（Code=0）、主机不可到达（Code=1）、协议不可到达（Code=2）等。源抑制则充当一个控制流量的角色，它通知主机减少数据报流量，由于 ICMP 没有恢复传输的报文，所以只要停止该报文，主机就会逐渐恢复传输速率。最后，无连接方式网络的问题就是数据报会丢失，或者长时间在网络游荡而找不到目标，或者拥塞导致主机在规定时间内无法重组数据报分段，这时就要触发 ICMP 超时报文的产生。超时报文的代码域有两种取值：Code=0 表示传输超时，Code=1 表示重组分段超时。

（3）时间戳

时间戳请求报文（Type=13）和时间戳应答报文（Type=14）用于测试两台主机之间数据报来回一次的传输时间。传输时主机填充原始时间戳，接收方收到请求后填充接收时间戳后以 Type=14 的报文格式返回，发送方计算这个时间差。一些系统不响应这种报文。

任务实施

微课 6-3
防火墙远程
管理安全配置

1）在模拟软件中，选取合适的模拟设备搭建网络拓扑图。为互联网端攻击机安装好攻击软件，如图 6-36 所示；配置 FTP 服务器的 IP 地址和网关，如图 6-37 所示。

图 6-36

2）配置攻击机的 IP 地址和网关，如图 6-38 所示。

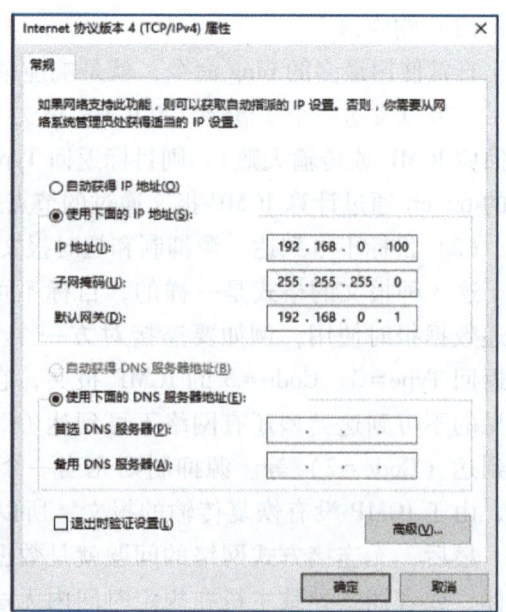

图 6-37　　　　　　　　　　　　图 6-38

3）根据搭建的网络拓扑图，配置 FW2 的网络接口信息。步骤如下：
① 创建并分配接口，如图 6-39 所示。

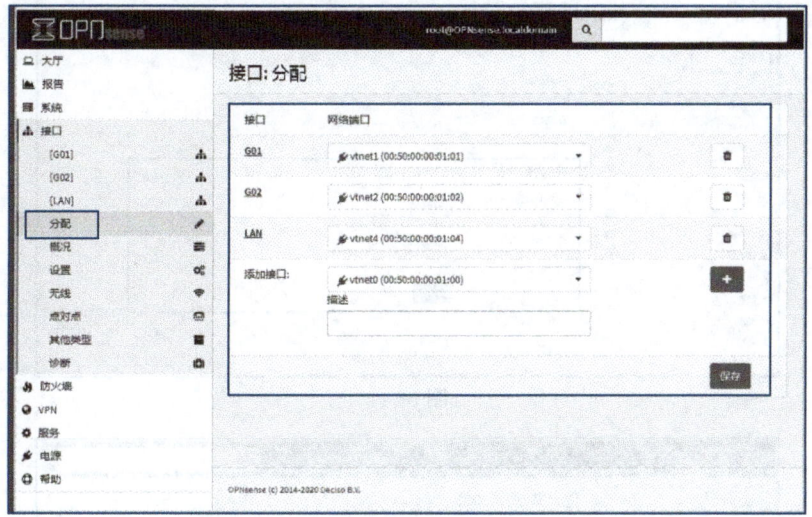

图 6-39

② 配置 G01 接口信息，如图 6-40 所示。

图 6-40

③ 配置 G02 接口信息，如图 6-41 所示。
4）配置 FW2 安全规则，如图 6-42~图 6-44 所示。
5）配置 FW2 的 Web 管理密码为 Admin@123，如图 6-45 所示。
6）配置 FW2 安全规则，禁止 ICMP 访问 FTP 服务器并验证，如图 6-46~图 6-49 所示。

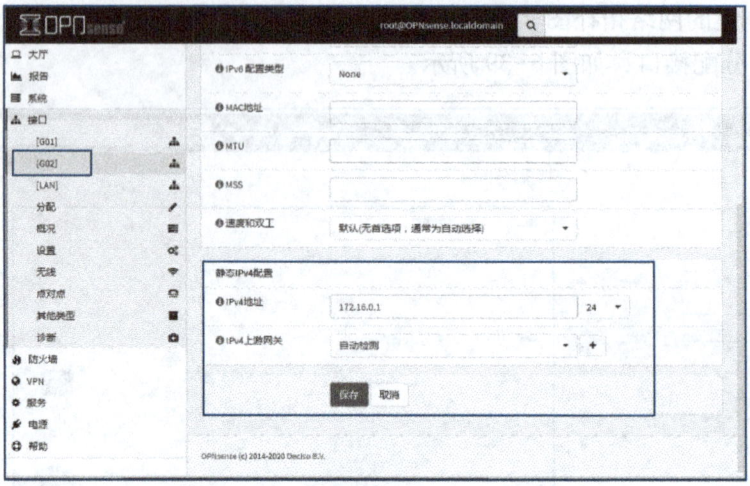

图 6-41

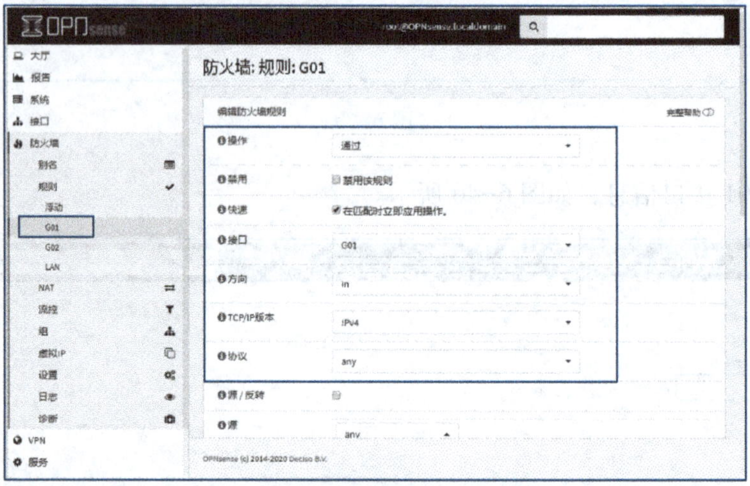

图 6-42

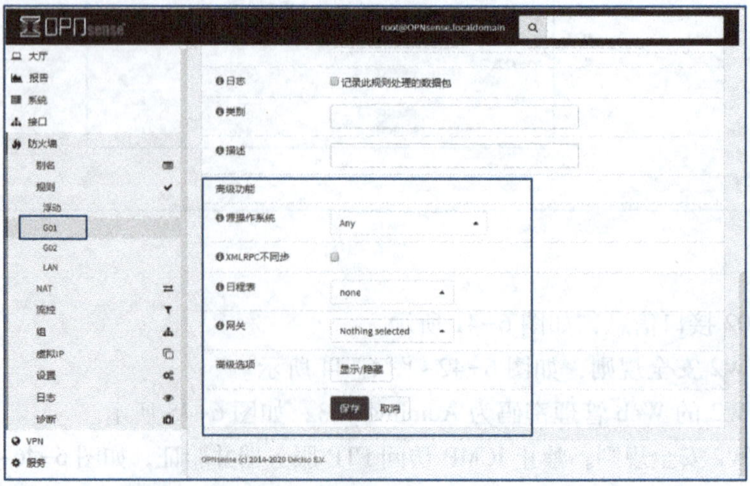

图 6-43

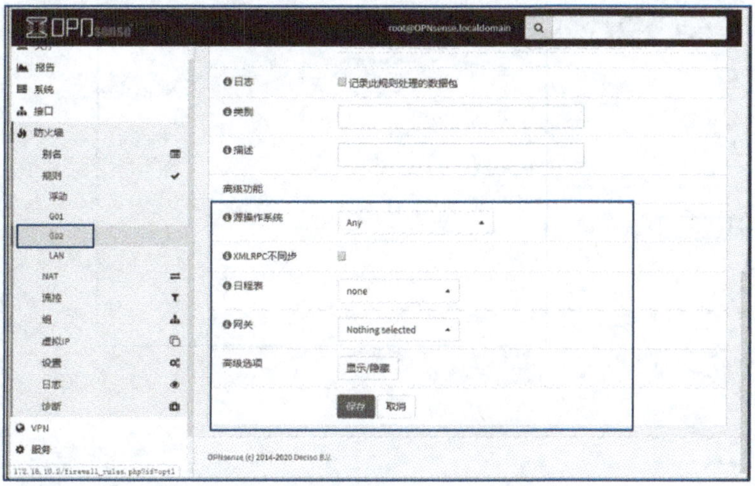

图 6-44

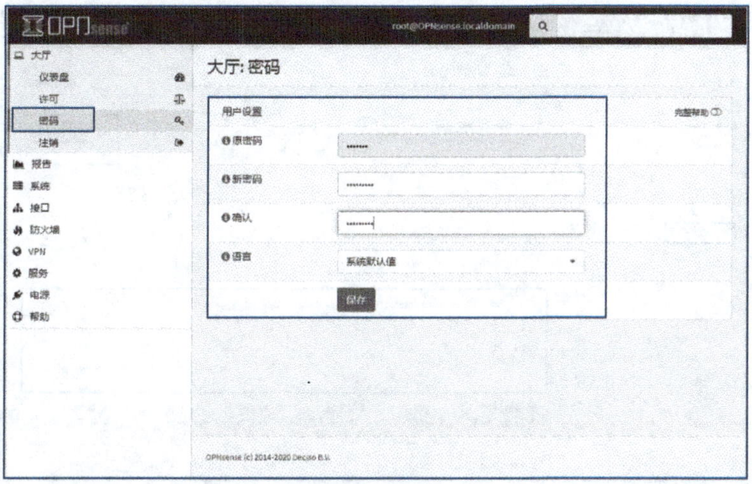

图 6-45

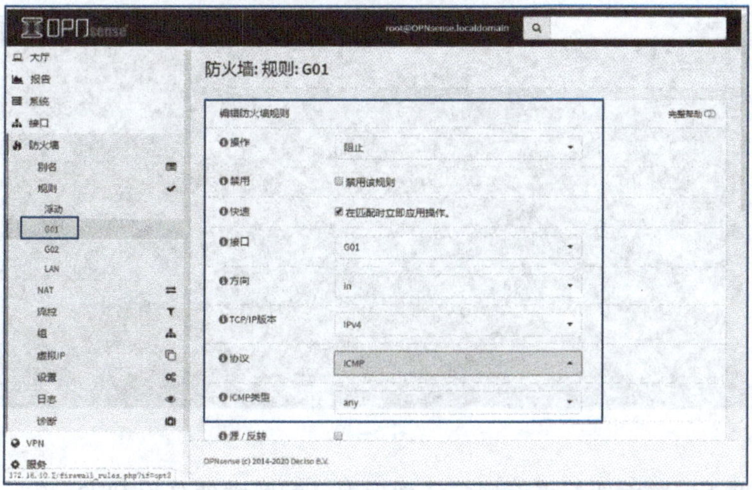

图 6-46

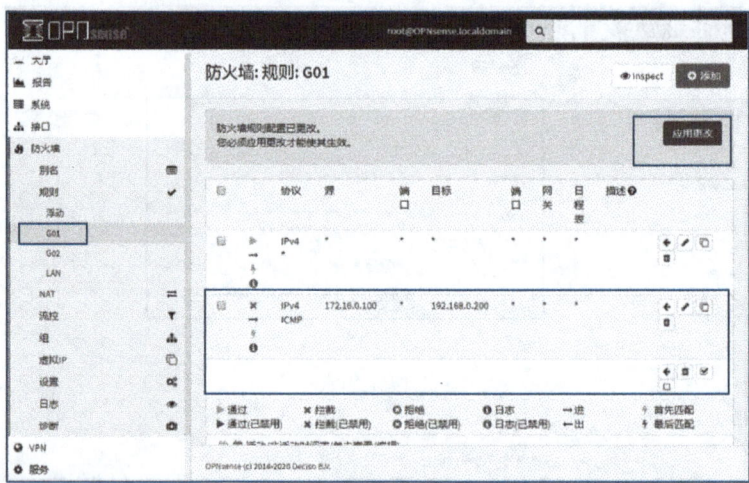

图 6-47

图 6-48

图 6-49

7) 导出 FW2 配置文件至桌面指定的文件夹，配置文件名为 FW2.cfg。

8）保存拓扑图，完成本任务。

任务 6-4　防火墙访问控制策略配置

任务描述

EBusiness 公司为了保护公司内部网络安全，在出口处部署了一台防火墙，需要启用相关的安全规则，并且保证策略的精确匹配。为了验证安全策略功能的效果，在互联网端搭建了 PC1 和 PC2 两台计算机，对公司内部的 FTP 服务器发起访问。搭建拓扑环境如图 6-50 所示。

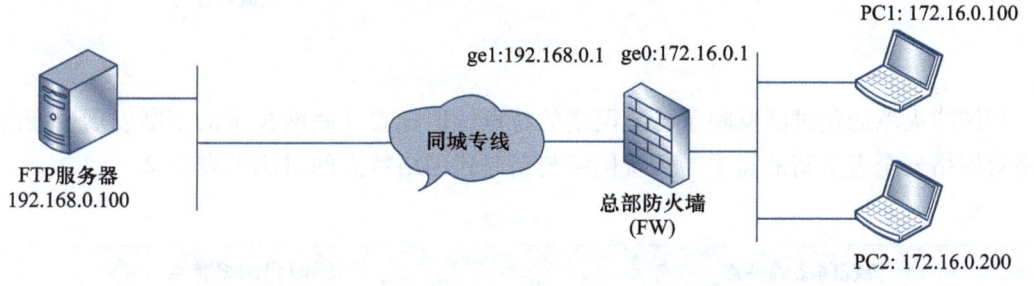

图 6-50

企业内部防火墙出口 IP 地址为 192.168.0.1/24，FTP 服务器 IP 地址为 192.168.0.100/24。公司要求网络管理员做如下配置：
1）PC1 可以访问 FTP 服务器。
2）FTP 服务器可以访问 PC1。
3）FTP 服务器可以访问 PC2。
4）PC2 禁止访问 FTP 服务器。

知识准备

安全策略实现了基于用户和应用的流量转发控制，而且还可以对流量的内容进行安全检测和处理。

1. 传统防火墙的包过滤

传统防火墙根据五元组（源地址、目的地址、源端口、目的端口、协议类型）的包过滤规则来控制流量在安全区域间的转发。传统防火墙的包过滤模式如图 6-51 所示。如果希望只有市场部的主机（192.168.1.0/24 网段）能够浏览 Internet 网页，需要在 Trust 和 Untrust 区域间配置源地址为 192.168.1.0/24、目的地址为 any、协议为 HTTP（或目的端口为 80）、动作为允许的包过滤规则。

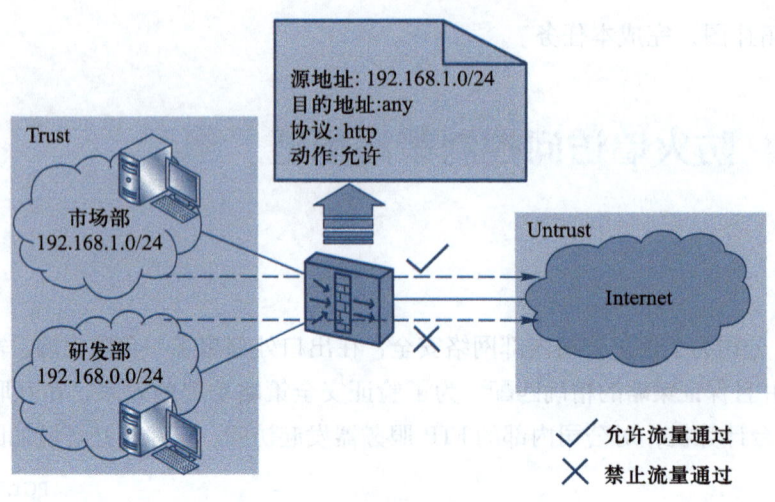

图 6-51

传统防火墙的包过滤反映了传统网络的特点,但随着互联网技术的不断发展,新时代网络对网络安全有了新的需求。传统网络与新时代网络特点的对比见表 6-2。

表 6-2

传统网络的特点	新时代网络特点
用户等于 IP(如市场部 = 192.168.1.0/24),用户的区分只能通过网段或安全区域的划分来实现。如果用户的 IP 地址不固定,则无法将用户与 IP 地址关联	企业管理者希望将用户与 IP 地址动态关联起来,从而能够以可视化方式查看用户的活动,根据用户信息来审计和控制穿越网络的应用程序和内容
应用等于端口,例如,浏览网页的端口为 80,FTP 的端口为 21。如果想允许或限制某种应用,直接允许或禁用端口就能解决问题	大多数应用集中在少数端口(如 80 和 443),应用程序越来越 Web 化(如 Web QQ、Web Mail)。允许访问 80 端口将不仅仅是允许浏览 Internet 网页,同时也可使用多种多样的基于网页的应用程序

针对新时代网络的特点,防火墙越来越需要用户与应用的识别能力,以确保流量控制更精细、更可视;同时,防火墙还需要对流量的内容进行安全检测与处理。

2. 下一代防火墙的安全策略

下一代防火墙(NGFW)的安全策略不仅可以完全替代包过滤的功能,还进一步实现了基于用户和应用的流量转发控制,而且还可以对流量的内容进行安全检测和处理。下一代防火墙的安全策略可以更好地适应新时代网络的特点,满足新时代网络的需求。

如图 6-52 所示,制定的安全策略 1 可以阻止市场部的用户使用 IM 和游戏应用,制定的安全策略 2 允许市场部的用户浏览 Internet 网页并且对浏览的内容进行检测,防止病毒和黑客的入侵。默认安全策略会禁止研发部员工访问 Internet。

与传统安全策略相比,下一代防火墙的安全策略体现了以下优势:

1)能够通过"用户"来区分不同部门的员工,使网络的管理更加灵活和可视。

项目 6　防火墙安全配置　217

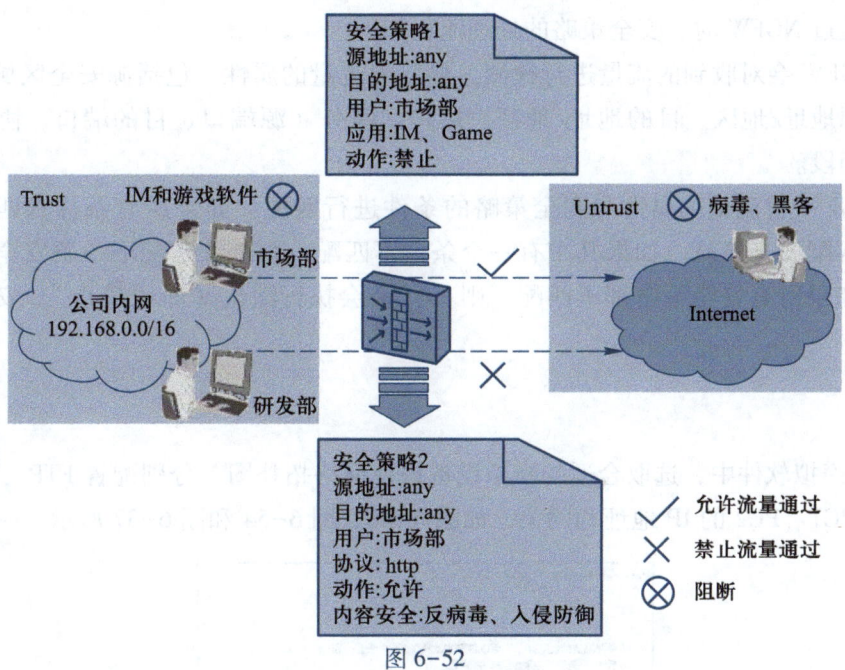

图 6-52

2）能够有效区分协议（如 HTTP）承载的不同应用（如网页 IM、网页游戏等），使网络的管理更加精细。

3）能够通过安全策略实现内容安全检测，阻断病毒、黑客等的入侵，更好地保护内部网络。

下一代防火墙的安全策略处理流程如图 6-53 所示。

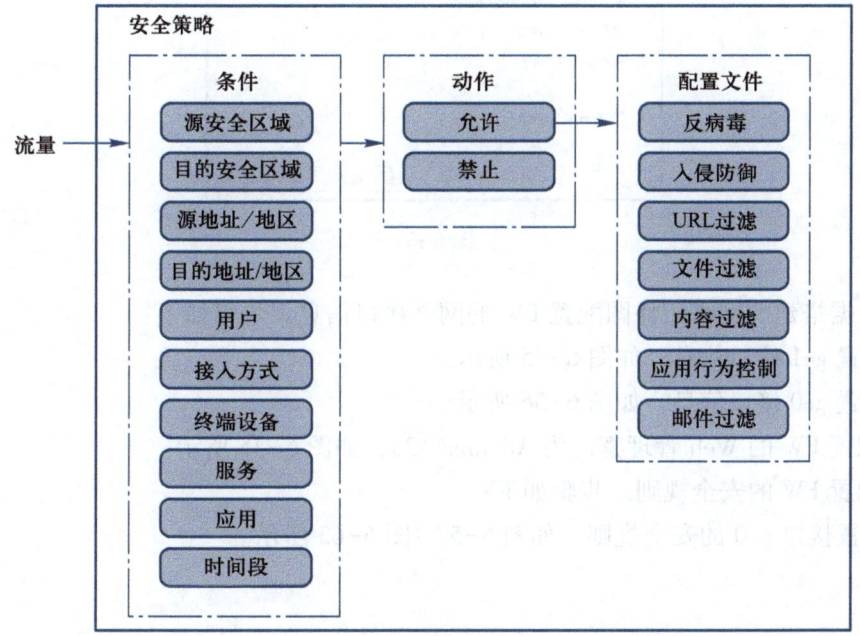

图 6-53

流量通过 NGFW 时，安全策略的处理流程如下：

1）NGFW 会对收到的流量进行检测，检测出流量的属性，包括源安全区域、目的安全区域、源地址/地区、目的地址/地区、用户、服务（源端口、目的端口、协议类型）、应用和时间段。

2）NGFW 将流量的属性与安全策略的条件进行匹配。如果所有条件都匹配，则此流量成功匹配安全策略。如果其中有一个条件不匹配，则继续匹配下一条安全策略。以此类推，如果所有安全策略都不匹配，则 NGFW 会执行默认（即"禁止"）安全策略的动作。

任务实施

1）在模拟软件中，选取合适的模拟设备搭建网络拓扑图。分别配置 FTP 服务器和 PC1、PC2 的 IP 地址和网关，如图 6-38、图 6-54 和图 6-37 所示。

微课 6-4
防火墙访问
控制策略配置

图 6-54

2）根据搭建的网络拓扑图配置 FW 的网络接口信息。步骤如下：

① 配置 ge1 接口信息，如图 6-55 所示。

② 配置 ge0 接口信息，如图 6-56 所示。

3）配置 FW 的 Web 管理密码为 Admin@123，如图 6-45 所示。

4）配置 FW 的安全规则。步骤如下：

① 配置接口 ge0 的安全规则，如图 6-57~图 6-63 所示。

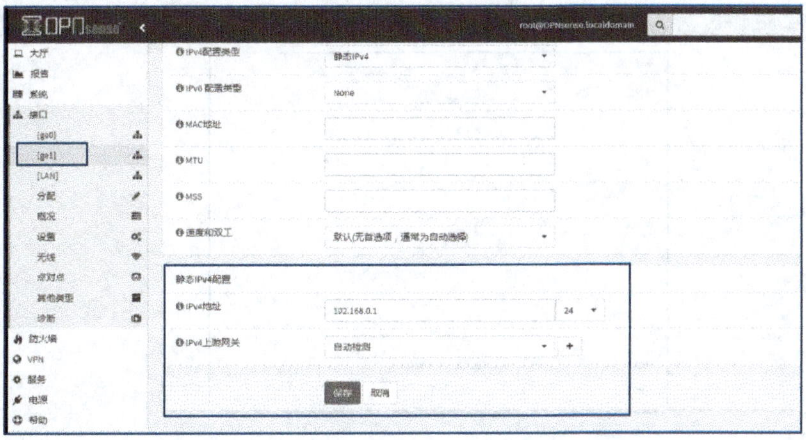

图 6-55

图 6-56

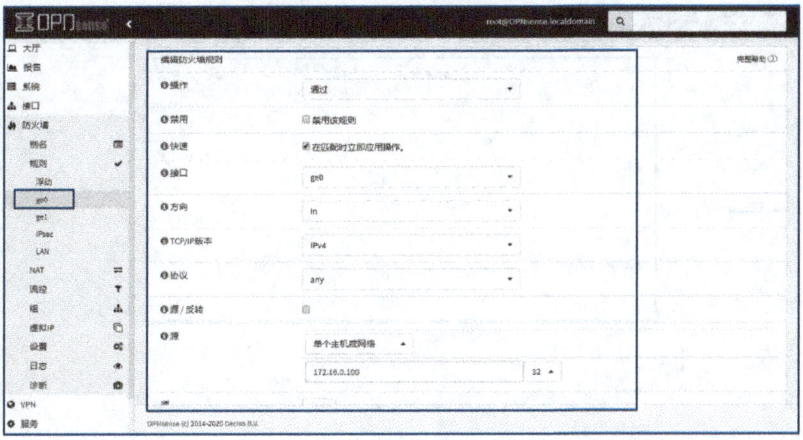

图 6-57

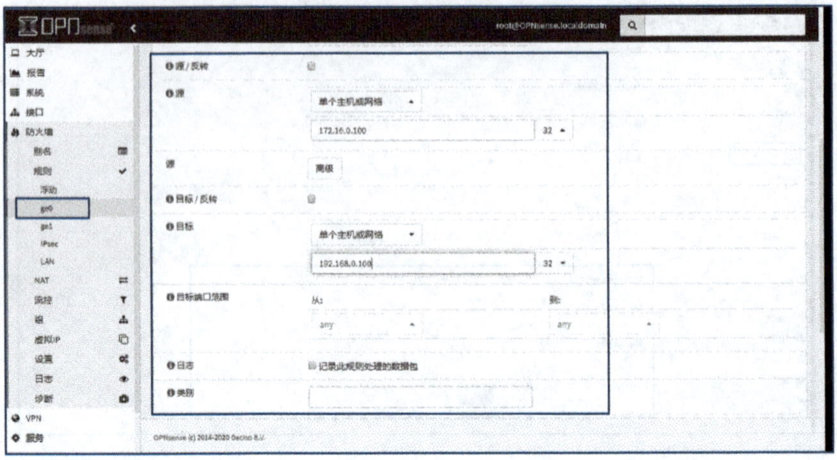

图 6-58

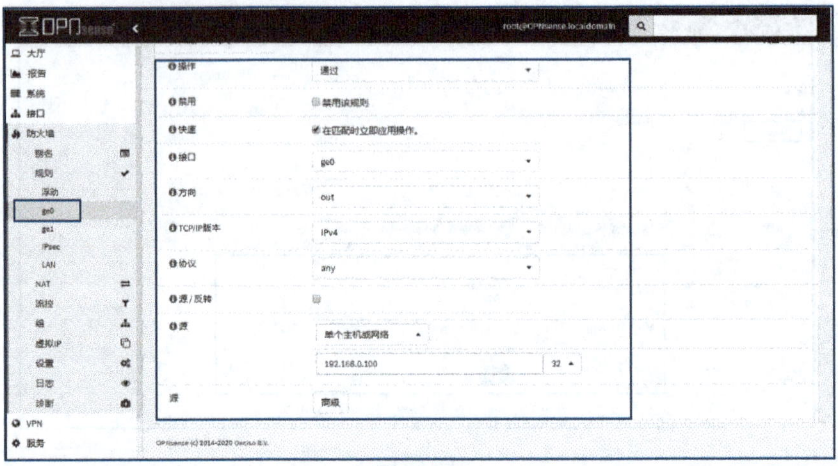

图 6-59

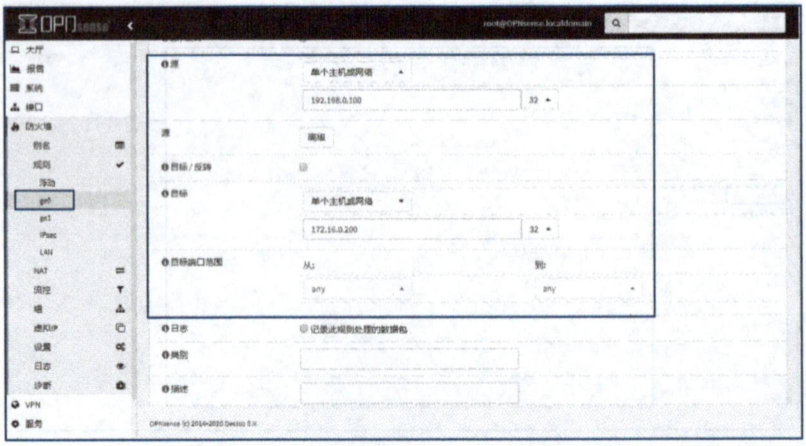

图 6-60

图 6-61

图 6-62

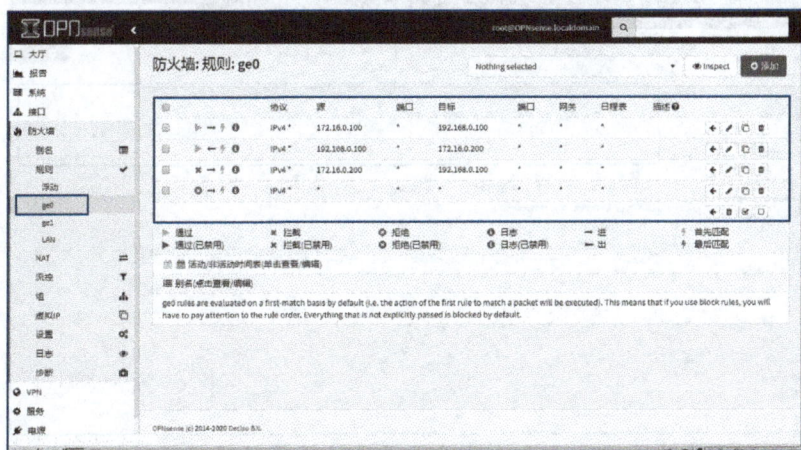

图 6-63

② 配置结构 ge1 的安全规则，如图 6-64~图 6-66 所示。

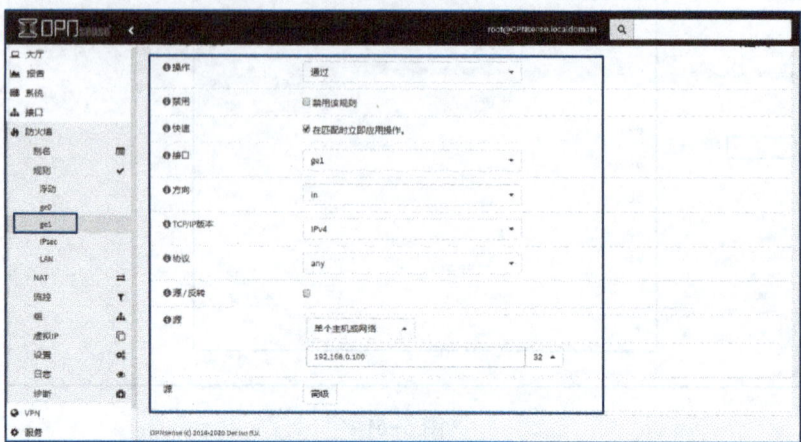

图 6-64

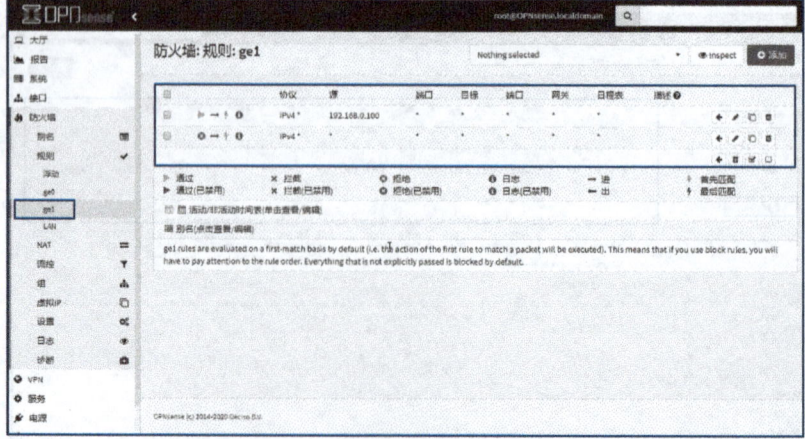

图 6-65

图 6-66

5）使用 FTP 服务器分别与 PC1 和 PC2 通信，验证安全规则是否有效，如图 6-67 和图 6-68 所示。

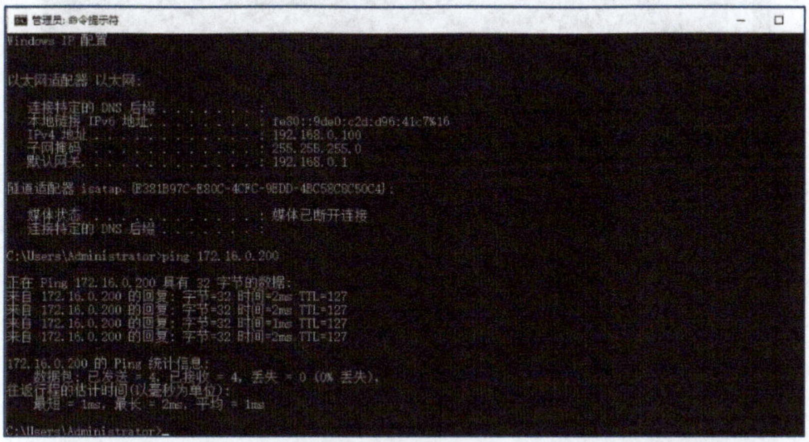

图 6-67

图 6-68

6）使用 PC1 与 PC2 分别与 FTP 通信，验证网络规则是否有效，如图 6-69 和图 6-70 所示。

图 6-69

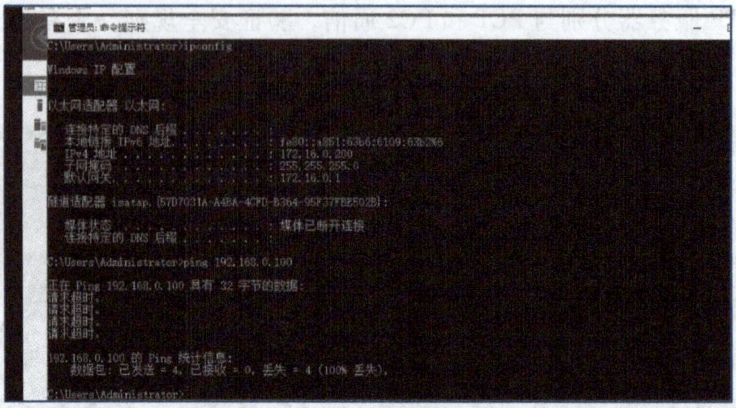

图 6-70

7）导出 FW 配置文件至桌面指定的文件夹，配置文件名为 FW.cfg。
8）保存拓扑图，完成本任务。

项目实训

1. 场地设备要求

1）计算机一台。
2）OPNsense（虚拟防火墙）。

2. 工作任务

某企业为了保护公司内部网络安全，在出口处部署了一台防火墙，需要启用相关的攻击防护功能。为了验证防护功能的效果，在互联网端配置一台攻击机，对公司内部的服务器发起攻击。搭建拓扑环境如图 6-71 所示。

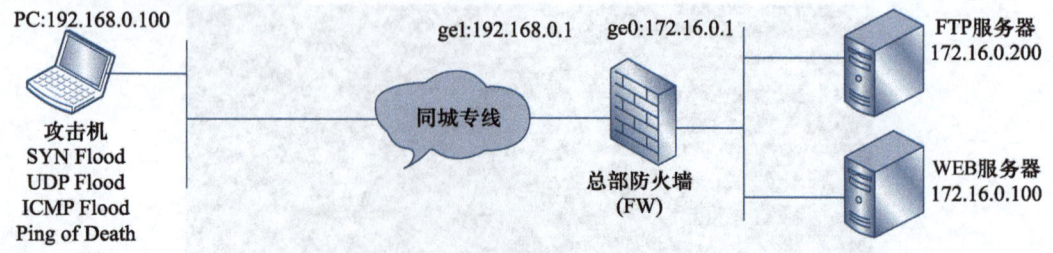

图 6-71

总部防火墙出口 IP 地址为 192.168.0.1/24，FTP 服务器 IP 地址为 172.16.0.200/24，Web 服务器的 IP 地址为 172.16.0.100/24，攻击机的 IP 地址为 192.168.0.100/24。

企业需求是在攻击机上模拟 SYN Flood、UDP Flood、ICMP Flood、Ping of Death 以及扫描等操作，并记录防火墙日志。具体要求如下：

1）在模拟软件中，选取合适的模拟设备搭建网络拓扑图，配置攻击机、Web 服务器及 FTP 服务器的 IP 地址和网关。

2）根据搭建的网络拓扑图，配置 FW 的网络接口信息。

3）配置 FW 的 Web 管理密码为 Admin@123。

4）在攻击机上分别模拟 SYN Flood、UDP Flood、ICMP Flood、Ping of Death 以及扫描等操作，查看日志并截图。

5）导出 FW 配置文件至桌面指定文件夹，配置文件名为 FW.cfg。

6）保存拓扑图，完成本实训内容。

项目总结

通过本项目的学习和实训，应当熟悉防火墙的相关概念、特点及主要功能，了解常见的防火墙的部署模式，熟练掌握防火墙的基本配置与管理方法、防火墙的路由与安全策略配置，以及防火墙的攻击防护配置方法。

课后习题

一、单选题

1. 下列关于防火墙的描述中，不正确的是（　　）。
   A. 防火墙不能防止内部攻击
   B. 如果一个公司信息安全制度不明确，拥有再好的防火墙也没有用
   C. 防火墙可以防止伪装成外部信任主机的 IP 地址欺骗
   D. 防火墙可以防止伪装成内部信任主机的 IP 地址欺骗

2. 下列不属于防火墙的主要作用的是（　　）。
   A. 网络安全的屏障
   B. 强化网络安全策略
   C. 限制网络服务
   D. 对网络存取和访问进行监控和审计

3. 以下说法正确的是（　　）。
   A. 防火墙能防范新的网络安全问题
   B. 防火墙不能防范不通过防火墙的连接攻击
   C. 防火墙能完全阻止病毒的传播
   D. 防火墙能防止来自内部网的攻击

4. 以下关于防火墙局限性的说法中，错误的是（　　）。
   A. 不能防范来自内部网络的攻击
   B. 不能防范不通过防火墙的连接
   C. 不能防备新的网络攻击手段
   D. 不能防止非授权用户进入内部网络
5. 防火墙从软硬件形式上分，可分为软件防火墙和（　　）。
   A. 单一主机防火墙　　　　　　　　B. 路由器集成式防火墙
   C. 硬件防火墙　　　　　　　　　　D. 分布式防火墙
6. 防火墙从结构上分，可分单一主机防火墙、路由器集成式防火墙和（　　）。
   A. 个人防火墙　　B. 边界防火墙　　C. 硬件防火墙　　D. 分布式防火墙
7. 防火墙从应用部署位置分，可分为边界防火墙、（　　）和混合防火墙。
   A. 个人防火墙　　B. 软件防火墙　　C. 硬件防火墙　　D. 分布式防火墙
8. 防火墙可以在以下模式工作：（　　）、路由模式以及混合模式。
   A. 动态模式　　　B. 透明模式　　　C. 静态模式　　　D. 地址转换模式
9. 以下不是防火墙的工作模式的是（　　）。
   A. 路由模式　　　B. 透明模式　　　C. 混合模式　　　D. 动态模式
10. 下列不属于防火墙的主要功能的是（　　）。
    A. 包过滤　　　　B. 应用代理　　　C. NAT　　　　　D. 数据恢复

二、简答题

1. 简述状态检测防火墙具有的优点。
2. 简述防火墙的部署原则。
3. 简述防火墙策略的设置原则。

第三部分
应用安全配置

第三部分
西部大开发战略

项目7　应用服务器安全配置

学习情境

应用服务器是指通过各种协议把业务逻辑传递给客户端的程序,它提供了访问业务的途径以供客户端应用程序使用。应用服务器可以为用户提供各种服务,如网站服务、文件服务和邮件服务等。随着应用服务器的广泛应用,应用服务器的安全性也成为公众关注的热点,包括服务器本身的安全、应用的安全及网络环境的安全等。本项目将学习如何正确地配置以有效提高应用服务器的安全性。

本项目学习环境为 Windows Server 2016 虚拟机,所有实训任务都在该环境中进行。

学习目标

知识目标
1) 了解 Web 服务基础知识。
2) 了解 FTP 服务基础知识。
3) 了解 Web 服务器基础安全知识。
4) 了解 FTP 服务基础安全知识。

技能目标
1) 学会安装和配置 Web 服务器。
2) 学会配置 Web 服务器的主目录、端口绑定、文件访问权限。
3) 学会配置 Web 服务器 IP 访问限制、日志审计。
4) 学会配置 FTP 服务。

5）学会配置 FTP 服务的主目录、文件访问权限。
6）学会配置 FTP 服务用户认证及授权规则。
7）学会配置 FTP 服务 IP 访问限制、日志审计。

相关知识

在实际应用中有各种各样的应用服务器，如 Web 服务器、文件服务器、邮件服务器、域名服务器等，这其中 Web 服务器的应用最为广泛，针对 Web 服务器的攻击也最多，下面主要介绍 Web 服务器的安全问题。

企业信息化的过程中很多应用都架设在 Web 平台上，Web 业务的迅速发展也引起黑客们的强烈关注，接踵而至的就是 Web 安全威胁的凸显。黑客利用网站操作系统的漏洞和 Web 服务程序的 SQL 注入漏洞等得到 Web 服务器的控制权限，轻则篡改网页内容，重则窃取重要内部数据，更为严重的则是在网页中植入恶意代码，使得网站访问者受到侵害。

目前，很多业务都依赖于互联网，如网上银行、网络购物、网络游戏等。很多恶意攻击者出于不良目的对 Web 服务器进行攻击，想方设法通过各种手段获取他人的个人账户信息谋取利益。正是因为这样，Web 业务平台最容易遭受攻击。同时，对 Web 服务器的攻击也是种类繁多，常见的有挂马、SQL 注入、缓冲区溢出、嗅探、利用 IIS 等针对 Web 服务器的攻击。

Web 服务之所以面临这些风险一方面是由于 TCP/IP 的设计没有考虑安全问题，这使得在网络上传输的数据没有任何安全防护。此外，攻击者可以利用系统漏洞造成系统进程缓冲区溢出，从而获得或者提升自己在有漏洞的系统上的用户权限来运行任意程序，甚至安装和运行恶意代码，窃取机密数据。而应用层面的软件在开发过程中也没有过多考虑到安全的问题，这使得程序本身存在很多漏洞，诸如缓冲区溢出、SQL 注入等流行的应用层攻击。

最后，用户对某些隐秘的东西带有强烈的好奇心，一些利用木马或病毒程序进行攻击的攻击者，往往利用了用户的这种好奇心理，将木马或病毒程序捆绑在一些艳丽的图片、音视频及免费软件等文件中，然后把这些文件置于某些网站当中，再引诱用户去单击或下载运行。或者通过电子邮件附件和 QQ、MSN 等即时聊天软件，将这些捆绑了木马或病毒的文件发送给用户，利用用户的好奇心理引诱用户打开或运行这些文件。

以下是 3 种常见的 Web 攻击。

1) SQL 注入：即通过把 SQL 命令插入到 Web 表单递交或输入域名或页面请求的查询字符串，最终达到欺骗服务器执行恶意的 SQL 命令，如先前很多影视网站泄露 VIP 会员密码大多就是通过 Web 表单递交查询字符暴露的，这类表单特别容易受到 SQL 注入式攻击。

2) 跨站脚本攻击（也称为 XSS）：指利用网站漏洞从用户那里恶意盗取信息。用户在浏览网站、使用即时通信软件甚至在阅读电子邮件时，通常会点击其中的链接。攻击者通过在链接中插入恶意代码，就能够盗取用户信息。

3）网页木马：是一种网页形式的木马，它的主要目的与其他木马无异——获取目标机上的敏感信息或对目标机进行控制。

任务 7-1　安装、部署与调试 Web 服务

任务描述

某公司需要上线公司网站，为方便对外宣传和内部 OA 使用，需要一台 Web 服务器。作为该公司安全技术员，按照下列要求在公司内网上搭建网站，并进行安全设置：

1）安装 Web 服务器（IIS）。

2）创建 Web 站点，名称为 web-inspc，设置 C:\website 为 Web 服务器（IIS）的主目录。

3）使用 IP 地址 192.168.220.100 绑定网站，端口使用 TCP/8080。

4）使用浏览器访问 URL 链接检查网站是否允许正常。

知识准备

1. HTTP 的基本概念

HTTP（Hyper Text Transfer Protocol，超文本传输协议）是人们平时上网浏览网页时，传输网页信息所使用的通信协议。它是万维网协会（W3C）和 Internet 工作小组（IETF）合作的结果。在互联网不断发展的过程中，他们发布了一系列的 RFC 文档，其中最著名的 RFC 2616 定义了 HTTP 中一个现今被广泛使用的版本——HTTP 1.1。

2. HTTP 的通信过程

HTTP 的通信过程是一个典型的"客户端请求—服务器端响应"的过程。客户端是终端用户，服务器端是网站。通过使用 Web 浏览器或者其他的工具，客户端发起一个到服务器上指定端口（默认为 80）的 HTTP 请求，称这个客户端为用户代理（UserAgent）。响应的服务器上存储着一些资源，如 HTML 文件和图像，是用户所请求的目标，服务器根据用户的 HTTP 请求中的信息进行处理，返回响应的文件内容和处理结果给客户端用户代理。在这个请求—响应过程中，所有传输的信息都是明文的，HTTP 本身并没有数据加密的功能。

一般来说，HTTP 的通信过程使用 TCP 连接。因为网页的内容比较丰富，需要传输的数据量较大，因此需要 TCP 的传输控制，按顺序组织数据和错误纠正等功能，保证数据的可靠传输，但 HTTP 本身也可以使用其他可靠的下层传输协议。

3. HTTP 请求与响应的格式

一个完整的 HTTP 请求由以下几个部分组成。

1）请求行：在请求行中，依次标识了客户端请求的方法、请求的资源以及 HTTP 的版本号，彼此用空格分隔。例如 GET /index.html HTTP/1.1，代表获取服务器上的/index.html 文件，协议版本为 1.1。

2）请求消息头：在请求消息头中，标识了客户端用户代理的各项参数，每项参数独立一行。根据 HTTP/1.1 的协议要求，请求消息头中除了 host 参数之外，其他参数都是可选的。

3）空行：强制要求的空行，作为分隔请求消息头和消息主体的标识符。

4）消息主体（可选）：其他需要提交给服务器处理的信息，如查询参数、表单内容等长度较长的内容。

与 HTTP 请求类似，HTTP 响应也由 4 部分组成。

1）响应状态行：在响应状态行中，依次标识了协议版本号、3 位数字组成的状态代码，以及描述状态的短语，彼此由空格分隔。例如 HTTP/1.1 200 OK 代表响应的协议版本号为 1.1，响应的状态代码为 200，状态描述为 OK，即请求被成功处理了。

2）响应消息头：在响应消息头中，标识了服务器需要告诉用户代理的各项参数，每项参数独立一行。例如，用户浏览网站时 Cookie 的内容就是通过响应头中的 Cookie 参数传递给客户端用户代理的。

3）空行：强制要求的空行，作为分隔响应消息头和消息主体的标识符。

4）消息主体（可选）：根据用户的请求，服务器处理之后，将用户请求的资源文件（如 index.html 的内容），或者其他服务器的响应信息作为响应消息主体返回给客户端用户代理。用户代理接收、处理并格式化后，显示给用户查看。

在 HTTP 请求与响应中，请求行、响应状态行、请求消息头以及响应消息头中的各个参数都以"回车—换行"（<CR><LF>）结束，在空行中，不能有其他的空格或空白字符，只能存在"回车—换行"。

图 7-1 和图 7-2 分别展示了一个典型的 HTTP 请求，以及对应的 HTTP 响应。

```
⊟ Hypertext Transfer Protocol
 ⊟ GET / HTTP/1.1\r\n
   ⊞ [Expert Info (Chat/Sequence): GET / HTTP/1.1\r\n]
     Request Method: GET
     Request URI: /
     Request Version: HTTP/1.1
   Accept: text/html, application/xhtml+xml, */*\r\n
   Accept-Language: zh-CN\r\n
   User-Agent: Mozilla/5.0 (compatible; MSIE 9.0; Windows NT 6.1; Trident/5.0)\r\n
   Accept-Encoding: gzip, deflate\r\n
   Host: www.inspc.cn\r\n
   Connection: Keep-Alive\r\n
   \r\n
   [Full request URI: http://www.inspc.cn/]
```

图 7-1

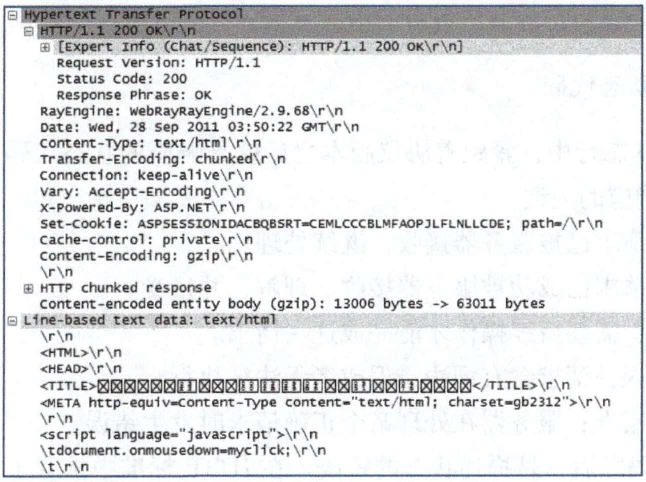

图 7-2

4. HTTP 的常用方法

在 HTTP 请求与响应的格式部分，其中请求行的第一部分是该请求的方法（有时也称作"动作"）。"方法"表示该请求对于指定资源的不同操作方式。在 HTTP/1.1 中共定义了以下 8 种方法。

1) OPTIONS：返回服务器针对特定资源所支持的 HTTP 请求方法，也可以利用向 Web 服务器发送"＊"请求来测试服务器的功能性。

2) GET：向特定的资源发出请求，要求获取该资源。注意：GET 方法不应当引发用户访问状态的变化，不应当导致服务器端新资源的创建或已有资源的修改。

3) HEAD：向服务器索要与 GET 请求相一致的响应，只不过响应的消息主体即便有，也不会被返回。这一方法可以在不必传输整个响应内容的情况下，就可以获取包含在响应消息头中的参数信息。

4) POST：向指定资源提交数据进行处理请求（如提交表单或者上传文件）。提交的数据包含在请求消息的消息主体中。POST 请求可能会导致用户访问状态的变化，导致服务器端新的资源的创建或已有资源的修改。

5) PUT：向指定位置的资源上传其最新内容，数据包含在请求的消息主体中。

6) DELETE：请求服务器删除指定位置的资源。

7) TRACE：回显服务器收到的请求，主要用于测试或诊断。

8) CONNECT：HTTP/1.1 中预留给能够将连接改为管道方式的代理服务器。

注意：方法名称是区分大小写的。当某个请求所针对的资源不支持对应的请求方法的时候，服务器应当返回状态码 405（Method Not Allowed）；当服务器不识别或者不支持对应的请求方法的时候，应当返回状态码 501（Not Implemented）。

一个 HTTP 服务器至少应该实现 GET 和 HEAD 方法，其他方法都是可选的。当然，所有方法支持的实现都应当符合方法各自的语义定义。

5. HTTP 中的状态代码

在 HTTP 响应状态行中，紧跟着协议版本之后就是响应的状态代码，而状态代码的第 1 个数字代表当前响应的类型。

1）1xx 消息：请求已被服务器接收，继续处理。
2）2xx 成功：请求已成功被服务器接收、理解、并接受。
3）3xx 重定向：需要后续操作才能完成这一请求。
4）4xx 请求错误：请求含有词法错误或者无法被执行。
5）5xx 服务器错误：服务器在处理某个正确请求时发生错误。

紧跟着状态代码之后，是描述状态的短语。在 HTTP 标准中推荐了各个状态代码的描述短语，如 "200 OK" 或 "404 Not Found"，但也允许 Web 开发者和 Web 服务器管理员自定义这些短语。

6. HTTP 中 URI 的概念

URI（Uniform Resource Identifier，统一资源标识符）或者说 URL（Uniform Resource Locator，统一资源定位符）在 HTTP 中表示了请求的服务器资源的具体位置。例如在请求 GET /images/banner.jpg HTTP/1.1 中，用户代理希望获取服务器根目录下 image 子目录中的 banner.jpg 文件。人们平时上网浏览时，输入的网页地址，例如 http://www.inspc.cn/index.asp 也是一个 URI，代表访问 www.inspc.cn 网站下的 index.asp 文件。

在 HTTP 中，完整的 URI 的格式如下：

<protocol>://<username>:<password>@<host>:<port>/<directory>/<filename>? <param1>=<value1>&<param2>=<value2>

其中，<protocol>代表了协议类型，<username>和<password>是身份验证所使用的用户名密码，<host>通常是服务器的域名或 IP 地址，<port>为该网站 Web 服务所监听的端口，<directory>是请求的资源的路径信息，<filename>是请求的资源的文件名，<param1>=<value1>和<param2>=<value2>代表了提交给指定资源的参数信息（参数名以及参数的值）。出于灵活性的考虑，HTTP 只定义了 URI 的格式，没有定义哪些部分是必选的，也就是说在实际情况中，URI 的每个部分都是可选的。

从 URI 的格式可以发现，其中使用了 ":" "/" "@" "?" "=" 和 "&" 作为分隔符号，分隔协议、用户名、密码、路径、参数名和参数值等各部分信息。这些字符称为保留字符。如果在资源的名称、目录名称、参数名称或者参数值中也出现了这些字符，那么为了避免混淆，必须对这些字符进行转义。转义的规则为：将保留字符以 "%+保留字符的 ASCII 码十六进制值" 表示。当然，根据这个规则，"%" 如果出现在名称中，那也必须转义。同样的，对于在特定场合有着特定意义，或者本身容易引起混淆的字符，如空格、英文双引号以及"<"">"等字符也需要进行转义。表 7-1 列出了常见的需要转义的字符及其转义后的表示。

表 7-1

原 始 字 符	转 义 字 符	原 始 字 符	转 义 字 符
:	%3a	空格	%20
/	%2f	"	%22
@	%40	<	%3c
?	%3f	>	%3e
=	%3d	%	%25
&	%26	#	%12

7. HTTP 标识和 SSL 标识

一台 IIS 服务器上可以架设多个 Web 站点，IIS 服务器通过网站标识来区分不同的 Web 站点。网站标识分为 HTTP 标识和 SSL 标识两部分，一个 Web 站点可以同时具有多个 HTTP 标识或多个 SSL 标识，但至少必须具有一个 HTTP 标识。

（1）HTTP 标识

HTTP 标识是以下 3 个属性的组合，只要其中一个属性在 IIS 服务器的所有 HTTP 标识中具有唯一值，则 IIS 服务器认为此 HTTP 标识是唯一的。

1）分配给 Web 站点的 IP 地址：此 Web 站点侦听客户端发送的 HTTP 请求的 IP 地址。

2）分配给 Web 站点的 TCP 端口：此 Web 站点侦听客户端发送的 HTTP 请求的 TCP 端口，如果不是标准的 HTTP 端口（TCP 80），那么客户端在访问时必须明确指定端口号。

3）分配给 Web 站点的主机头值：此 Web 站点的主机头值（域名），当指定主机头值时，客户端访问时必须明确指定主机头值。

（2）SSL 标识

对于网站标识来说，SSL 标识不是必需的，即可以不具有 SSL 标识。SSL 标识是以下两个属性的组合，只要其中一个属性在 IIS 服务器的所有 SSL 标识中具有唯一值，则 IIS 服务器认为此 SSL 标识是唯一的。

1）分配给 Web 站点的 IP 地址：此 Web 站点侦听客户端发送的 HTTPS 请求的 IP 地址。

2）分配给 Web 站点的 TCP 端口：此 Web 站点侦听客户端发送的 HTTPS 请求的 TCP 端口，如果不是标准的 HTTPS 端口（TCP 443），那么客户端在访问时必须明确指定端口号。

当网站标识的 HTTP 标识和 SSL 标识（如果有）均是唯一的时，IIS 才认为网站标识是唯一的。只有具有各自唯一的网站标识时，不同的 Web 站点才可以同时在 IIS 服务器上运行。如果发现 Web 站点无法启动并且提示端口被占用，则需要检查 Web 站点的网站标识是否是唯一的。

IIS 服务器根据 Web 站点的网站标识将客户端的访问请求转向到不同的 Web 站点。例如，如果站点 A 的网站标识如下：

IP 地址：172.16.100.80

HTTP 端口：TCP 80

主机头值：无

那么客户端只需要通过 http://172.16.100.80 就可以访问站点 A。而如果另外一个站点 B 的网站标识为：

IP 地址：10.1.1.10

HTTP 端口：TCP 88

主机头值：无

那么客户必须通过 http://10.1.1.10:88 才能访问此 Web 站点 B。而如果另外一个站点 C 的网站标识为：

IP 地址：192.168.1.88

HTTP 端口：TCP 80

主机头值：www.inspc.local

那么，客户端必须在浏览器中输入"www.inspc.local"（使请求中的主机头值为 www.inspc.local），并且 DNS 能够将该域名解析为 192.168.1.88（使请求被正确路由到 IIS 服务器所在 IP 地址）才能访问此 Web 站点，如果只是通过 http://192.168.1.88 是无法访问的。

安装 IIS 时默认会创建一个名为"默认网站"的 Web 站点，用户既可以在此基础上修改此站点的属性来满足自己的需求，也可以创建额外的站点提供 Web 服务。

8. 网站的主目录

Web 站点的主目录决定了网站中所有资源的位置。在 IIS 服务器中支持本地的文件夹、远程计算机上的共享文件夹、指向另一个网站的 URL 3 种类型的主目录。用户可以根据自己的实际情况，设置主目录的位置，但 3 种类型的主目录位置在提供 Web 访问时，在身份验证方面是有所区别的。

在默认情况下，如果设置网站的主目录为本地的文件夹，那么 IIS 将根据用户的请求，以 Internet 来宾用户的身份直接读写磁盘中该文件夹中的内容。如果设置网站的主目录为远程计算机上的共享文件夹，则可以另外指定一个远程计算机上的用户账号作为读写其内容的用户身份。如果网站主目录设置为指向另一个网站的 URL，则由对方网站决定访问时的身份验证方式。

9. 网站默认文档

通常情况下,用户在访问一个网站时,往往只会输入网站的域名,如 www.inspc.cn,浏览器在接收到该域名后,会自动地将其转换为有效的 URL 地址 http://www.inspc.cn/。严格来说,该 URL 指向的是 www.inspc.cn 网站的根目录,而非某个特定的文件。这样一个请求将列出该网站根目录中的内容(这个操作通常是不被允许的),而不会显示网站的首页。但通常在访问 Internet 中的站点时,仅输入网站域名确实会导向到网站首页,这个过程中就涉及网站的默认文档设置。

网站默认文档设置的作用是当用户请求访问网站的某个目录时(如请求访问网站的根目录),Web 服务器自动地在该目录下寻找特定的一些页面文档,将这些页面文档的内容返回给访问者,而不是列出目录中的所有文件内容。这个设置既简化了用户操作,即用户不必关心网站的首页文件名是什么,同时也有一定的安全意义,从一定程度上可以避免目录内容的泄露。

任务实施

1. 安装 Web 服务器(IIS)

微课 7-1
安装、部署与
调试 Web 服务

1)打开"服务器管理器"窗口,如图 7-3 所示。

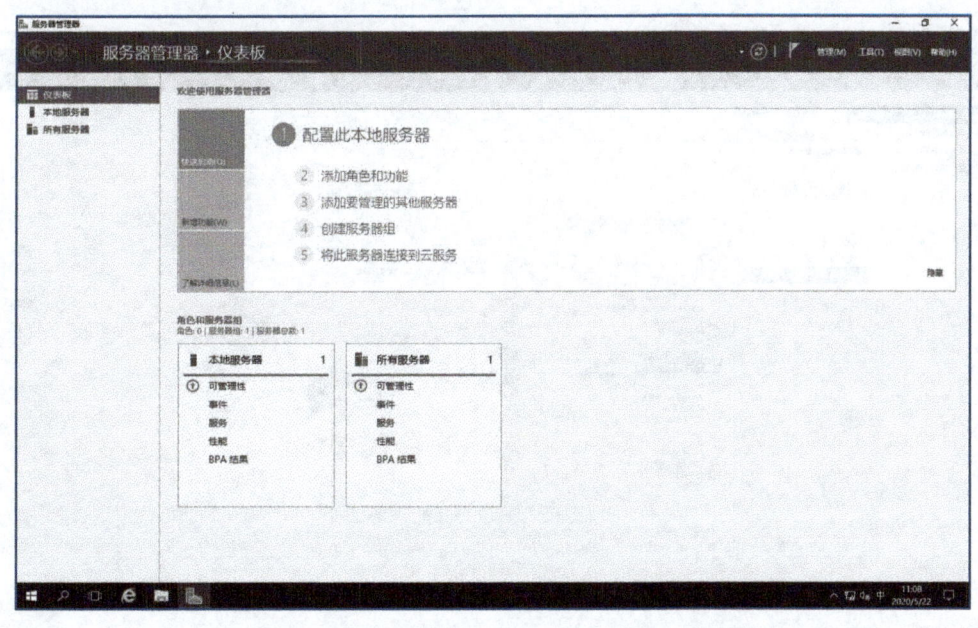

图 7-3

2)选择"管理"→"添加角色和功能"菜单命令,如图 7-4 所示。

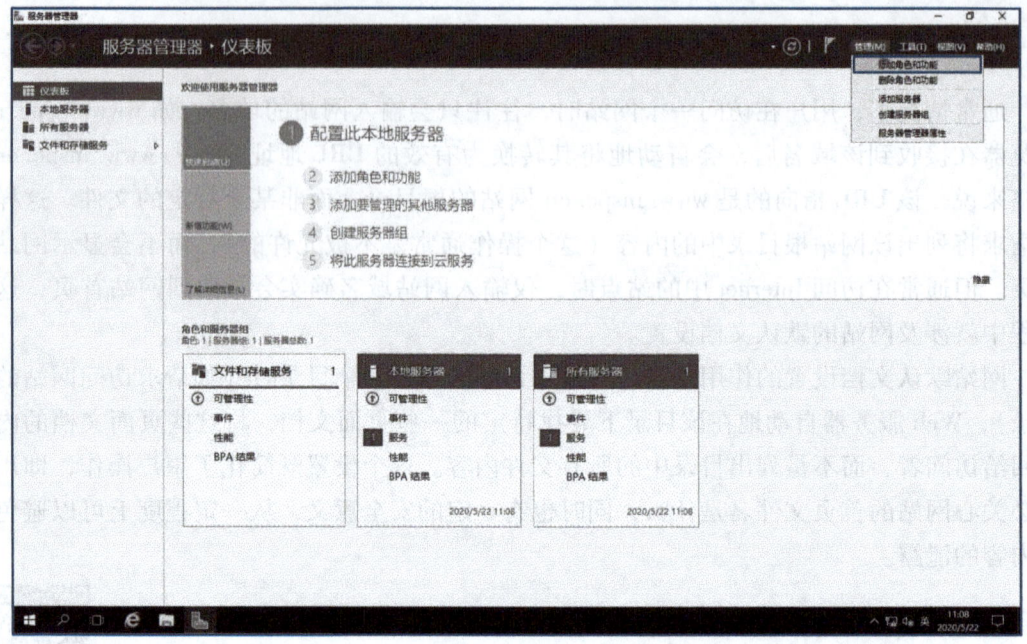

图 7-4

3）在打开的"添加角色和功能向导"窗口中，选择安装服务器角色为"Web 服务器（IIS）"，如图 7-5 所示。

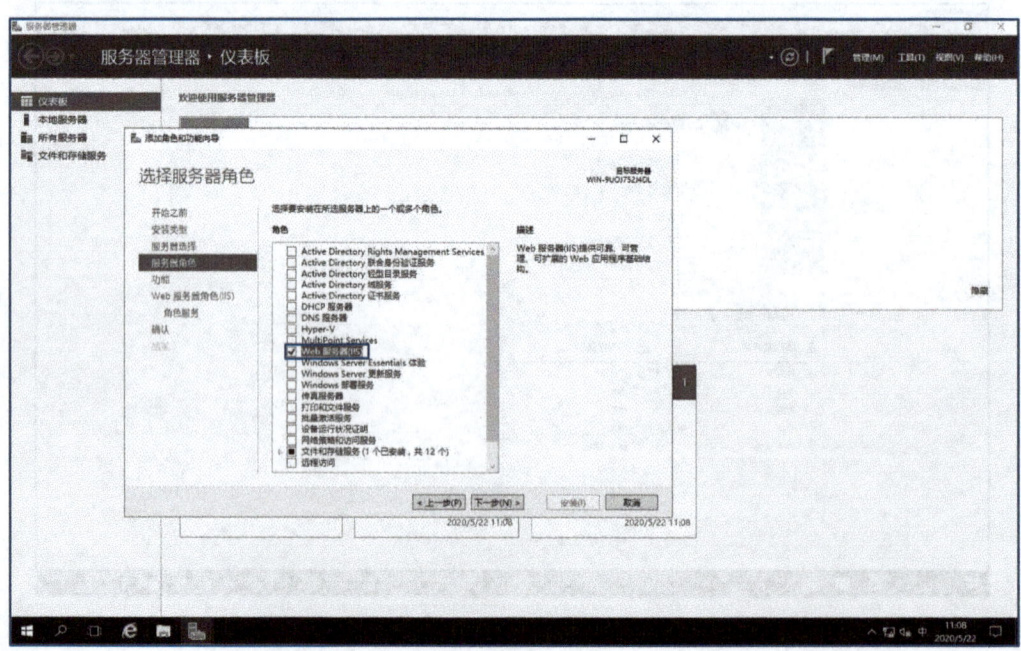

图 7-5

4)单击"下一步"按钮,完成角色安装,如图 7-6 所示。

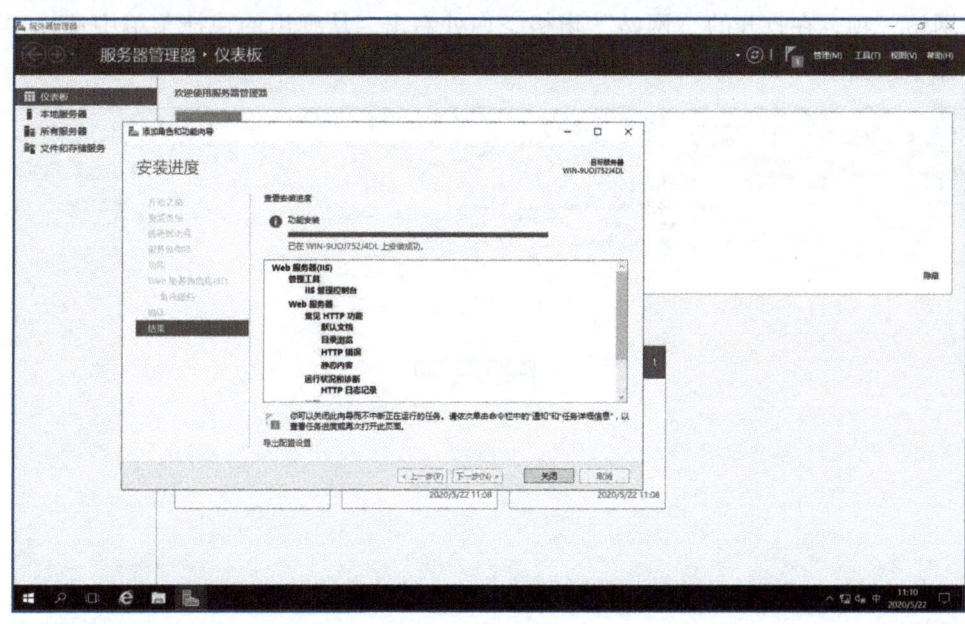

图 7-6

2. 创建 Web 站点

1)打开"服务器管理器"窗口,选择"工具"→"Internet Information Services(IIS)管理器"菜单命令,如图 7-7 所示。

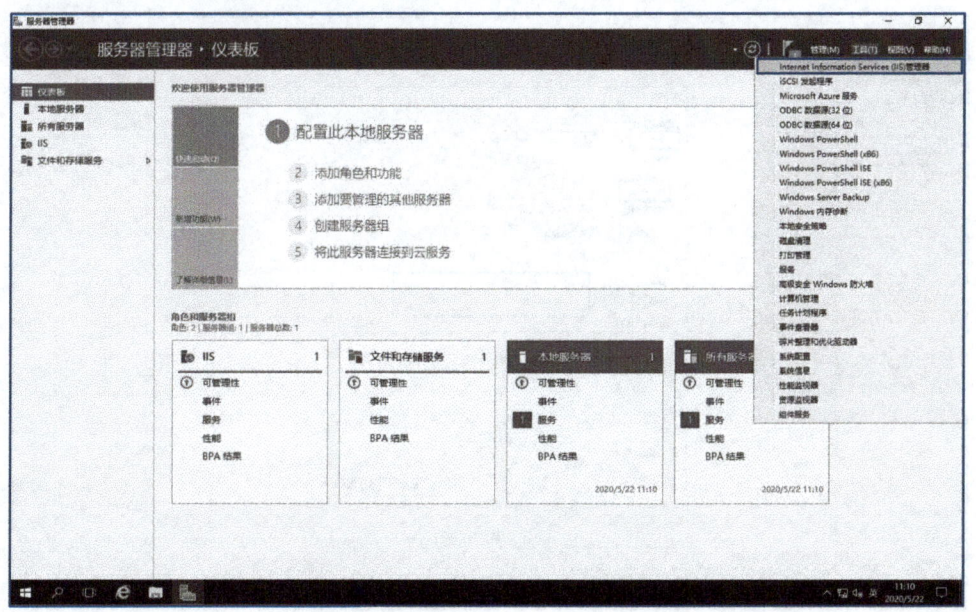

图 7-7

2）打开"Internet Information Services（IIS）管理器"窗口，在左侧"连接"窗格中选择"网站"项，在打开的"网站"窗格空白处右击，从弹出的快捷菜单中选择"添加网站"命令，如图7-8所示。

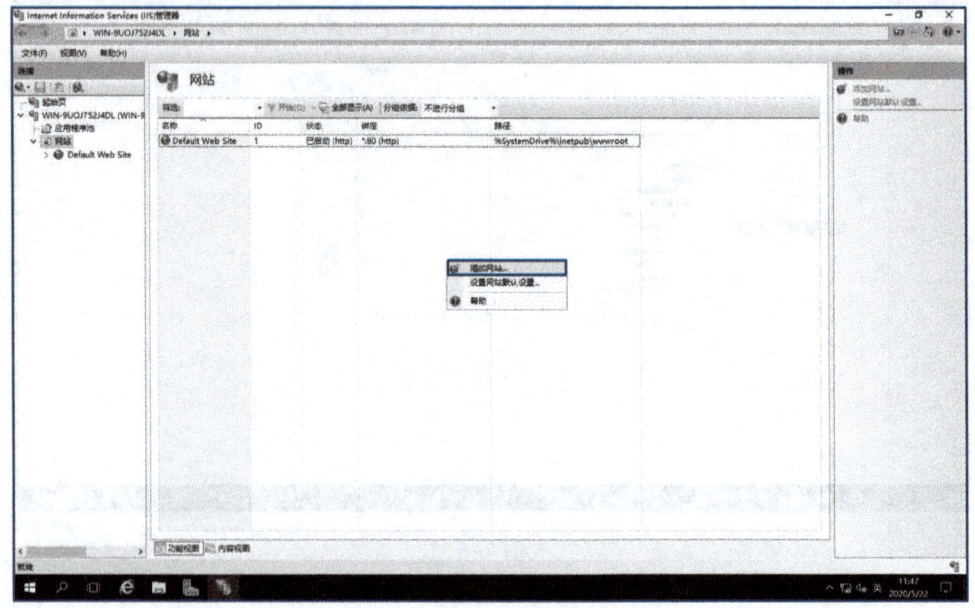

图 7-8

3）打开"添加网站"对话框，输入网站名称"web-inspc"，设置内容目录的物理路径为C:\website，如图7-9所示。

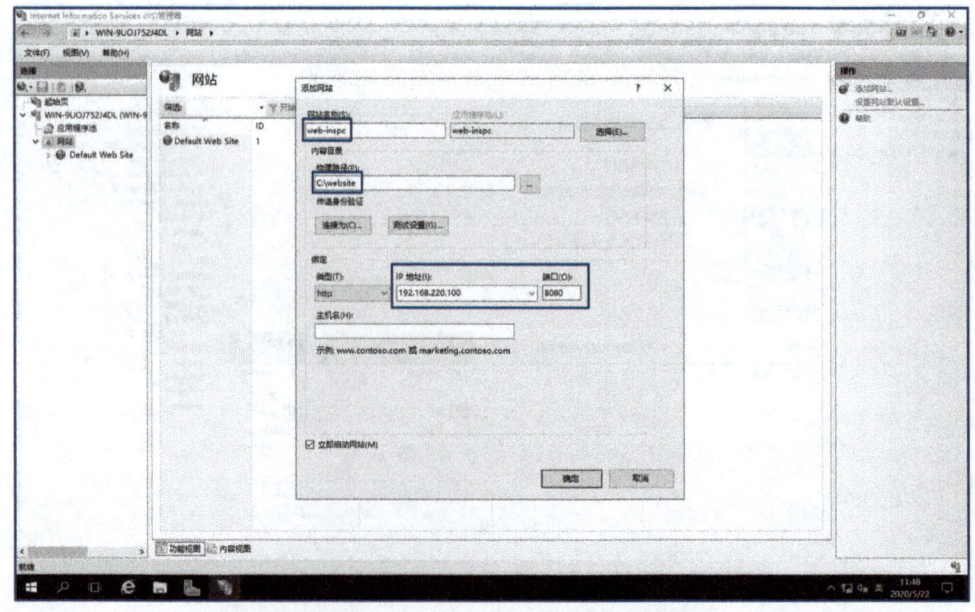

图 7-9

3. 使用服务器网卡 IP 绑定网站，端口使用 8080

在"添加网站"对话框中，选择 IP 地址为当前服务器网卡 IP（192.168.220.100），端口为 8080。最后单击"确定"按钮，完成 Web 网站的添加，如图 7-10 所示。

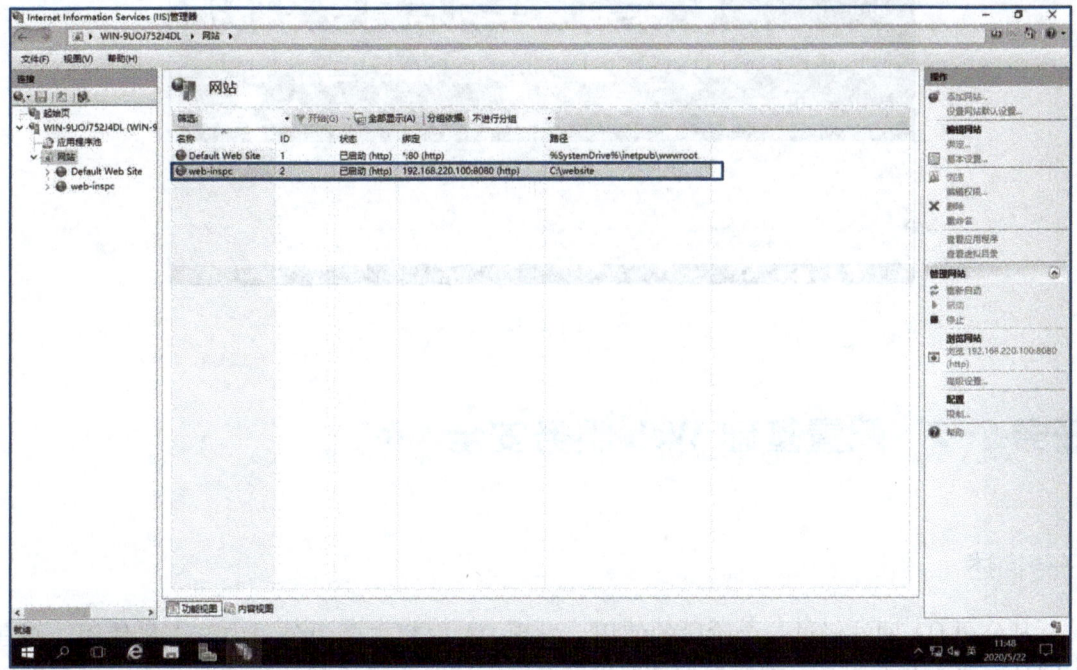

图 7-10

4. 使用 IE 浏览器访问 URL 链接

打开 IE 浏览器，在网址中输入"http://192.168.220.100:8080/inspc"，确认后网站可以正常运行，如图 7-11 和图 7-12 所示。

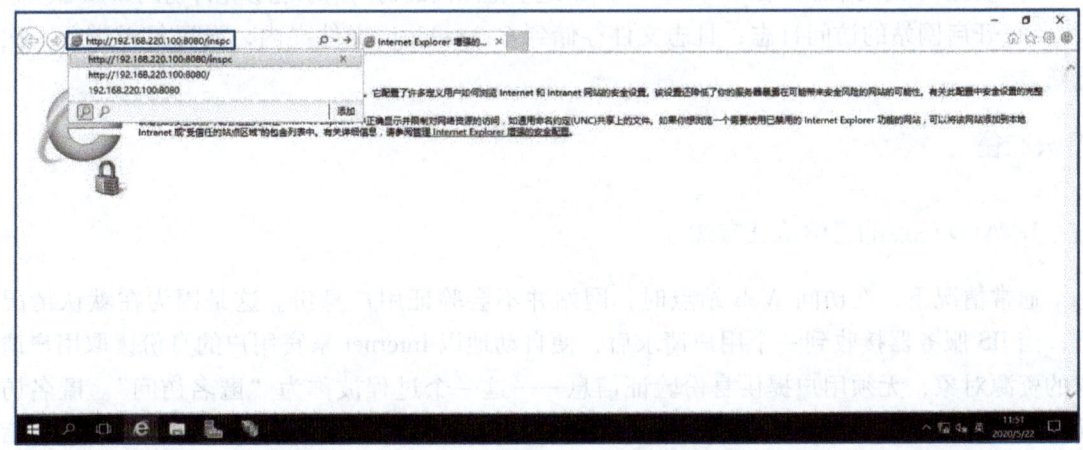

图 7-11

图 7-12

任务 7-2　配置基础 Web 服务安全

任务描述

某公司 OA 网站经过一个阶段的使用，发现 OA 内容主要为公司内部人员使用，而官方网站主要为公众服务，需要根据情况进行分开；同时为了追溯访问情况，需要记录下所有网站日志信息。作为该公司安全技术员，请按照下列要求进行安全设置：

1）为 Web 服务器添加安全性功能。
2）新建用户 oauser，密码为 abc.123，新建用户组 oagroup，并添加用户 oauser。
3）授权仅指定用户组 oagroup 能访问该网站。
4）设置 IP 访问限制，在 192.168.0.0/16 地址范围内的访问请求能够允许访问 Web 服务。
5）开启网站的访问日志；日志文件存储到 C:\weblogs 文件夹内，设置每天进行一次更新。

知识准备

1. Web 站点的身份验证方式

通常情况下，在访问 Web 站点时，网站并不会验证用户身份。这是因为在默认情况下，当 IIS 服务器接收到一个用户请求后，便自动地以 Internet 来宾用户的身份读取用户请求的资源对象，无须用户提供身份验证信息——这一个过程被称为"匿名访问"。匿名访问对于面向公众的网站来说是十分合适，但对于一个企业内部网站，或网站中包含敏感信息的位置，不验证来访用户的身份显然是不安全的。在 IIS 服务器中，支持的身份验证方

式包括以下几种:
1) Windows 身份验证。
2) 摘要式身份验证。
3) 基本身份验证。
4) ASP.NET 模拟。
5) 基于证书的身份验证。

"匿名访问"本质上属于 Windows 身份验证,只是 IIS 服务器不要求用户输入信息,自动完成访问用户到 Windows 系统账户(Internet 来宾账户)的映射。

2. IP 地址过滤

虽然对于一个网站来说,访问量越大越好,但一个网站中总有一些敏感位置,如网站的后台管理页面、网站的数据库等内容是仅由管理员使用,不面向公众的。IIS 服务器提供了 IP 地址过滤功能以限制访问的 IP 地址,确保敏感信息只有特定来源的用户可以访问。

任务实施

1. 新建用户及用户组

微课 7-2
配置基础 Web
服务安全

1)打开"服务器管理器"窗口,选择"管理"→"添加角色和功能"菜单命令,如图 7-13 所示。

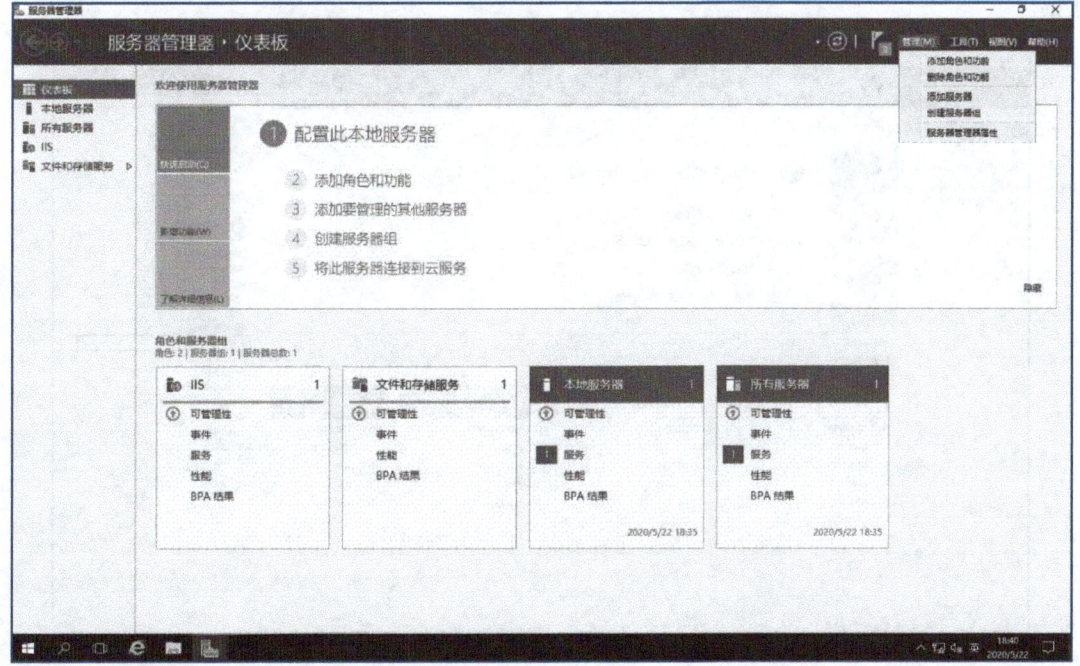

图 7-13

2）在打开的"添加角色和向导"窗口"角色"列表框的"Web 服务器（IIS）"项下选中"安全性"复选框，单击"下一步"按钮完成安装，如图 7-14 所示。

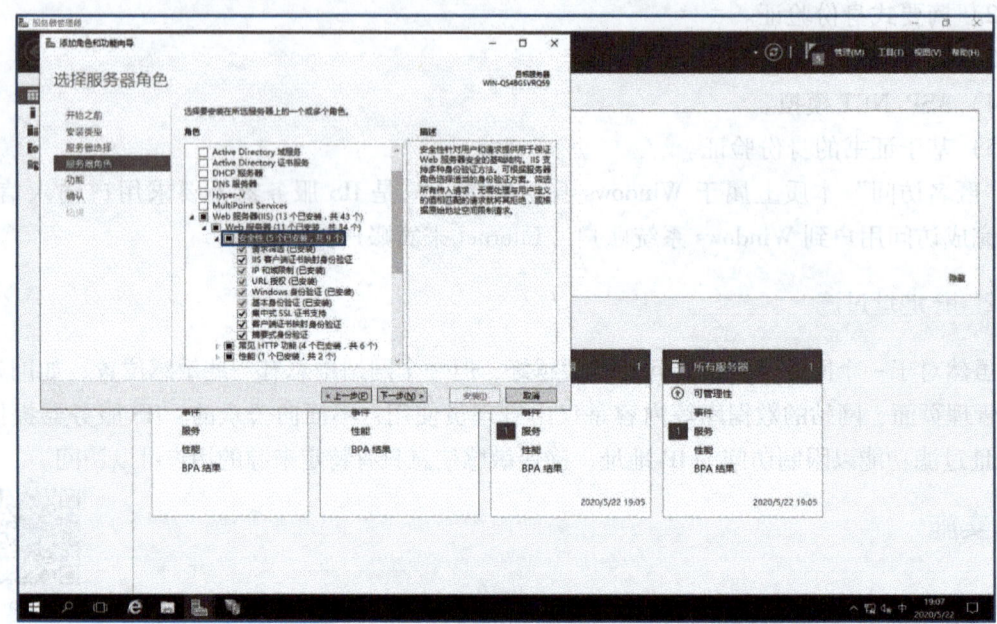

图 7-14

3）返回"服务器管理器"窗口，选择"工具"→"计算机管理"菜单命令，如图 7-15 所示。

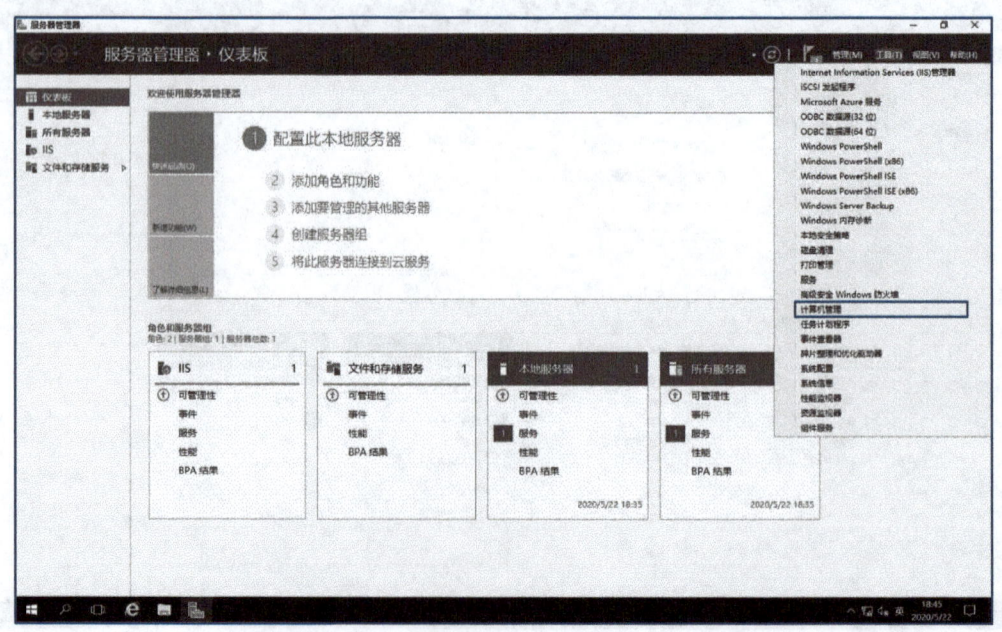

图 7-15

4) 在打开的"计算机管理"窗口中,依次展开"本地用户和组"→"用户"项,新建用户 oauser,密码为 abc.123,如图 7-16 所示。

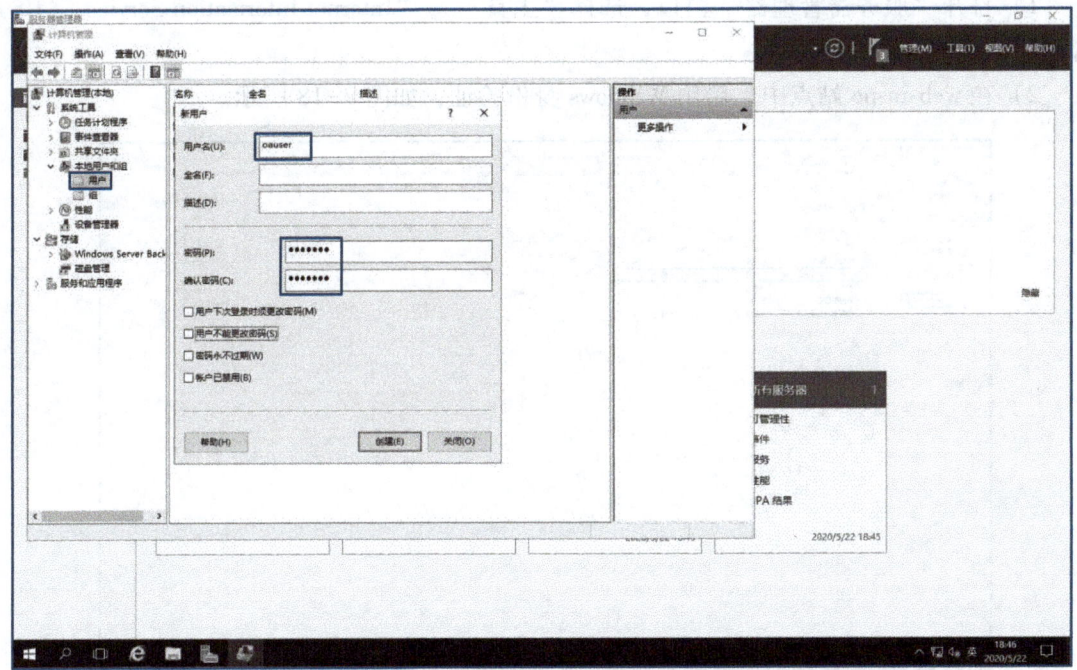

图 7-16

5) 重复上述操作,新建用户组 oagroup,并添加用户 oauser,如图 7-17 所示。

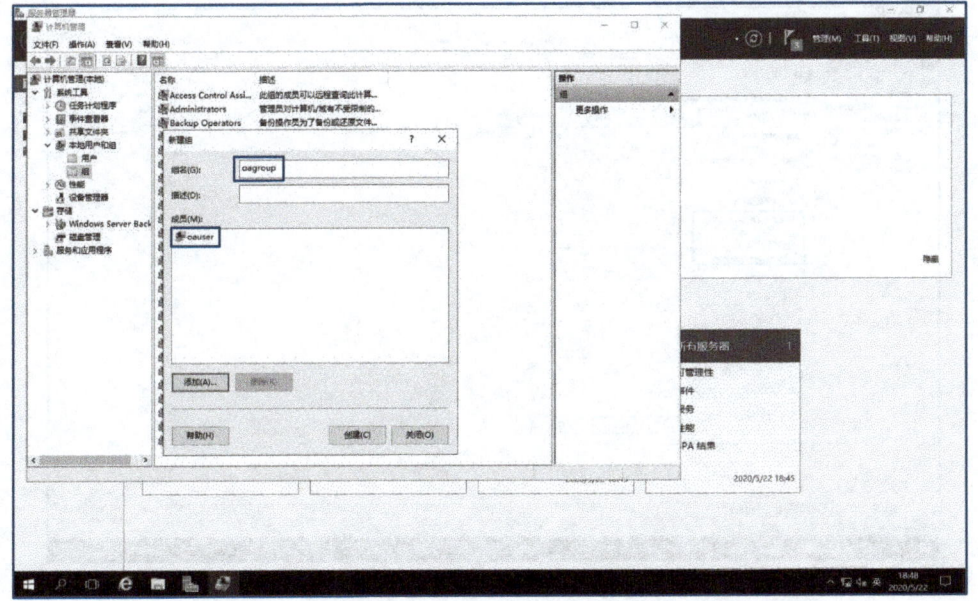

图 7-17

2. 授权仅指定用户组能访问该网站

1）打开"服务器管理器"窗口，选择"工具"→"Internet Information Services（IIS）管理器"菜单命令。

2）在 web-inspc 站点中，启用 Windows 身份验证，如图 7-18 所示。

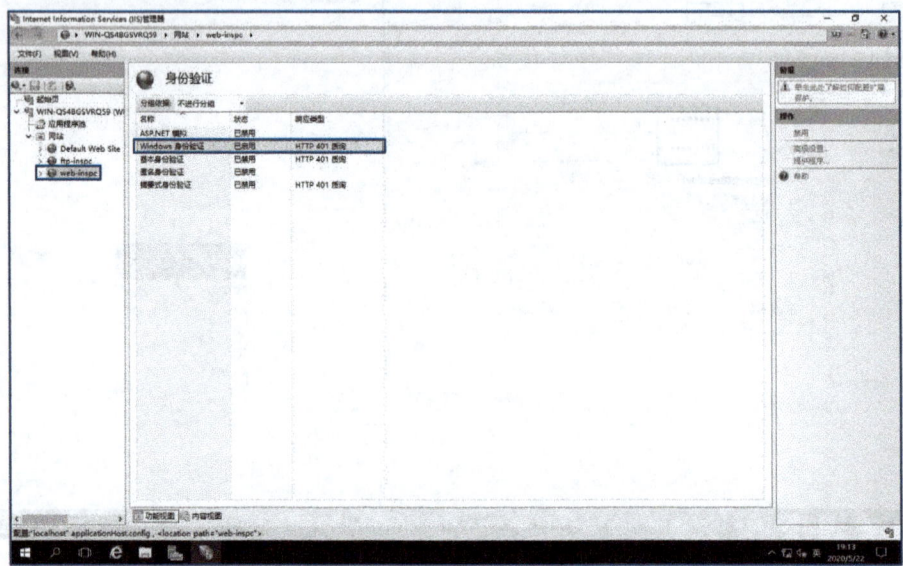

图 7-18

3）在 web-inspc 站点中，授权 oagroup 组能够访问网站，如图 7-19 所示。

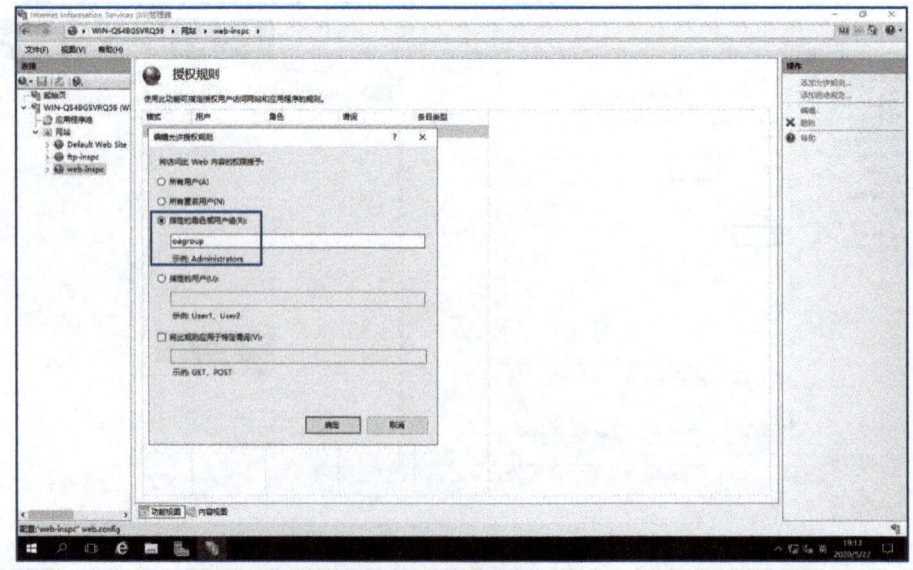

图 7-19

3. 设置 IP 访问限制

在 web-inspc 站点中，添加 IP 地址策略：仅 192.168.0.0/16 网络能够访问，如图 7-20 所示。

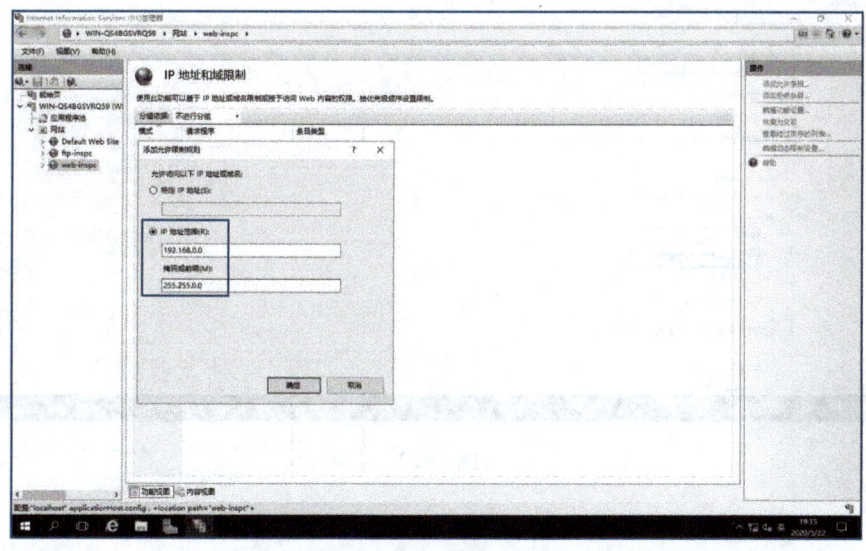

图 7-20

4. 开启网站的访问日志，设置日志文件存储位置及更新

1）在 web-inspc 站点中，设置日志目录为 C:\weblogs，如图 7-21 所示。

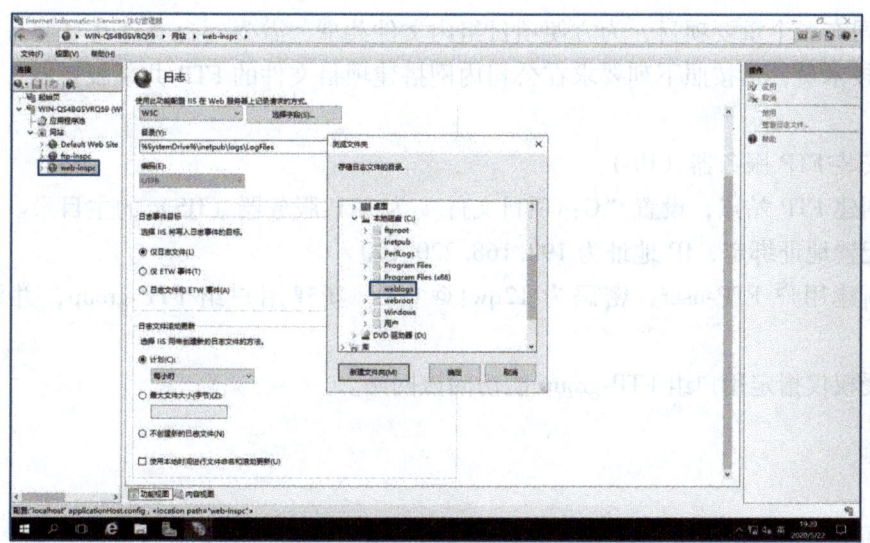

图 7-21

2）在 web-inspc 站点中，设置日志滚动更新计划为"每天"，如图 7-22 所示。

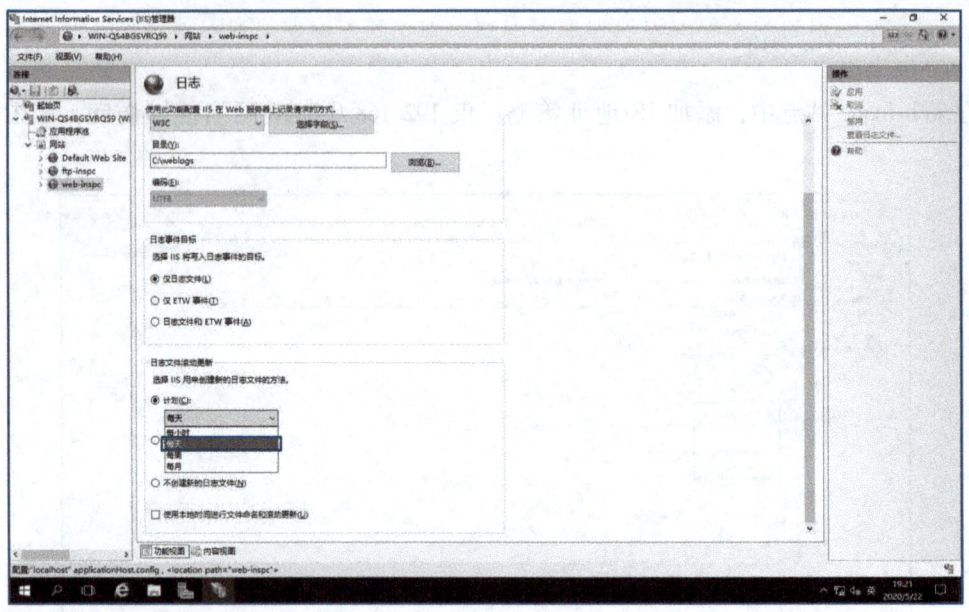

图 7-22

任务 7-3　安装、部署与配置文件服务

任务描述

某公司有一个重要项目，为方便项目组内文件共享，需要一台文件共享服务器。作为公司安全技术员，请按照下列要求在公司内网搭建项目文件的 FTP 共享服务器，并进行安全设置：

1）安装 FTP 服务器（IIS）。

2）创建 FTP 站点，设置"C:\项目文件"为 FTP 服务器（IIS）的主目录。

3）配置地址绑定，IP 地址为 192.168.220.100。

4）新建用户 FTP-user，密码为 12qw!@QW，新建用户组 FTP-group，并添加用户 FTP-user。

5）授权仅指定用户组 FTP-group 能访问该网站。

知识准备

1. FTP 简介

FTP（File Transfer Protocol，文件传输协议）是用于主机之间的文件传输协议，其主要功能是在主机之间进行高效、可靠地传输文件以方便使用。

FTP 可以促进计算机上文件的远程共享，打破不同文件系统的隔阂，使得数据可以可靠、有效地传输，通过 FTP 还可以使用户间接地使用远程计算机。

2. FTP 的工作模式

FTP 使用 20 和 21 两个端口，20 端口专门用于传输数据，而 21 端口用于传输 FTP 指令。一般来说，客户端通过 Socket 连接 FTP 的 21 端口，发送如登录、下载文件、浏览目录等 FTP 指令；服务器通过返回 FTP 代码来告知客户端该指令是否被执行。

当服务器接收到合法的数据传输操作时，服务器将通过数据传输端口来传输数据，在传输数据时，FTP 可以有主动模式和被动模式两种。

当 FTP 数据传输被设置为主动模式（PORT）时，客户端会开放一个随机端口（N）进行监听，并将该端口告知服务器，由服务器从它自己的 20 端口主动连接到客户端指定端口（N）进行数据传输。

在 FTP 的被动模式下（PASV），当服务器接到客户端传输数据的指令后，服务器随机开放一个端口（P）并监听，客户端将向该端口（P）发起数据连接传输数据。

3. 常见的 FTP 服务器工具

（1）IISFTP

IISFTP 服务器是 Windows 自带程序，可以根据企业不同需求进行相关部署，功能和安全性非常完备。

（2）Serv-U

Serv-U 是一种被广泛运用的 FTP 服务器端软件，可以设定多个 FTP 服务器、限定登录用户的权限及登录主目录及空间大小等，功能非常完备。其具有非常完备的安全特性，支持 SSLFTP 传输，支持在多个 Serv-U 和 FTP 客户端通过 SSL 加密连接保护数据安全。

（3）FileZilla

FileZilla 是一款经典的开源 FTP 解决方案，包括 FileZilla 客户端和 FileZillaServer。无论是在传输速率还是安全性方面，都是非常优秀的。

（4）VSFTP

VSFTP 是一个基于 GPL 发布的类 UNIX 系统上使用的 FTP 服务器软件，其全称是 Very Secure FTP。从其名称可以看出来，编制者的初衷是代码的安全，除了这与生俱来的安全特性以外，高速与高稳定性也是 VSFTP 的两个重要特点。

任务实施

1. 安装 FTP 服务器（IIS）

1）打开"服务器管理器"窗口，选择"管理"→"添加角色和功能"命令，

微课 7-3
安装、部署与
配置文件服务

如图 7-23 所示。

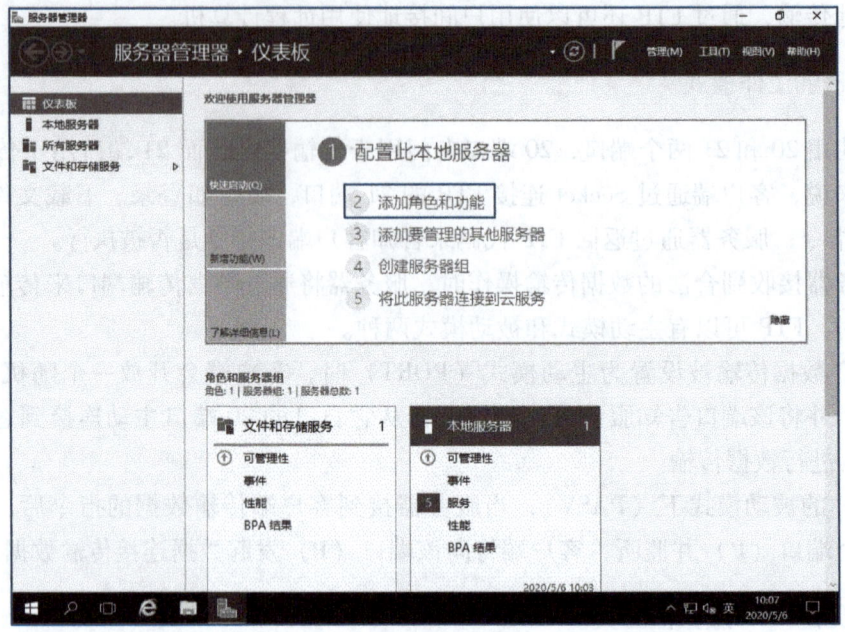

图 7-23

2）打开"添加角色和功能向导"窗口，选中"基于角色或基于功能的安装"单选按钮，单击"下一步"按钮，如图 7-24 所示。

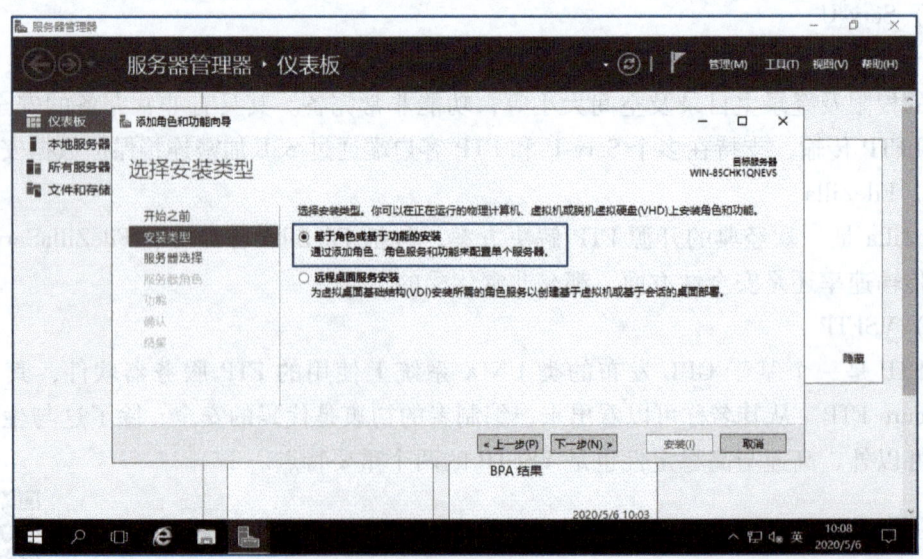

图 7-24

3）选中"从服务器池中选择服务器"单选按钮，单击"下一步"按钮，如图 7-25 所示。

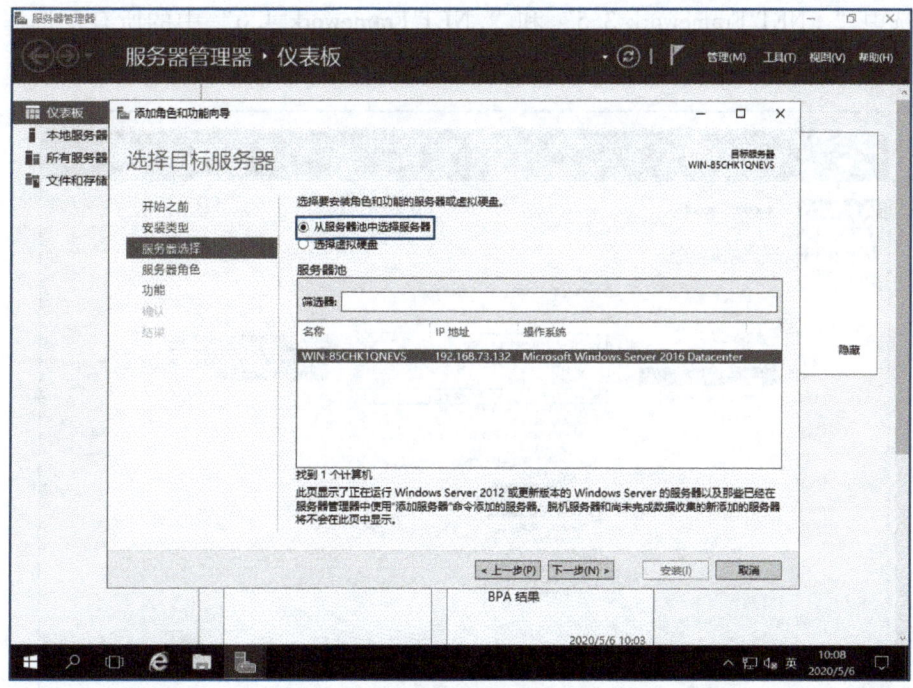

图 7-25

4)选中"Web 服务器(IIS)"复选框,在打开的对话框中单击"添加功能"按钮,如图 7-26 所示。

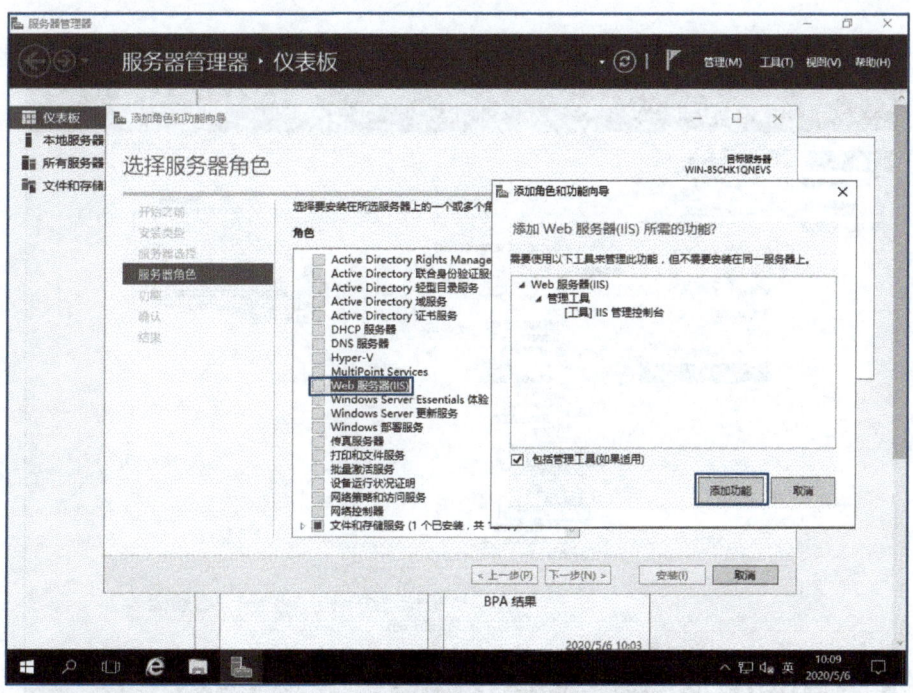

图 7-26

5）选中".NET Framework 3.5"和".NET Framework 4.6"中的所有复选框，单击"下一步"按钮，如图7-27所示。

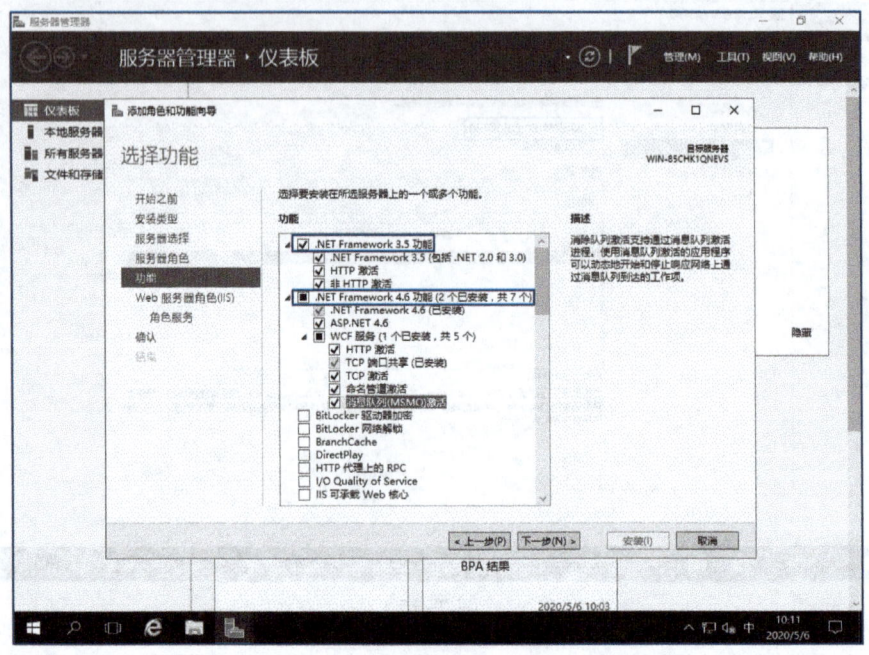

图 7-27

6）选中"FTP 服务器"和"IIS 管理控制台"复选框，单击"下一步"按钮，如图7-28所示。

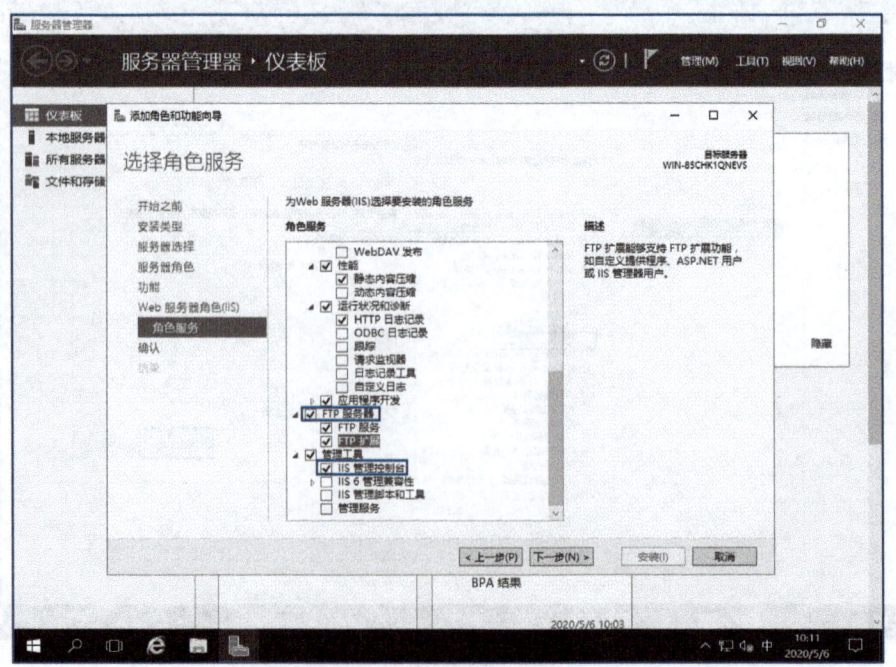

图 7-28

7）最后单击"安装"按钮，开始安装，如图7-29所示。

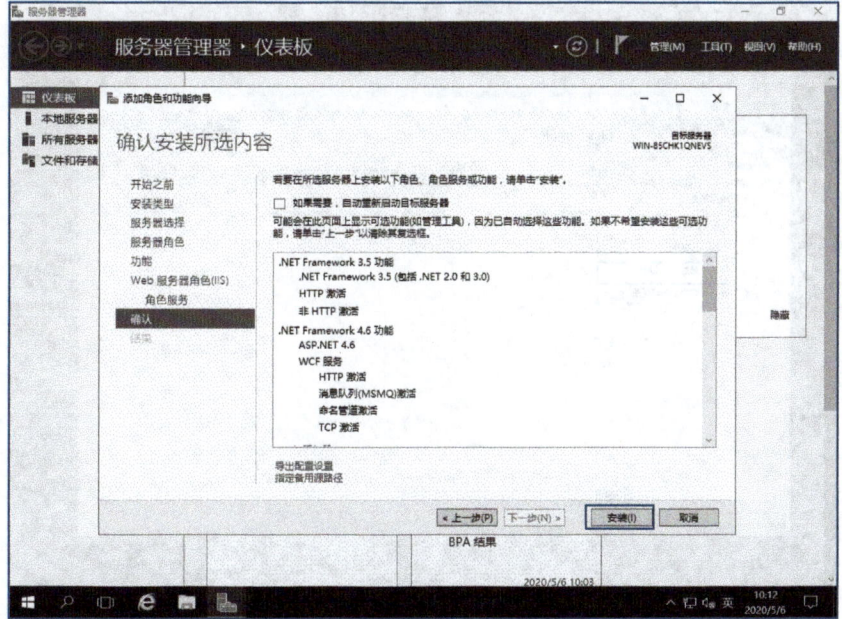

图 7-29

8）安装结束后，可在服务器管理器中找到 IIS 服务，如图 7-30 所示。

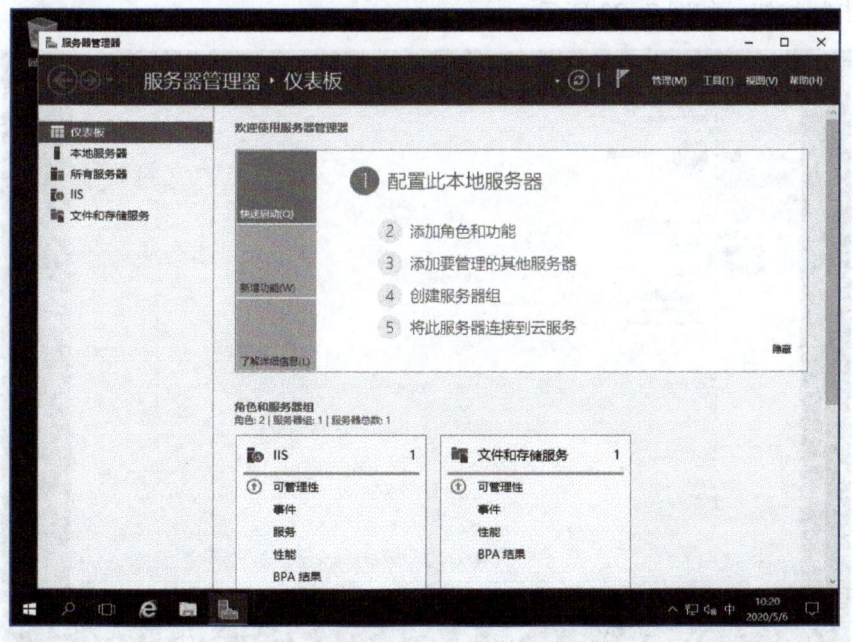

图 7-30

2. 创建 FTP 站点

1）在"Internet Information Services（IIS）管理器"窗口中右击"网站"项，从弹出

的快捷菜单中选择"添加 FTP 站点"命令,如图 7-31 所示。

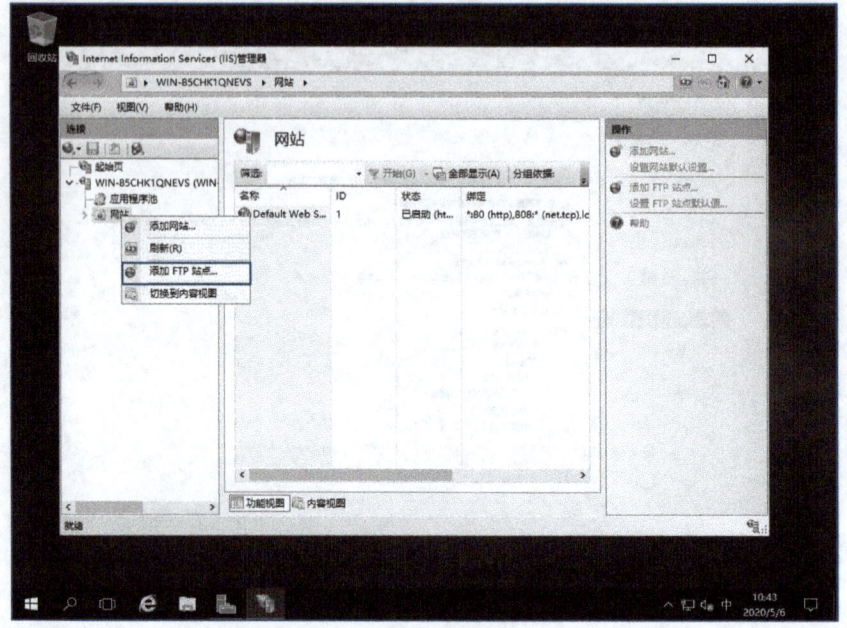

图 7-31

2）在打开的"添加 FTP 站点"窗口的"物理路径"项中选择"C:\项目文件",单击"下一步"按钮,如图 7-32 所示。

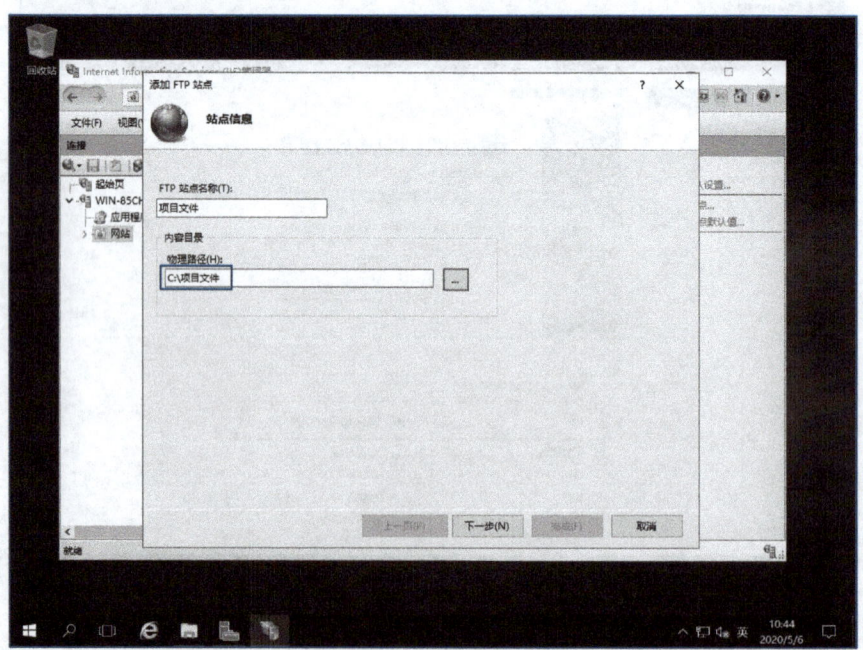

图 7-32

3）将 IP 地址设置为 192.168.1.100,单击"下一步"按钮,如图 7-33 所示。

项目 7　应用服务器安全配置　255

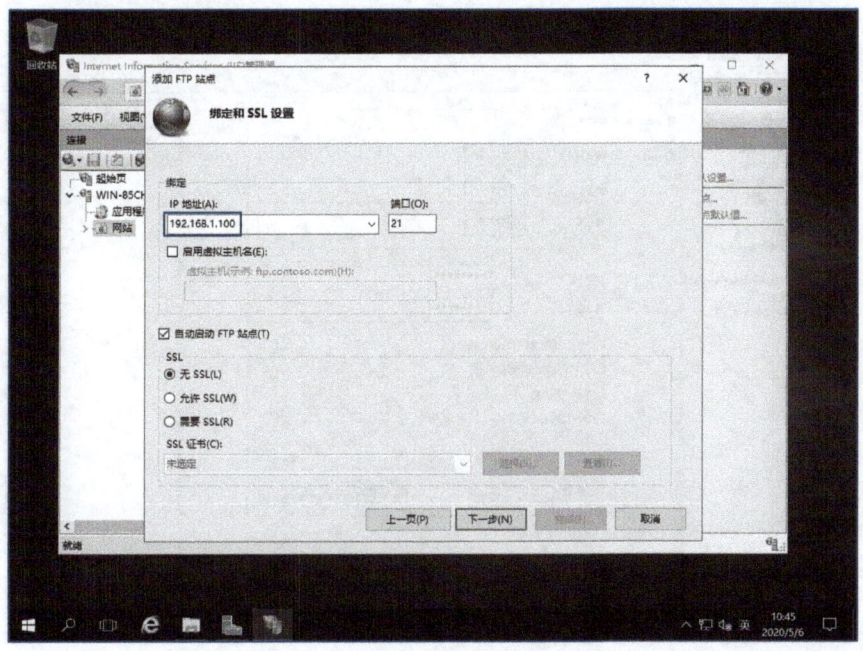

图 7-33

3. 创建用户和用户组

1）右击系统桌面上的"计算机"图标，从弹出的快捷菜单中选择"管理"命令，打开"计算机管理"窗口。依次展开"本地用户和组"→"用户"项，右击并选择"新用户"命令，如图 7-34 所示。

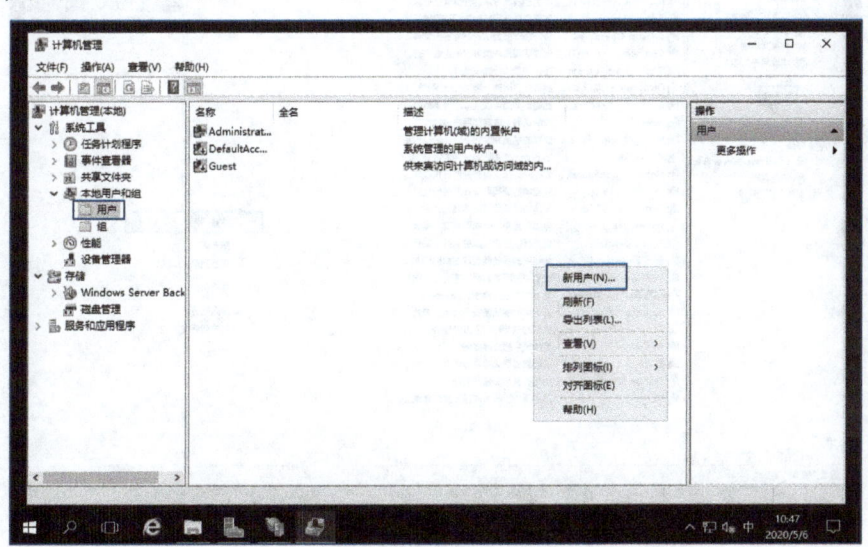

图 7-34

2）在打开的"新用户"窗口中输入用户名"FTP-user"，密码为 12qw!@ QW，选中"密码永不过期"复选框，如图 7-35 所示。

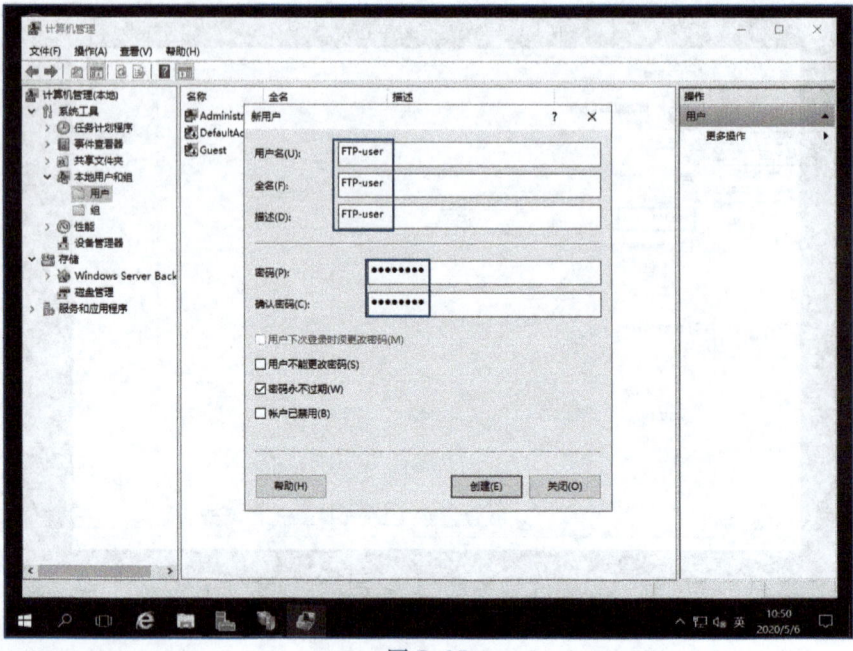

图 7-35

3）返回"计算机管理"窗口，再次展开"本地用户和组"→"组"项，右击并选择"新建组"命令，如图 7-36 所示。

图 7-36

4）在打开的"新建组"窗口中根据要求输入正确的组名 FTP-group，单击"添加"按钮，如图 7-37 所示。

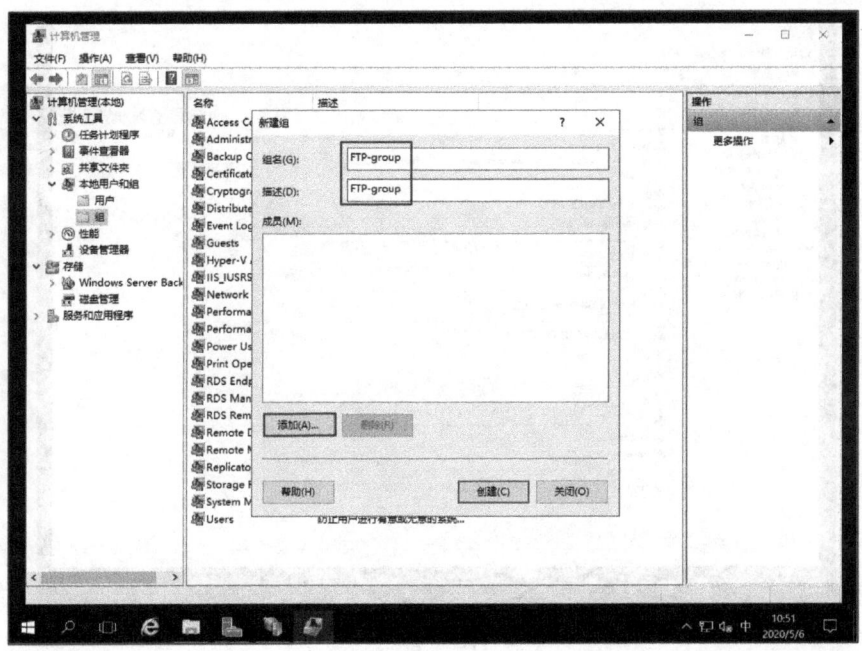

图 7-37

5）打开"选择用户"对话框，单击"高级"按钮，单击"立即查找"按钮，选择用户 FTP-user，如图 7-38 所示。

图 7-38

6）单击"确定"按钮，返回"新建组"窗口，再单击"创建"按钮，如图 7-39 所示。

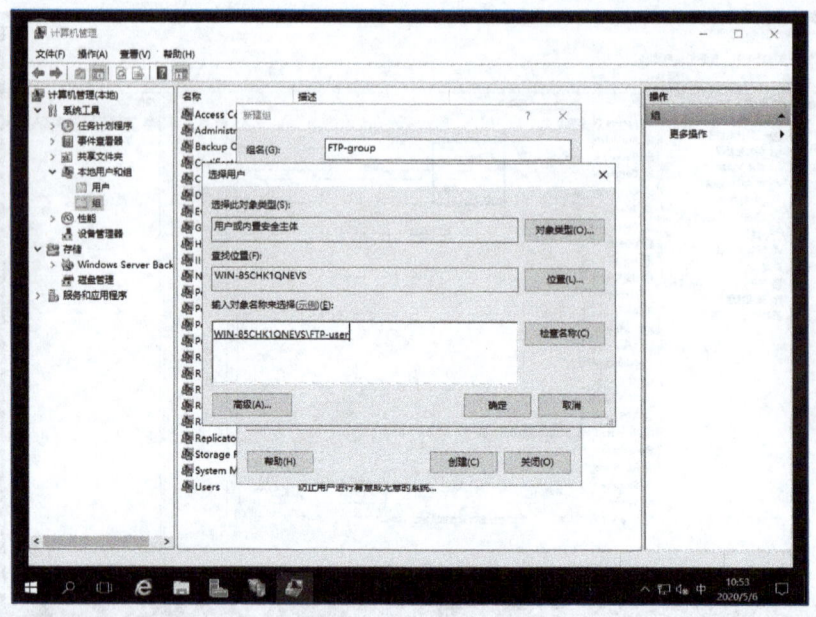

图 7-39

4. 授权仅指定用户组能访问该网站

打开 IIS 管理器，选择"网站"并右击，在弹出的快捷菜单中选择"添加 FTP 站点"命令，在打开的"添加 FTP 站点"对话框中"身份认证"区选中"基本"复选框，在"允许访问"处选择"指定角色或用户组"选项和输入用户名 FTP-group，同时"权限"处选中"读取"和"写入"复选框，单击"完成"按钮，如图 7-40 所示。

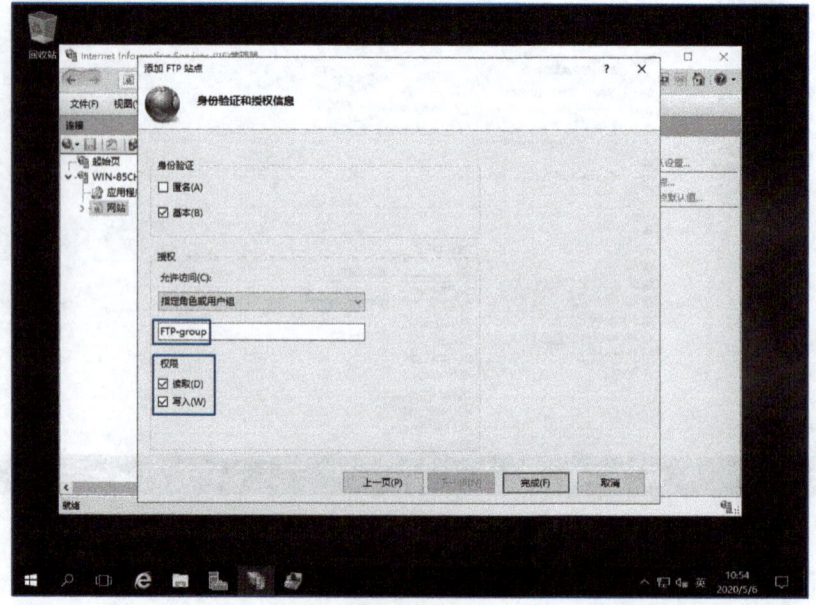

图 7-40

任务 7-4　配置文件服务器安全策略

任务描述

某公司有一个重要项目,为方便项目组内文件共享,需要一台文件共享服务器。作为公司安全技术员,请按照下列要求在公司内网上搭建项目文件的 FTP 共享服务器,并进行安全设置:

1) 新建用户 ftpuser,密码为 abc.123;再新建用户组 ftpgroup,并添加用户 ftpuser。
2) 授权仅指定用户组 ftpgroup 能访问该网站。
3) 设置 IP 访问限制,在 192.168.0.0/16 地址范围内的访问请求能够允许访问 FTP 服务。
4) 开启 FTP 的访问日志;日志文件存储到 C:\ftplogs 文件夹内,设置每天进行一次更新。

知识准备

1. 保护密码

FTP 服务器在运行过程中可能会遭受多种类型的攻击,其中口令暴力破解是较为常见的。为了减少口令暴力破解的风险,一方面可以设置不易被猜测中的口令,另一方面可以限制服务器尝试发送密码的次数。在几次尝试(一般 3~5 次)后,服务器应该结束和该客户的控制连接。在结束控制连接以前,服务器必须给客户端发送一个返回码 421(服务不可用,关闭控制连接)。另外,服务器在相应无效的 PASS 命令之前应暂停几秒来消减强力攻击的有效性。

攻击者可能通过与服务器建立多个、并行的控制连接破坏上述机制。为了防止多个并行控制连接的使用,服务器可以限制连接的最大数目,或探查会话中的可疑行为并在以后拒绝该站点的连接请求。然而上述两种措施又引入了"拒绝服务"攻击,攻击者可以故意地禁止有效用户的访问。

最后,标准 FTP 在明文文本中使用 PASS 命令发送密码。FTP 客户端和服务器端应尽可能使用安全的鉴别机制,这种鉴别机制不会遭受窃听。例如,IETF 公共鉴别技术工作组开发的机制。

2. 使用反向查找

帮助提高 FTP 服务器安全性的另一个方法是利用用户的反向查找。许多 FTP 服务器的登录连接是由已知主机名和 IP 地址的远端主机接入的。反向查找可用来验证建立连接的主机的主机名和 IP 地址。虽然这看起来对提高安全性并没有多大的作用,但至少可以表明是否采用真实的 IP 地址和主机名来登录,即是否为合法的 FTP 服务器登入。另外,很多 HTTP 服务器查找信息的注册方式,也是使用反向查找的。反向查找的目的是要确认 IP 地址和主机名是否完全相符。如果主机名和 IP 地址不相符,FTP 服务器就会拒绝下载的连接要求。在使用反向查找的同时也可使用过滤器,以防止其他类型的访问进入 FTP 主机。即使是友好的、同一房间内的服务器,也可以考虑使用这种安全方法,只要由 DNS 来支持反向解析和一个可胜任的 FTP 服务器。

3. 安全使用匿名用户

管理员经常犯的错误之一,是在设置匿名 FTP 节点时允许匿名用户在目录中进行写操作。这可能为黑客修改系统文件导致系统不稳定的企图留下缺口,或者黑客可以多次登入,占用大量 CPU 和存储器资源。这类攻击有可能造成服务器以及服务器所在的子网停止服务。

具有匿名 FTP 是很有用的,有时甚至是很必要的。对访问 FTP 服务器的数目加以限制,并且不允许匿名用户具有写的权限,可以为管理员减少许多麻烦。

任务实施

微课 7-4
配置文件服务
器安全策略

1. 新建用户和用户组

1)打开"服务器管理器"窗口,选择"工具"→"计算机管理"菜单命令,如图 7-15 所示。

2)打开"计算机管理"窗口,展开"本地用户和组"→"用户"项,新建用户 ftpuser,密码为 abc.123,如图 7-41 所示。

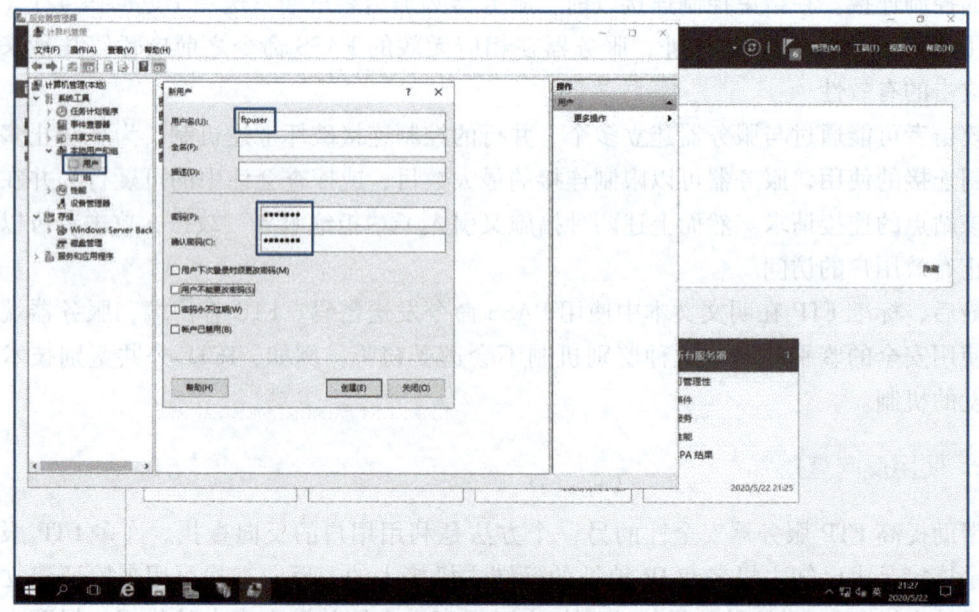

图 7-41

3)展开"本地用户和组"→"组"项,新建用户组 ftpgroup,并添加用户 ftpuser,如图 7-42 所示。

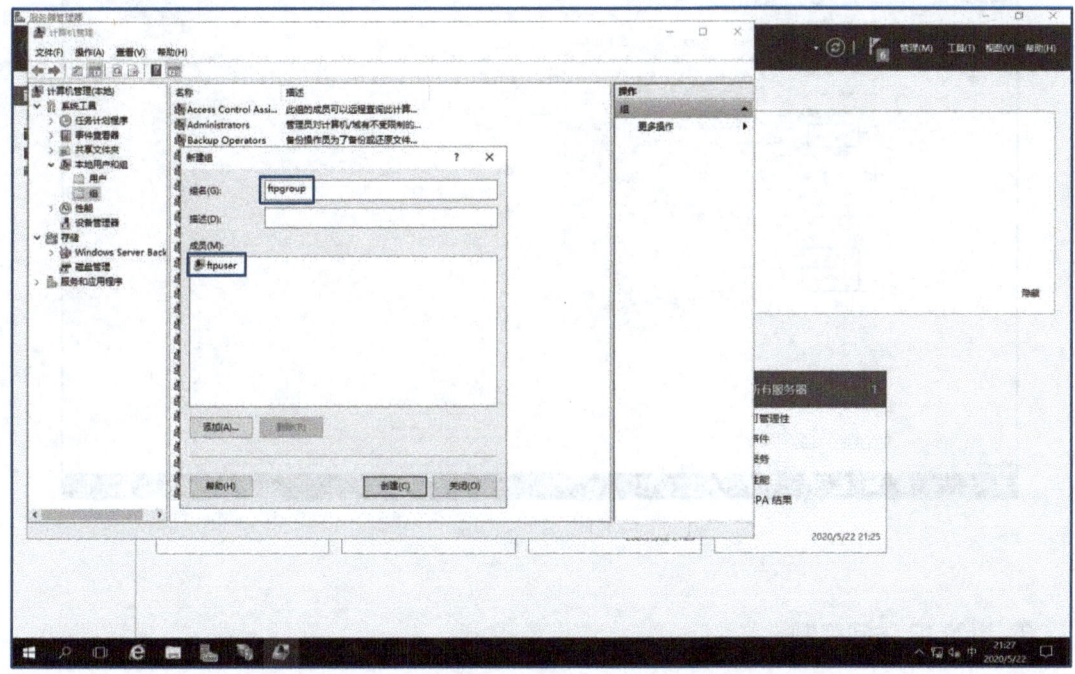

图 7-42

2. 授权仅指定用户组能访问该网站

1)在"服务器管理器"窗口中,选择"工具"→"Internet Information Services(IIS)管理器"菜单命令,如图 7-7 所示。

2)在 ftp-inspc 站点中,仅启用"基本身份验证",如图 7-43 所示。

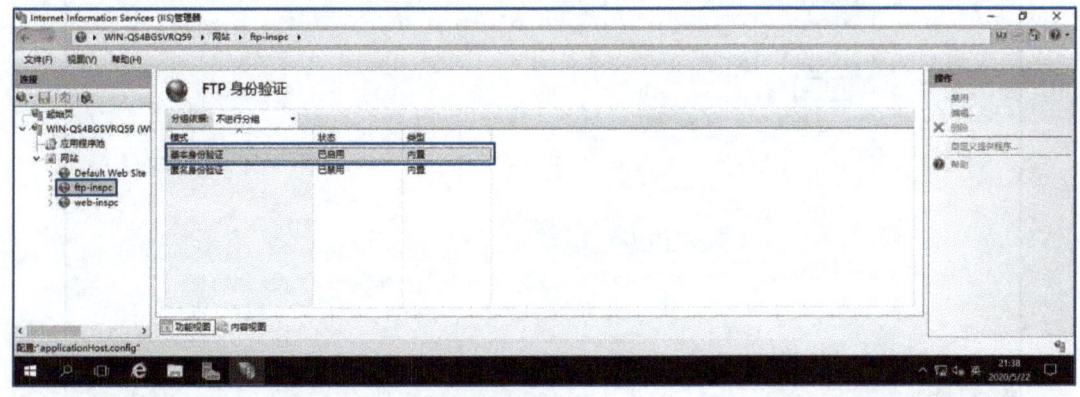

图 7-43

3)在 ftp-inspc 站点中,添加 FTP 授权规则,只有 ftpgroup 组可以访问 FTP 服务,并且具有读写权限,如图 7-44 所示。

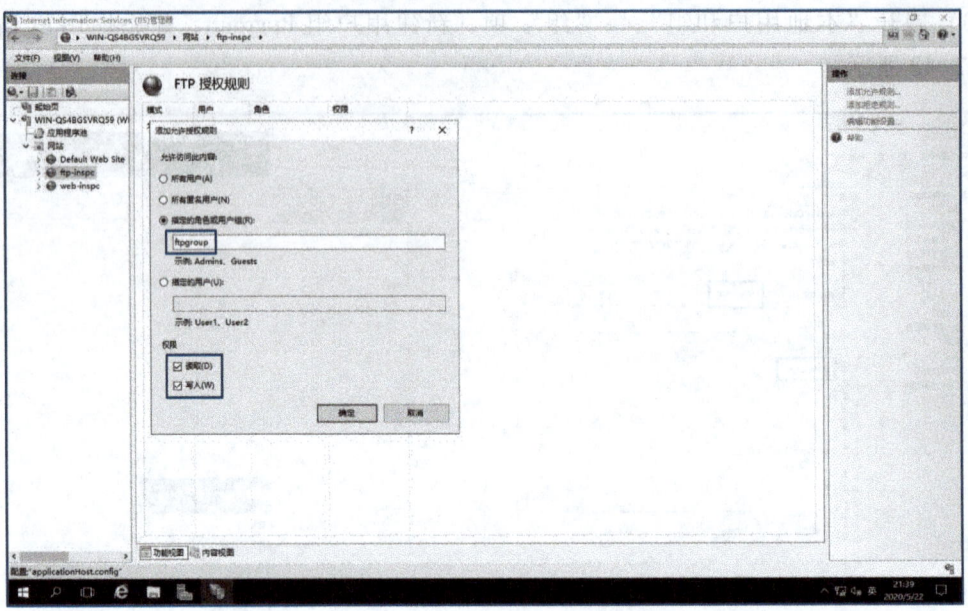

图 7-44

3. 设置 IP 访问限制

在 ftp-inspc 站点中，仅允许接受 IP 地址在 192.168.0.0/16 网段中的请求，如图 7-45 所示。

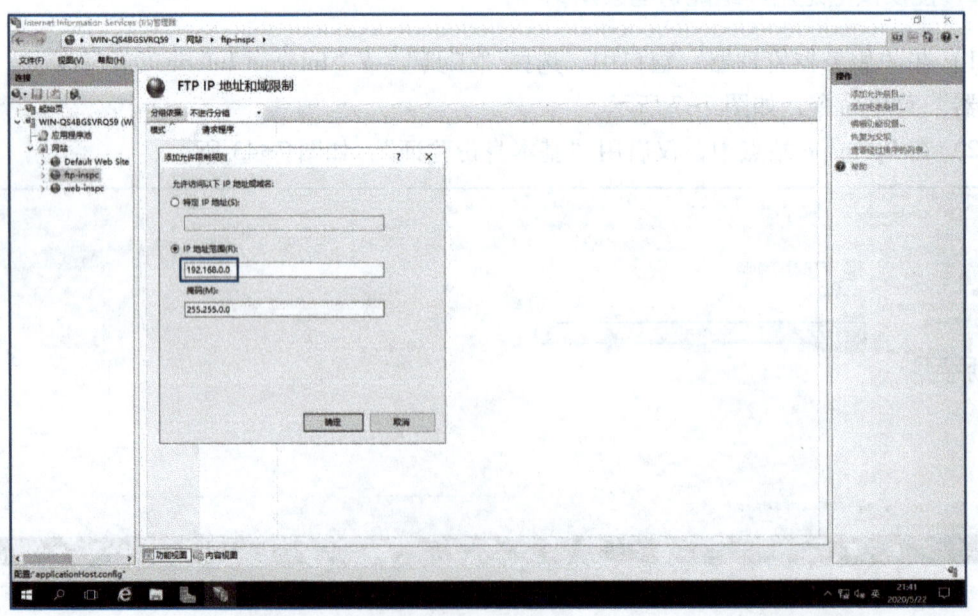

图 7-45

4. 开启 FTP 的访问日志，设置日志文件存储位置及更新

1）在 ftp-inspc 站点中，修改日志目录为 C:\ftplogs，如图 7-46 所示。

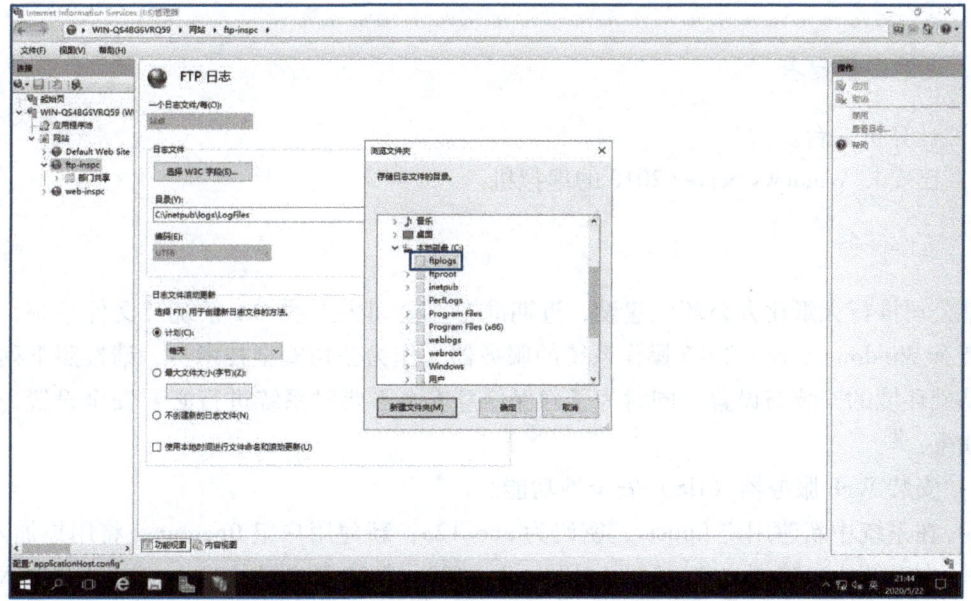

图 7-46

2）在 ftp-inspc 站点中，修改日志文件滚动更新计划为每天，如图 7-47 所示。

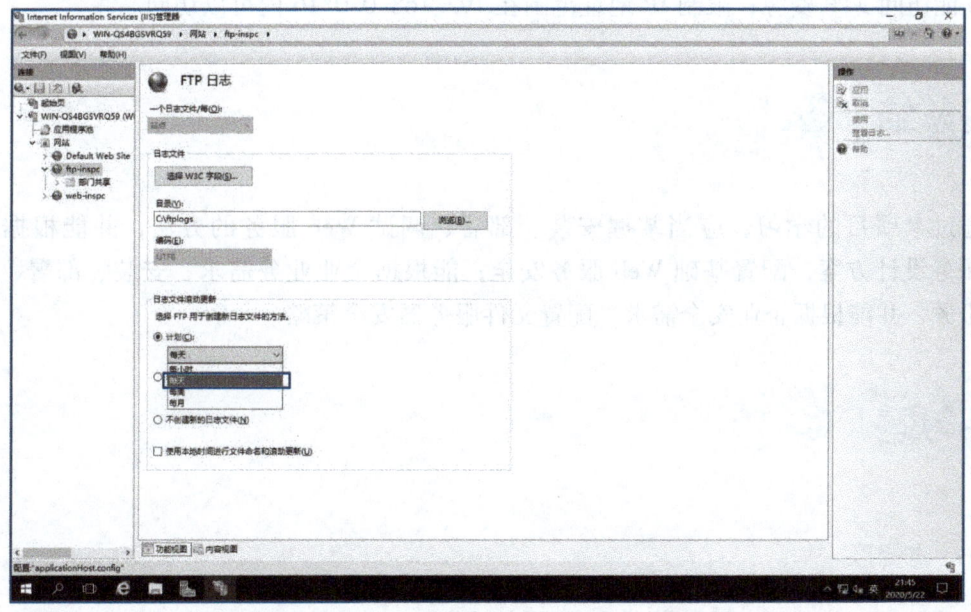

图 7-47

项目实训

1. 场地设备要求

1）计算机一台。
2）已安装 Windows Server 2016 的虚拟机。

2. 工作任务

某公司推行无纸化办公环境建设,近期准备在公司内上线 OA 系统及文件系统,现有一台装有 Windows Server 2016 操作系统的服务器。作为公司安全技术员,请按照下列要求完成基础环境的安装与设置,同时为了确保信息安全需要对系统进行必要安全设置,详细要求如下:

1）安装 Web 服务器(IIS)安全性功能。
2）在系统中新建用户 ftpuser,密码为 abc.123;新建用户组 ftpgroup,将用户加入组。
3）在系统中新建用户 oauser,密码为 abc.123;新建用户组 oagroup,将用户加入组。
4）添加网站,名称为 web-inspc,主目录为 C:\website,绑定 IP 地址 192.168.220.100,端口 TCP 8080;限制 IP 地址范围在 192.168.0.0/16 内可以访问。
5）添加 FTP 站点,名称为 ftp-inspc,主目录为 C:\ftproot,使用基本认证,用户组 ftpgroup 能访问 FTP 资源;限制 IP 地址范围在 192.168.0.0/16 内可以访问。

项目总结

通过本项目的学习,应当掌握安装、部署、调试 Web 服务的方法,并能根据企业 Web 服务设计方案,配置基础 Web 服务安全;能根据企业业务需求,安装、部署、配置文件服务,并能根据企业安全需求,配置文件服务器安全策略。

课后习题

一、选择题

1. Windows Server 2016 中提供 Web 服务的是(   )。
   A. 域控服务　　　　B. 防火墙服务　　　　C. IIS 服务　　　　D. ADDC 服务

2. Windows Server 2016 中提供 FTP 服务的是（   ）。
   A. 域控服务　　　　B. 防火墙服务　　　　C. IIS 服务　　　　D. ADDC 服务
3. 在 IIS 服务中，能够让用户通过 Windows 身份验证访问网站的是（   ）。
   A. 安全性组件　　　B. 扩展性组件　　　　C. Web 组件　　　　D. FTP 组件
4. 在 FTP 服务中，够让用户通过 Windows 身份验证访问网站的是（   ）。
   A. 安全性组件　　　B. 扩展性组件　　　　C. Web 组件　　　　D. FTP 组件
5. IIS 的全称是（   ）。
   A. Internet Information Servers　　　　B. Internet Information Services
   C. Internet Idea Services　　　　　　　D. Intranet Information Services
6. 在 Windows Server 2016 中，可以在（   ）组件中设置 Web 站点的根目录。
   A. IIS 管理器　　　B. 计算机管理器　　　C. 磁盘管理器　　　D. 资源管理器
7. Windows Server 2016 中 FTP 站点的监听端口号是（   ）。
   A. 22　　　　　　　B. 21　　　　　　　　C. 23　　　　　　　D. 80
8. 在 Windows Server 2016 中，可以新建 FTP 站点的是（   ）。
   A. 域控服务　　　　B. 防火墙服务　　　　C. IIS 服务　　　　D. ADDC 服务
9. IIS 管理器中，默认的 Web 站点监听端口号是（   ）。
   A. 8080　　　　　　B. 8081　　　　　　　C. 3389　　　　　　D. 80
10. 在 Windows Server 2016 中，可以在（   ）组件中设置用户账户。
    A. 计算机管理　　　B. 高级防火墙　　　　C. IIS 管理器　　　D. 资源管理器

二、判断题

1. IIS 中的 FTP 服务支持主动模式和被动模式两种。　　　　　　　　　　　　（   ）
2. IIS 中的 FTP 服务被动模式监听的端口号为 TCP21。　　　　　　　　　　　（   ）
3. 完成安装 IIS 安全性组件后，能根据不同用户组来控制 Web 的访问。　　　（   ）
4. Windows Server 2016 中的用户能同时属于不同组。　　　　　　　　　　　（   ）
5. Windows Server 2016 中的 IIS 日志记录默认为每天更新。　　　　　　　　（   ）
6. Windows Server 2016 中的 IIS 中的 Web 站点默认监听的是 UDP80 端口。 （   ）
7. Windows Server 2016 中的 IIS 中的 FTP 站点默认监听的是 TCP8080 端口。（   ）
8. 在 IIS 中完成安装 FTP 服务后，默开启被动模式。　　　　　　　　　　　（   ）

三、简答题

1. 简述 Web 访问（客户端、服务器端）的流程。
2. 简述 FTP 服务被动模式的工作流程。

项目8 客户端安全配置

学习情境

客户端通常是一个采用图形用户界面的程序，用户可以在不用关心传输原理的情况下与服务器进行数据交互。从 PC 的浏览器到移动端的 APP，以及移动网页应用，不断出现的客户端形态大大丰富了计算机网络的使用。本项目将学习如何正确地操作配置以有效地提高客户端的安全性。

本项目的任务 8-1、任务 8-4、任务 8-5 均在 Windows 10 虚拟机内进行操作，任务 8-2、任务 8-3 在安卓虚拟机内进行操作。

学习目标

知识目标
1）了解计算机浏览器的基础安全知识。
2）了解移动客户端的基础安全知识。
3）了解计算机浏览器的安全配置方法。
4）了解移动客户端的安全配置方法。

技能目标
1）学会配置浏览器受限制的站点、受信任的站点的安全级别。
2）学会配置浏览器站点 Cookie 隐私策、ActiveX 控件、脚本运行等策略。
3）学会配置浏览器高级安全属性、自动完成功能。
4）学会安全管理移动终端上的应用权限。

相关知识

客户端安全是一个很容易被忽视的问题。随着用户越来越多把隐私毫无保留地交给各式各样的 APP，特别是其中有一些还涉及金融财产，作为客户端开发从业者，就不得不为用户多考虑，多建立一些客户端的安全保障。

以下是浏览器中常见的安全概念。

1. URL

使用 URL（Uniform Resource Locator，统一资源定位符）进行网站导航是浏览器应用的开始，因此 URL 安全也是浏览器安全的第一步。

在 URL 的解析库、编码、字符排版、UI 显示、内容劫持等方面均出现过安全问题。

早期微软公司在开发 IE 6 时提出了一个比较超前的想法——基于网页的应用程序，也即 Web APP 概念。为了能达到和原生程序类似的效果，早期 IE 6 支持网页脚本创建一个没有任何边框的新窗口。这个想法如果放在 EXE 程序中是没有任何问题的，因为对 EXE 文件来说，一个程序就是一个独立的个体，不依赖于其他框架。

但是在网页中，这显然引发了一些混乱。恶意网页可以自己绘制出一个假的 IE 界面，当然也包含网页的"名片"——地址栏。由于大量的弹窗广告和钓鱼网站绘制假的界面谎称自己是合法网站，不堪其扰的微软决定从 XP SP2 开始强制 IE 显示边框。

2. HTTP

HTTP 是一个基于"请求—响应"的形式交互数据的无状态协议。客户端（浏览器）发送一个 HTTP 请求到服务器，然后服务器返回一个响应信息给客户端。相应的数据包含有请求的状态信息，也可以包含有响应的内容。

HTTP 的使用极为广泛，但是却存在不小的安全缺陷。HTTP 在设计时并未考虑信息的加密和验证，因此 HTTP 面临着数据的明文传输和缺乏对消息完整性的验证机制两个问题。许多类似网银支付、账号登录等需要安全保护的地方，如果使用 HTTP 则可能会导致严重的信息泄露风险。

3. 源

在客户端中，绝大部分安全策略都通过限制源来实行，表明源是由方案名称、主机名、端口号组成的。源的判断之所以不单单采用主机名的原因是考虑到不同协议间的安全性。例如 HTTPS 的连接通常是加密的、需要一定安全保障的，而 HTTP 则是明文的、安全性较低的。如果仅仅采用主机名判断，http://example.org 和 https://example.org 就会被认为是同源的，从而 HTTP 网页就可以直接读取到 HTTPS 网页的内容，这会严重降低

HTTPS 的安全性。

还有一点需要注意的是，源的判断中使用的是完整的主机名，之所以要这么做也是出于安全考虑。设想这样一个情形：一些国外的免费空间提供商，它们提供空间和免费的二级域名，各个三级域名对应空间的所有人其实是不一样的，因此，如果按照二级域名来判断，会导致各三级域名之间可以互相访问从而干扰数据。

4. Internet Explorer 11 预定义区域

Internet Explorer 11 包含 Internet、本地 Intranet、受信任的站点、受限制的站点 4 个预定义的区域。

（1）Internet 区域

此区域包括所有 Web 网站，默认安全级别为"中"。

（2）Intranet 区域

此区域包括所有本地服务器上的网站，默认安全级别为"中低"。注意：使用 Internet 协议地址或完全限定的域名访问局域网、Intranet 共享或 Intranet 网站时，该共享或网站就被认为位于 Internet 区域而非本地 Intranet 区域中。

（3）受信任的站点区域

此区域包含用户认为安全的网站。如果用户将一个网站添加到"受信任的站点"区域，则表明该用户相信从该网站下载或运行的文件不会损坏他的计算机或数据。在默认情况下，没有任何网站被分配到"受信任的站点"区域，其安全级别设置为"低"。

（4）受限制的站点区域

此区域包含用户不信任的网站。如果用户将网站添加到"受限制的站点"区域，则表明该用户认为从该网站下载或运行的文件可能会损坏他的计算机或数据。在默认情况下，没有任何网站被分配到"受限制的站点"区域，其安全级别设置为"高"。

本地 Intranet 域、受信任的站点通常被称为特权域，而在 Chrome、Firefox 等浏览器中俗称的特权域通常指有较高权限或开放了特殊 API 的页面，从 Internet 域跳到特权域的攻击，都可称为跨特权域脚本攻击。

任务 8-1　配置客户端访问规则

任务描述

某公司安全技术员收到公司员工反映：在访问外部网站 www.test.com 时常提示下载 ActiveX 控件、弹窗等有害内容；公司员工使用内部办公网站 http://hdcloud.inspc.cn/时，经常弹出不受信任、弹窗阻止、ActiveX 控件未启用、脚本未启用等提示，影响员工的办公效率。请帮助公司员工完成客户端访问规则配置，解决以上问题。具体要求如下：

1)为避免公司和员工的计算机不被恶意程序破坏、入侵造成公司受损,将网站 www.test.com 添加进受限制站点。

2)配置 http://hdcloud.inspc.cn 为受信任站点,配置受信任站点安全级别为中低。

3)配置启用弹出窗口阻止程序,添加 http://hdcloud.inspc.cn 为允许的站点,并配置阻止弹出窗口时显示通知栏。

4)对于其他企业内部站点,在运行 ActiveX 控件和程序脚本时进行提示。

知识准备

1. ActiveX 控件

ActiveX 控件是 Microsoft 的 ActiveX 技术的一部分。ActiveX 控件是可以在应用程序和计算机上重复使用的程序对象,通过使用 ActiveX 控件,可以很快在网址、台式机应用程序以及开发工具中加入特殊的功能。例如,StockTicker 控件可以用来在网页上即时地加入活动信息,动画控件可用来向网页中加入动画特性。ActiveX 控件可以以小程序下载装入网页,也可以用在一般的 Windows 和 Macintosh 应用程序环境中。一般说来,ActiveX 控件代替了原先的 OCX,它与 JavaApplet 的概念和功能差不多。因为 ActiveX 控件是一种组建对象模型(COM)的对象,用户可以完成的任务它也都可以完成,如存取注册表、访问本地文件系统等,这就带来了一些安全隐患。在实际应用中,可以使用数字签名保证 ActiveX 控件的可信度。对用户来说,在使用 IE 时可以通过相关设置提升安全性。

2. JavaScript 脚本

在 Web 应用开发过程中,JavaScript(简称"JS")经常用来为网页添加各式各样的动态功能,不但可以为用户提供更加流畅美观的浏览效果,还可以增加 Web 应用与用户的交互。但 JavaScript 的使用也会带来一些安全问题,如跨站脚本攻击(XSS)等,所以在使用浏览器时,也需要有针对性地对脚本的使用进行设置。

任务实施

1. 将网站添加进受限制站点

1)打开 IE 浏览器,选择"工具"→"Internet 选项"菜单命令,如图 8-1 所示。

微课 8-1
配置客户端
访问规则

2)打开"Internet 选项"对话框,选择"安全"选项卡,选择"受限制的站点"项,单击"站点"按钮,打开"受限制的站点"对话框,在"将该网站添加到区域"处输入网址 www.test.com,单击"添加"按钮,如图 8-2 所示。

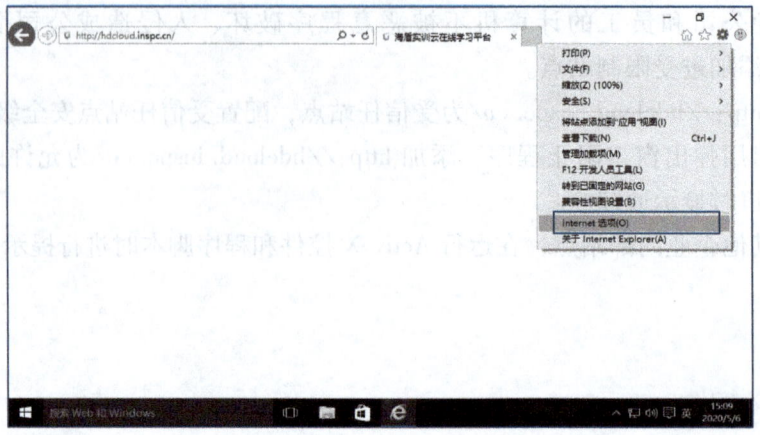

图 8-1

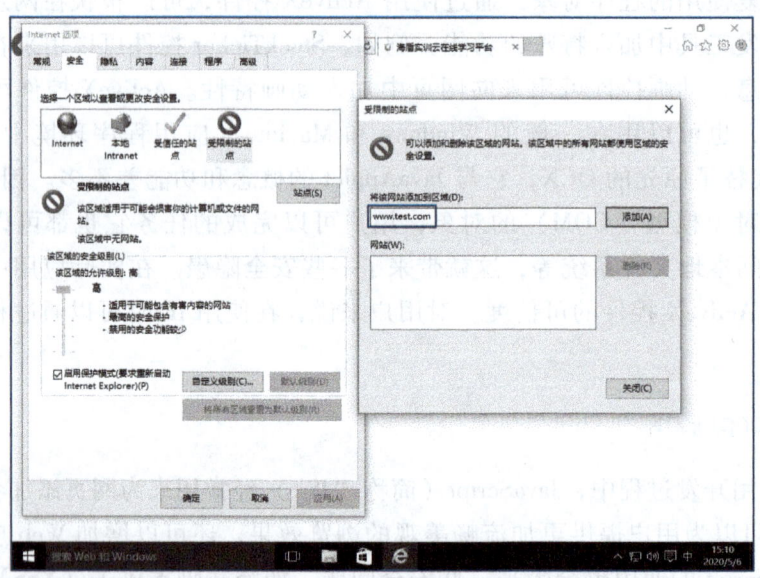

图 8-2

2. 配置受信任站点及安全级别

1）在"Internet 选项"对话框中，选择"安全"选项卡，选择"受信任的站点"项，单击"站点"按钮。打开"受信任的站点"对话框，取消选中"对该区域中的所有站点要求服务器验证（https:）"复选框，在"将该网站添加到区域"处输入网址 http://hdcloud.inspc.cn/，单击"添加"按钮，如图 8-3 所示。

2）在"该区域的安全级别"处，将该区域的安全级别调整到"中低"，单击"确定"按钮，如图 8-4 所示。

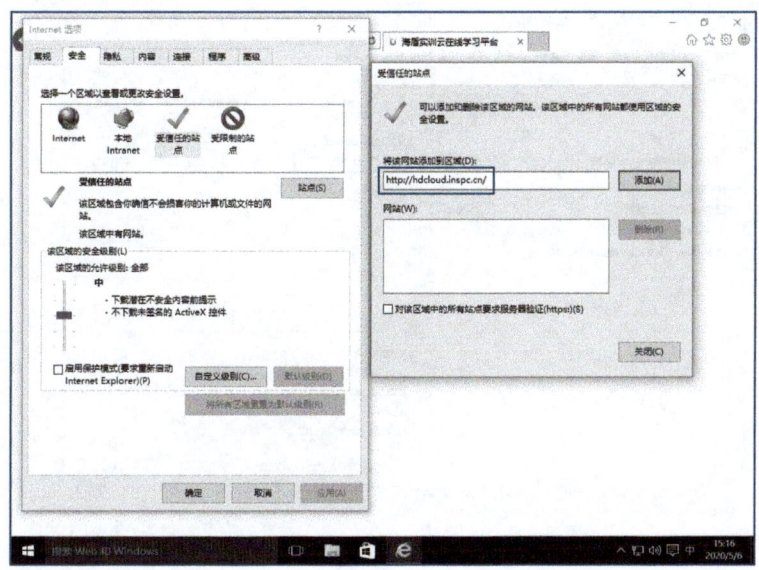

图 8-3

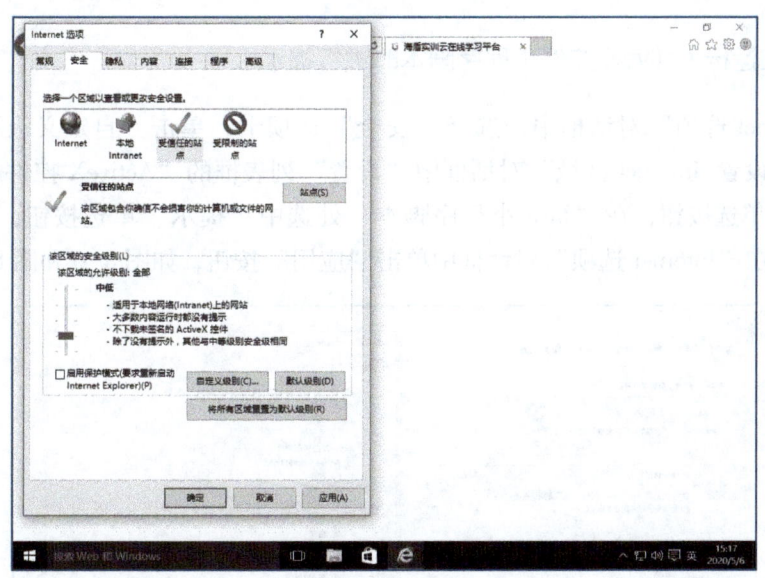

图 8-4

3. 配置启用弹出窗口阻止程序与通知栏

打开"Internet 选项"对话框中,选择"隐私"选项卡,选中"启用弹出窗口阻止程序"复选框。单击"设置"按钮,打开"弹出窗口阻止程序设置"对话框,在"要允许的网站地址"处输入网址 http://hdcloud.inspc.cn/,单击"添加"按钮,将该网址添加到"允许的站点"列表框中,选中"阻止弹出窗口时显示通知栏"复选框,单击"关闭"按钮,如图 8-5 所示。

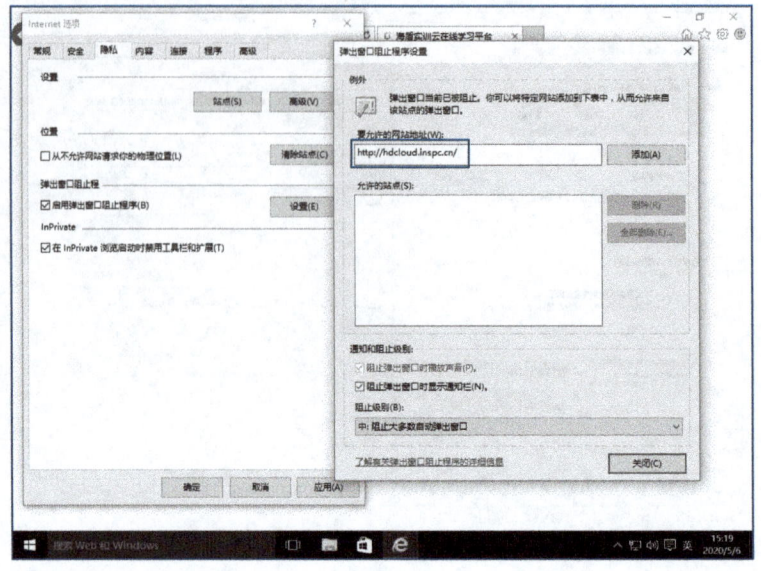

图 8-5

4. 设置在运行 ActiveX 控件和程序脚本时进行提示

在"Internet 选项"对话框中,选择"安全"选项卡,单击"自定义级别"按钮。在打开的"安全设置-Internet 区域"对话框中"设置"列表框的"ActiveX 控件自动提示"处选中"启用"单选按钮,在"Java 小程序脚本"处选中"提示"单选按钮,单击"确定"按钮。最后,在"Internet 选项"对话框中单击"应用"按钮,如图 8-6 和图 8-7 所示。

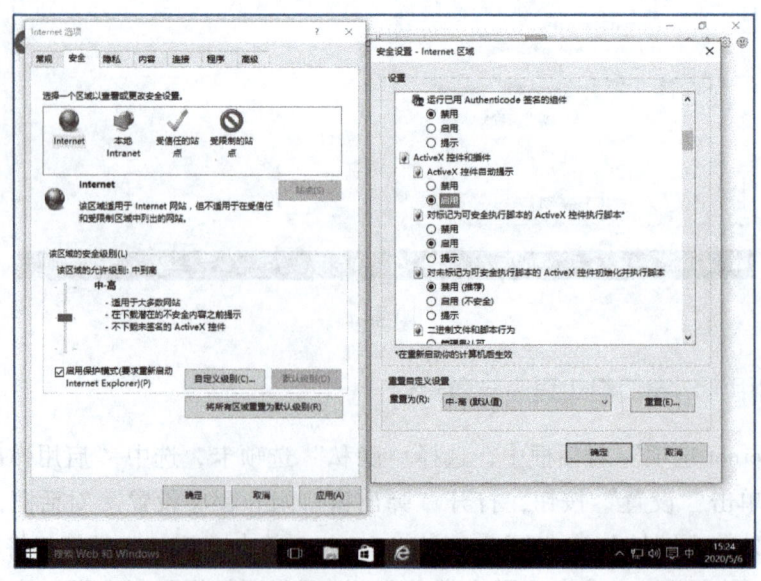

图 8-6

项目 8　客户端安全配置

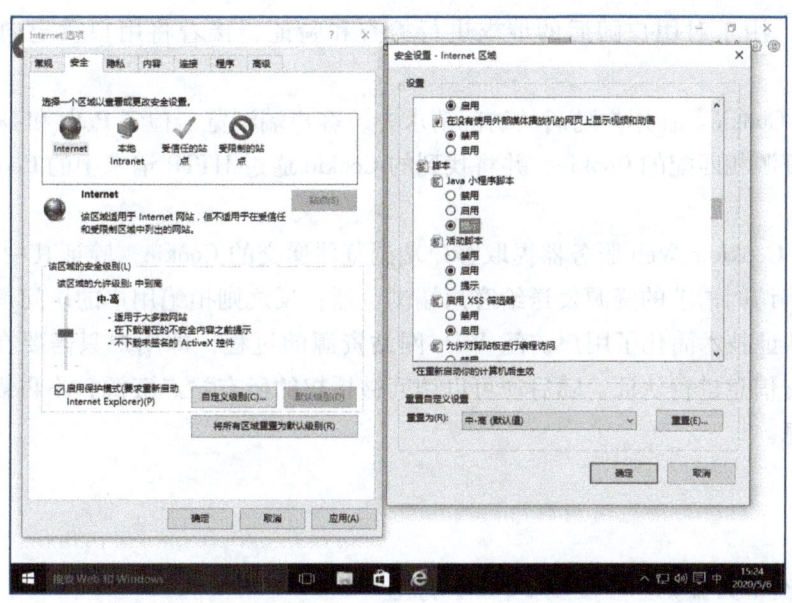

图 8-7

任务 8-2　配置客户端数据安全规则

任务描述

某公司使用统一型号的智能手机进行移动办公，智能手机为 Android x86_64 移动操作系统。作为公司安全技术人员，现为了保障移动办公安全，需要对公司智能手机进行安全配置：

1）关闭智能手机火狐浏览器接受 Cookie 等功能。
2）设置智能手机火狐浏览器退出时清除隐私数据。
3）设置智能手机火狐浏览器不记录用户登录信息。

知识准备

在 Web 认证中，因为 HTTP 本身的局限，必须采用其他技术将相关认证标记以某种方式持续传送，以免客户从一个页面跳转至另一个页面时重新输入认证信息。基于 Cookie 的认证过程，主要由以下 3 个阶段组成：

1）发布 Cookie。当用户试图访问某 Web 站点中需要认证的资源时，Web 服务器会检查用户是否提供了认证 Cookie，如果没有，则将用户重定向到登录页面。在用户成功登录后，Web 服务器会产生认证 Cookie，并通过 HTTP 响应中的 Set-Cookie 头发送给客户端,用于对用户随后的请求进行检查和验证,接着将用户重定向到初始请求的资源。

2)检索 Cookie。在用户随后的访问请求中,客户端浏览器检索 Path 和 Domain 等属性与用户请求资源相匹配的 Cookie,并将找到的 Cookie 通过 HTTP 请求中的 Cookie 头提交给 Web 服务器。

3)验证 Cookie。Web 服务器提取客户端浏览器递交的 Cookie,验证其中的访问令牌。若合法,则将访问请求的资源发送给客户端浏览器;反之则拒绝用户的访问请求。

Cookie 认证技术简化了用户访问 Web 网站资源的过程,即用户只需要在初次登录网站时输入身份信息进行认证,随后便可以访问被授权的所有站点资源,不再需要重复手动提交身份信息。

任务实施

1. 关闭安卓火狐浏览器接受 Cookie 功能

1)向上滑动打开 APP 仓库,找到火狐浏览器(Firefox)图标,如图 8-8 所示。

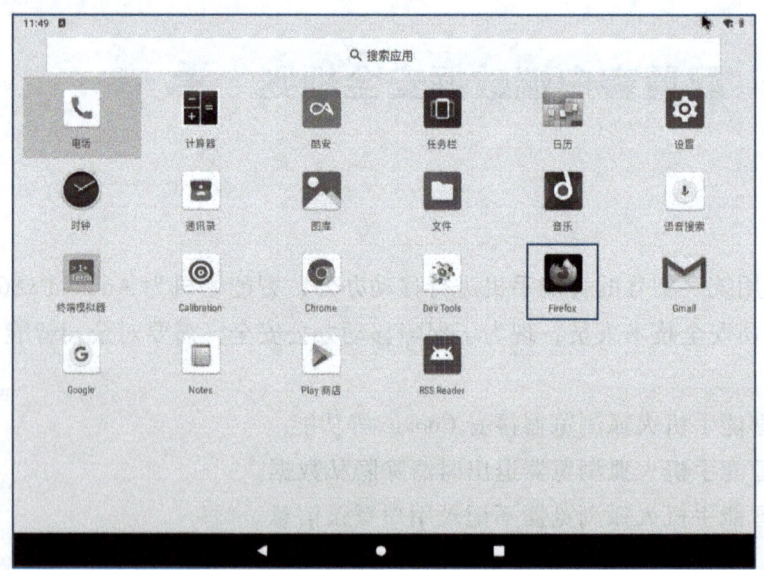

图 8-8

2)打开火狐浏览器,如图 8-9 所示。

3)单击右上角 : 按钮,在弹出的下拉菜单选择"设置"命令,打开火狐浏览器的"设置"页面,如图 8-10 和图 8-11 所示。

项目8 客户端安全配置

图 8-9

图 8-10

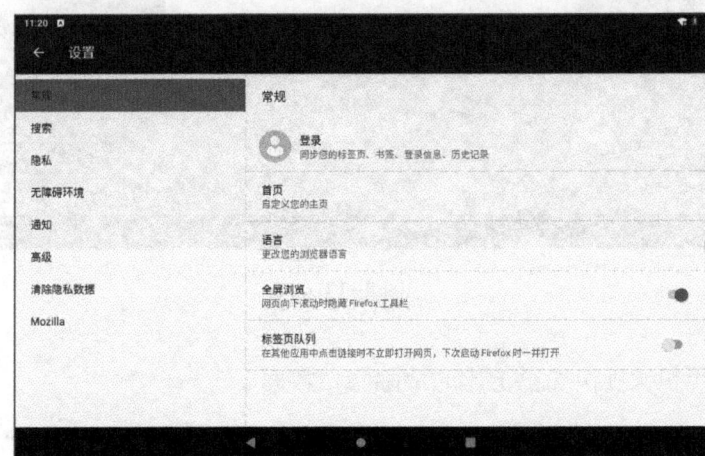

图 8-11

4）选择"隐私"项，如图 8-12 所示。

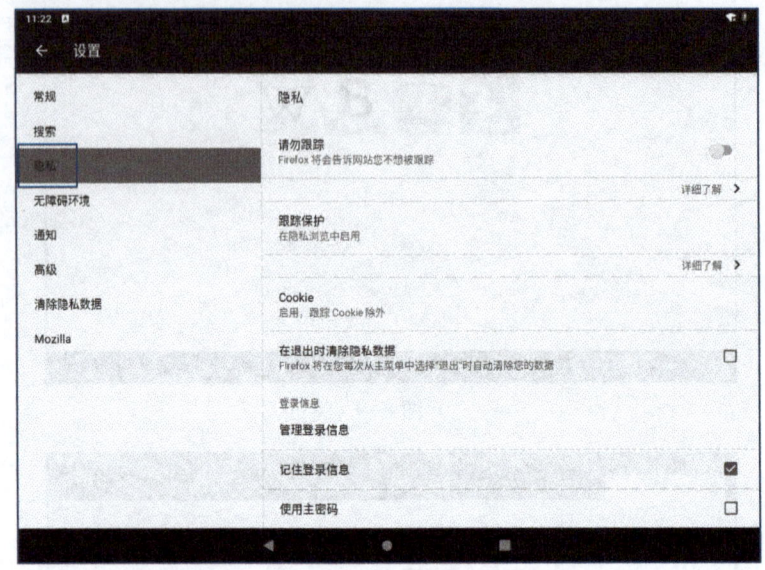

图 8-12

5）禁用安卓火狐浏览器接受 Cookie 功能，如图 8-13 所示。

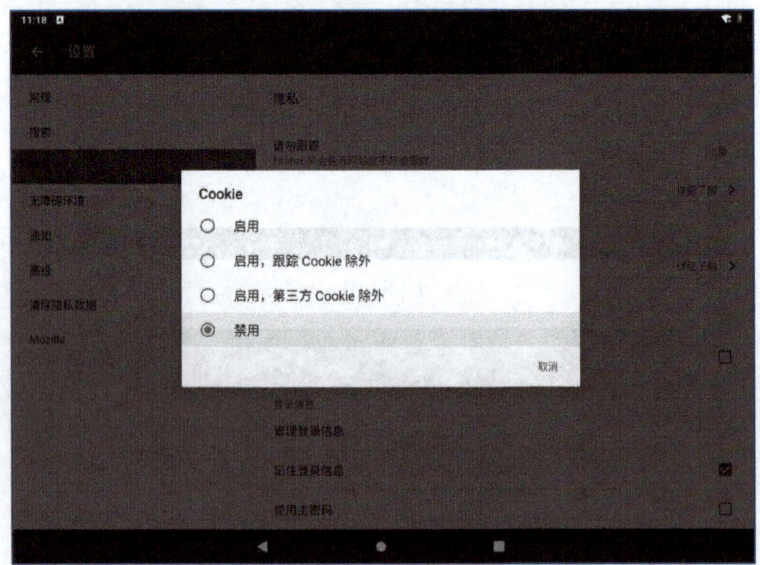

图 8-13

2. 设置智能手机火狐浏览器退出时清除隐私数据

在设置中选择"隐私"项，在右侧窗口选中"退出时清除隐私数据"复选框，在打开的对话框中将其所有复选框都选中，单击"设置"按钮，如图 8-14 所示。

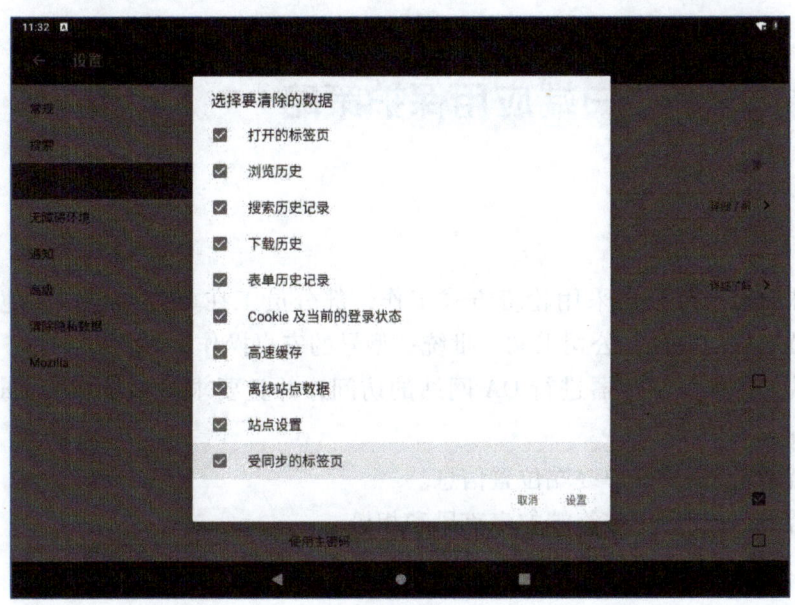

图 8-14

3. 设置智能手机火狐浏览器不记录用户登录信息

在"设置"中选择"隐私"项,取消选中"记住登录信息"复选框,如图 8-15 所示。

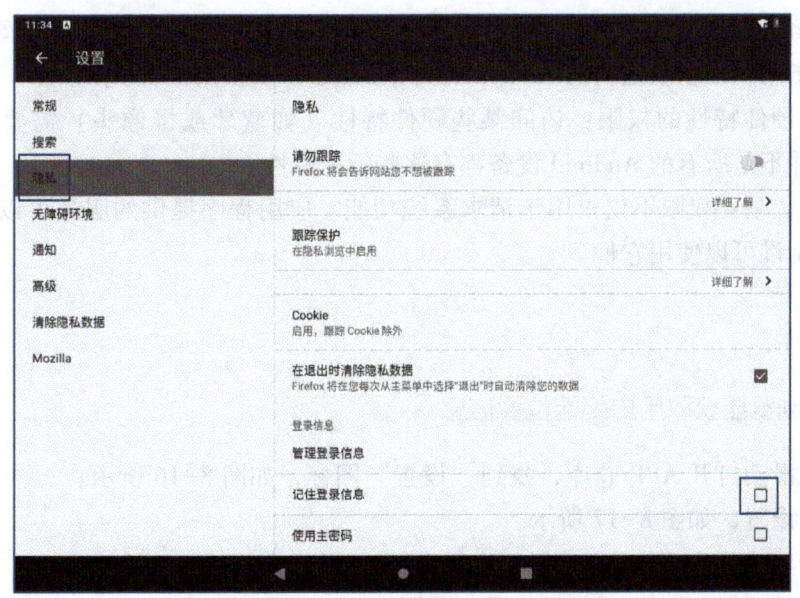

图 8-15

任务 8-3　配置客户端应用保护策略

任务描述

由于特殊原因，某公司采用轮班方式工作，部分员工在单位办公，其他员工远程工作。为方便员工移动办公，公司采购一批统一型号的安卓操作系统智能手机。公司管理层规定所有终端使用火狐浏览器进行 OA 网站的访问，并且要求对系统自带 Chrome 进行必要的安全配置：

1) 禁用浏览器获取用户终端位置信息。
2) 禁用浏览器使用用户终端的麦克风和相机。
3) 禁止从该浏览器安装第三方 APP。

知识准备

Android 系统中，权限设置的目的是保护 Android 用户的隐私。Android 应用程序必须请求访问敏感用户数据（如联系人和短信）以及某些系统特性（如摄像头和互联网）的权限。根据功能的不同，系统可能自动授予权限，也可能提示用户批准请求。

Android 的几个主要权限应用场景如下。

1) 请求危险权限：只有危险的权限才需要用户同意。Android 要求用户授予危险权限的方式取决于用户设备上运行的 Android 版本，以及应用程序针对的系统版本。

2) 可选硬件特性的权限：访问某些硬件特性（如蓝牙或摄像头）需要应用程序许可。然而，并不是所有的 Android 设备都有这些硬件特性。

3) 强制权限：权限不仅仅用于请求系统功能。应用程序提供的服务可以执行自定义权限，以限制谁可以使用它们。

任务实施

1. 禁用浏览器获取用户终端位置信息

1) 向上滑动打开 APP 仓库，找到"设置"图标，如图 8-16 所示。
2) 打开设置，如图 8-17 所示。
3) 打开"应用和通知"，选择"查看全部应用"，如图 8-18 所示。
4) 找到并选择 Chrome，打开权限，如图 8-19 所示。

项目 8　客户端安全配置

图 8-16

图 8-17

图 8-18

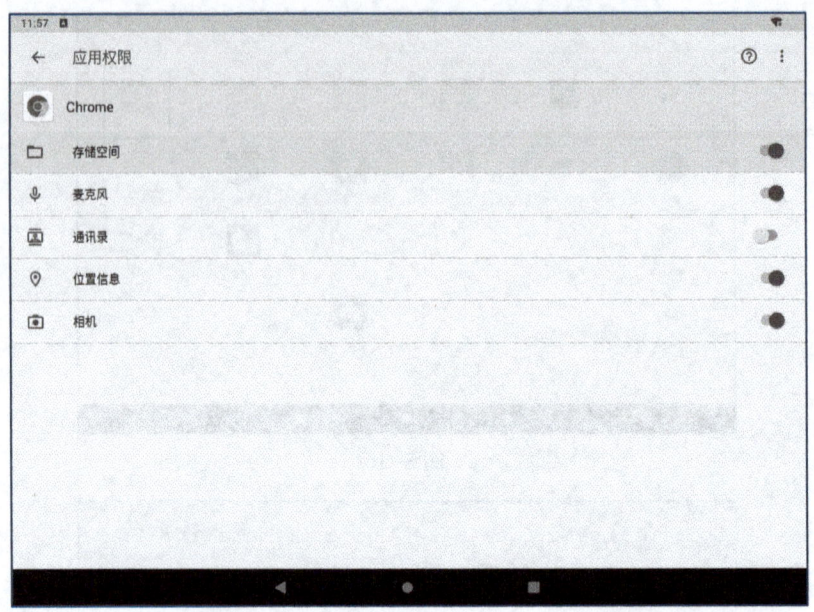

图 8-19

5）关闭"位置信息"权限，如图 8-20 所示。

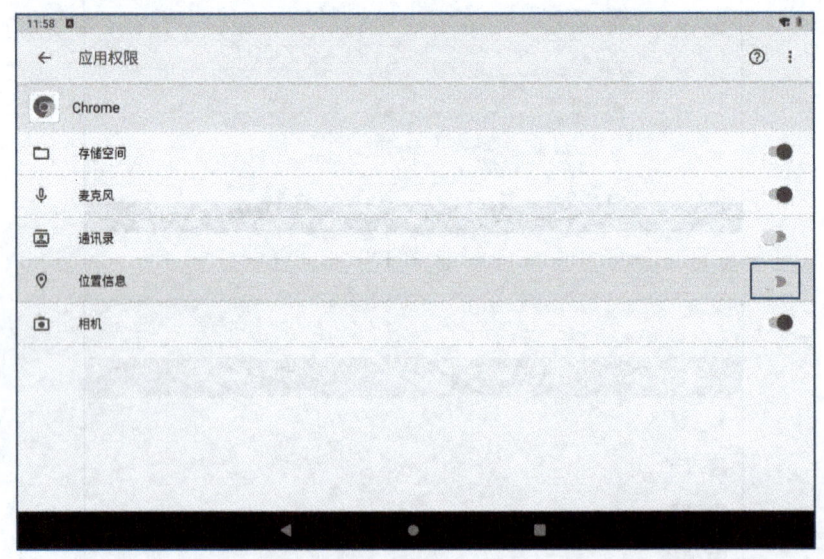

图 8-20

2. 禁用浏览器使用用户终端的麦克风和相机

在"设置"中关闭 Chrome 浏览器的"麦克风""相机"权限，如图 8-21 所示。

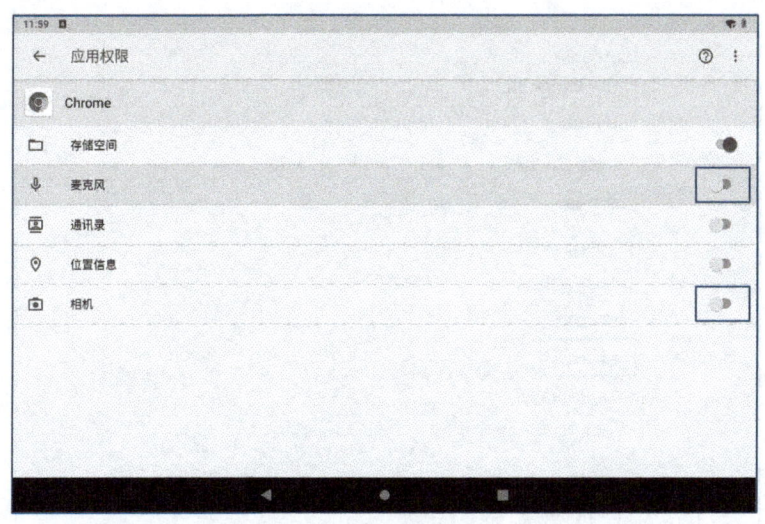

图 8-21

3. 禁止从浏览器安装第三方 APP

1) 返回"应用和通知",找到"特殊应用权限",如图 8-22 所示。

图 8-22

2) 选择"安装未知应用",如图 8-23 所示。
3) 选择 Chrome 浏览器,关闭该权限,如图 8-24 所示。

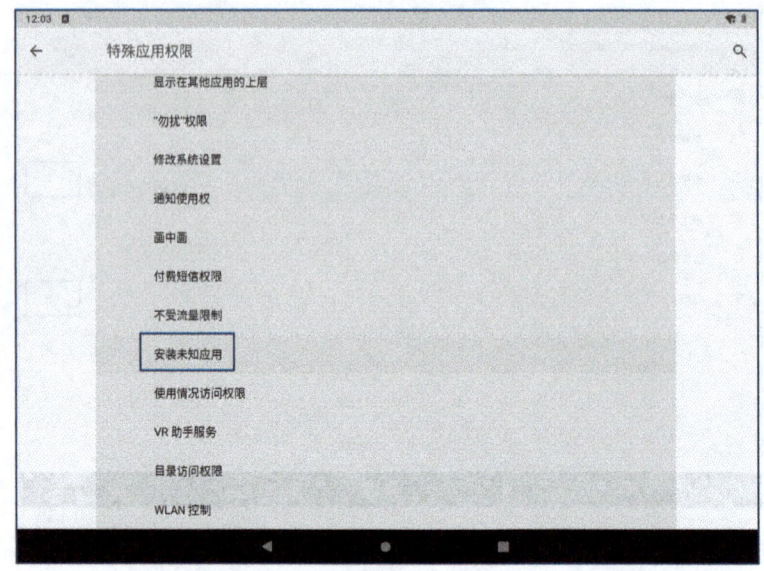

图 8-23

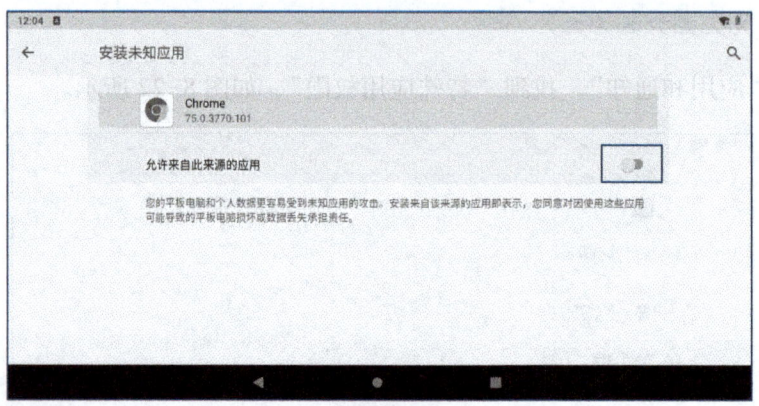

图 8-24

任务 8-4　配置客户端安全策略 1

任务描述

某公司为方便来访客户上网查询资料，在大厅处安放了 1 台公共计算机供客户使用。作为公司的安全技术员，为保障网络安全和避免泄露客户信息，需要对计算机浏览器进行以下设置：

1）清除浏览器历史记录、Cookie 和网站数据、密码、下载历史记录。

2）关闭浏览器自动完成功能。

3）关闭启用弹出窗口阻止程序。

4）设置关闭浏览器时清空"Internet 临时文件"文件夹。

知识准备

Cookie，有时也用其复数形式 Cookies，是某些网站为了辨别用户身份，进行 Session 跟踪而储存在用户本地终端上的数据（通常经过加密），由用户客户端计算机暂时或永久保存的信息。

Cookie 是一段不超过 4 KB 的小型文本数据，由一个名称（Name）、一个值（Value）和其他几个用于控制 Cookie 有效期、安全性、使用范围的可选属性组成。

1）Name/Value：设置 Cookie 的名称及相对应的值，对于认证 Cookie，Value 值包括 Web 服务器所提供的访问令牌。

2）Expires 属性：设置 Cookie 的生存期。有会话性与持久性两种存储类型的 Cookie。Expires 属性缺省时，为会话性 Cookie，仅保存在客户端内存中，并在用户关闭浏览器时失效；持久性 Cookie 会保存在用户的硬盘中，直至生存期到或用户直接在网页中单击"注销"等按钮结束会话时才会失效。

3）Path 属性：定义了 Web 站点上可以访问该 Cookie 的目录。

4）Domain 属性：指定了可以访问该 Cookie 的 Web 站点或域。Cookie 机制并未遵循严格的同源策略，允许一个子域可以设置或获取其父域的 Cookie。当需要实现单击登录方案时，Cookie 的上述特性非常有用，然而也增加了 Cookie 受攻击的危险，如攻击者可以借此发动会话定置攻击。因而，浏览器禁止在 Domain 属性中设置 org、com 等通用顶级域名，以及在国家及地区顶级域下注册的二级域名，以减小攻击发生的范围。

5）Secure 属性：指定是否使用 HTTPS 安全协议发送 Cookie。使用 HTTPS 安全协议，可以保护 Cookie 在浏览器和 Web 服务器间的传输过程中不被窃取和篡改。该方法也可用于 Web 站点的身份鉴别，即在 HTTPS 的连接建立阶段，浏览器会检查 Web 网站的 SSL 证书的有效性。但是基于兼容性的原因（如有些网站使用自签署的证书）在检测到 SSL 证书无效时，浏览器并不会立即终止用户的连接请求，而是显示安全风险信息，用户仍可以选择继续访问该站点。由于许多用户缺乏安全意识，因而仍可能连接到 Pharming 攻击所伪造的网站。

6）HTTPOnly 属性：用于防止客户端脚本通过 document.cookie 属性访问 Cookie，有助于保护 Cookie 不被跨站脚本攻击窃取或篡改。但是，HTTPOnly 的应用仍存在局限性，一些浏览器可以阻止客户端脚本对 Cookie 的读操作，但允许写操作；此外大多数浏览器仍允许通过 XMLHTTP 对象读取 HTTP 响应中的 Set-Cookie 头。

任务实施

1. 清除浏览器历史记录、Cookie 和网站数据、密码、下载历史记录

微课 8-2 配置客户端安全策略

1）单击系统"开始"按钮，在打开的"开始"菜单中选择"Internet Explore"命令，打开 IE 浏览器，如图 8-25 所示。

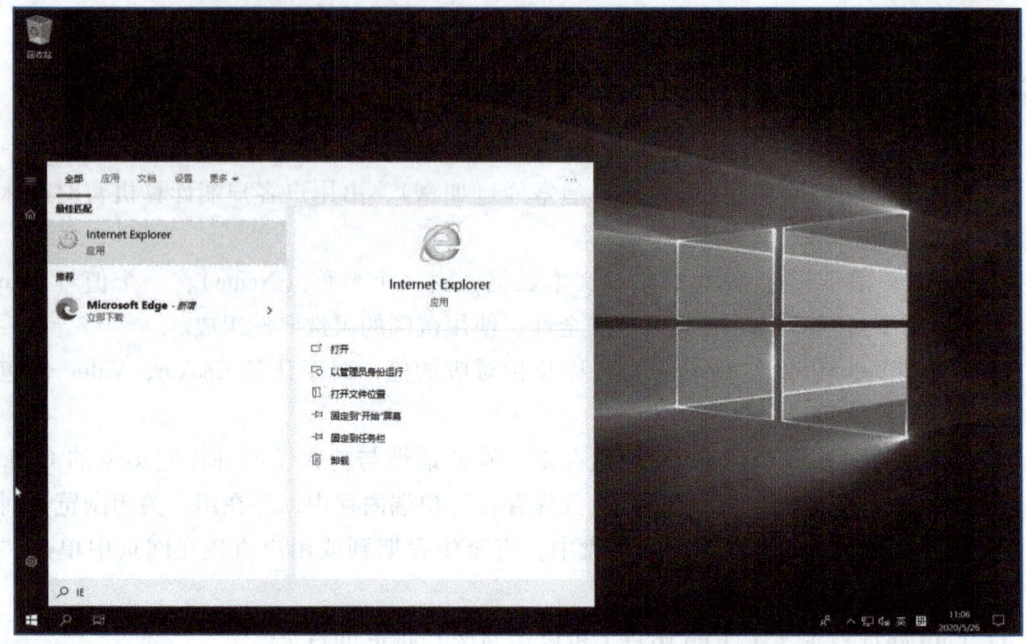

图 8-25

2）选择"工具"→"Internet 选项"菜单命令，打开"Internet 选项"对话框。选择"常规"选项卡，单击"删除"按钮，在打开的"删除浏览历史记录"对话框中根据题目要求选择对应记录内容，如图 8-26 所示。

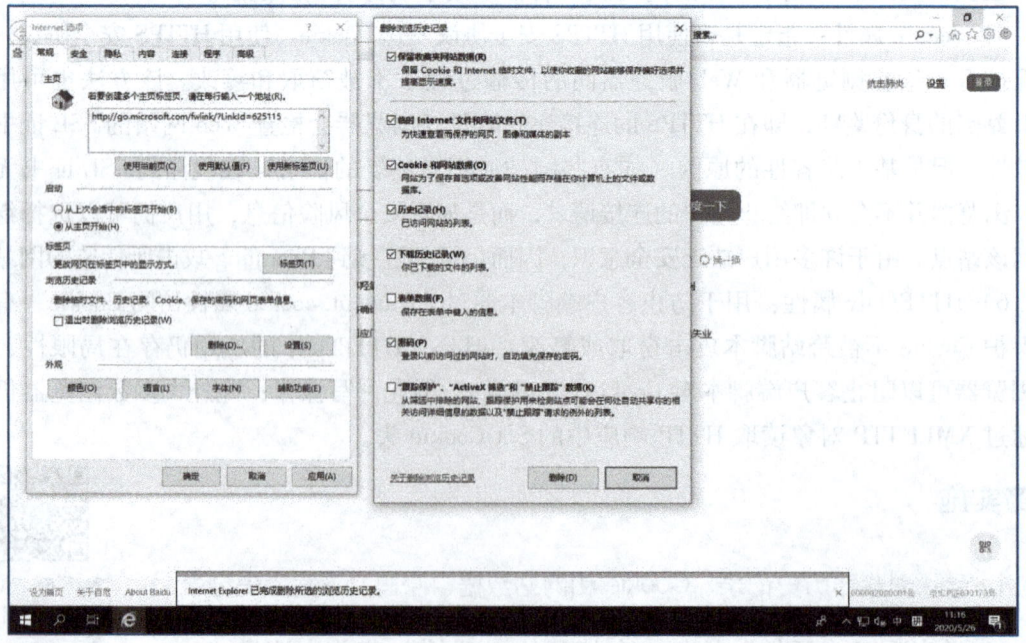

图 8-26

2. 关闭浏览器自动完成功能

1）在"Internet 选项"对话框中，选择"内容"选项卡，如图 8-27 所示。

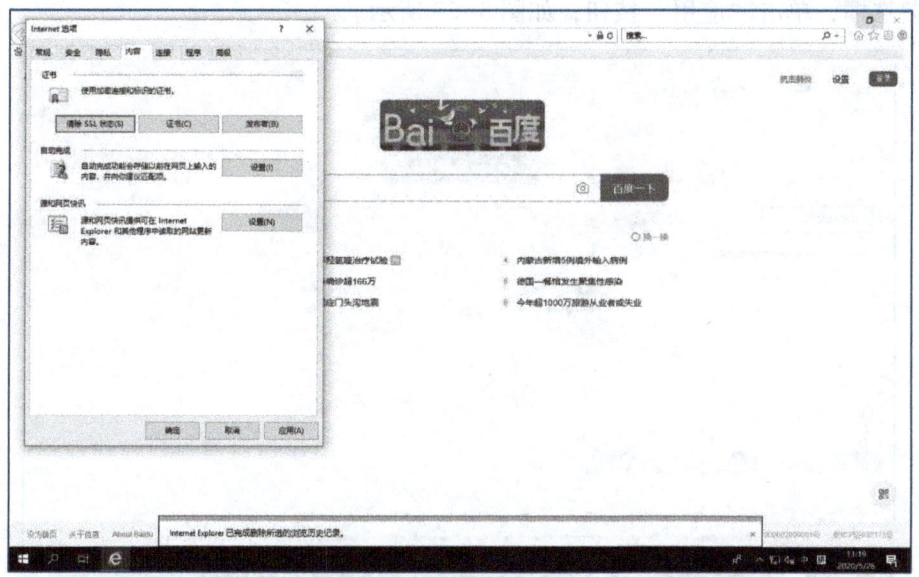

图 8-27

2）单击"自动完成"区中的"设置"按钮，在打开的对话框中取消选中"地址栏""表单和搜索"和"表单上的用户名和密码"复选框，完成后单击"确定"按钮，如图 8-28 所示。

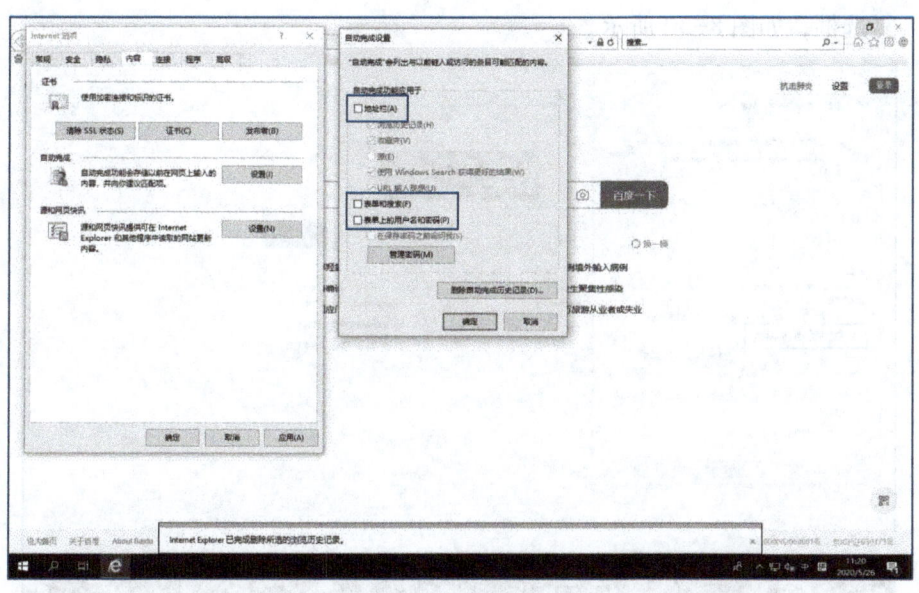

图 8-28

3. 关闭启用弹出窗口阻止程序

在"Internet 选项"对话框中,选择"隐私"选项卡,取消选中"启用弹出窗口阻止程序"复选框,单击"应用"按钮,如图 8-29 所示。

图 8-29

4. 设置关闭浏览器时清空"Internet 临时文件"文件夹

1) 在"Internet 选项"对话框中,选择"常规"选项卡,选中"退出时删除浏览历史记录"复选框,如图 8-30 所示。

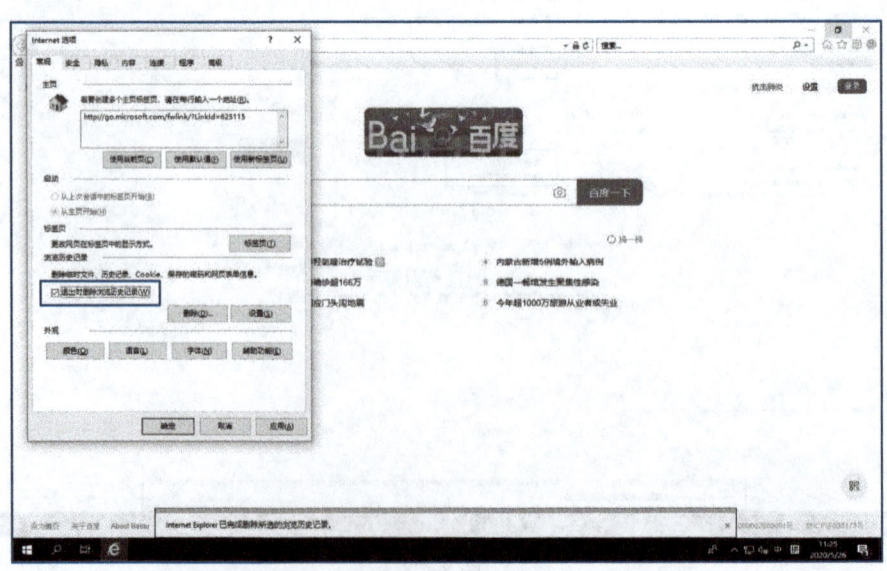

图 8-30

2）单击"删除"按钮，在打开的"删除浏览历史记录"对话框中选择要删除的浏览历史记录项，如图 8-26 所示。

任务 8-5　配置客户端安全策略 2

任务描述

某公司为方便来访客户上网查询资料，在大厅处安放了 1 台公共计算机供客户使用。作为公司的安全技术员，为保障网络安全和避免泄露客户信息，需要对计算机浏览器进行以下设置：

1）设置 IE 浏览器默认启动隐私模式。
2）设置兼容性视图，添加网站 http://hdcloud.inspc.cn/。
3）设置使用 Microsoft 兼容性列表，帮助调整网站页面显示。

知识准备

隐私浏览模式是很多浏览器提供的一种模式，进入此模式后，本地计算机不会记录任何网页历史、账号密码、地址栏历史等信息。支持该模式的浏览器包括但不限于火狐浏览器、搜狗浏览器、360 安全浏览器、Avant browser、世界之窗、IE 8～IE 11 等。

兼容性视图是微软公司为了兼容基于其他网页标准开发的网站，确保广大互联网用户在浏览网页时不至于受困于网页显示混乱的问题，而专门为 IE 8 增加的一项实用功能。当 IE 8 检测到某网站不兼容时，地址栏右侧就会出现"兼容性视图"按钮，只须单击该按钮，大部分网页显示就会正常了。IE 9 及以上版本也有这个功能。

任务实施

1. 设置 IE 浏览器默认启动隐私模式

1）单击系统"开始"按钮，在打开的"开始"菜单的"Windows 附件"中找到 IE 浏览器（Internet Explorer），如图 8-31 所示。
2）右击 IE 浏览器图标，从弹出的快捷菜单中选择"更多"→"打开文件位置"命令，如图 8-32 所示。
3）在打开的文件夹中右击 Internet Explorer 快捷方式，从弹出的快捷菜单中选择"属性"命令，打开"Internet Explorer 属性"对话框，如图 8-33 所示。

图 8-31

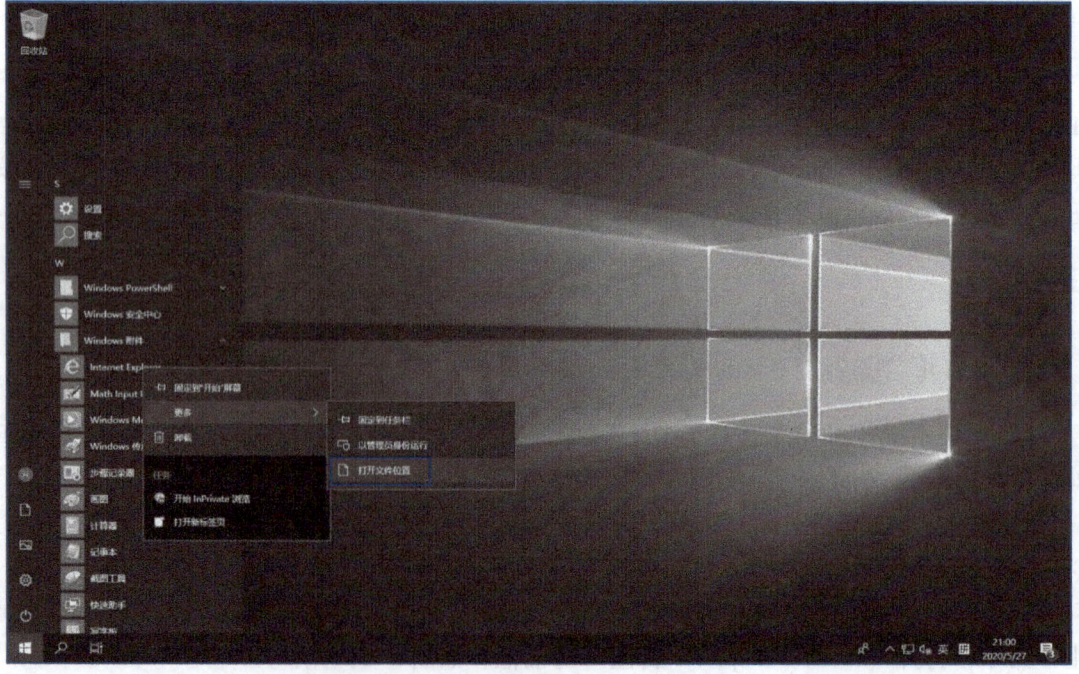

图 8-32

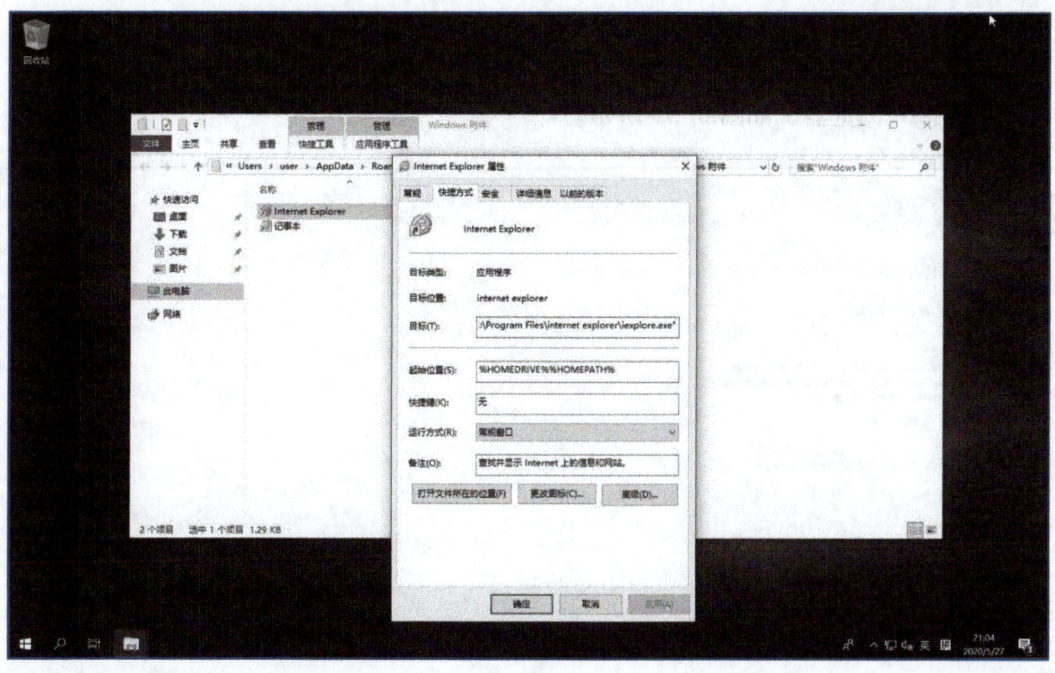

图 8-33

4）修改"目标"的内容，在末尾添加"-private"，单击"确定"按钮，如图 8-34 所示。

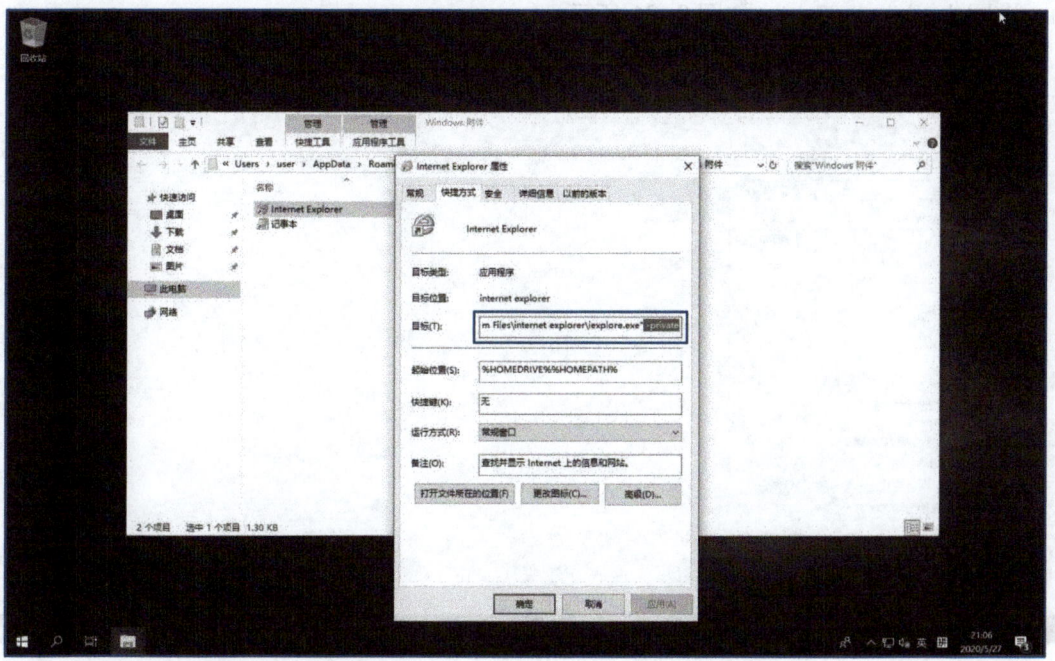

图 8-34

2. 设置兼容性视图，添加网站

1）打开 IE 浏览器，如图 8-35 所示。

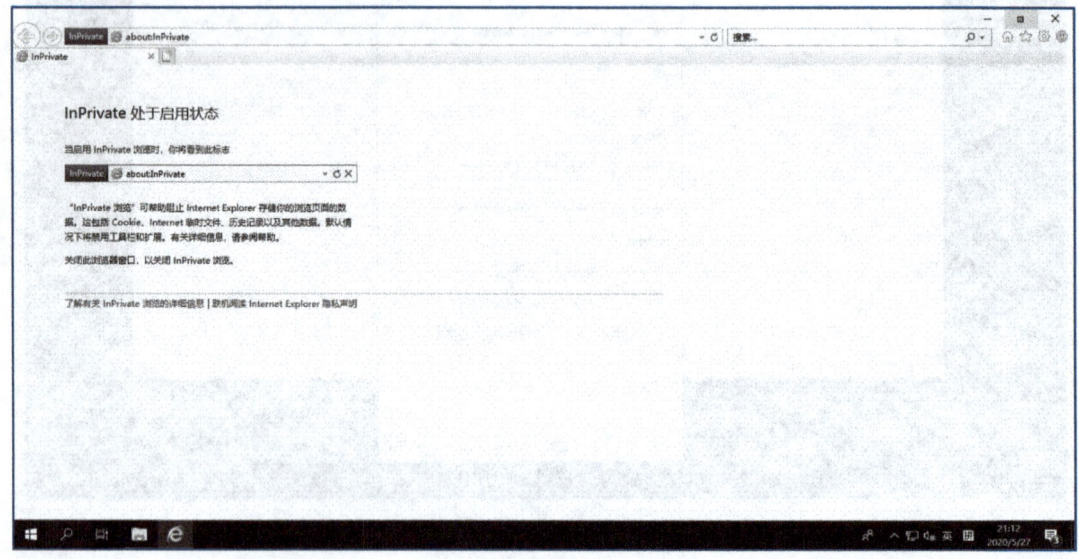

图 8-35

2）选择"工具"→"兼容性视图设置"菜单命令，在打开的对话框中添加网站 http://hdcloud.inspc.cn/，如图 8-36 所示。

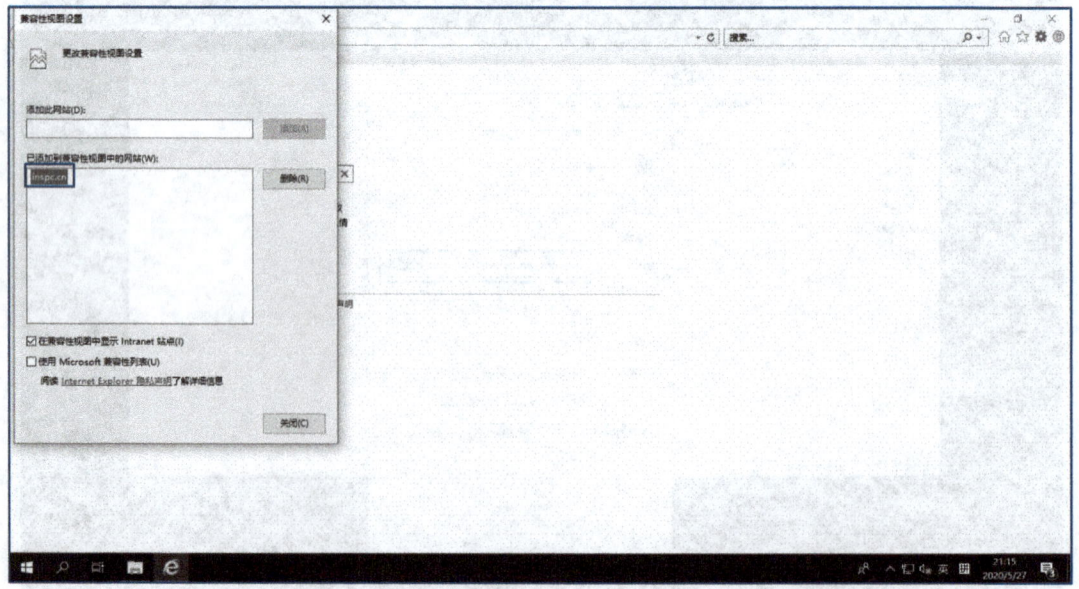

图 8-36

3）选中"使用 Microsoft 兼容性列表"复选框，帮助调整网站页面显示，如图 8-37 所示。

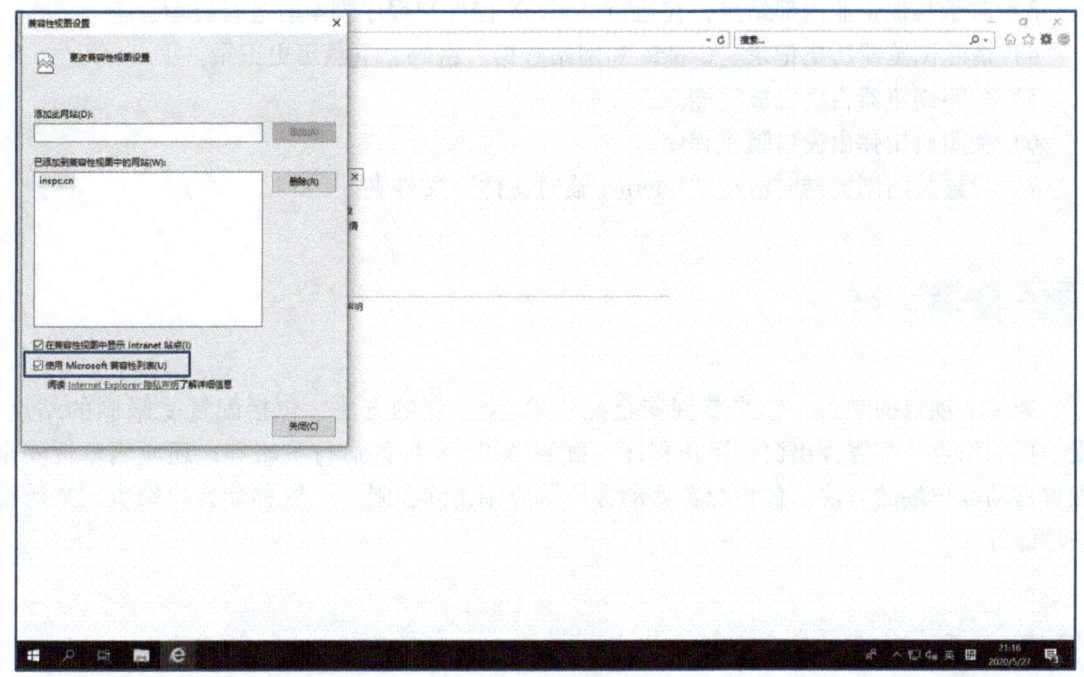

图 8-37

项目实训

1. 场地设备要求

1）计算机一台。
2）已安装 Windows 10 的虚拟机。

2. 工作任务

某公司的安全技术员收到公司员工反映：在访问外部网站 www.test.com 时常提示下载 ActiveX 控件、弹窗等有害内容；公司员工使用内部办公网站 http://hdcloud.inspc.cn/ 时，经常弹出不受信任、弹窗阻止、ActiveX 控件未启用、脚本未启用等提示，影响员工的办公效率。为了解决上述问题，并保障网络安全和避免客户信息泄露，需要对计算机浏览器进行以下设置：

1）配置 http://hdcloud.inspc.cn/为受信任站点，配置受信任站点安全级别为中低。

2）配置启用弹出窗口阻止程序，添加 http://hdcloud.inspc.cn/ 为允许的站点，并配置阻止弹出窗口时显示通知栏。

3）对于其他企业内部站点，在运行 ActiveX 控件和程序脚本时进行提示。

4）清除浏览器历史记录、Cookie 和网站数据、密码、下载历史记录。

5）关闭浏览器自动完成功能。

6）关闭启用弹出窗口阻止程序。

7）设置关闭浏览器时清空"Internet 临时文件"文件夹。

项目总结

通过本项目的学习，应当掌握安全配置 IE 浏览器的方法，包括配置受限制的站点、受信任的站点，配置弹出窗口阻止程序，配置 ActiveX 控件运行策略等；还应当掌握安全配置移动客户端的方法，包括配置移动客户端应用访问权限、配置移动客户端应用来源检查功能等。

课后习题

一、选择题

1. ActiveX 与（　　）技术相类似。
   A. KVM　　　　　B. J2EE　　　　　C. Java Applet　　　　D. J2ME

2. ActiveX 是（　　）公司开发的功能。
   A. 苹果　　　　　B. 微软　　　　　C. IBM　　　　　　　D. RedHat

3. ActiveX 不具有（　　）功能。
   A. 允许播放动画　　　　　　　　　B. 允许播放在线音乐
   C. 允许执行 Windows 任务　　　　 D. 允许安装 Widnows 操作系统

4. Cookies 认证过程中 Web 服务器检查客户端浏览器递交的 Cookies 不合法，会进行的操作是（　　）。
   A. 关闭计算机　　　　　　　　　　B. 拒绝提供客户端请求的资源
   C. 关闭 Web 服务　　　　　　　　 D. 删除 Cookies

5. Cookies 的主要作用是（　　）。
   A. 加速网站内容　　　　　　　　　B. 限制网站访问速度
   C. 网站鉴别用户身份　　　　　　　D. 用户鉴别网站身份

6. 以下关于 Cookies 的说法中，正确的是（　　）。

A. Cookies 由 Web 服务器颁发给用户
B. Cookies 由用户创建并递交给 Web 服务器
C. 用户浏览器中的 Cookies 能够被清除
D. 用户浏览器中的 Cookies 不能被清除

7. 安卓系统是（　　）公司的产品。
   A. Google　　　　B. Facebook　　　　C. Apple　　　　D. Android
8. Cookies 中包含（　　）信息。
   A. 网站域名　　　B. 网站 IP 地址　　　C. 网站系统类型　　　D. 网站磁盘容量
9. 下列关于安卓系统的说法中，正确的是（　　）。
   A. 具有控制 APP 对移动终端存储的访问权限
   B. 具有控制 APP 对移动终端 CPU 的访问权限
   C. 具有控制 APP 对移动终端内存的访问权限
   D. 具有控制 APP 对 PC 端存储的访问权限
10. 以下做法中，可以防止终端记录用户访问网站信息的是（　　）。
    A. 打开计算机防火墙　　　　　　B. 开启浏览器兼容性模式
    C. 禁止浏览器记录历史数据　　　D. 关闭浏览器兼容性模式

二、判断题

1. 服务器在浏览器访问时检查 Cookies。　　　　　　　　　　　　　　　　（　　）
2. 浏览器中的 Cookies 能够被用户清除。　　　　　　　　　　　　　　　　（　　）
3. 使用隐私模式访问网站时 Cookies 不会被删除。　　　　　　　　　　　（　　）
4. Cookies 可以跨域使用。　　　　　　　　　　　　　　　　　　　　　　（　　）
5. Cookies 的文本信息采用 key-value 格式进行记录。　　　　　　　　　　（　　）
6. 安卓系统能够支持在 x86 架构下运行。　　　　　　　　　　　　　　　（　　）
7. 安卓系统的权限管理能够控制 APP 对通讯录的访问。　　　　　　　　（　　）
8. 安卓系统的权限管理能够控制 APP 安装其他 APK 文件。　　　　　　　（　　）

三、简答题

1. 简述浏览器访问网站过程中 Cookies 的运行机制。
2. 简述防止浏览器记录用户数据的方法。

项目9 信息安全管理

学习情境

对于网络与信息安全来说包括3个方面：一是计算环境的安全，指信息的存储、处理和实施信息安全策略等；二是区域边界的安全，指安全计算环境对应的网络边界的安全；三是通信网络的安全，指计算环境之间进行网络通信的安全。以上3个方面都非常重要，任何一方面没有保护的情况下，网络与信息安全就会受到影响，因此，在进行安全保护时必须合理安排，同时顾全这3个方面。本项目将学习信息安全管理的相关知识和技能。

本项目学习环境为 Windows 2016 虚拟机（预安装360杀毒、Wordpress 网站），所有实训任务都在该环境中进行操作。

学习目标

知识目标
1) 了解计算机病毒知识。
2) 了解常用杀毒软件。
3) 了解计算机系统补丁的作用。
4) 了解计算机常用通信端口。
5) 了解安全的密码管理方法。
6) 了解判断非法信息的方法。

技能目标
1) 学会安装计算机反病毒软件。

2）学会配置计算机防病毒软件策略。
3）学会配置防入侵、防攻击等措施，对计算机端口进行保护。
4）学会安装操作系统补丁。
5）学会配置安全用户名和密码管理。
6）学会识别网络涉毒、涉赌信息并进行处理。
7）学会识别网络其他有害信息。

相关知识

信息安全管理体系（Information Security Management Systems）是组织在整体或特定范围内建立信息安全方针和目标，以及完成这些目标所用方法的体系。

企业信息安全管理即针对当前企业面临的病毒泛滥、黑客入侵、恶意软件、信息泄漏等安全问题制定相应的防御措施，保护企业信息系统不被未经授权的访问、使用、泄露、中断、修改和破坏，为企业信息安全提供保密性、完整性、真实性、可用性、不可否认性服务。

网络环境中常见的信息安全威胁有以下几类。

1）假冒：不合法的用户侵入到系统，通过输入账号等信息冒充合法用户从而窃取信息的行为。
2）身份窃取：合法用户在正常通信过程中被其他非法用户拦截。
3）数据窃取：非法用户截获通信网络的数据。
4）否认：通信方在参加某次活动后却不承认自己参与。
5）拒绝服务：合法用户在提出正当的申请时，遭到了拒绝或者延迟服务等。

常见的企业安全防范措施有以下几类。

（1）网络管理

一般企业网与互联网物理隔离，因此与互联网相比其安全性较高，但在日常运行管理中仍然面临网络链路维护、违规使用网络事件等问题。具体而言：

1）在 IP 资源管理方面，采用 IP-MAC 捆绑的技术手段防止用户随意更改 IP 地址和随意更换交换机上的端口。如果客户机连在支持网管的交换机上的，可以通过网管中心的管理软件，对该交换机远程实施 Port Security 策略，将客户端网卡 MAC 地址固定绑在相应端口上。

2）在网络流量监测方面，可使用网络监测软件对网络传输数据协议类型进行分类统计，查看数据、视频、语音等各种应用的利用带宽，防止频繁进行大文件的传输，甚至发现病毒的转移及传播方向。

（2）服务器管理

常见应用服务器安装的操作系统多为 Windows 系列，服务器的管理包括服务器安全审核、组策略实施、服务器的备份策略。

服务器安全审核是网管日常工作项目之一，审核的范围包括安全漏洞检查、日志分析、补丁安装情况检查等，审核的对象可以是 DC、Exchange Server、SQL Server、IIS 等。

在组策略实施时，如果想使用软件限制策略，即哪些客户不能使用哪个软件，则需要把操作系统至少升级到 Windows 2003 Server。服务器的备份策略包括系统软件备份和数据库备份两部分，系统软件备份是指利用现有的专用备份程序，制定一个合理的备份策略，如每周日晚上做一次完全备份，然后周一到周五晚上做增量备份或差额备份。

（3）客户端管理

对大多数单位的网管来说，客户端的管理都是最头痛的问题，只有得力的措施才能解决这个问题。这里介绍以下几种方法：

1）将客户端都加入到域中，只有这样客户端才能纳入管理员集中管理的范围。

2）只给用户以普通域用户的身份登录到域，因为普通域用户不属于本地 Administrators 和 Power Users 组，这样就可以限制他们在本地计算机上安装大多数软件（某些软件普通用户也可以安装）。当然为了便于用户工作，应通过本地安全策略，授予他们"关机"和"修改系统时间"等权利。

3）实现客户端操作系统补丁程序的自动安装。

4）实现客户端防病毒软件的自动更新。

5）利用 SMS 对客户端进行不定期监控，发现不正常情况及时处理。

（4）数据备份与数据加密

由于应用系统的加入，各种数据库日趋增长，如何确保数据在发生故障或灾难性事件情况下不丢失是当前面临的一个难题。以下介绍 4 种解决方法：

1）用磁带机或硬盘进行数据备份。该办法价格最低，保存性最强，不足之处是备份的只是某个时间点。

2）采用本地磁盘阵列来分别实现各服务器的本地硬盘数据冗余。

3）采用双机容错方式，两台机器系统相互备份，应用层数据全部放在共享的磁盘阵列柜中，这种方式能解决单机故障或停机的问题，同时又能防止单个硬盘故障导致的数据丢失，但前期投资额较大。

4）采用 NAS 或 SAN 来实现各服务器的集中区域存储，实现较高级别的磁盘等硬件故障的数据备份，但是成本较高，一般不能防止系统层的故障，如感染病毒或系统崩溃。

考虑到网络上非认证用户可能试图入侵旁路系统的情况，如物理地"取走"数据库，或在通信线路上窃听截获。对这样的威胁最有效的解决方法就是数据加密，即以加密格式存储和传输敏感数据。发送方用加密密钥，通过加密设备或算法，将信息加密后发送出去。接收方在收到密文后，用解密密钥将密文解密，恢复为明文。如果传输中有人窃取，他只能得到无法理解的密文，从而对信息起到保密作用。

（5）病毒防治

对防病毒软件的要求如下：能支持多种平台，至少是在 Windows 系列操作系统上都能运行；能提供中心管理工具，对各类服务器和工作站统一管理和控制；在软件安装、病毒代码升级等方面，可通过服务器直接进行分发，尽可能减少客户端维护工作量；病毒代码的升级要迅速有效。在实施过程中，以一台服务器作为中央控制一级服务器，实现对网络中所有计算机的保护和监控，并使用其中有效的管理功能，如管理员可以向客户端发送病毒警报、强制对远程客户端进行病毒扫描、锁定远程客户端等。正常情况下，一级服务器病毒代码库升级后半分钟内，客户端的病毒代码库也进行了同步更新。

任务 9-1　安全管理企业员工的网络行为

任务描述

某公司安全技术部收到网络安全中心发布的重要通知，由于近期全球恶意病毒爆发，需要对公司内的信息系统、员工主机等重要设备进行安全加固配置。要求如下：

1）安装杀毒软件，并设置自动启用保护。
2）设置杀毒软件自动查杀周期为 1 周，并设置病毒隔离。
3）保存杀毒软件升级日志记录。
4）为操作系统安装更新的恶意软件删除程序补丁，检查补丁是否生效。

知识准备

1. 计算机病毒的介绍

计算机病毒（Computer Virus）是编制者在计算机程序中插入的破坏计算机功能或者数据的代码，能影响计算机使用，能自我复制的一组计算机指令或者程序代码。

计算机病毒具有传播性、隐蔽性、感染性、潜伏性、可激发性、表现性或破坏性。计算机病毒的生命周期一般可以归纳为开发期→传染期→潜伏期→发作期→发现期→消化期→消亡期。

计算机病毒最主要的特征是它不是独立存在的，而是隐蔽在其他可执行的程序之中。计算机中病毒后，轻则影响机器运行速度，重则死机、系统破坏。因此，病毒给用户带来很大的损失。

计算机病毒按存在的媒体分类可分为引导型病毒、文件型病毒和混合型病毒 3 种；按链接方式分类可分为源码型病毒、嵌入型病毒和操作系统型病毒等 3 种；按计算机病毒攻击的系统分类分为攻击 DOS 系统病毒、攻击 Windows 系统病毒以及攻击 UNIX 系统的病毒。如今的计算机病毒正在不断地推陈出新，其中包括一些独特的新型病毒暂时无法按照常规的类型进行分类，如互联网病毒（通过网络进行传播，一些携带病毒的数据越来越多）、电子邮件病毒等。

2. 计算机病毒的传输方式

计算机病毒有自己的传输模式和不同的传输路径。计算机本身的主要功能是复制和传播，这意味着计算机病毒的传播非常容易，通常可以交换数据的环境就可以进行病毒传播。计算机病毒有 3 种主要的传输方式。

1）通过移动存储设备进行传播。如 U 盘、CD、软盘、移动硬盘等都可以是传播病毒的路径，而且因为它们经常被移动和使用，所以它们更容易得到计算机病毒的青睐，成为计算机病毒的携带者。

2）通过网络进行传播。这里描述的网络方法也不同，网页、电子邮件、QQ、BBS 等都可以是计算机病毒网络传播的途径，特别是近年来，随着网络技术的发展和互联网的运行频率，计算机病毒的传播速度越来越快，范围也在逐步扩大。

3）利用计算机系统和应用软件的弱点进行传播。近年来，越来越多的计算机病毒利用应用系统和软件应用的不足传播出去，因此这种途径也被划分在计算机病毒基本传播方式中。

3. 防范病毒的主要措施

计算机病毒无时无刻不在关注着计算机，时时刻刻准备发动攻击，但计算机病毒也不是不可控制的，可以通过以下几个方面来减少计算机病毒对计算机带来的破坏：

1）安装最新的杀毒软件，每天升级杀毒软件病毒库，定时对计算机进行病毒查杀，上网时要开启杀毒软件的全部监控。培养良好的上网习惯，例如对不明邮件及附件慎重打开，尽量不打开可能带有病毒的网站，特别是尽可能使用较为复杂的密码，因为猜测简单密码是许多网络病毒攻击系统的一种方式。

2）不要执行从网络下载后未经杀毒处理的软件等；不要随便浏览或登录陌生的网站，加强自我保护。现在有很多非法网站被植入恶意的代码，一旦被用户打开，即会向用户端计算机植入木马程序或其他病毒。

3）培养自觉的信息安全意识，在使用移动存储设备时，尽可能不要共享这些设备，因为移动存储也是计算机病毒进行传播的主要途径，也是计算机病毒攻击的主要目标。在对信息安全要求比较高的场所，应将计算机的 USB 接口封闭，同时，有条件的情况下应该做到"专机专用"。

4）用 Windows Update 功能打全系统补丁，同时，将应用软件升级到最新版本，如播放器软件、通信工具等，避免病毒以网页木马的方式入侵到系统或者通过其他应用软件漏洞来传播；将受到病毒侵害的计算机尽快隔离，在使用计算机的过程，若发现计算机上存在病毒或者是计算机异常时，应该及时中断网络；当发现计算机网络一直中断或者网络异常时，立即切断网络，以免病毒在网络中传播。

任务实施

1. 设置自动启用保护

1）在系统中双击"360 杀毒"图标，打开 360 杀毒软件界面，如图 9-1 所示。

图 9-1

2）选择"设置"菜单命令，在"常规设置"选项卡中，开启"自保护状态"功能，如图 9-2 所示。

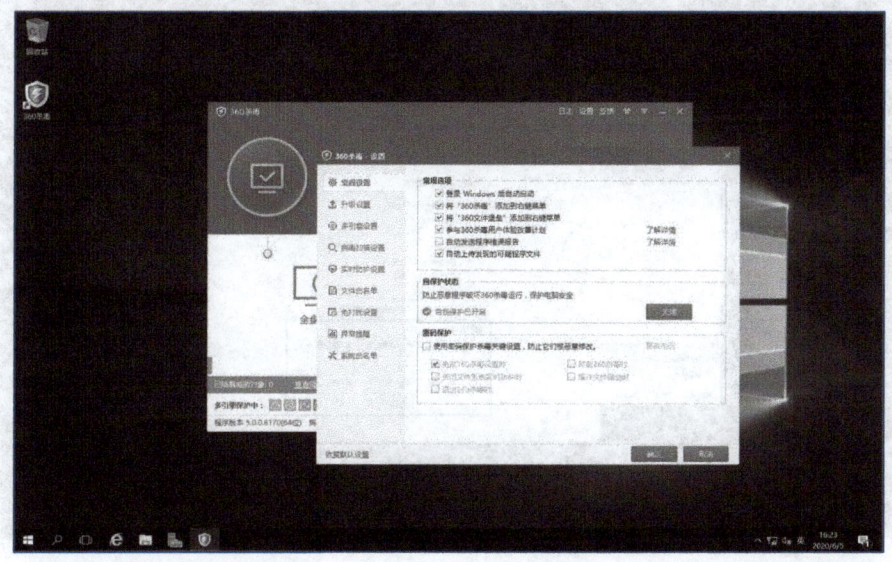

图 9-2

2. 设置杀毒软件自动查杀周期为 1 周，并设置病毒隔离

1）选择"病毒扫描设置"选项卡，找到"定时查毒"项目栏，如图 9-3 所示。

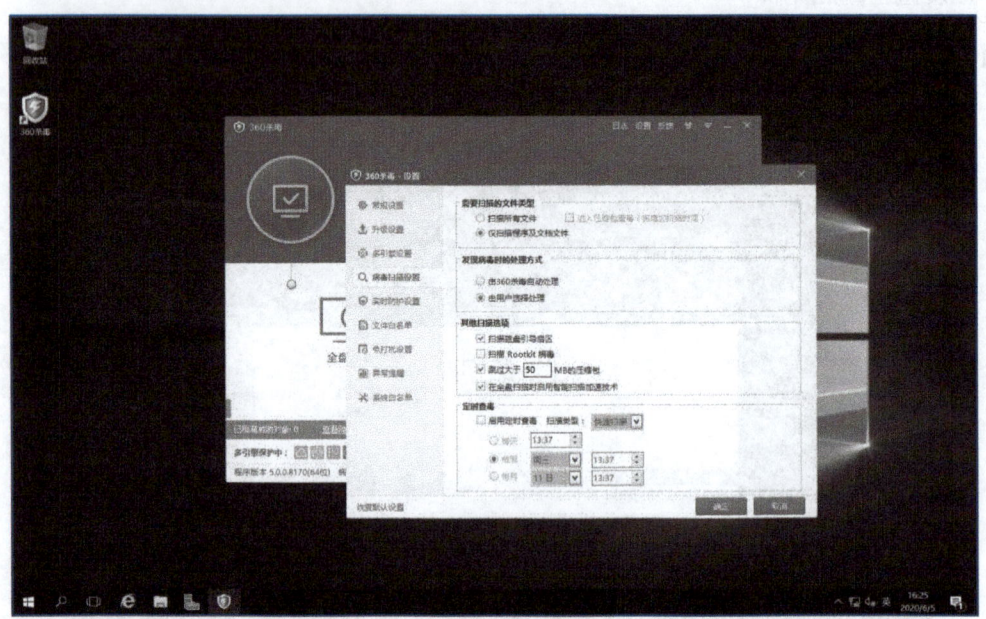

图 9-3

2）选中"启用定时查毒"复选框，设置查杀周期为 1 周，如图 9-4 所示。

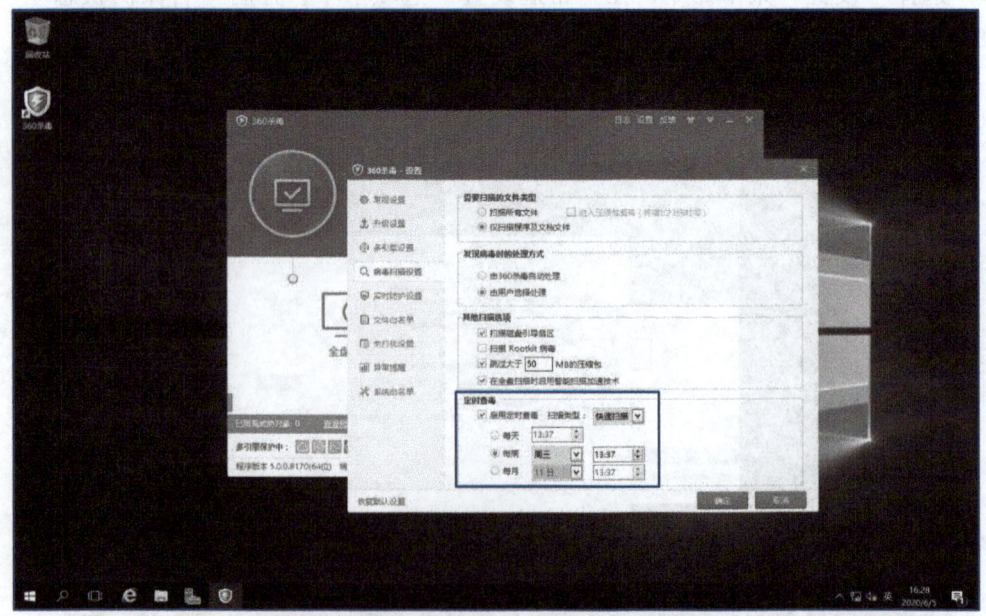

图 9-4

3）设置病毒隔离，在"发现病毒时的处理方式"项目栏中选中"由360杀毒自动处理"单选按钮，如图9-5所示。

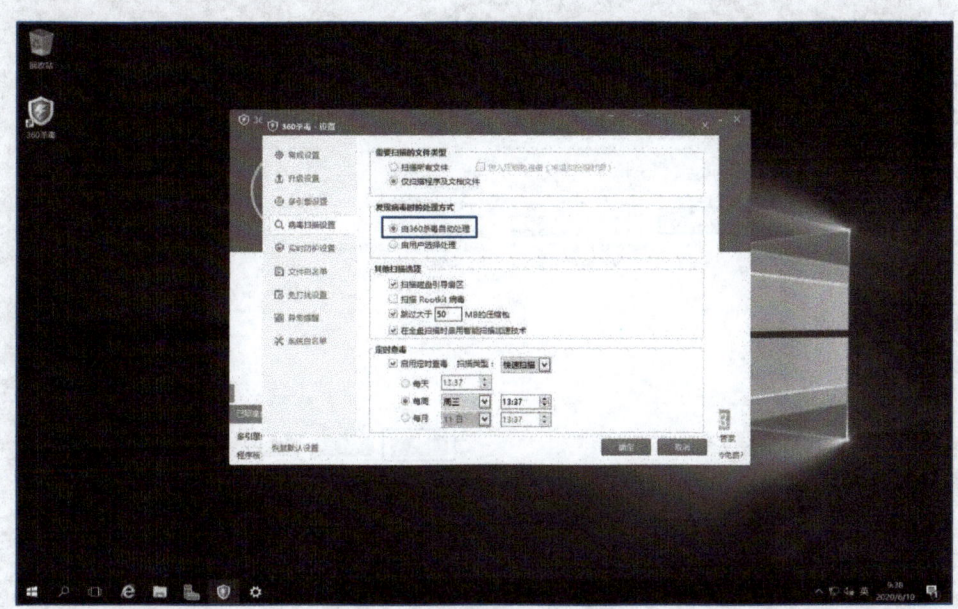

图9-5

3. 保存杀毒软件升级日志记录

1）选择"日志"菜单命令，打开"日志"窗口，如图9-6所示。

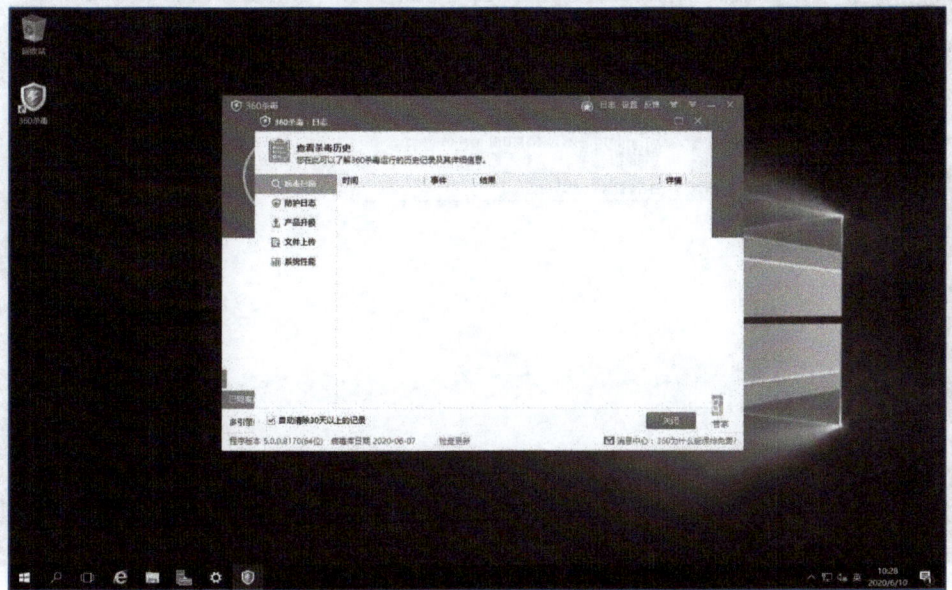

图9-6

2) 选择"产品升级"选项卡,导出日志内容并保存到桌面,如图 9-7~图 9-9 所示。

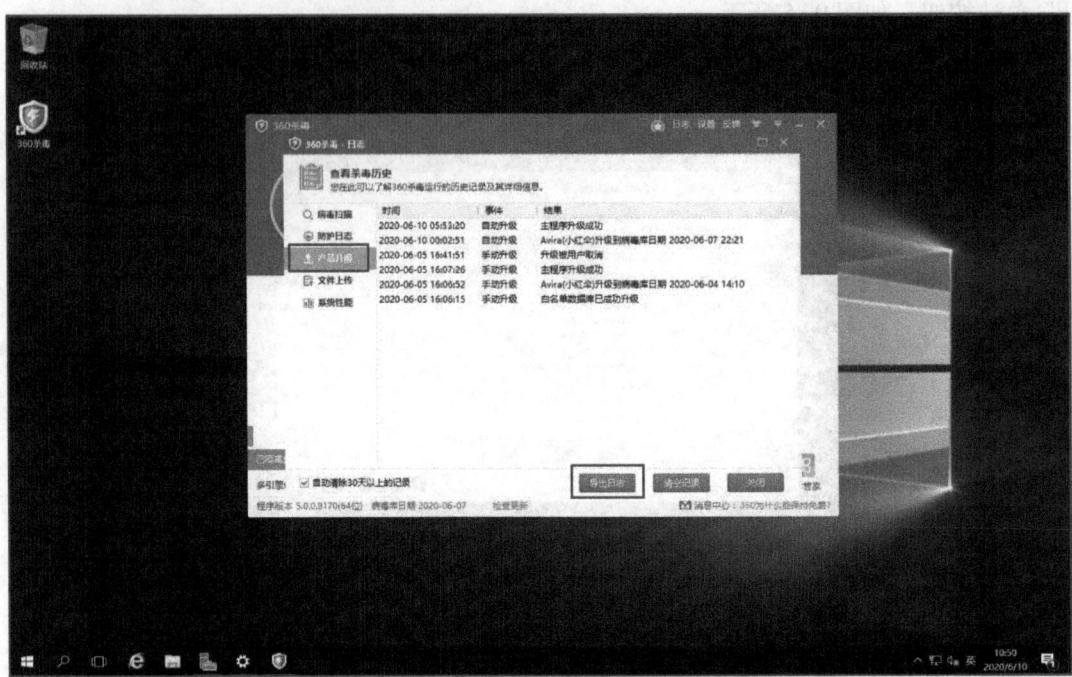

图 9-7

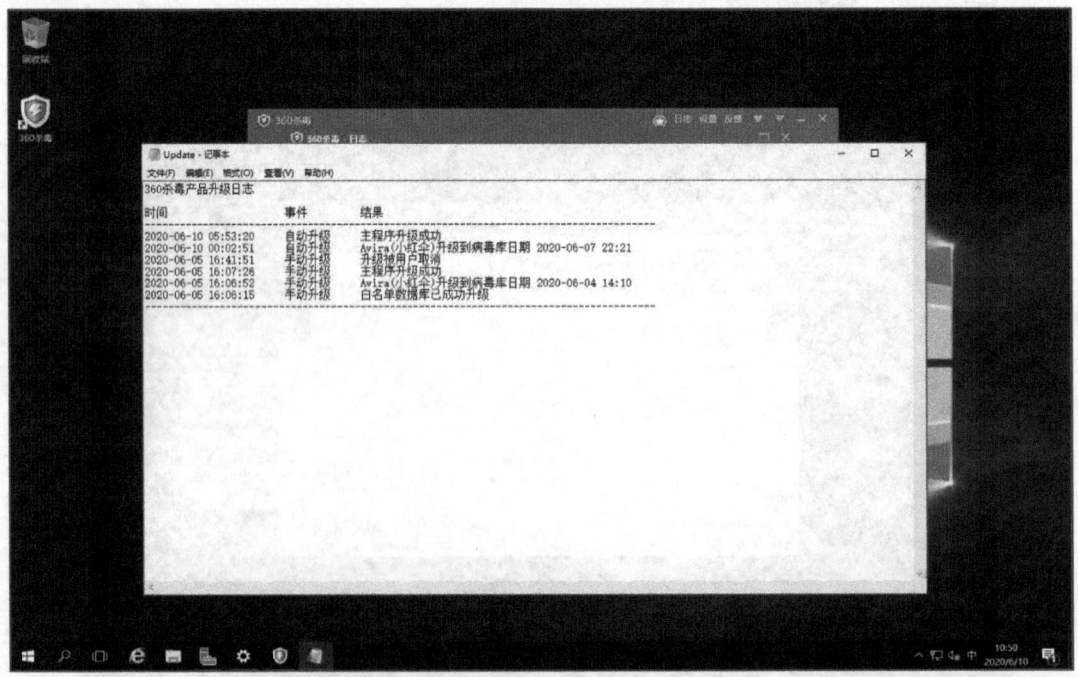

图 9-8

图 9-9

4. 为操作系统安装更新的恶意软件删除程序补丁，检查补丁是否生效

1）打开 C 盘下的 update 目录，找到 KB4562561 补丁文件，如图 9-10 所示。

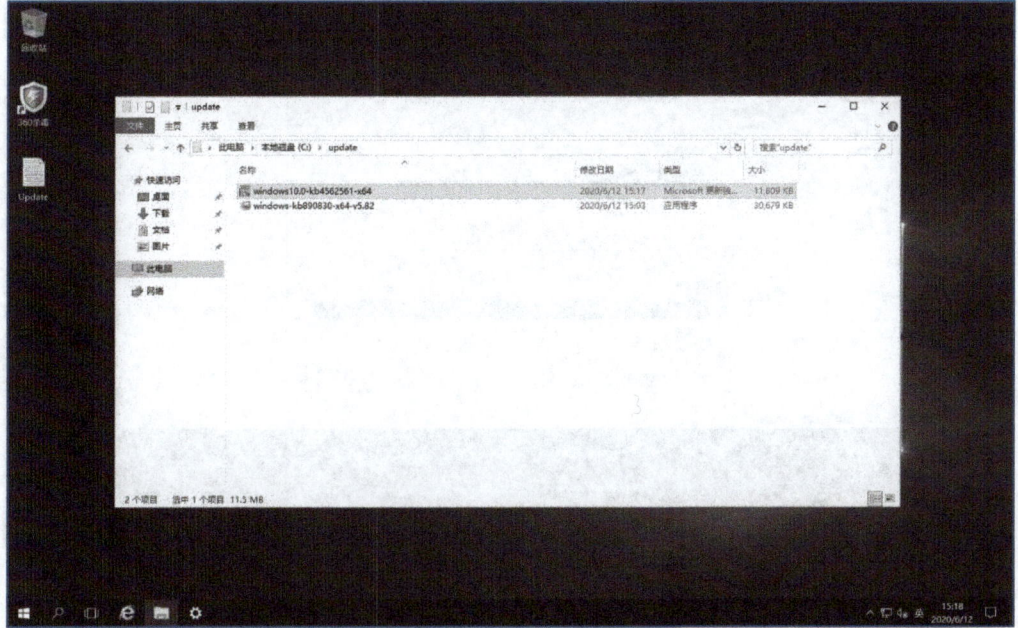

图 9-10

2）双击 KB890830 补丁文件进行安装，如图 9-11 和图 9-12 所示。

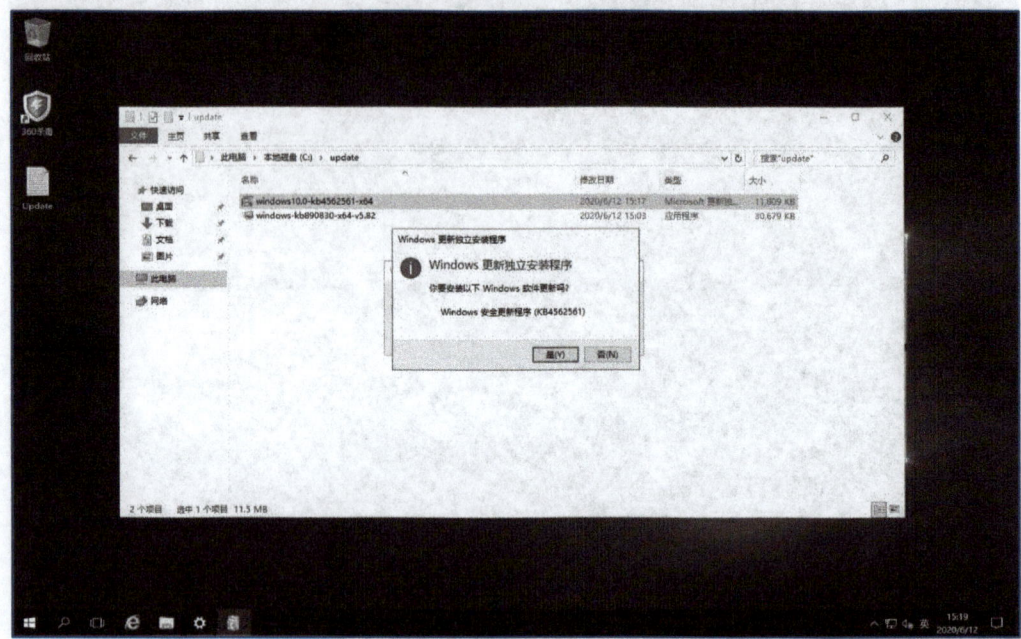

图 9-11

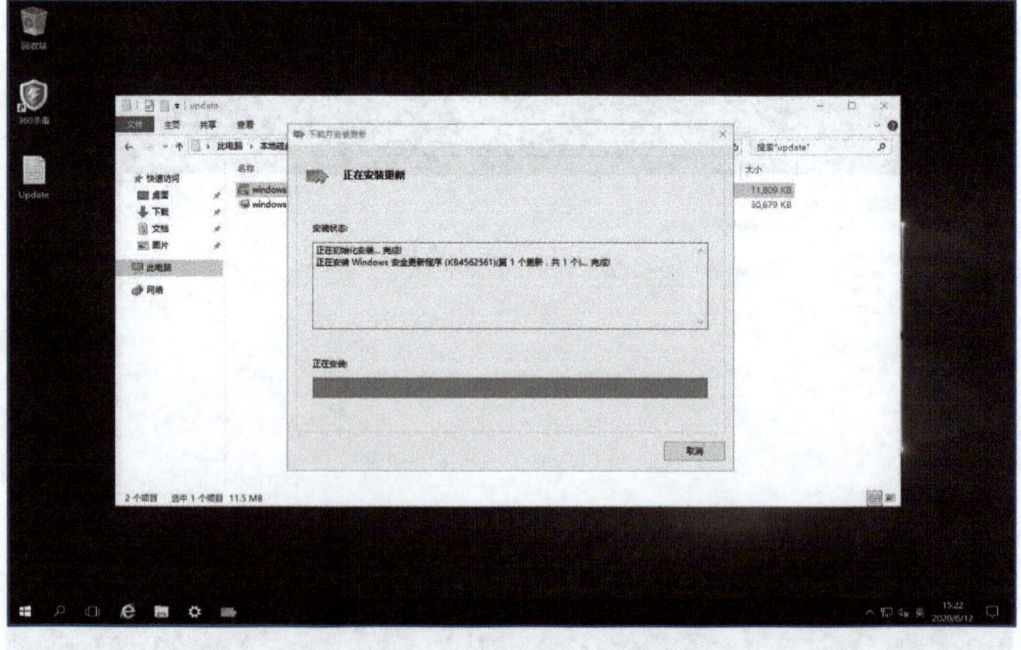

图 9-12

3）在更新历史记录中查看已经更新的补丁，如图 9-13 所示。

图 9-13

任务 9-2　对企业互联网涉及的各类信息实施保护

任务描述

某公司安全技术部收到网络安全中心通知，要求在完成对企业员工终端设备的基本防护后，及时对企业重要业务数据进行安全防护：首先对重要业务应用进行整体备份，然后对应用的数据库配置备份计划，形成整个应用系统的基本数据备份策略，如遇到病毒爆发时能及时进行数据恢复。具体要求如下：

1）立刻备份网站应用，备份位置为本地磁盘 F 盘。
2）定期备份网站数据库，设置备份策略进行每天晚上 21：00 备份。

知识准备

Windows Server Backup 是系统自带的备份和恢复组件，和 Windows 2003 Server 中的 NTbackup 类似。相对于其他第三方备份软件，Windows Server Backup 由于是系统自带组件，不需要额外购买授权，从而减少 IT 开支。需要注意的是，Windows Server Backup 不支持备份到磁带。

Windows Server Backup 可以备份一个完整的服务器（所有卷）、所选卷、系统状态，或特定的文件或文件夹，并创建一个备份。用户可以恢复卷、文件夹、文件、某些应用程序和系统状态。而且，在硬盘故障等灾害的情况下，可以执行裸机恢复。

从 Windows Server 2012 起，Windows Server Backup 功能进行了如下更新：
1）从 Hyper-V 主机备份和恢复单个虚拟机。
2）备份版本功能改进。
3）支持大于 2 TB 的卷备份和 4 KB 扇区。
4）支持备份群集共享卷（CSV）。

任务实施

1. 安装 Windows Server Backup

1）打开"服务器管理器"窗口,选择"管理"→"添加角色和功能"菜单命令,如图 9-14 所示。

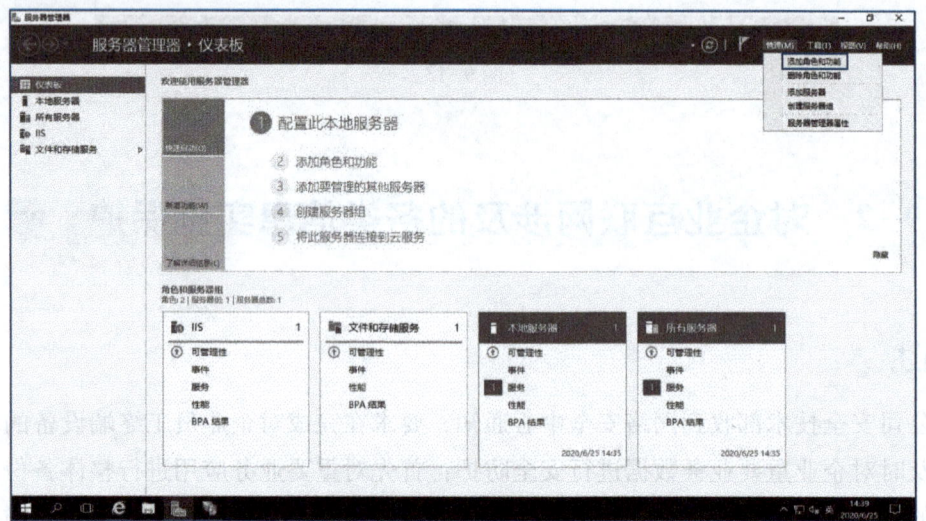

图 9-14

2）打开"添加角色和功能向导"窗口,选择"功能"选项卡,在"功能"列表框中选中"Windows Server Backup"复选框,单击"下一步"按钮,完成功能的安装,如图 9-15 和图 9-16 所示。

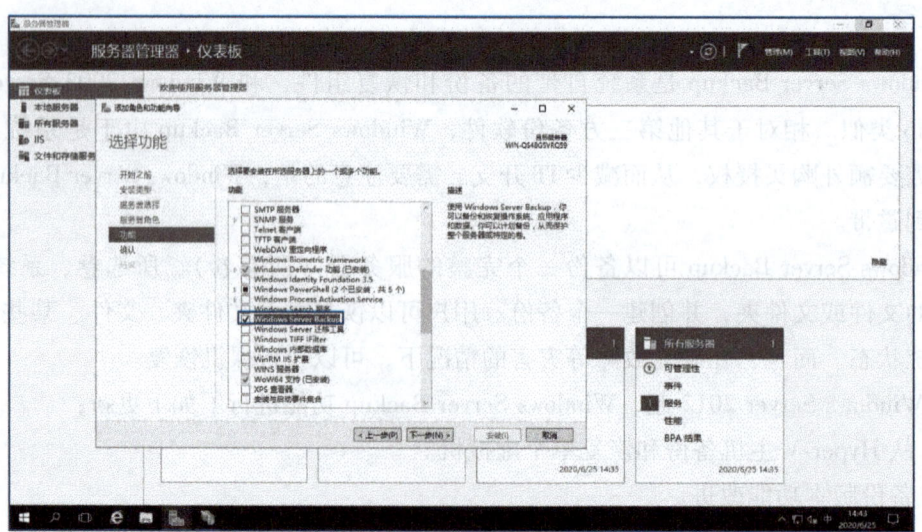

图 9-15

项目 9　信息安全管理

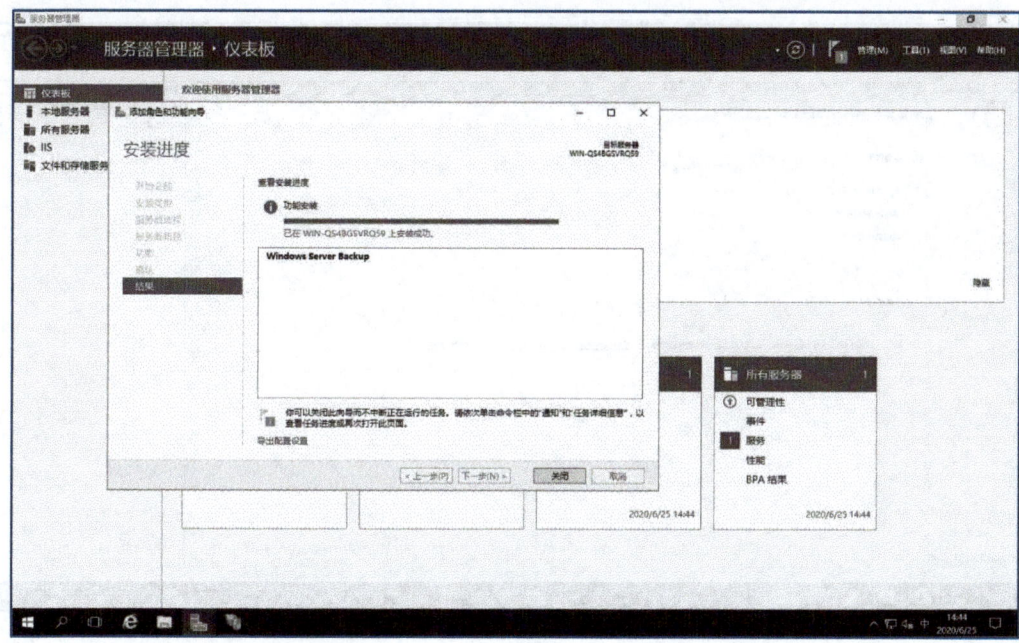

图 9-16

2. 备份网站应用

1）在"服务器管理器"窗口中，选择"工具"→"Windows Server Backup"菜单命令，打开如图 9-17 和图 9-18 所示窗口。

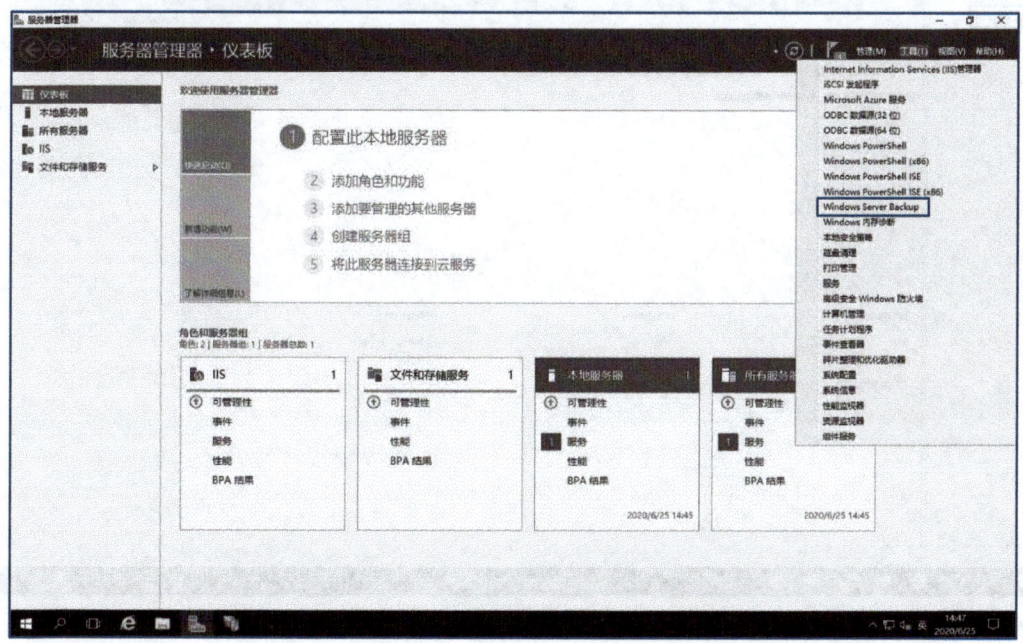

图 9-17

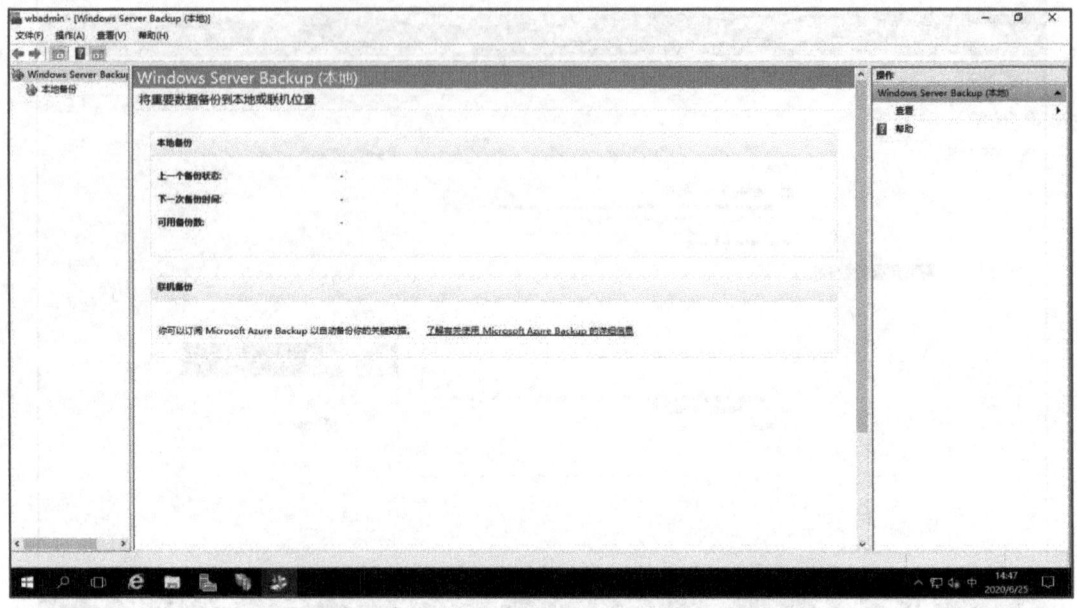

图 9-18

2）在左侧导航栏中选择"本地备份"项，在右侧"操作"栏中单击"一次性备份"超链接，打开"一次性备份向导"对话框，如图 9-19 和图 9-20 所示。

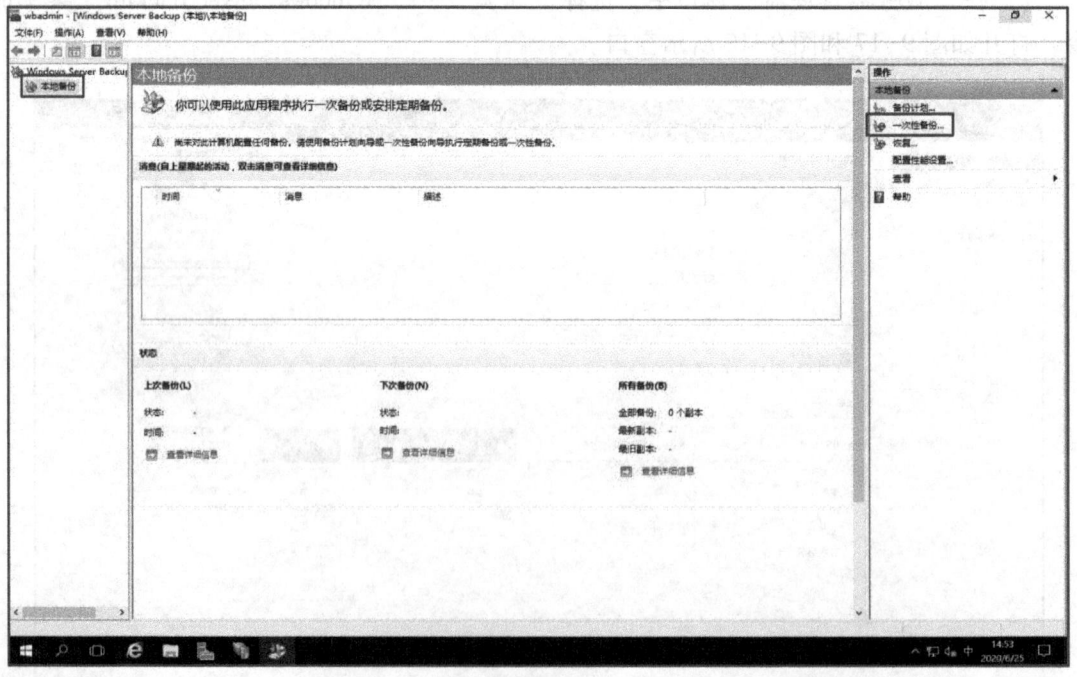

图 9-19

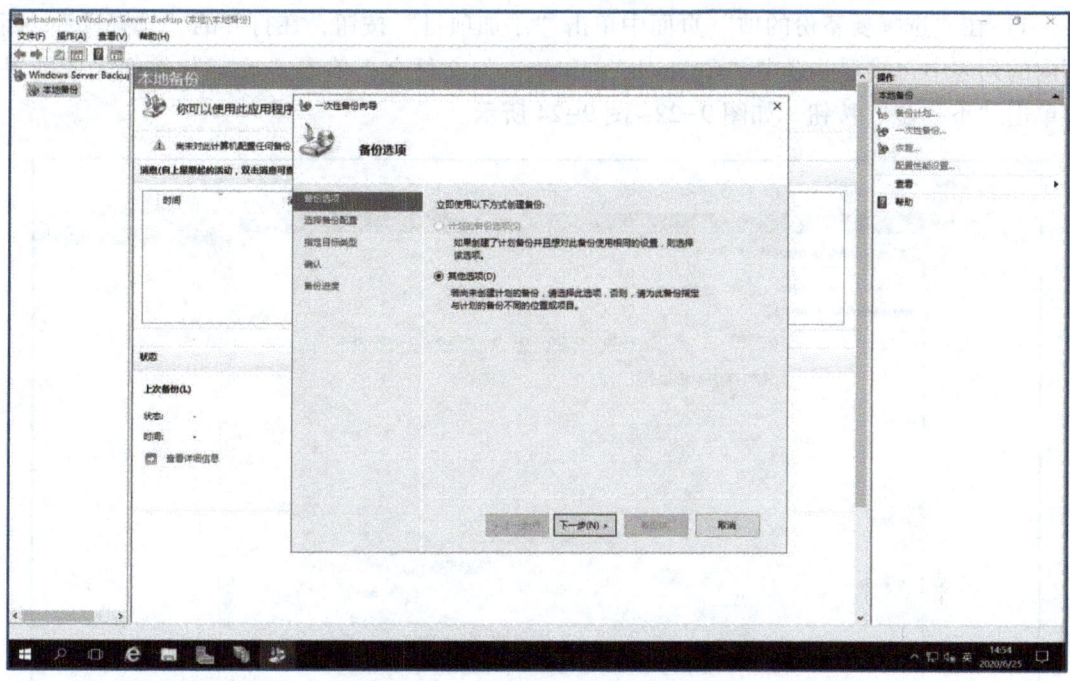

图 9-20

3）在打开的"一次性备份向导"对话框左侧导航栏中选择"选择备份配置"项，在右侧选中"自定义"单选按钮，并单击"下一步"按钮，如图 9-21 所示。

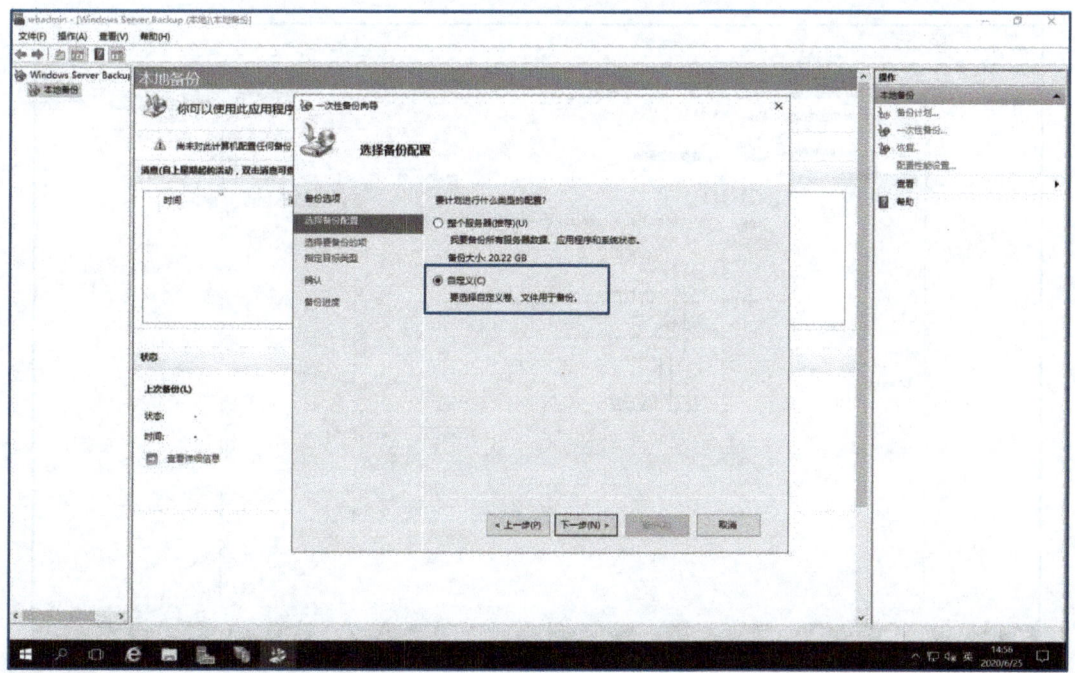

图 9-21

310　第三部分　应用安全配置

4）在"选择要备份的项"页面中单击"添加项目"按钮，在打开的"选择项"对话框内的列表中，找到并选中"C:\tools\wordpress"文件夹，单击"确定"按钮完成配置，再单击"下一步"按钮，如图9-22~图9-24所示。

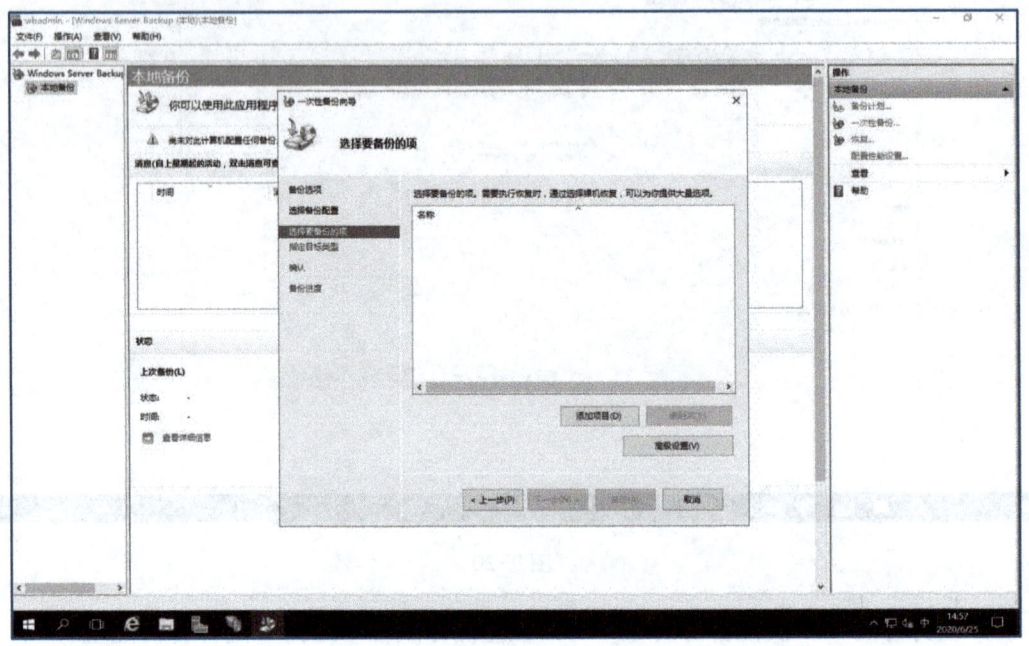

图 9-22

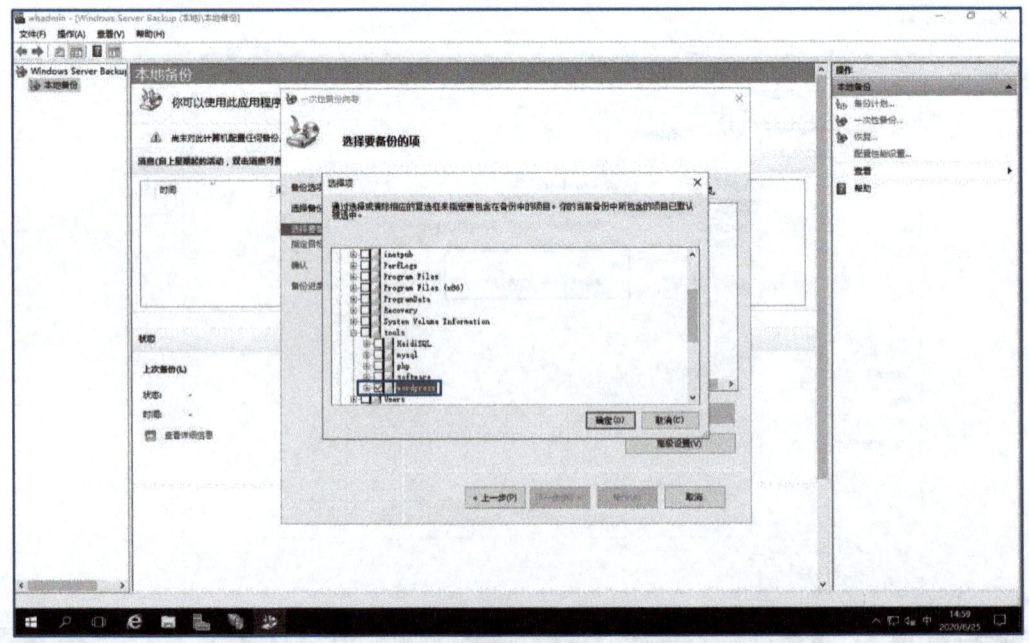

图 9-23

项目 9　信息安全管理

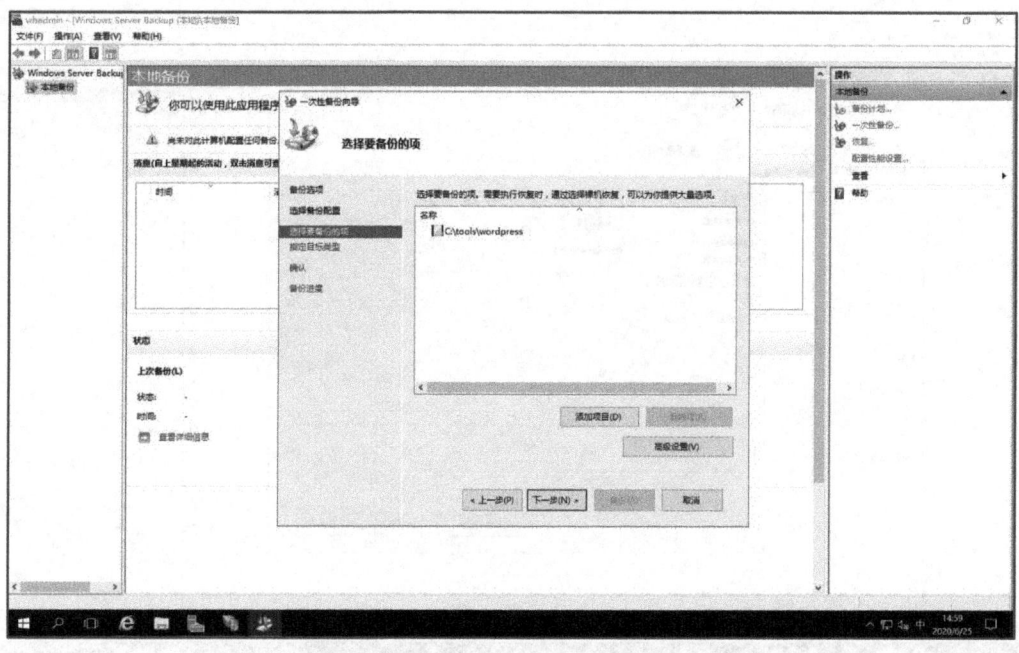

图 9-24

5）在"指定目标类型"页面中选中"本地驱动器"单选按钮，单击"下一步"按钮。在"备份目标"处选择"本地磁盘（F:）"，再单击"下一步"按钮，如图 9-25 和图 9-26 所示。

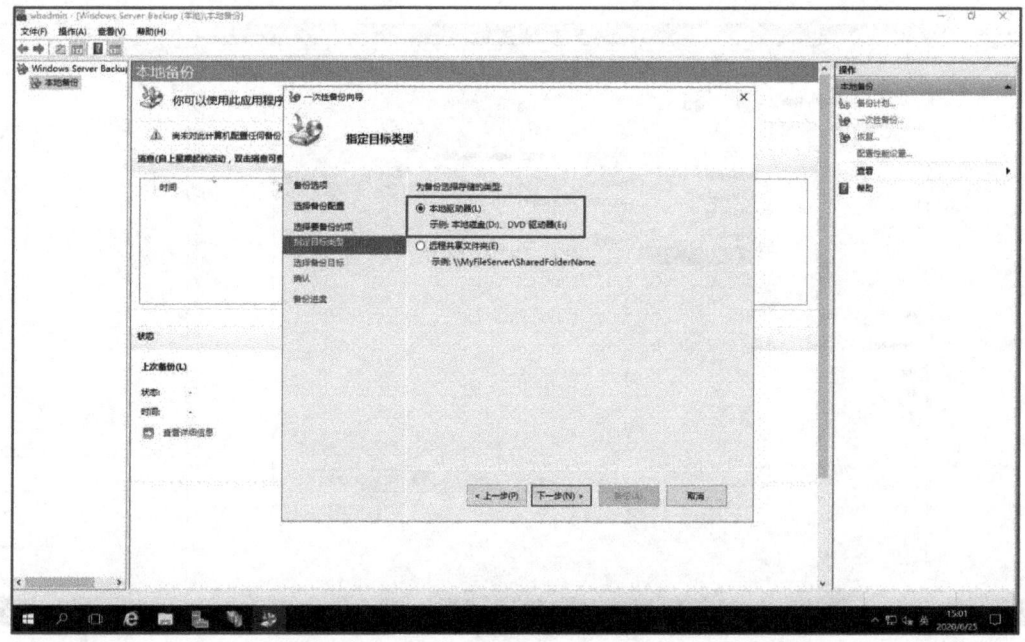

图 9-25

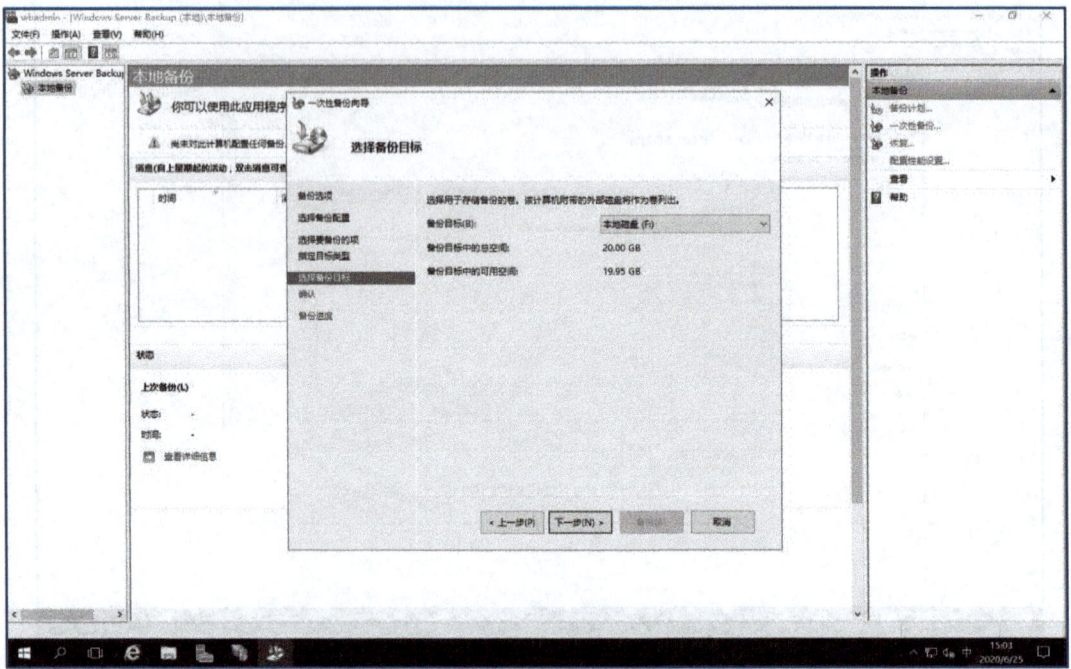

图 9-26

6) 检查备份配置,最后单击"备份"按钮完成备份,如图 9-27 和图 9-28 所示。

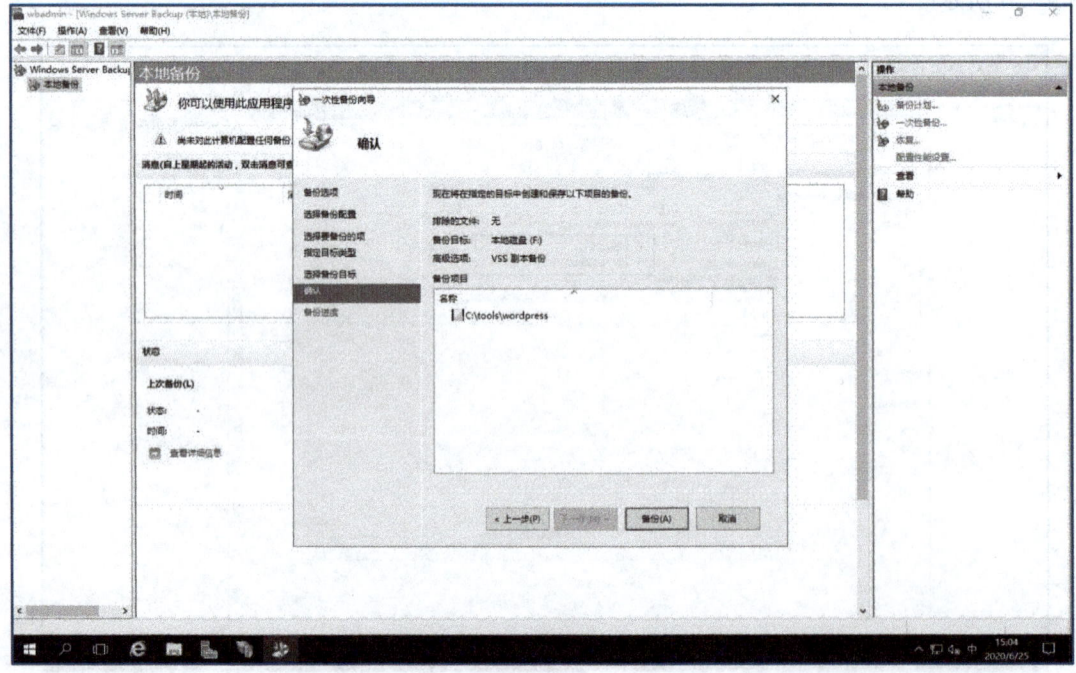

图 9-27

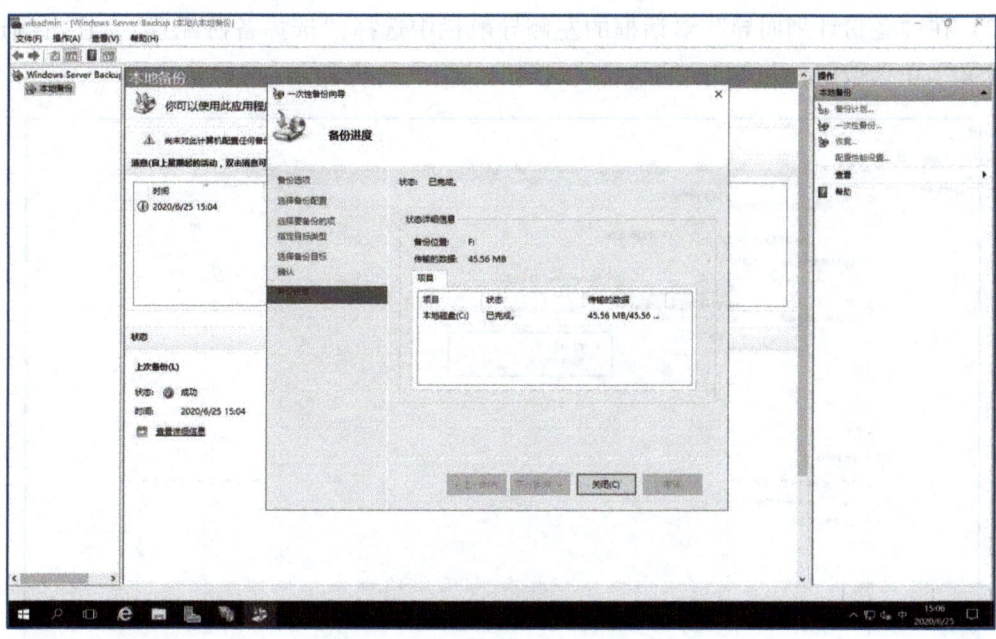

图 9-28

3. 设置定期备份网站数据库

1）返回"本地备份"功能，在右侧"操作"栏中单击"备份计划"超链接，打开"备份计划向导"对话框，如图 9-29 所示。

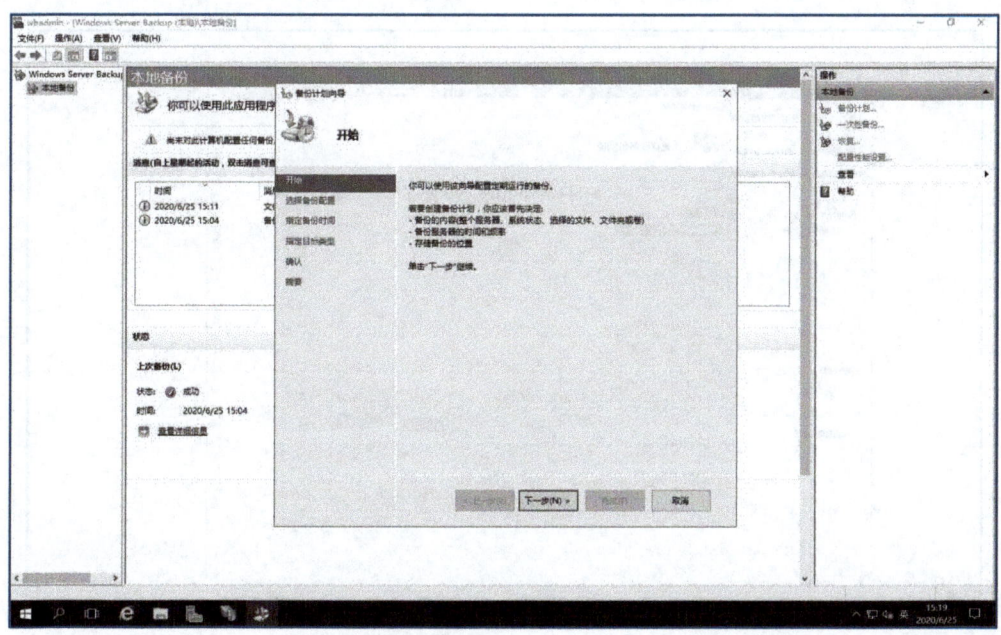

图 9-29

2）在"备份计划向导"对话框的左侧导航栏中选择"选择备份配置",在右侧选中"自定义"单选按钮,并单击"下一步"按钮,如图 9-30 所示。

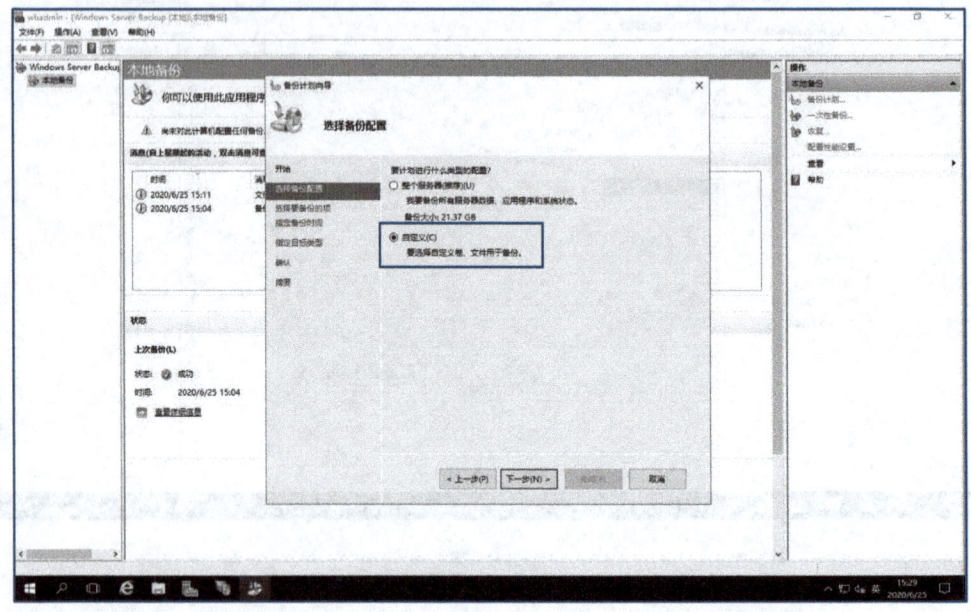

图 9-30

3）在"选择要备份的项"页面中,单击"添加项目"按钮,在打开的"选择项"对话框中的列表内选中"C:\tools\mysql"文件夹,并单击"确认"按钮,如图 9-31 和图 9-32 所示。

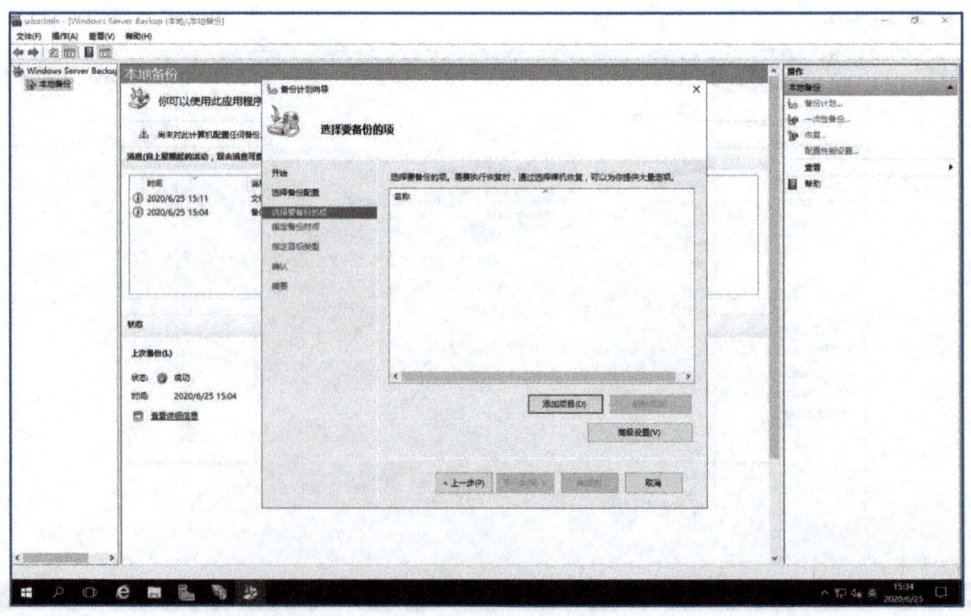

图 9-31

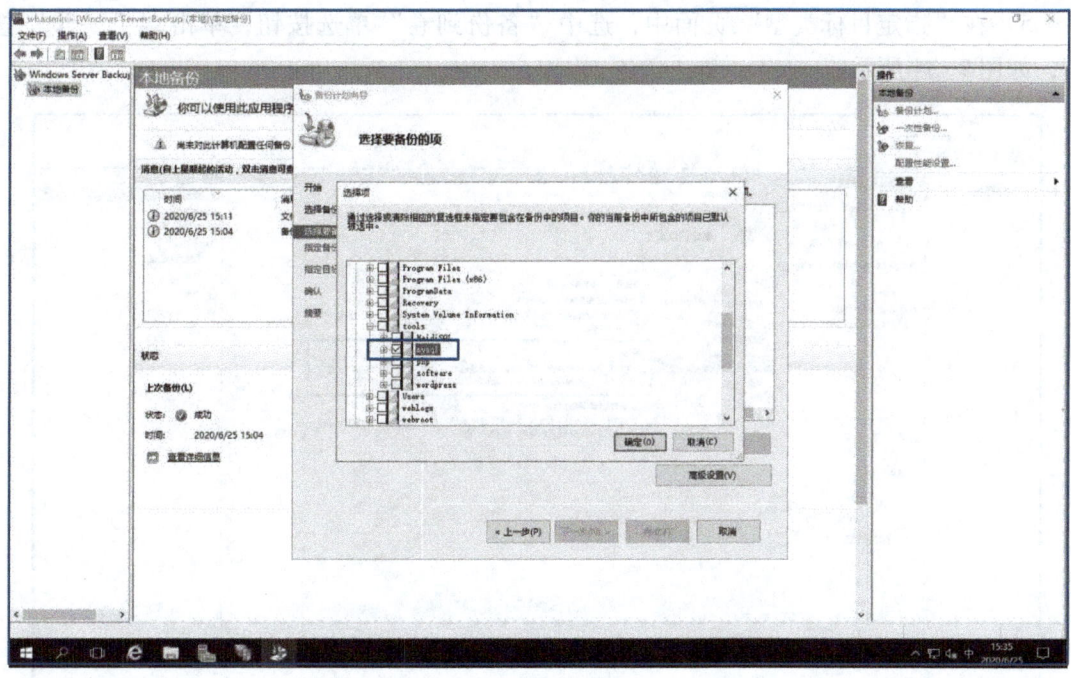

图 9-32

4）在"指定备份时间"页面中，选中"每日一次"复选框，"选择时间"设为 21：00，单击"下一步"按钮，如图 9-33 所示。

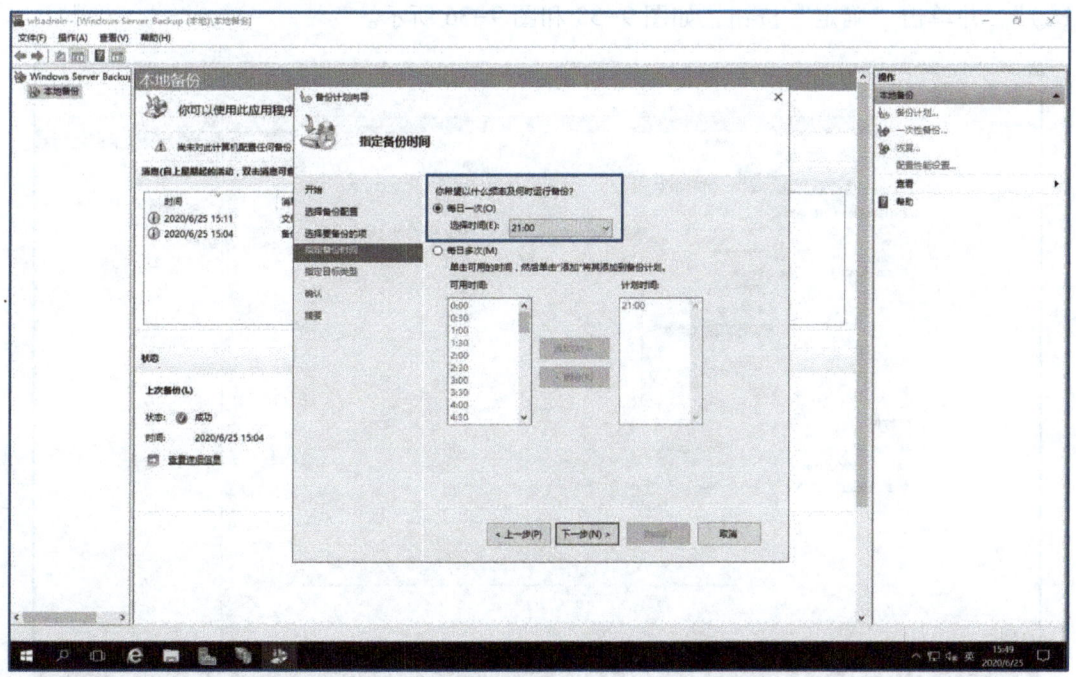

图 9-33

5）在"指定目标类型"页面中，选中"备份到卷"单选按钮，单击"下一步"按钮，如图 9-34 所示。

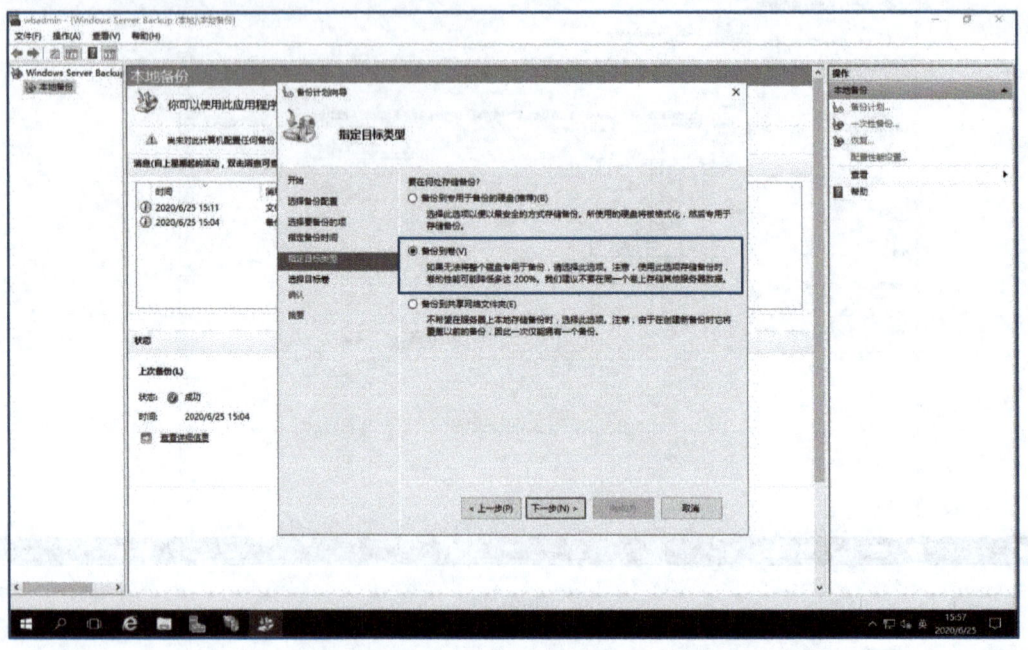

图 9-34

6）在"选择目标卷"页面中，单击"添加"按钮，在磁盘列表中选择"本地磁盘（F:）"，并单击"确定"按钮，如图 9-35 和图 9-36 所示。

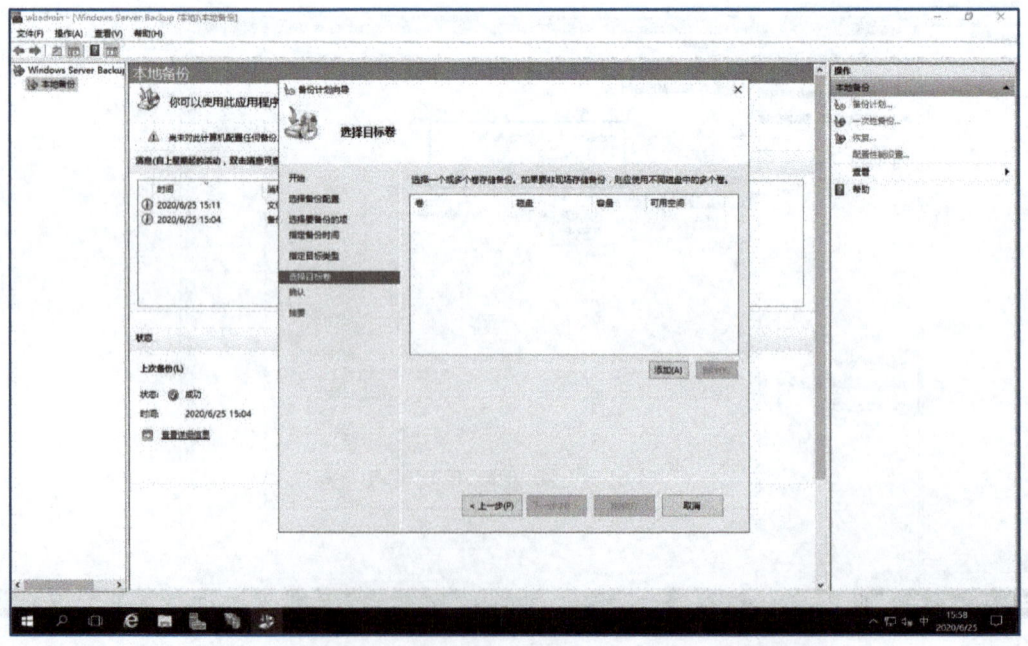

图 9-35

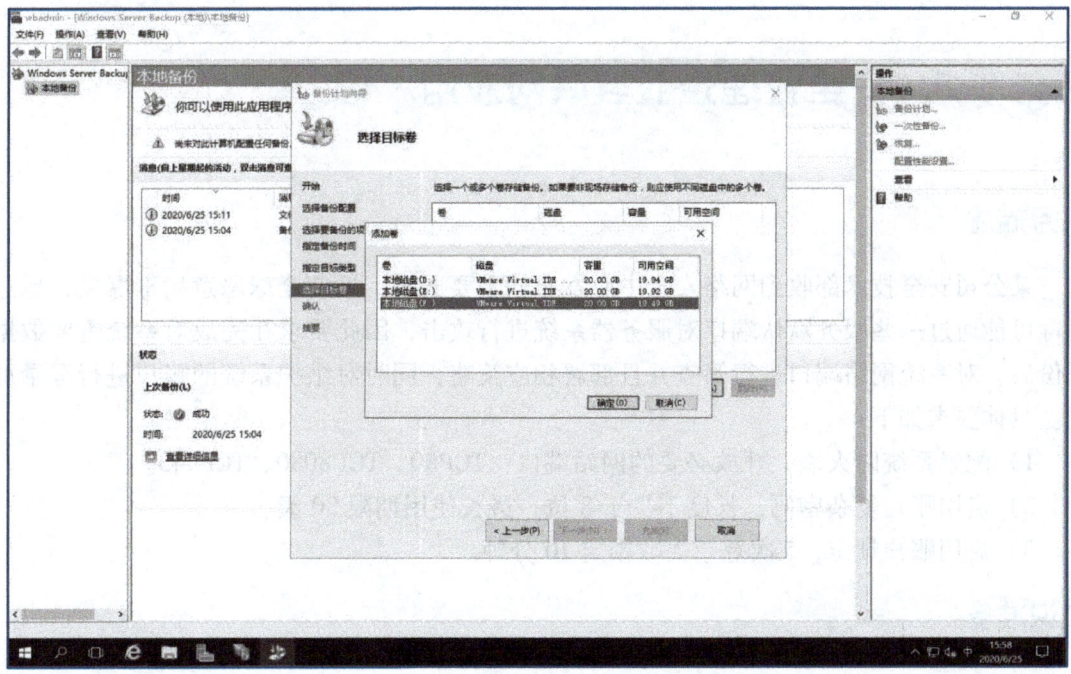

图 9-36

7）确认配置后，单击"完成"按钮完成备份计划，如图 9-37 所示。

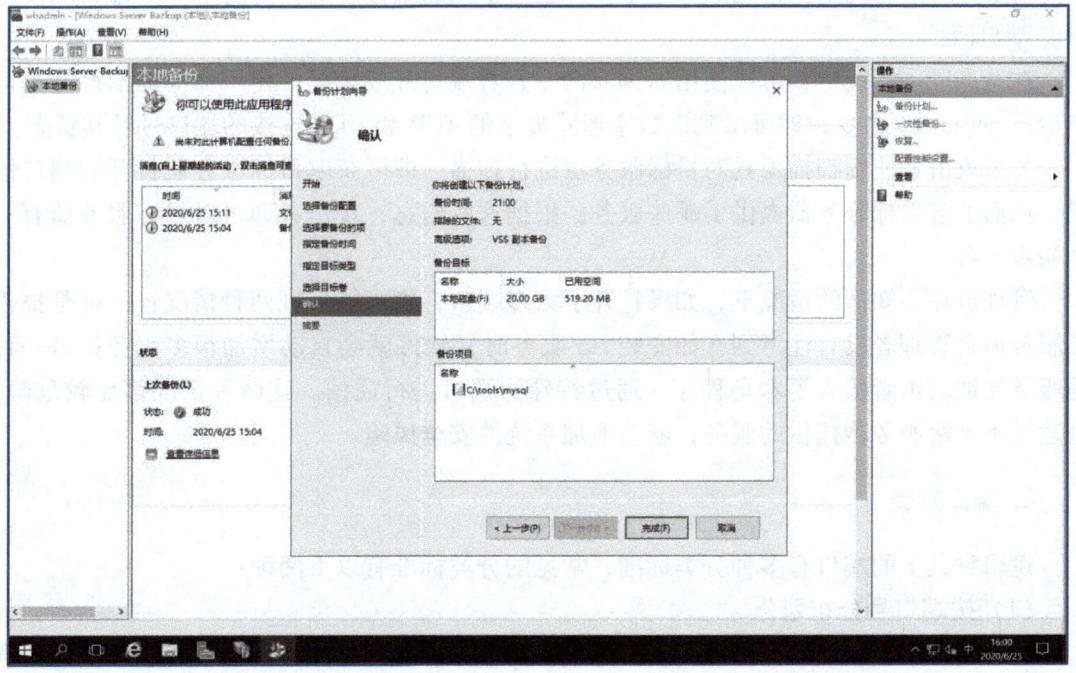

图 9-37

任务 9-3　安全管理企业互联网应用

任务描述

某公司安全技术部收到网络安全中心发布的重要通知，近期全球恶意病毒爆发，恶意病毒可能通过一些服务默认端口对服务器系统进行攻击，因此要求在完成对系统重要数据备份后，对系统网络端口进行筛查并且部署相应策略，同时对维护系统的账户进行登录加固。具体要求如下：

1）配置系统防火墙，开放必要的网站端口：TCP80、TCP8080、TCP443。
2）启用账户复杂密码，长度不少于 8 位，最长使用期限 30 天。
3）启用账户锁定，5 次登录失败锁定 10 分钟。

知识准备

1. 服务与端口

服务器的端口可以说是服务器与外界进行通信交流的出入口一般位于 OSI 参考模型中的传输层，对应着网络上常见的一些服务，这些常见的服务可划分为使用 TCP 端口和使用 UDP 端口两种。

在 Windows 系统中，可以使用 netstat 命令查看端口开放情况。在"命令提示符"窗口中运行 netstat-na 命令，即可看到以数字形式显示的 TCP 和 UDP 连接的端口号及其状态。

如果攻击者使用扫描工具对目标服务器进行扫描，即可获取目标服务器打开的端口情况，从而了解目标服务器提供了哪些服务。根据这些信息，攻击者即可对目标服务器有一个初步了解。

管理员在不知情的情况下，如果打开了太多端口，则可能出现两种情况：一种是提供了服务但是管理者没有注意到，如安装 IIS 服务时，软件就会自动增加很多服务；另一种是服务器被攻击者植入了木马程序，通过特殊的端口进行通信。这两种情况都比较危险，管理员不了解服务器提供的服务，就会增加系统的安全风险。

2. 端口分类

逻辑意义上的端口有多种分类标准，常见的分类标准有以下两种：

（1）按端口号分布划分

1）常用端口，端口号为 0~1023，它们绑定了一些特殊的服务。通常，这些端口的通信明确地表明了某种服务协议，不可再重新定义它的作用对象。例如，21 端口分配给 FTP 服务，23 号端口分配给 Telnet 服务专用，25 号端口分配全 SMTP 服务，80 端口是 HTTP

通信使用的，135 端口分配给 RPC 服务等，不会被像木马这样的黑客程序利用。

2）注册端口，端口号为 1024～49151，它们松散地绑定了些服务，即有许多服务绑定于这些端口，这些端口同样用于许多其他目的，且多数没有明确定义对象，不同的程序可以根据需要自己定义。

3）动态或私有端口，端口号为 49152～65535，理论上不应该把常用服务分配在这些端口上，但实际上有些较为特殊的程序，特别是一些木马就非常喜欢使用这些端口，因为这些端口常常不会引起人们的注意，容易隐蔽。

（2）按协议类型划分

根据所提供的服务方式，端口又可分为 TCP 端口和 UDP 端口两种。一般直接与接收方进行的连接方式，大多采用 TCP；如果只是把信息放在网上发布出去而不去关心信息是否到达，则大多采用 UDP。

任务实施

1. 配置系统防火墙开放必要的应用服务端口

1）打开"服务器管理器"窗口，选择"工具"→"高级安全 Windows 防火墙"菜单命令，如图 9-38 所示。

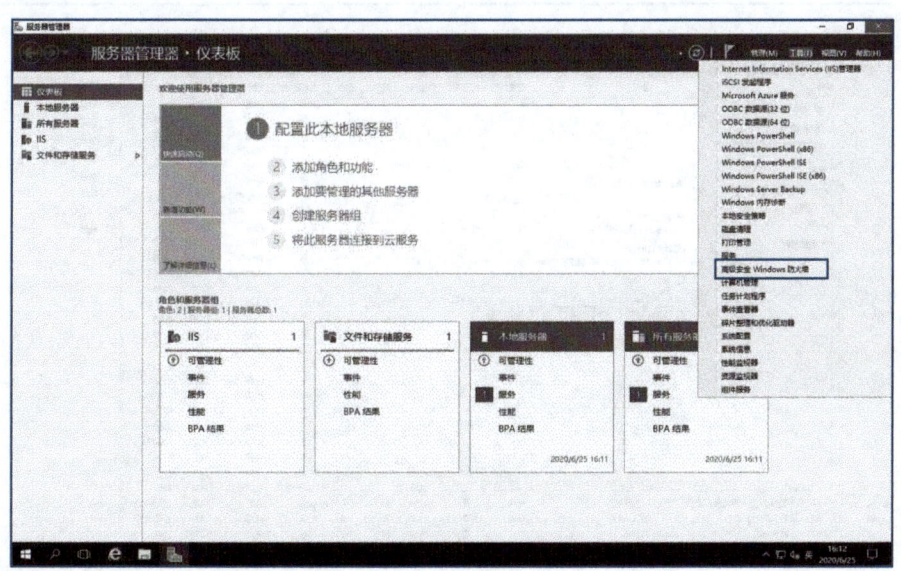

图 9-38

2）打开"高级安全 Windows 防火墙"窗口，在左侧"本地计算机上的高级安全 Windows 防火墙"中选择"入站规则"项，在右侧"操作"栏中单击"新建规则"超链接，如图 9-39 和图 9-40 所示。

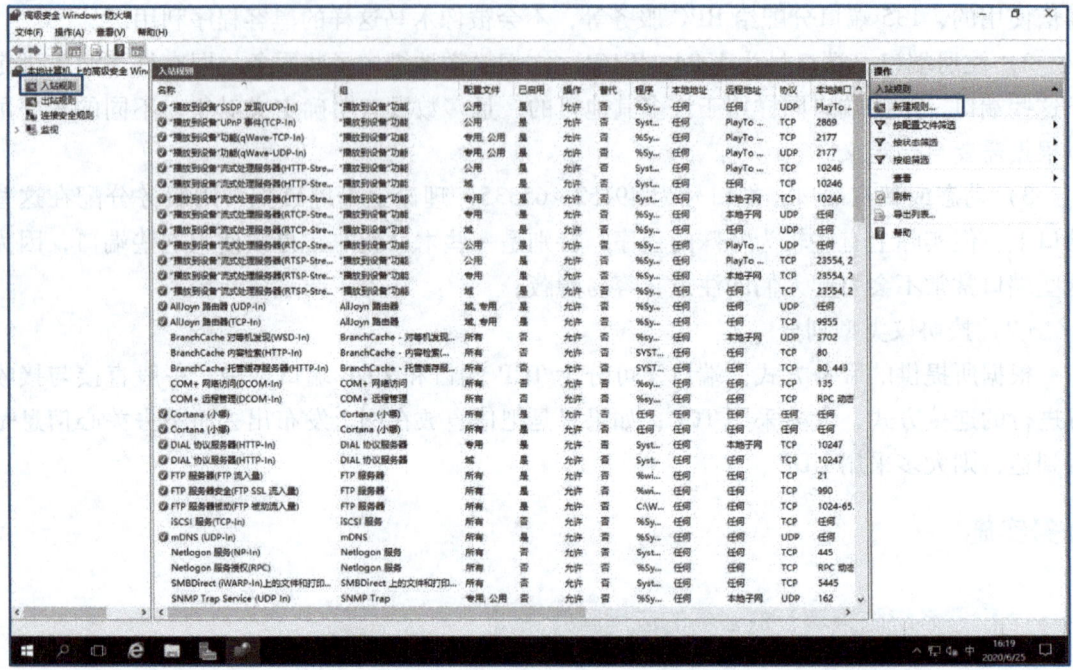

图 9-39

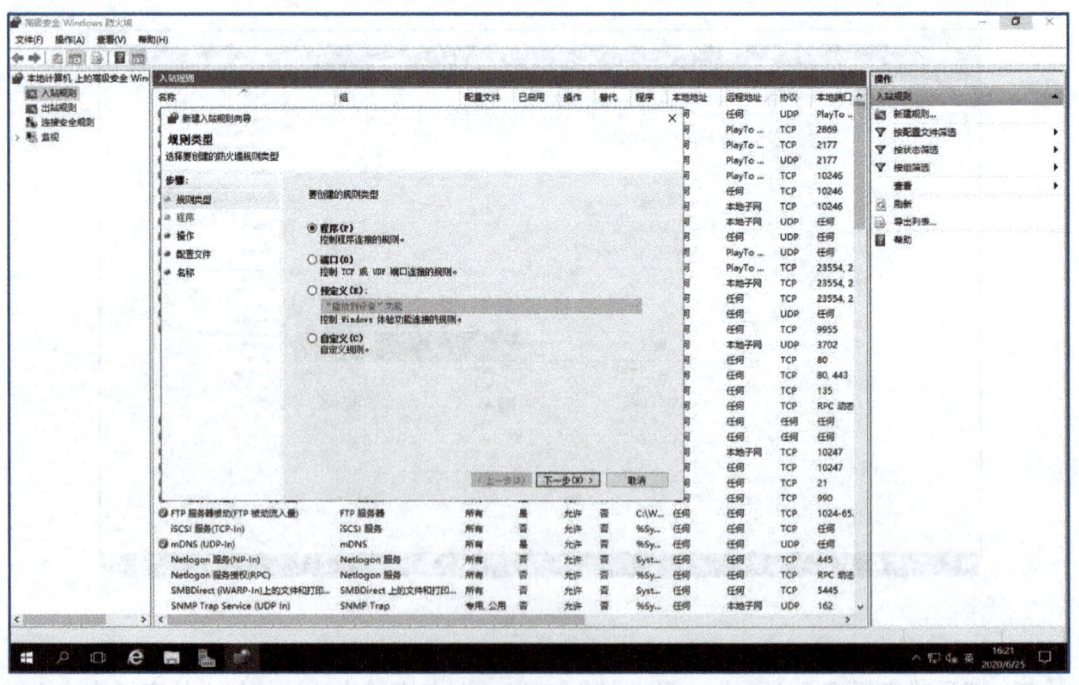

图 9-40

3）打开"新建入站规则向导"对话框，在"要创建的规则类型"中选中"端口"单选按钮，单击"下一步"按钮，如图 9-41 所示。

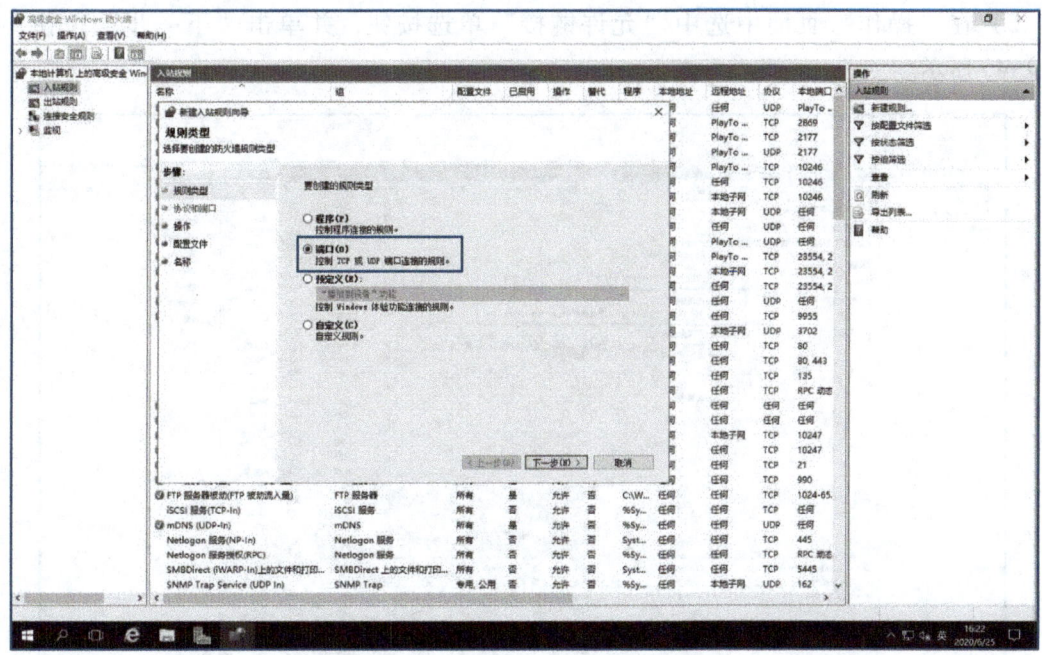

图 9-41

4)在"协议和端口"页面中选中"TCP"和"特定本地端口"单选按钮,设置端口号为"80,8080,443",单击"下一步"按钮,如图 9-42 所示。

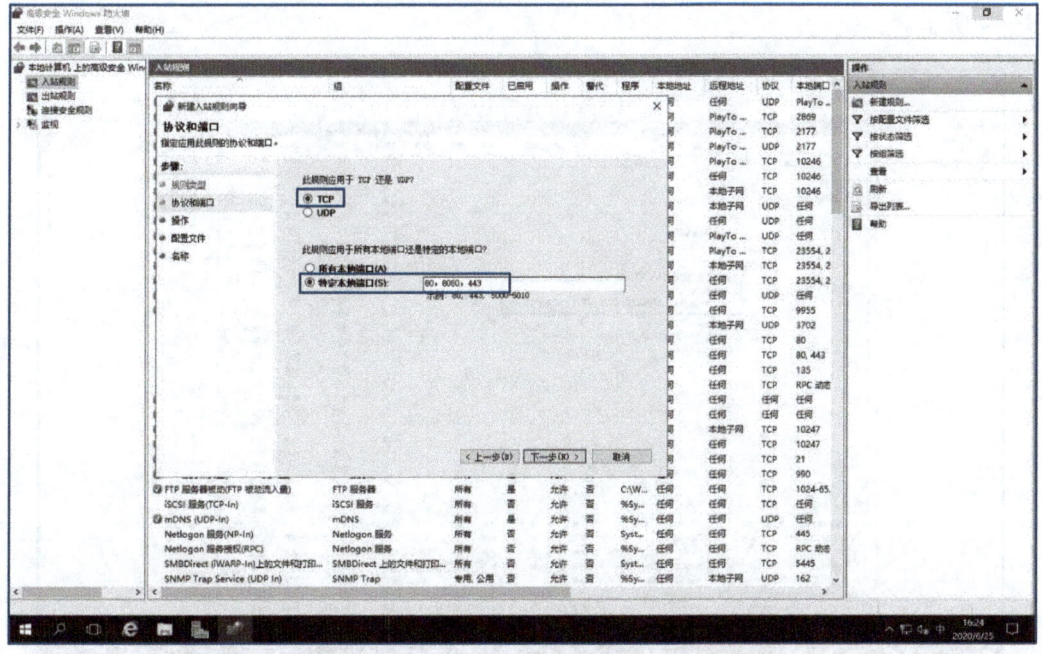

图 9-42

5）在"操作"页面中选中"允许链接"单选按钮,并单击"下一步"按钮,如图 9-43 所示。

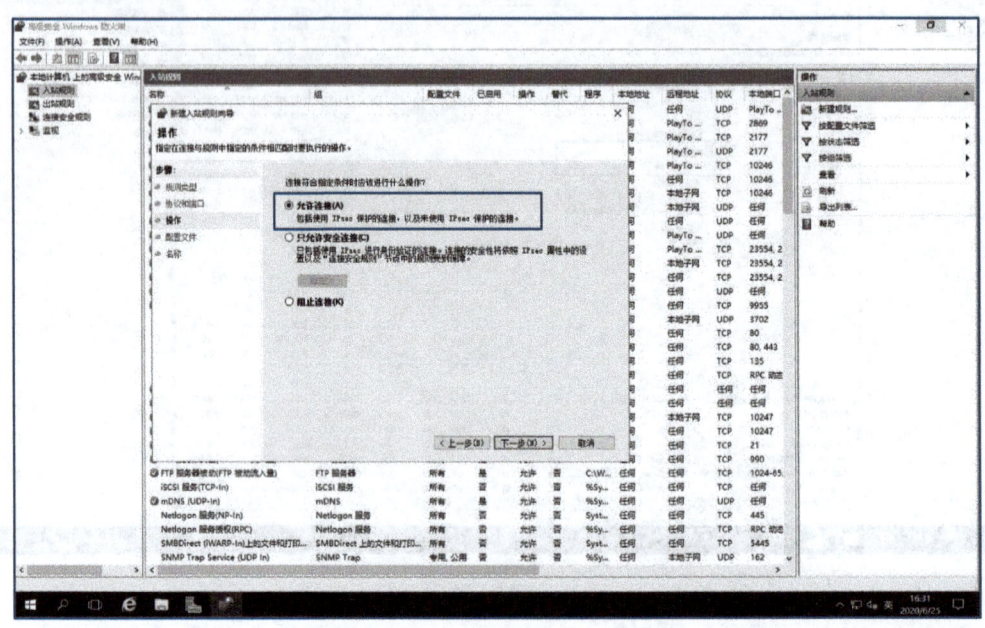

图 9-43

6）在"配置文件"页面中只选中"专用"复选框,并单击"下一步"按钮,如图 9-44 所示。

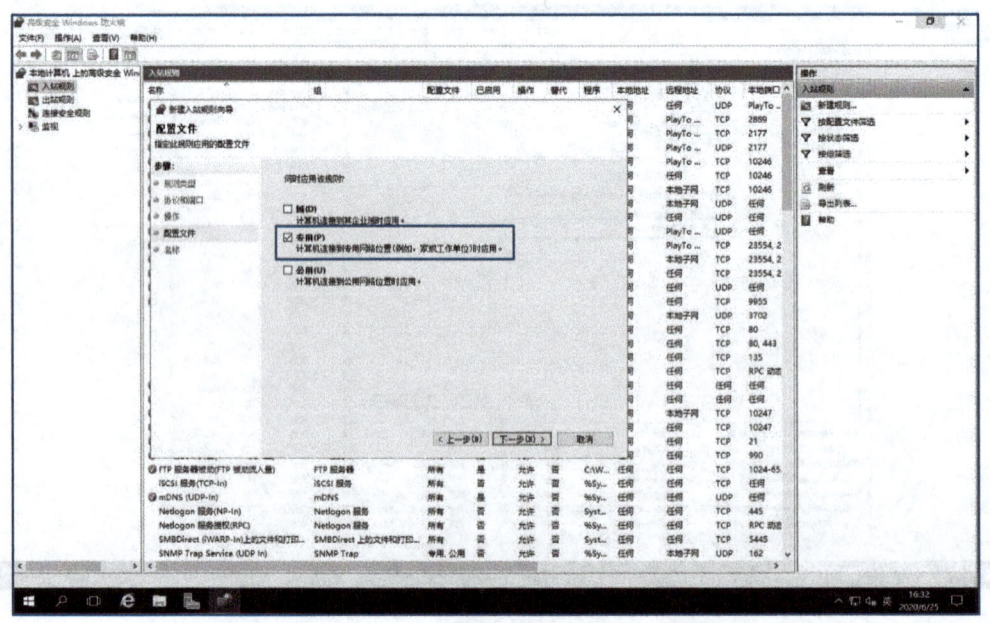

图 9-44

7）在"名称"页面中，在"名称"文本框中输入"网站应用"，并单击"完成"按钮，完成入站规则设置，如图 9-45 和图 9-46 所示。

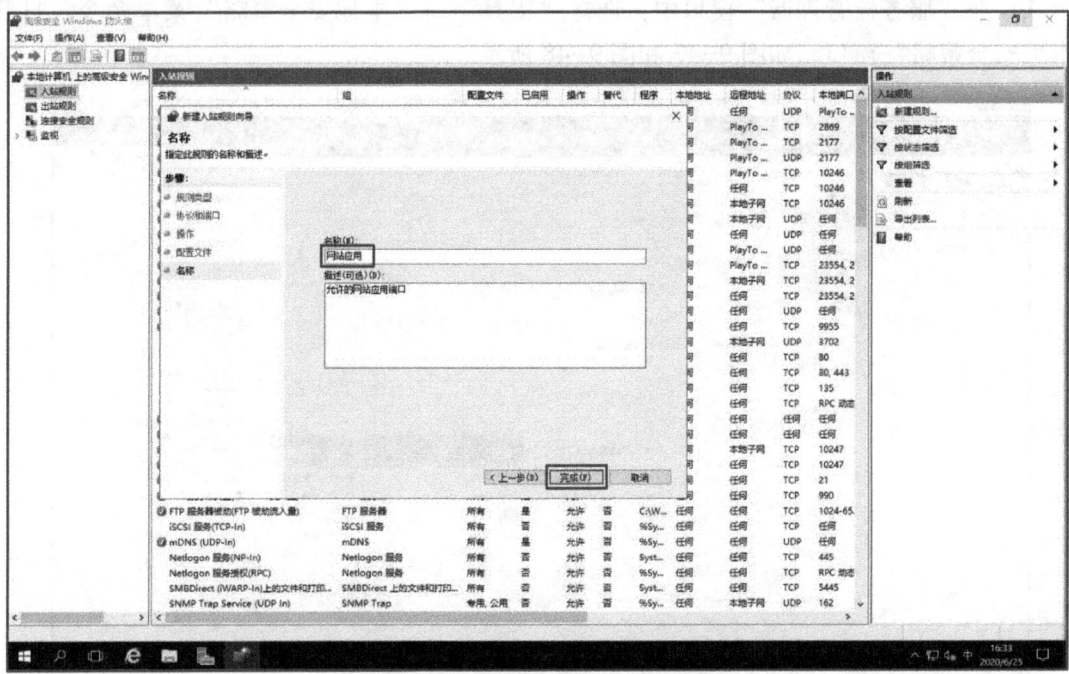

图 9-45

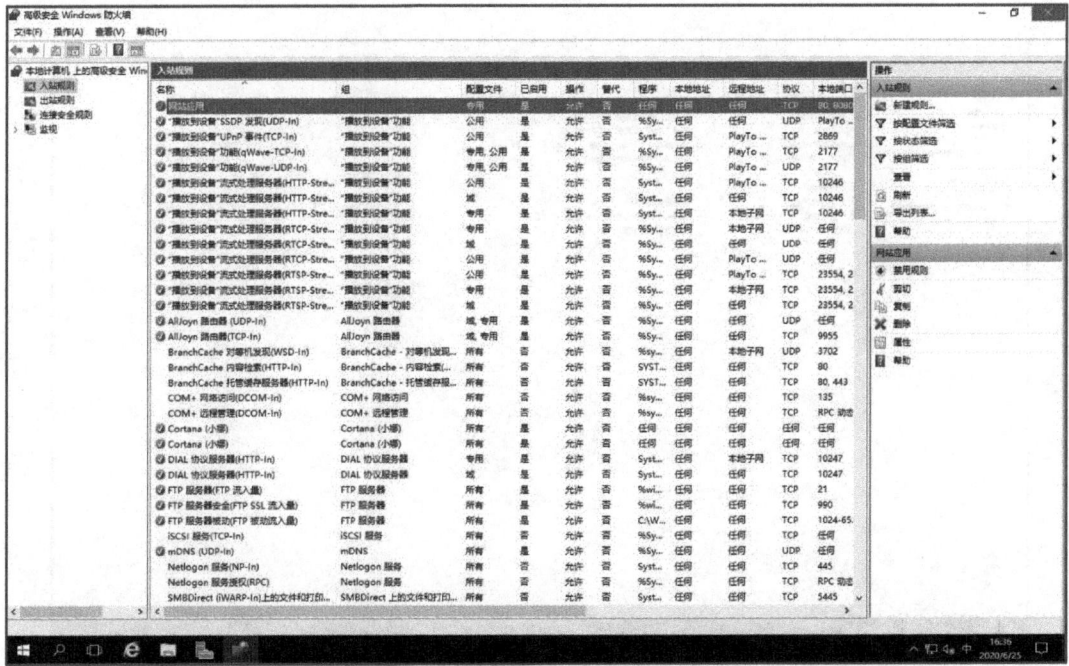

图 9-46

2. 启用账户复杂密码

1）在"服务器管理器"窗口中，选择"工具"→"本地安全策略"菜单命令，打开"本地安全策略"窗口，如图 9-47 和图 9-48 所示。

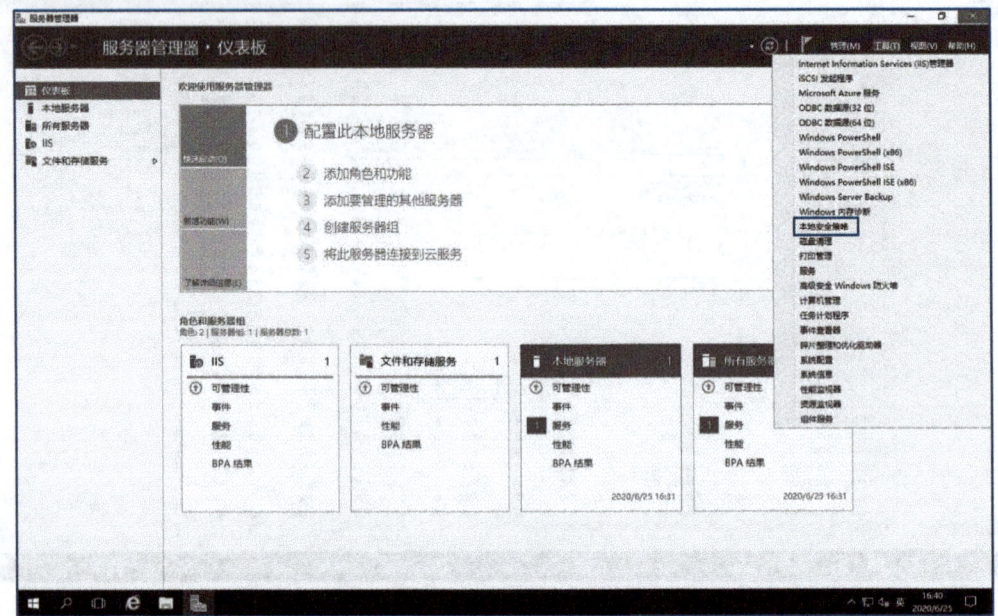

图 9-47

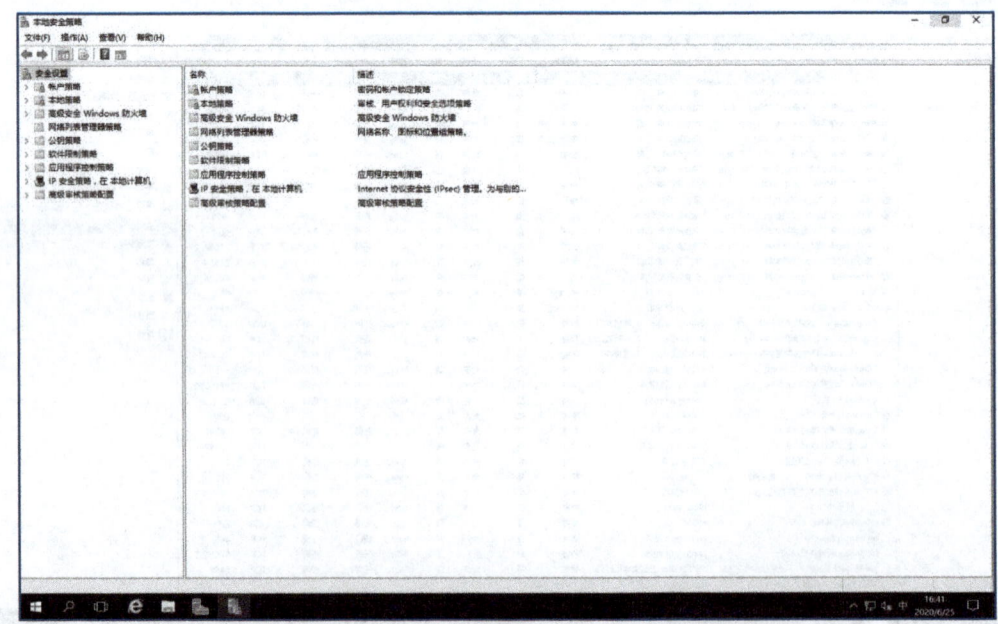

图 9-48

2）在左侧窗格中展开"安全设置"→"账户策略"→"密码策略"项，如图9-49所示。

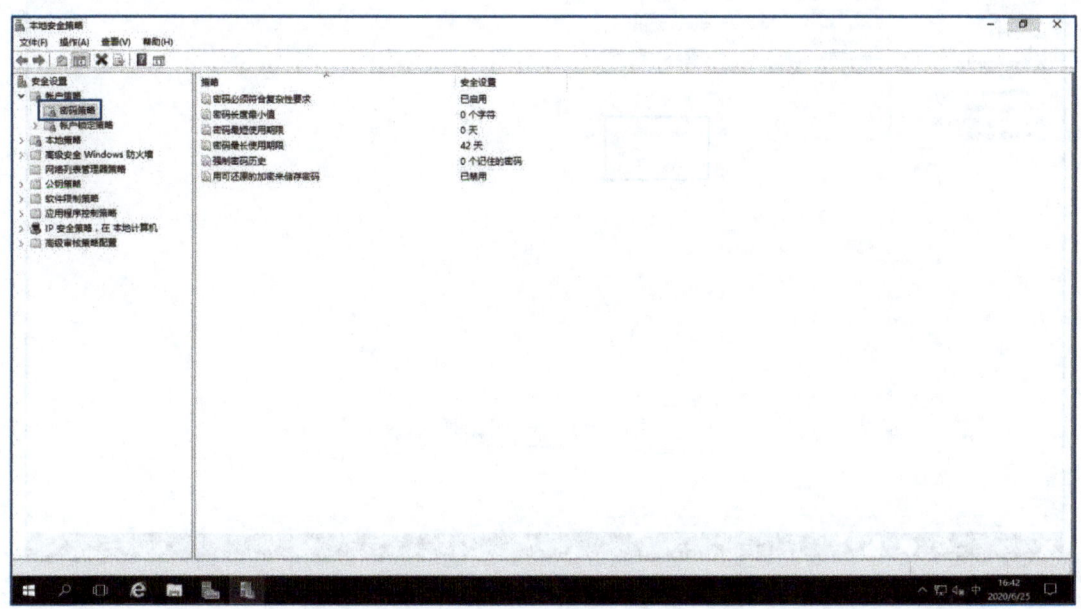

图 9-49

3）修改"密码长度最小值"为10个字符，"密码最长使用期限"为30天，如图9-50~图9-52所示。

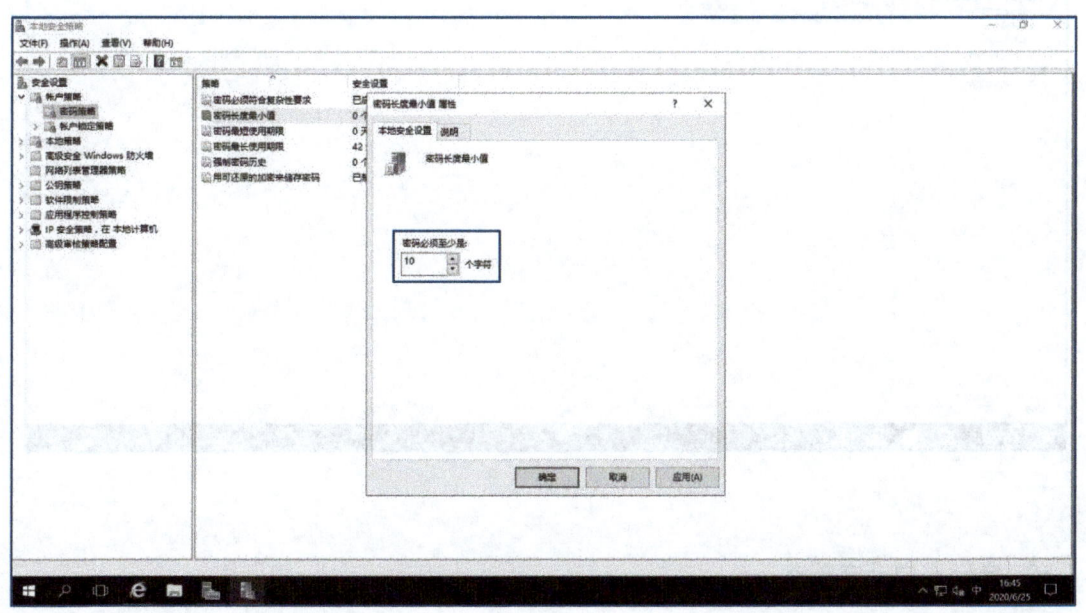

图 9-50

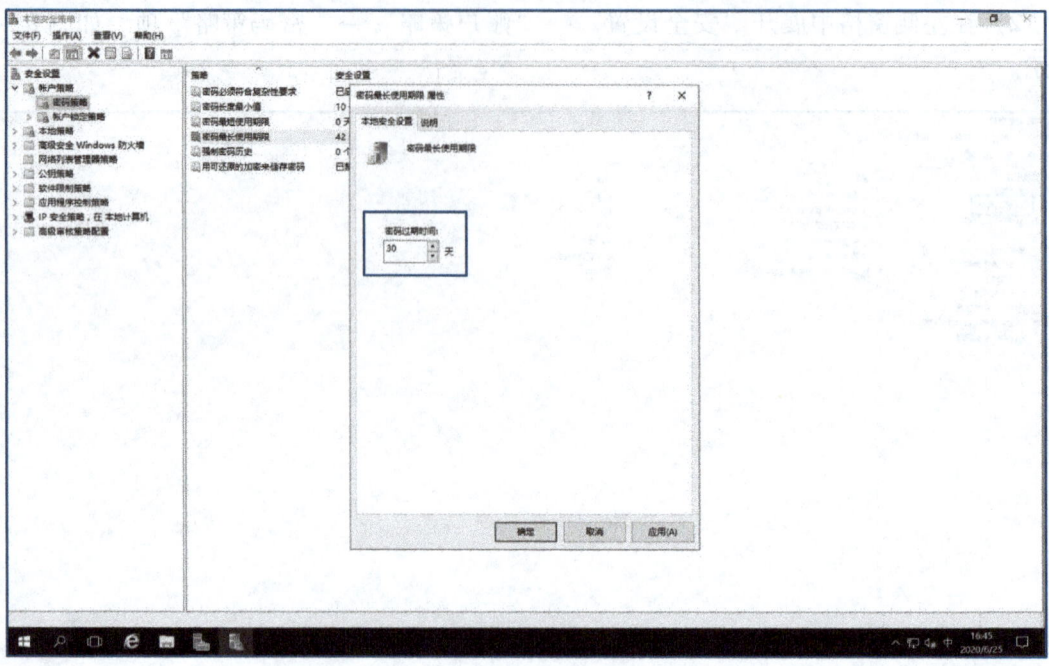

图 9-51

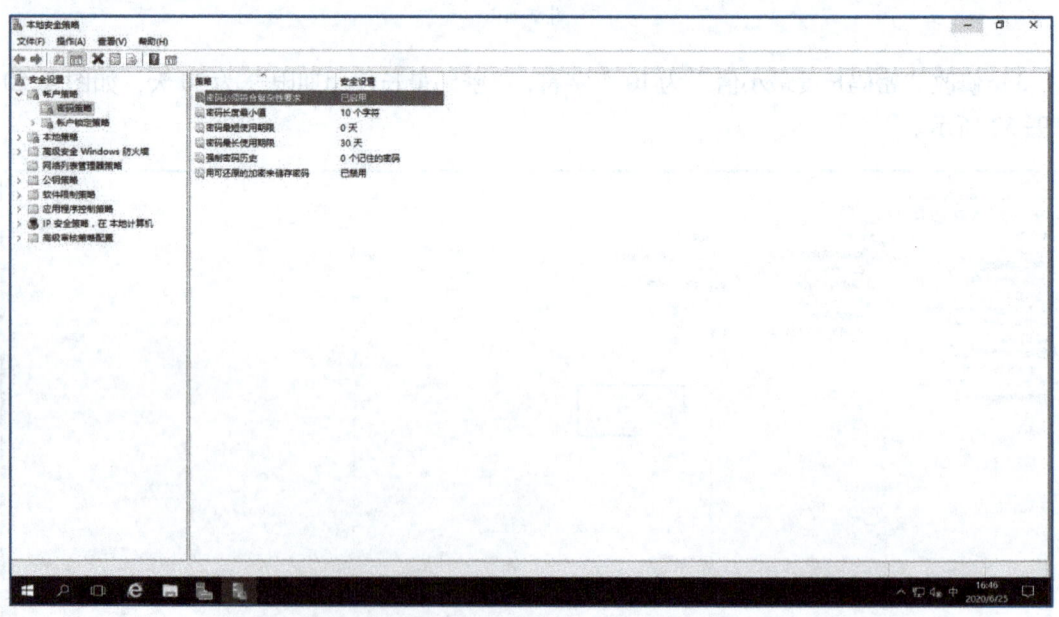

图 9-52

3. 启用账户锁定策略

1) 返回"本地安全策略"窗口,在左侧窗格中展开"安全设置"→"账户策略"→"账户锁定策略"项,如图 9-53 所示。

项目 9　信息安全管理

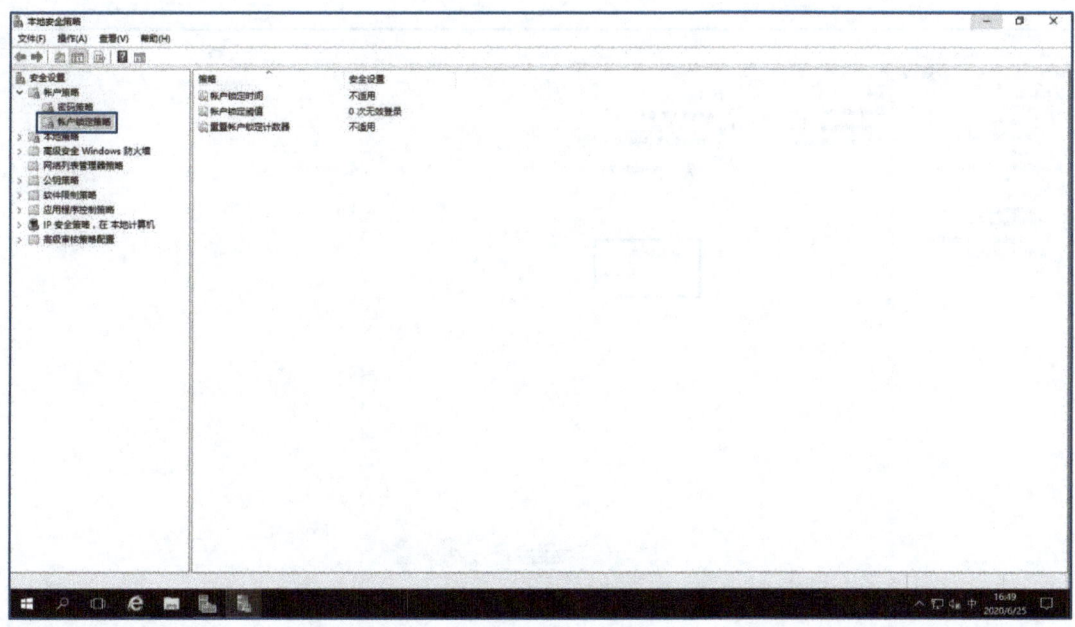

图 9-53

2）修改"账户锁定阈值"为 5 次无效登录，"账户锁定时间"为 10 分钟，如图 9-54~图 9-56 所示。

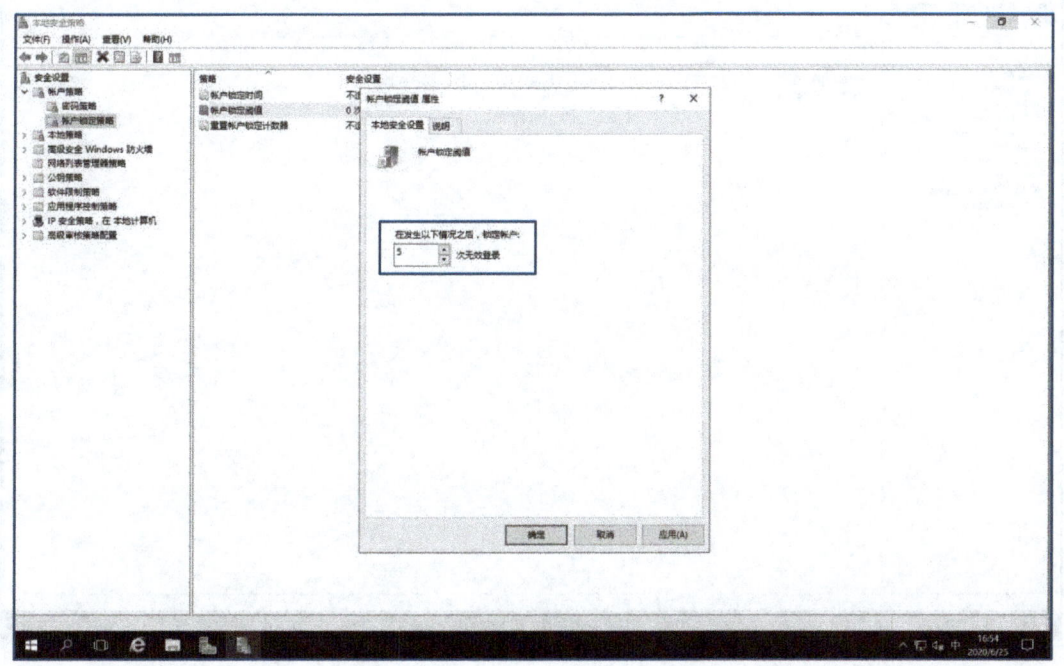

图 9-54

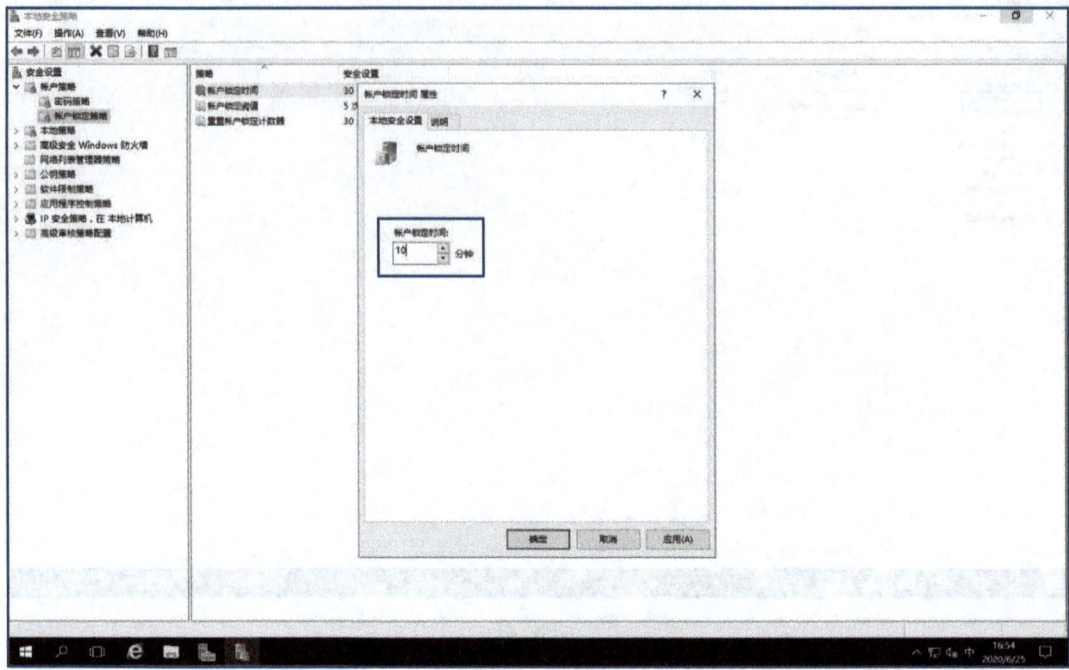

图 9-55

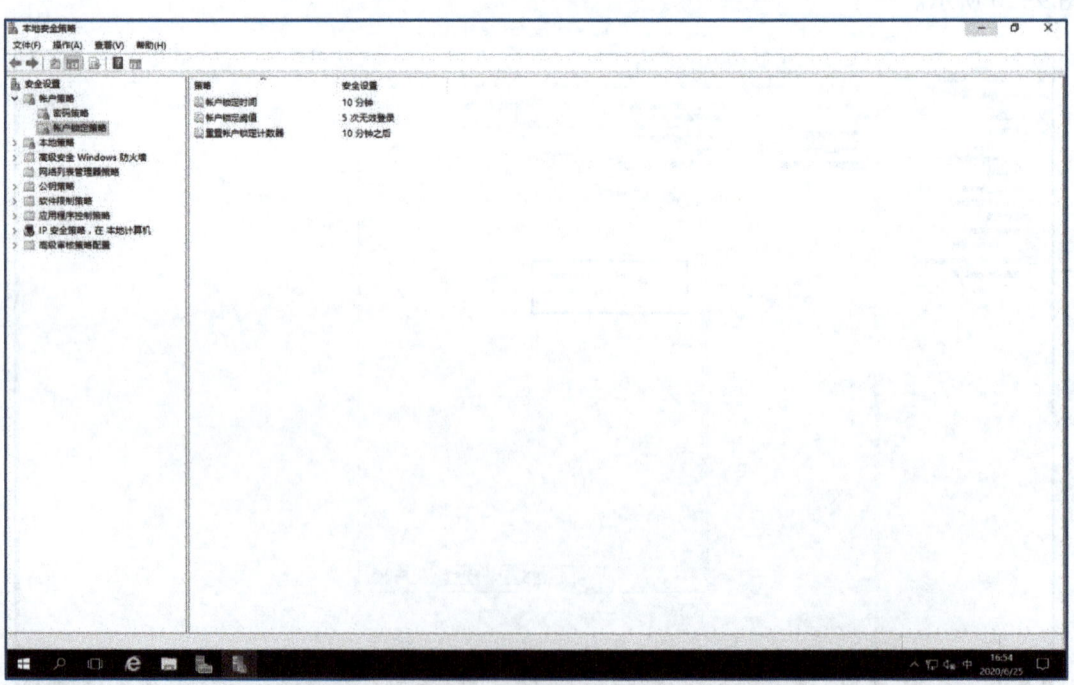

图 9-56

任务 9-4　识别、处理违法有害信息

任务描述

某公司门户网站突然出现一条异常回复等待管理员审核，根据公司信息安全规范，要求安全技术部立刻对该回复进行审核处理，具体要求如下：

1) 检查回复的内容，判断内容的合法性。
2) 对回复的内容进行审查，判断是否需要对该回复进行删除。
3) 对员工客户端浏览器进行设置，避免误访问到非法链接网站时受到侵害。

知识准备

《中华人民共和国网络安全法》（以下简称《网络安全法》）是为了保障网络安全，维护网络空间主权和国家安全、社会公共利益，保护公民、法人和其他组织的合法权益，促进经济社会信息化健康发展而制定的法律，于 2016 年 11 月 7 日由第十二届全国人民代表大会常务委员会第二十四次会议通过，自 2017 年 6 月 1 日起施行。

《网络安全法》是我国第一部全面规范网络空间安全管理方面问题的基础性法律，是我国网络空间法治建设的重要里程碑，是依法治网、化解网络风险的法律重器，是让互联网在法治轨道上健康运行的重要保障。《网络安全法》将近年来一些成熟的好做法制度化，并为将来可能的制度创新做了原则性规定，为网络安全工作提供切实法律保障。其中完善了网络安全义务和责任，加大了违法惩处力度，将原来散见于各种法规、规章中的规定上升到人大法律层面，对网络运营者等主体的法律义务和责任做了全面规定，包括守法义务，遵守社会公德、商业道德义务，诚实信用义务，网络安全保护义务，接受监督义务，承担社会责任等，并在"网络运行安全""网络信息安全""监测预警与应急处置"等章节中进一步明确、细化。在"法律责任"中则提高了违法行为的处罚标准，加大了处罚力度。

随着我国信息化建设的不断发展，云计算、大数据、人工智能等新技术得到深入应用，互联网应用日新月异，大大丰富了信息传递途径，在不断丰富人民生活的同时也出现了大量的诈骗、侵犯知识产权、色情、暴力、侮辱、网络钓鱼、贩卖公民个人信息、违反国家法律法规等违法有害信息，给国家安全、社会秩序和人民利益造成了严重损害。《网络安全法》在第十二条、第四十六条、第四十七条等都对违法有害信息进行了相关规定。例如，在第十二条提到"任何个人和组织使用网络应当遵守宪法法律，遵守公共秩序，尊重社会公德，不得危害网络安全，不得利用网络从事危害国家安全、荣誉和利益，煽动颠覆国家政权、推翻社会主义制度，煽动分裂国家、破坏国家统一，宣扬恐怖主义、极端主义，宣扬民族仇恨、民族歧视，传播暴力、淫秽色情信息，编造、传播虚假信息扰乱经济秩序和社会秩序，以及侵害他人名誉、隐私、知识产权和其他合法权益等活动。"在第四

十七条中提到"网络运营者应当加强对其用户发布的信息的管理,发现法律、行政法规禁止发布或者传输的信息的,应当立即停止传输该信息,采取消除等处置措施,防止信息扩散,保存有关记录,并向有关主管部门报告。"

任务实施

1. 检查回复的内容,判断内容的合法性

1)打开 IE 浏览器,登录网站后台 http://localhost/wp-login.php,使用管理员账号及密码登录(本任务中用户名为 admin,密码为 admin.123),如图 9-57 和图 9-58 所示。

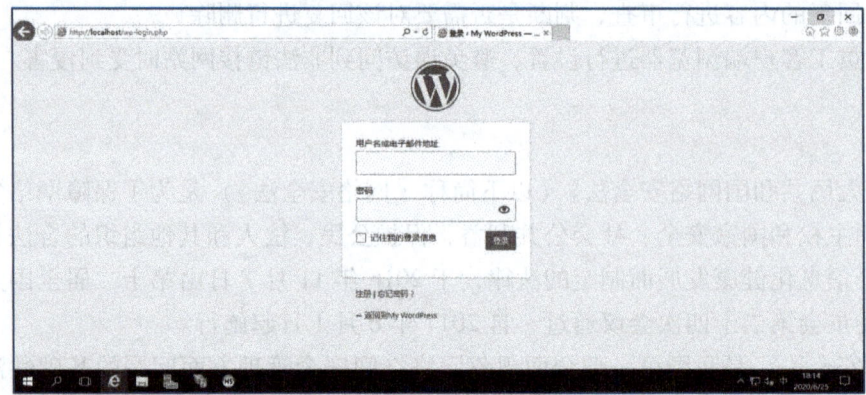

图 9-57

2)在左边导航栏中选择"评论"选项卡,在右侧列表中找到异常评论,对评论内容进行检查,如图 9-59 所示。

3)访问异常回复的评论内容 http://localhost/p1,检查是否合法,如图 9-60 所示。

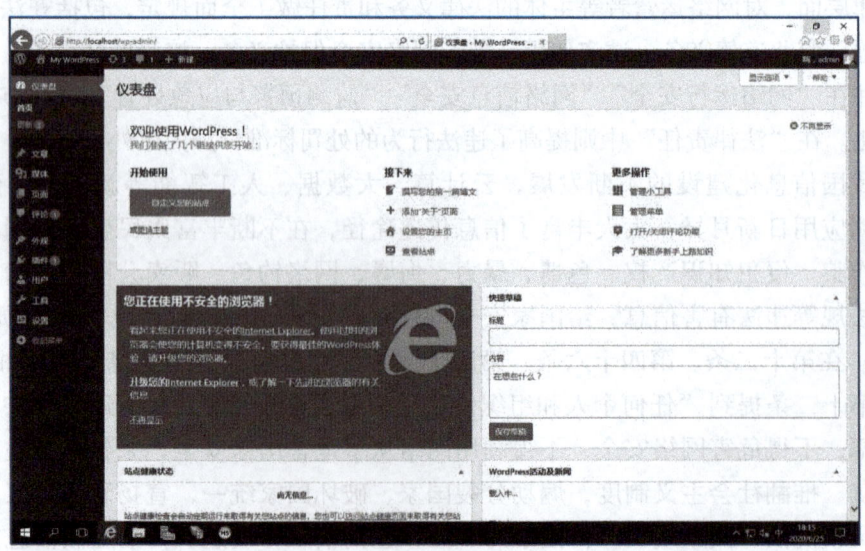

图 9-58

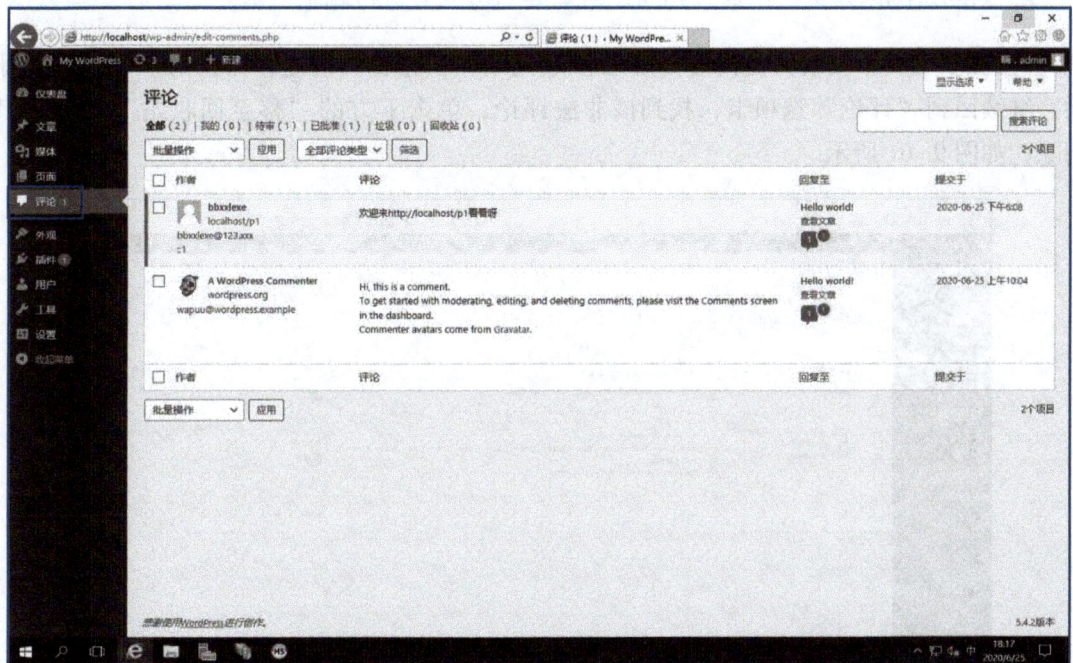

图 9-59

图 9-60

2. 对回复的内容进行审查，判断是否需要对该回复进行删除

1）在步骤 1 中发现回复内容为非法涉赌网站，根据相关规定，需要对该内容进行删除。继续回到"评论"选项卡，找到该非法评论，单击下方的"移至回收站"按钮将其删除，如图 9-61 所示。

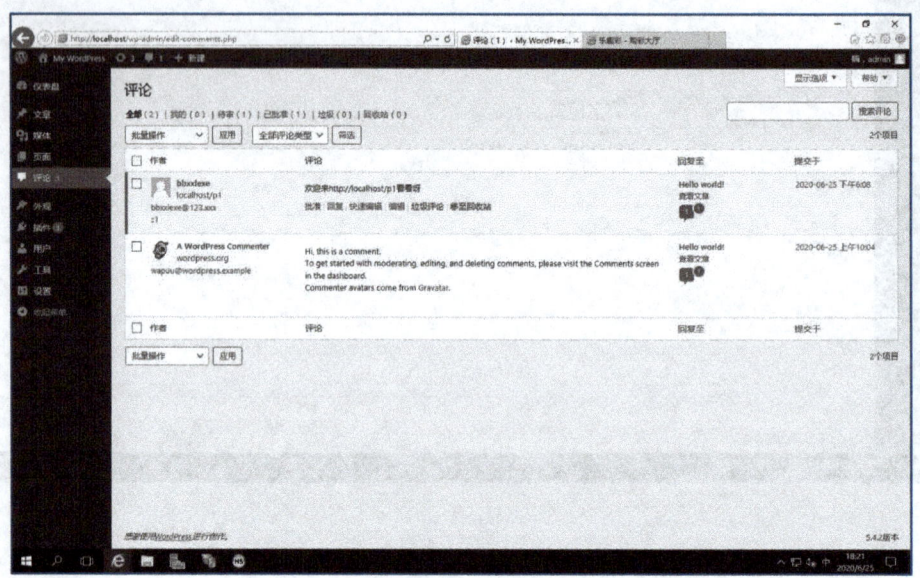

图 9-61

2）单击"回收站"按钮，找到该条非法评论，单击"永久删除"按钮，如图 9-62 所示。

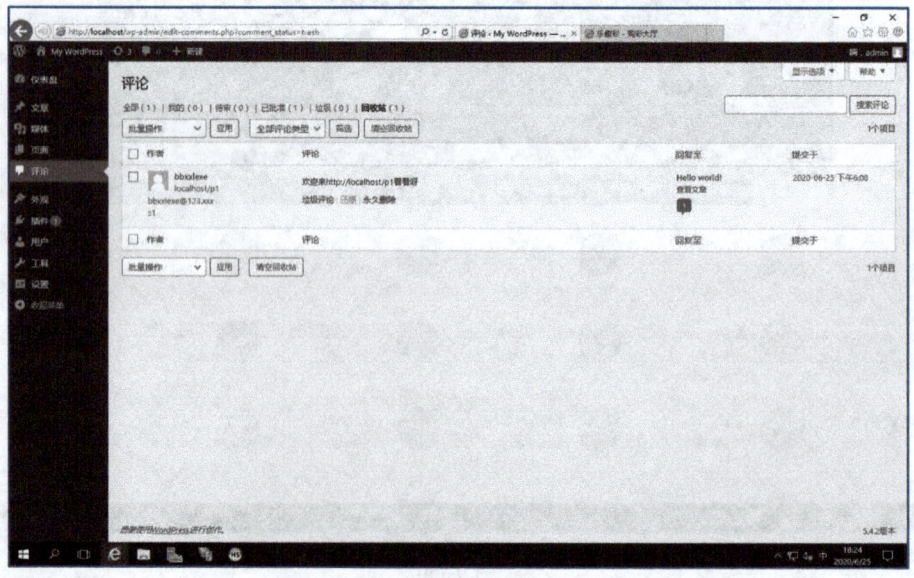

图 9-62

3. 对员工客户端浏览器进行设置，避免误访问到非法链接网站时受到侵害

1）打开 IE 浏览器，选择"工具"→"Internet 选项"菜单命令，打开"Internet 选项"对话框，如图 9-63 和图 9-64 所示。

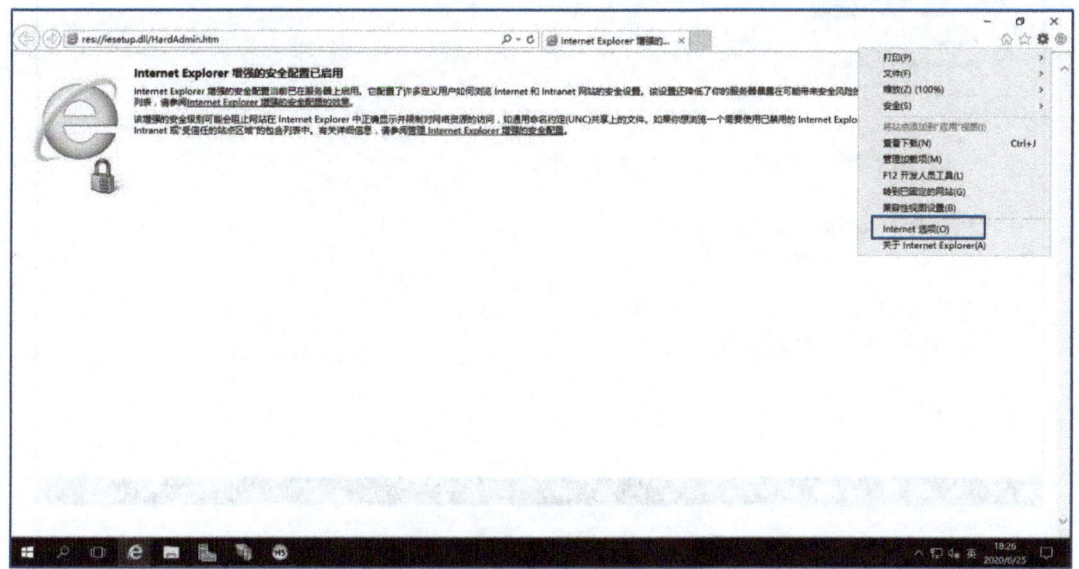

图 9-63

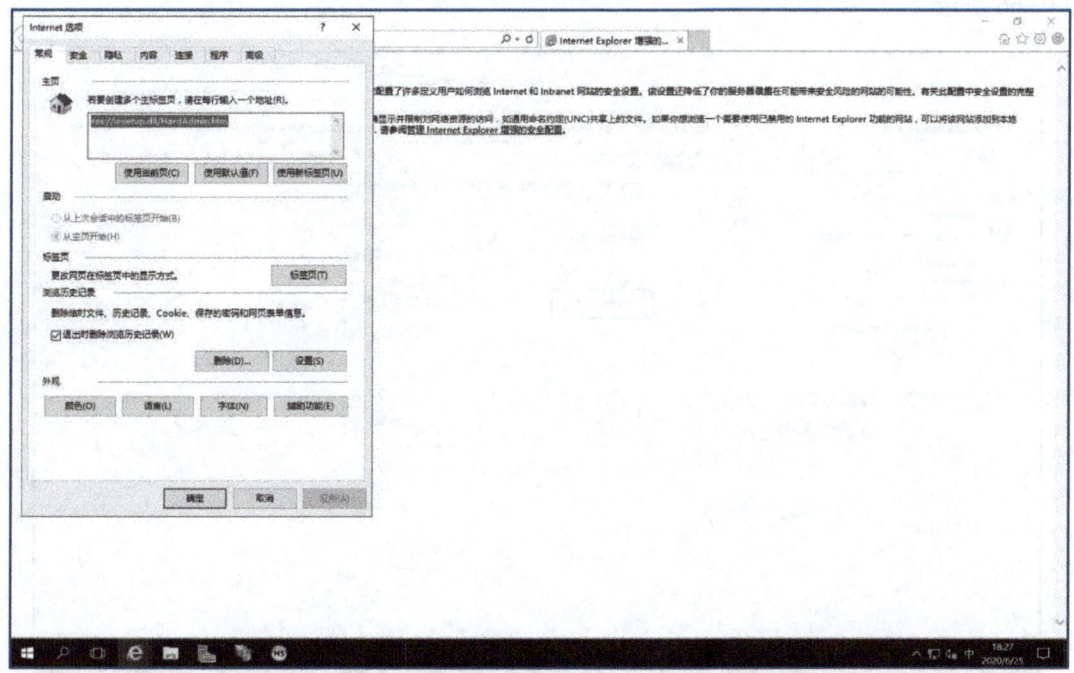

图 9-64

2）选择"安全"选项卡，选择"受限制的站点"选项，如图 9-65 所示。

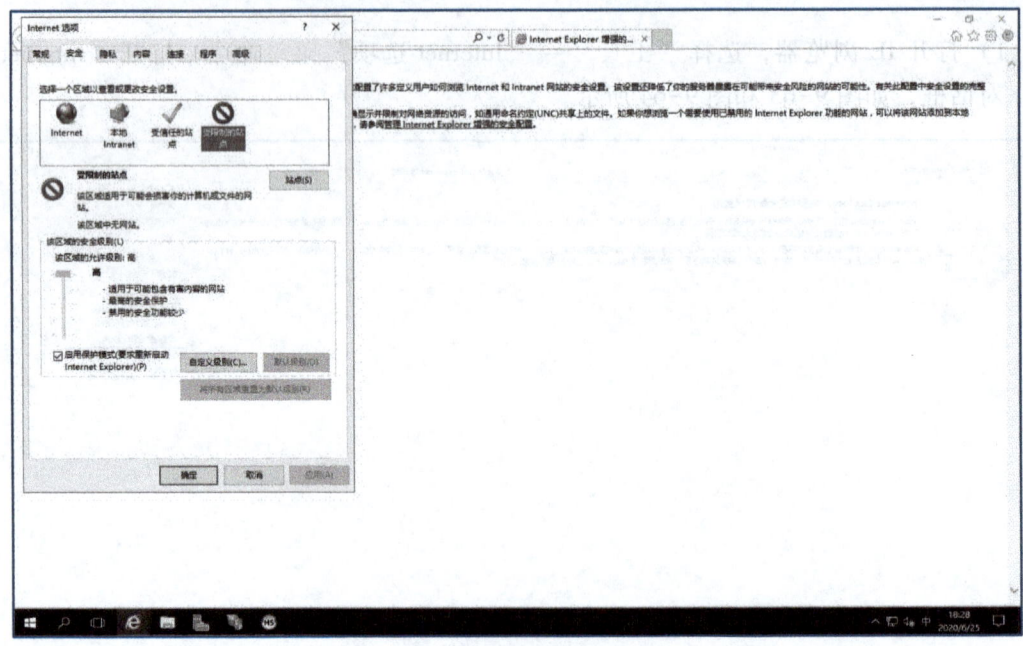

图 9-65

3）单击"站点"按钮，将非法网站 http://localhost 添加到受限制的站点名单中，如图 9-66 所示。

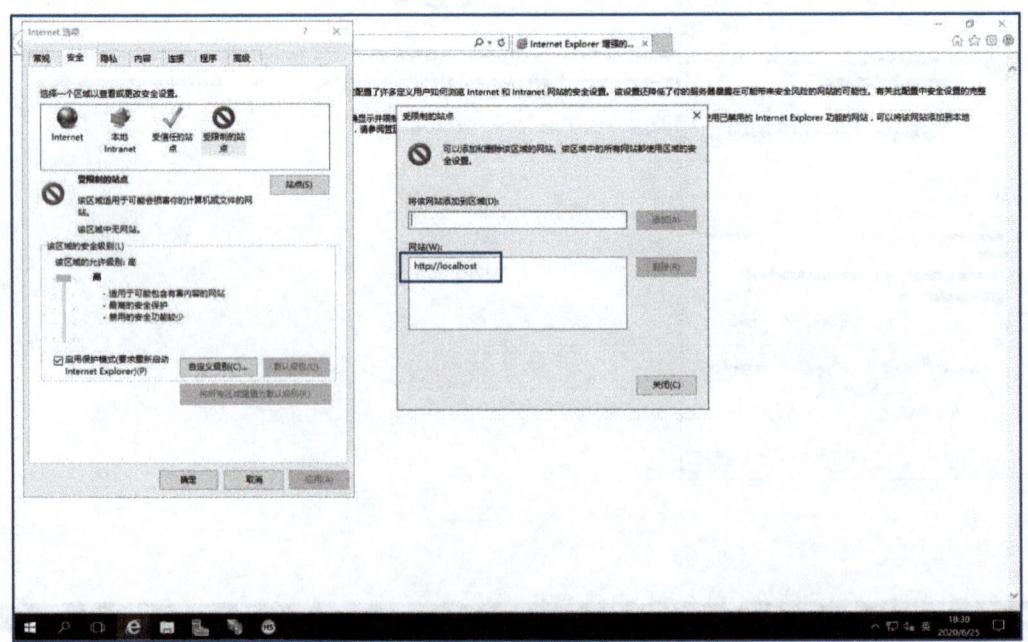

图 9-66

项目实训

1. 场地设备要求

1）计算机一台。

2）已安装 Windows Server 2016 的虚拟机。

2. 工作任务

某公司安全技术员部收到网络安全中心的重要通知,要求完成对企业员工终端设备的基本防护后,及时对企业重要业务数据进行安全防护,包括以下两方面的内容。

（1）备份

对重要业务应用进行整体备份,然后对应用的数据库配置备份计划,形成整个应用系统的基本数据备份策略,如遇到病毒爆发能及时进行数据的恢复。具体要求如下:

1）立刻备份网站应用,备份位置为本地磁盘 F 盘。

2）定期备份网站数据库,设置备份策略进行每天晚上 0:00 备份。

（2）部署相应策略及登录加固

对系统网络端口进行筛查并且部署相应策略,同时对维护系统的账户进行登录加固。具体要求如下:

1）配置系统防火墙,开放必要的网站端口,如 TCP80、TCP8080、TCP443。

2）启用账户复杂密码,长度不少于 12 位,最长使用期限 60 天。

3）启用账户锁定,3 次登录失败锁定 5 分钟。

项目总结

通过本项目的学习,应当基本掌握以下内容:能根据国家相关规定,履行网络安全义务,安全管理企业互联网应用;能根据国家相关规定,对企业互联网涉及的各类信息（如公民个人信息等）实施保护;能根据国家相关规定和企业信息安全需求,安全管理企业员工的网络行为。能根据国家相关规定和企业信息安全需求,识别、处理违法有害信息。

课后习题

一、选择题

1. 以下不属于常见的信息安全威胁的是（　　）。
   A. 计算机病毒　　　　　　　　　B. 计算机错误配置
   C. 破坏信息完整性　　　　　　　D. 非授权的访问
2. 以下不属于对计算机进行安全防护措施的是（　　）。
   A. 安装杀毒软件　　　　　　　　B. 为计算机配置 IP 地址
   C. 安装使用第三方防火墙　　　　D. 为计算机账户设置较为复杂的密码
3. 以下不属于对应用系统进行安全防护措施的是（　　）。
   A. 关闭服务器防火墙
   B. 对目标应用文件目录进行权限配置
   C. 配置仅针对该应用服务的防火墙策略
   D. 定期为该应用服务进行备份
4. 如需要放行网站服务，需要在防火墙的（　　）方向进行安全配置。
   A. 入站　　　　B. 出站　　　　C. 入站和出站　　　　D. 以上答案都不对
5. 以下措施无法对账户安全进行加固的是（　　）。
   A. 定期更新密码　　　　　　　　B. 使用较为复杂的密码
   C. 启用密码锁定功能　　　　　　D. 开启访客账户
6. 以下属于非法网站的是（　　）。
   A. 政府门户网站　B. 购物网站　　C. 技术论坛　　　　D. 博彩网站
7. 以下措施中，能够对应用数据进行安全防护的是（　　）。
   A. 为数据进行定期备份　　　　　B. 实时更新数据
   C. 实时读取数据　　　　　　　　D. 定期更换数据存储位置
8. 以下措施中，能有助于对已经发生的应用系统安全事件进行追溯的是（　　）。
   A. 为应用系统定期进行重启　　　B. 为应用系统定期更新补丁
   C. 为应用系统定期进行升级　　　D. 为应用系统定期转存日志
9. 黑客攻击网络导致网络系统瘫痪，这种行为属于（　　）。
   A. 正常行为　　B. 职业操守　　C. 违法犯罪　　　　D. 没有影响
10. 信息安全管理体系建设参考标准是（　　）。
    A. ISO 9001　　B. ISO 9002　　C. ISO 27001　　D. ISO 27002

二、判断题

1. 信息安全的主要属性包括保密性、完整性和可用性。　　　　　　（　　）
2. 只要安装好杀毒软件，并不需要定期手机病毒库。　　　　　　　（　　）
3. 信息安全管理只规范公司高层和信息安全技术人员。　　　　　　（　　）
4. 为了保证应用服务的运行，需要及时清除日志。　　　　　　　　（　　）
5. 为了使应用系统能够正常访问，需要及时关闭防火墙。　　　　　（　　）
6. 将系统日志进行备份是为了对之前的事件进行追溯。　　　　　　（　　）
7. 定期备份能够防范数据丢失或篡改。　　　　　　　　　　　　　（　　）
8. 应用系统的账户设置应以简单易记为第一要点。　　　　　　　　（　　）

三、简单题

1. 信息安全的主要属性有哪些？
2. 信息安全技术机制通常有几个层次，每个层次中的典型安全技术是什么？

参考文献

[1] 迟恩宇，刘天飞. 网络安全与防护［M］. 北京：电子工业出版社，2009.

[2] 姜惠民，刘宝庆. 网络组建与互联［M］. 北京：电子工业出版社，2009.

[3] 吴金龙，洪家军. 网络安全［M］. 2版. 北京：高等教育出版社，2009.

[4] 陈性元，杨艳，任志宇. 网络安全通信协议［M］. 北京：高等教育出版社，2008.

[5] Richard S. TCP/IP 详解（卷1：协议）［M］. 范建华，胥光辉，张涛，等译. 北京：机械工业出版社，2007.

[6] Paul G，Chuck B. 软件定义网络原理、技术与实践［M］. 北京：电子工业出版社，2016.

郑重声明

高等教育出版社依法对本书享有专有出版权。任何未经许可的复制、销售行为均违反《中华人民共和国著作权法》，其行为人将承担相应的民事责任和行政责任；构成犯罪的，将被依法追究刑事责任。为了维护市场秩序，保护读者的合法权益，避免读者误用盗版书造成不良后果，我社将配合行政执法部门和司法机关对违法犯罪的单位和个人进行严厉打击。社会各界人士如发现上述侵权行为，希望及时举报，我社将奖励举报有功人员。

反盗版举报电话　　（010）58581999　58582371
反盗版举报邮箱　　dd@hep.com.cn
通信地址　　北京市西城区德外大街4号　高等教育出版社法律事务部
邮政编码　　100120

读者意见反馈

为收集对教材的意见建议，进一步完善教材编写并做好服务工作，读者可将对本教材的意见建议通过如下渠道反馈至我社。

咨询电话　　400-810-0598
反馈邮箱　　gjdzfwb@pub.hep.cn
通信地址　　北京市朝阳区惠新东街4号富盛大厦1座
　　　　　　高等教育出版社总编辑办公室
邮政编码　　100029

防伪查询说明（适用于封底贴有防伪标的图书）

用户购书后刮开封底防伪涂层，使用手机微信等软件扫描二维码，会跳转至防伪查询网页，获得所购图书详细信息。

防伪客服电话　　（010）58582300